Las neurosis de los hombres célebres en la historia argentina

Las neurosis de los hombres célebres en la historia argentina

José María Ramos Mejía

Ramos Mejía, José María

Las neurosis de los hombres célebres en la historia argentina – 1° Edición – Crotoxina, 2016

286 p.; 20x25 cm.

ISBN-13: 978-1530530403

ISBN-10: 1530530407

Historia argentina

Ensayo en español

Título original: *Las neurosis de los hombres célebres en la historia argentina.*

Índice

La personalidad intelectual de José M. Ramos Mejía

José Ingenieros

SUMARIO - *I. Los médicos en la cultura argentina - II. Las neurosis de los hombres célebres - III. La actuación universitaria de Ramos Mejía - IV. La   locura en la historia - V. Las multitudes argentinas - VI. Los simuladores del talento - VII. Rosas y su tiempo - VIII. La educación nacionalista - IX. Ideales de cultura.*

I. Los médicos en la cultura argentina

Vida ejemplar por sus virtudes, carácter firme, vocación inquebrantable por el estudio, talento preclaro, curiosidad vasta, fidelidad a las ciencias y las letras, amor ferviente a la nacionalidad, culto de la juventud y del porvenir, simpatía nunca desmentida hacia todo lo que implica un progreso en las ideas o una innovación en las instituciones: tal fue el médico ilustre y pensador alado que creó en la Argentina dos géneros científicos —la psiquiatría y la sociología— y que un hado venturoso me dio por amigo, consejero y maestro.

Las ciencias médicas habían incorporado ya a la intelectualidad argentina algunas figuras eminentes por la vastedad y la hondura de su pensar.

Cuando se escriba nuestra historia de la medicina, junto a los pocos nombres que han descollado en los dominios propiamente técnicos del arte de curar, culminarán con vívidos destellos media docena de estadistas y pensadores, que contribuyeron al porvenir de la raza con tanta eficacia como otros amenguaron las dolencias individuales que gimen en cada lecho de hospital.

Aprendiendo a meditar sobre las inquietudes del cuerpo se adiestran los médicos para sondar las del espíritu; el misterio de la enfermedad que tortura la entraña, lleva a la contemplación del vicio que mina a la sociedad; el problema de la vida sobre la tierra, conduce a plantear el de ésta en el universo; la muerte enseña a pensar sobre la falacia de todas las cosas humanas, perecederas como el hombre mismo. El estudio de las ciencias médicas ensancha el horizonte mental de los pensadores que lo emprenden; en todo tiempo hubo médicos que descollaron como humanistas.

Seis nombres hipocráticos merecen perdurar en la historia de la cultura argentina: Argerich, Alcorta, Rawson, Muñiz, Wilde y Ramos Mejía[1].

Cuando, por el año veinte, ardía en Buenos Aires la campaña clerical contra el profesor de filosofía Juan C. Lafinur, sólo Cosme Argerich tomó públicamente su defensa. Un famoso escrito suyo puso en quicio la polémica y reclamó respeto para las nuevas ideas; con bellísimo gesto moral escribió "que los sentimientos y principios del catedrático son los mismos que yo sigo; si es permitido a un hombre de honor y de alguna edad proponerse a sí mismo por modelo, haré presente que desde hace once años explico esas mismas opiniones en la discusión del entendimiento, a mis discípulos de fisiología". Es decir, desde 1808, en vísperas de la Revolución de Mayo.

La política cultural de Rivadavia aumentó la libertad universitaria y pudo enseñar, a su amparo, Juan M. Fernández de Agüero, heterodoxo de grande ingenio y cultura. Para reemplazarle, en 1828, ascendió a la cátedra de filosofía el médico Diego Alcorta, cuya tesis sobre la "manía aguda" es el primer trabajo de psiquiatría que se ha publicado en el país y por un argentino. Introdujo en la enseñanza filosófica un firme sentido naturalista, sin perder nunca su contacto con la ciencia europea.

En la hora de la reconstrucción nacional, Guillermo Rawson fue profesor de filosofía, enunciando la cátedra con su elocuencia. Con Rawson asoma en el país una corriente de estudios biológicos, avanzadísima en la actual Escuela de Medicina. Su tesis universitaria, en 1844, era de gran valor sintomático, aunque insignificante en sí misma, pues trató el problema de la herencia en la vida y en las enfermedades: "¿Por qué el hombre nace del hombre? ¿Por qué las águilas feroces, como dice Horacio, no engendran la paloma inocente? ¿Por qué la planta que vegeta es hija siempre de otra semejante? He aquí uno de los grandes problemas de la naturaleza, cuya solución, íntimamente ligada a los misterios de la vida, jamás se aclarará del todo a nuestra inteligencia; pero que, por lo mismo, estimula fuertemente los deseos de nuestra curiosidad". Pensar en tales cosas era un signo de ingenio excepcional, que el tiempo confirmó en los debates políticos y en la cátedra universitaria.

Francisco Javier Muñiz, además de médico famoso, fue el primer naturalista argentino. Desde 1850 comenzó a estudiar los fósiles pampeanos, preparando en Luján un ambiente de curiosidad que estimuló el genio de Ameghino. Su muerte fue honrada por Sarmiento con un libro apologético y en él inscribió una bella página el luminoso creador de la paleontología argentina.

Es bien conocida la magnífica tesis sobre "El Hipo" con que inició su carrera Eduardo Wilde, en 1870; ingeniosa y aguda, hermosamente escrita, pertenece tanto a la medicina

---

1 Ingenieros: "El contenido filosófico de la cultura argentina", en Revista de Filosofía, Buenos Aires, Enero, 1915.

como a la filosofía, pues la doctrina fisiológica se hermana en sus páginas con la sutil perspicacia de un psicólogo que observa con altura. Descolló más tarde en la política, sin dejar por eso de agregar muchos volúmenes a la ciencia y a las letras, todos empreñados de gracia y de color.

La personalidad más considerable del grupo fue mi ilustre maestro. José M. Ramos Mejía es el "hombre representativo" de un despertar intelectual realizado por grupos de jóvenes que en otra ocasión he denominado "la generación del ochenta"[2]. Agitación de ideas, modificación del gusto, orientaciones nuevas, todo, de 1875 a 1885, revela un inquieto afán de sobreponer las cosas de la cultura a las vastas necesidades del enriquecimiento y de la política.

El rasgo típico de esa renovación cultural fue la aparición, en la Argentina, de un nuevo género de estudios, hasta entonces casi desconocidos o esporádicos. Los institutos científicos inaugurados en el país, bajo la dirección de sabios extranjeros, despertaron entre algunos argentinos el interés por las ciencias naturales: al propio tiempo un grupo de jóvenes médicos emprendió trabajos científicos de alguna originalidad, señalando una etapa en el desenvolvimiento de las ciencias biológicas; fueron, los más de ellos, fundadores del juvenil "Círculo Médico Argentino", cuyos "Anales", fundados en 1877, aún se editan. Diré desde ya, que José M. Ramos Mejía fue su fundador y primer presidente.

Esta renovación cultural se operó, en mucha parte, bajo la tutela de Sarmiento; muchos años bregó por introducir al país sus elementos iniciales, encintando así de cultura científica a la república, creando academias, institutos o centros científicos, y dotándolos de competentes profesores yanquis y europeos. Vivió alerta cuando asomaron los primeros frutos: alentando a los jóvenes, aplaudiéndolos, contagiándolos de su manía de estudiar y enseñar.

Su acción fue más directa sobre la pequeña pléyade talentosa que ensayó sus alas mariposeando en "El Nacional": Del Valle, Pellegrini, Lucio López, Cané, Gallo, Ramos Mejía. Nunca, justo es consignarlo, un grupo de jóvenes que pensaba en la política prestó mayor oído a las cosas intelectuales; de Sarmiento recibían el doble impulso de la acción y del ideal, como también lo recibiera el presidente Avellaneda, en quien las incumbencias del estadista no acallaron nunca las inclinaciones literarias.

Estrechamente vinculado a ese grupo de jóvenes intelectuales, José M. Ramos Mejía publicó allí sus primeras páginas y sostuvo una bella campaña por la renovación científica de la Facultad de Medicina. Fiel a su cuna espiritual, siguió más tarde la evolución política de sus amigos, contraídos a moverse en la órbita de un firme caudillo, Carlos Pellegrini, que en

---

[2] Véase Ingenieros: "La generación del 80", en Hermes, n° 1. Buenos Aires, Mayo de 1905.

1884 dio nueva unidad al grupo fundando "Sud América", bajo la dirección de Paul Groussac.

Nadie como Ramos Mejía podría representar a esa "generación del ochenta", que descolló en las ciencias naturales con Florentino Ameghino, en la educación moral con Agustín Álvarez, y aún culmina en las letras nacionales con el majestuoso Almafuerte. En Ramos Mejía se combinaron felizmente esas diversas orientaciones de sus tres coetáneos; su nombre pasará a la historia de la cultura argentina como hombre de ciencia, como educador y como hombre de letras.

II. Las neurosis de los hombres célebres

El 7 de Noviembre de 1878 publicó Sarmiento, en "El Nacional", un artículo sobre el primer volumen de la obra "Neurosis de los hombres célebres en la historia argentina"[3]. El autor era un estudiante de medicina, nacido en Buenos Aires el 24 de Diciembre de 1849; se doctoró un año después de publicarlo, versando sus tesis sobre "Traumatismo cerebral" (1879). Celebraron aquel libro, con igual entusiasmo, los "intelectuales" que formaban el núcleo futuro del pellegrinismo y los jóvenes cultores de la ciencia que, con Sarmiento a la cabeza, admiraban a Darwin y Spencer, pugnando por introducir en el país la afición por las ciencias de la naturaleza.

Los dos primeros párrafos del prefacio explicaban claramente los propósitos del joven escritor: "Las páginas que van a leerse forman la primera parte de un trabajo más completo, destinado a estudiar las enfermedades de nuestros principales personajes históricos. He dado preferencia a la neurosis, es decir, a las afecciones nerviosas de carácter funcional, particularmente de aquellas que han tenido mayor influencia sobre su cerebro, no sólo por creerlas más comunes en ellos, sino también porque creo que es allí en donde deben estudiarse todas esas modificaciones profundas, y aún incomprensibles a veces, que observamos en algunos caracteres históricos.

«Creo que este estudio es la primera vez que se emprende entre nosotros, pues no conozco trabajo alguno que considere bajo esta faz médica a nuestros grandes hombres y que busque en todas esas curiosas idiosincrasias morales la explicación natural y científica de ciertos actos que solo la fisiología y la medicina pueden explicar».

Ese primer volumen consta de cinco capítulos. «El primero es una reseña de los adelantos que ha realizado la Medicina en el estudio de la fisiología y la patología nerviosa, particularmente en lo que se refiere a las enfermedades mentales. En el segundo, se estudia el rol de la neurosis en la historia y especialmente en la nuestra; los tres últimos están destinados, como lo indica el título del libro, a Rosas y su época».

El libro, en que promiscuaban la medicina y la historia, era más que una esperanza; con él aparecían en nuestro medio los métodos y las orientaciones que transformaron la frenología en psiquiatría y la historia en sociología.

Tengo hecha una observación singular, leyendo las obras de aquellos escritores científicos

---

[3] 1 v. de XXII y 198 páginas, precedido de una introducción de D. Vicente Fidel López. (Primera parte: "Rosas y su época"). Editor Martín Biedma, Buenos Aires, 1879. Doble dedicatoria: "A la memoria de mi abuelo -Francisco Ramos Mejía", y "Al Circulo Médico Argentino -Testimonio de profundo respeto".

que dejan un rastro firme en la cultura de su época o de su medio intelectual. Las grandes líneas de su pensamiento definitivo se dibujan precozmente, casi siempre en su primer libro orgánico y con frecuencia en la introducción del mismo. Se explica que ello ocurra: para culminar en un determinado género de estudios se requiere -además de aquellas aptitudes que Salamanca no prestaba —una aplicación constante y unitaria, desenvuelta en largo espacio de años. Es ello imposible para los que no saben elegir tempranamente su camino; por eso -no me canso de repetirlo— sólo cabe esperar verdadera obra fecunda de aquellos jóvenes que poseen una orientación segura e ideas generales precisas antes de llegar a los treinta años.

El primer libro de Ramos Mejía tenía esas cualidades superiores, adquiridas en vastísima lectura, que con amor verdaderamente paterno estimulaba un grande hombre que fue su "director espiritual": el historiador D. Vicente Fidel López. Cien veces lo he oído referir sus largas pláticas; tengo por seguro que su influencia fue decisiva para la orientación intelectual del joven médico. Junto con su afición por los estudios históricos le transfundió sus tendencias filosóficas y volterianas, sus pasiones políticas, sus gustos por las bellas letras y sus aristocráticos apegos de "porteño viejo" por todo lo que implicaba una evocación episódica del pasado de la ciudad. Con frecuencia, hasta sus últimos años, Ramos Mejía gustaba de pasear la "calle Florida", como hiciera en su juventud, entrando y saliendo de las librerías, deteniéndose en las vidrieras, saludando viejos amigos que frecuentaban "el centro" como él; y no podría contar las veces que, recorriendo el viejo barrio que se extiende al Sud de la Plaza de Mayo, se detenía Ramos a contemplar alguna casa colonial o "rosina" para contarnos tal oportuna anécdota relativa a la vergonzante reliquia arquitectónica.

Por todo ello, ideas y costumbres, pasiones y gustos, Ramos Mejía estaba impregnado del perfume espiritual de D. Vicente Fidel López, a quien no tuve la suerte de tratar personalmente. López, como era natural, fue el prologuista de las "Neurosis". Aunque profeso grande admiración literaria por su monumental "Historia Argentina", este prólogo me parece su más valiosa página filosófica; con motivo de exponer las doctrinas del prologado, López da una sintética y precisa muestra de sus propias ideas generales. Lo que dice el libro —palabra más, palabra menos—, podríamos escribirlo cuarenta años después; bien merece que nos detengamos a leer sus primeros párrafos, ya que, según dijimos, esta obra dejó netamente definida la ulterior personalidad intelectual de Ramos Mejía.

«En sus fines, en su estilo, en su plan y en sus doctrinas, este libro es un libro de ciencia pura: lo que basta para decir que es un libro escrito con aquella independencia viril, y franqueza de convicciones, que tiene el pensador que se ha propuesto estudiar los fenómenos de la vida social e histórica, sin otros métodos que la observación inmediata de los hechos naturales, y sin otra lógica que la que resulta del encadenamiento mismo de estos hechos con las causas físicas (diríamos, más bien, fisiológicas) que los producen en cada organismo.

»Si no nos engañamos, esta es la primera manifestación científica que se hace entre nosotros de las aspiraciones de la Fisiología moderna a extenderse en el terreno nebuloso, que estaba reservado hasta ahora a la "Teología" y a la "Psicología". Y es muy natural que este eco vivaz y sonoro de los grandes adelantos y de las grandes aspiraciones que las Ciencias Naturales tienen en nuestro siglo, salga de uno de los alumnos de nuestra brillante Escuela de Medicina, que, por sus estudios y por sus aptitudes literarias, viene mejor preparado para ser un escritor serio».

En las dos primeras páginas de su capítulo I, que es una verdadera "introducción", Ramos Mejía dice todo lo necesario para definir su dirección científica y filosófica. No se para en rodeos. Comienza con estas palabras: «La profecía maravillosa de Voltaire se ha cumplido. No era posible resolver el problema del alma hasta que la anatomía no hubiera penetrado en la constitución íntima de esa pulpa divina que palpita bajo la cúpula del cráneo». Después de tal premisa expone los resultados de la fisiología cerebral y de la patología mental, con grande acierto, para formular en el Capítulo II las relaciones generales de la psiquiatría con la historia.

Es necesario tener presente lo que eran los estudios de patología mental en Buenos Aires, en 1878. Me atrevería a afirmar que un solo médico los había cultivado con alguna seriedad: Lucio Meléndez, que más tarde inició la enseñanza de esta materia en nuestra Facultad de Medicina (1886); con mucho talento había escrito, también, algunas páginas Eduardo Wilde. Tan escasos antecedentes agregan mérito al libro de Ramos Mejía, quien fue, de hecho, el creador de la psiquiatría en nuestro país.

Conocía, con suficiencia, toda la bibliografía francesa de esa época, que era por entonces, sin disputa, la mejor de Europa: son muy contados los autores de valía que no cita. Esa erudición técnica aparece equilibrada por otras lecturas científicas y literarias, no escaseando los autores clásicos y los filósofos evolucionistas. En conjunto, leyendo las

"Neurosis", se comprende que han sido escritas por un hombre de cultura integral.

Sin detenernos sobre la parte del libro que se refiere a "Rosas y su época"; —pues el autor la rehízo, ampliándola muchísimo y corrigiéndola, en su obra de madurez— nos bastan esos datos para comprender su significación en la historia intelectual argentina. Ramos Mejía es, entre nosotros, el iniciador de ese género científico: hasta ahora nadie ha superado sus originales aplicaciones de la psiquiatría al estudio de la historia argentina.

Verdad es que el autor no se detuvo a criticar el valor histórico de las fuentes a que acudió en busca de datos: tomó por verdades probadas las más burdas patrañas de los panfletistas unitarios, repitiendo disparatadas anécdotas inventadas por la imaginación febriciente de algunos proscritos.

Sus citas de Rivera Indarte, de Lamas y de otros, parecen hoy recortes de "crónicas de policía" intercaladas por error en un libro de medicina, escapadas de su destino legítimo: los folletines terroríficos de Eduardo Gutiérrez. Pocos años más tarde lo comprendió así el mismo Ramos Mejía; en "Rosas y su tiempo" hallaremos otro Rosas que el de "Las Neurosis de los Hombres célebres".

Sarmiento, que tenía el don de husmear el ingenio de los otros, reconociendo a los miembros de su propia familia, fue de los primeros en escribir sobre las "Neurosis"[4]. Honrado como era, no pudo eximirse de dar a Ramos Mejía un consejo de polemista arrepentido, ya que también su "Facundo" había contribuido a formar la "leyenda" de la tiranía. «Prevendríamos al joven autor que no reciba como moneda de buena ley todas las acusaciones que se han hecho a Rosas en aquellos tiempos de combate y de lucha, por el interés mismo de las doctrinas que explicarían los hechos verdaderos». Sarmiento sabía muy bien porqué lo decía.

Ese artículo y el prólogo de López consagraron al escritor; ningún otro argentino fue llevado por manos más ilustres a la pila bautismal de la gloria.

Cuatro años más tarde el mismo Sarmiento apadrinó su confirmación, comentando la segunda parte[5]. El escritor estaba ya maduro: hay más seguridad al enunciar las doctrinas científicas, mejor sentido crítico en las apreciaciones históricas, mayor erudición. La forma literaria está más cuidada. La melancolía del dictador Francia, el alcoholismo del fraile Aldao, el histerismo de Monteagudo, el delirio de las persecuciones del almirante Brown, son estudiados con agudo talento, aunque en verdad forzando el valor de ciertos detalles que convergen a confirmar la tesis fundamental de la obra[6].

El valor médico de esos cuatro ensayos no es homogéneo, ni lo es su valor literario. El diagnóstico retrospectivo del delirio de las persecuciones del almirante Brown resulta exactísimo, evidente; no lo es menos el delirio alcohólico alucinatorio del fraile Aldao; el histerismo de Monteagudo podría ser muy bien "instabilidad mental"; la melancolía del doctor Francia no resulta cabalmente demostrada. Muchas páginas alcanzan verdadero mérito literario; sobresalientes, entre todas, son las últimas del capítulo IV, destinadas a describir el delirio alcohólico alucinatorio del fraile Aldao, llenas de eficacia y de emoción, aterradoras en ciertos pasajes.

Ramos Mejía tuvo siempre gran cariño por su obra primogénita.

---

[4] Vol. XLVI, pág. 293.
[5] Vol. XLVI, pág. 300.
[6] Un vol. de 283 páginas, editor Martín Biedma, Buenos Aires, 1882.

En los quince años que duró nuestra amistad -desde que fui su alumno hasta su muerte- le propuse muchas veces que reeditara las "Neurosis", convertidas en joya bibliográfica. No se atrevía; comprendiendo que era imprescindible pulir la forma y salvar algún error de detalle, resistíase a tocar aquel libro, para él tan lleno de recuerdos. Alguna vez me dijo, en su pintoresco lenguaje familiar: «Los libros son como las criaturas. Los padres no pueden corregirlos, porque tienen miedo de lastimarlos».

A principios de 1911 me confió la tarea de efectuar una reedición de la obra, corrigiendo detalles de forma, en cuanto ello no alterase las características de su estilo; estableció que los dos tomos serían refundidos en uno solo, suprimiendo toda la parte del primero que trata de "Rosas y su época", por haberla desenvuelto él mismo en su obra posterior "Rosas y su Tiempo". Mi ausencia del país postergó el cumplimiento de su deseo: espero satisfacerlo en breve, afrontando las dificultades que encuentra en nuestro medio toda iniciativa editorial[7].

---

[7] Es indudable que Ramos Mejía tuvo, hasta 1895, la intención de rehacer "Las Neurosis", dividiéndola en dos obras distintas. En "La Locura en la Historia", de esa fecha, anuncia, en efecto, en preparación: "Rosas y su tiempo" y "Psicología de los grandes hombres de La Historia de América" (2° edición de "Neurosis de los hombres célebres", etc.). Nunca puso manos a esta última; en 1899 había desistido de hacerlo, pues ella deja de figurar entre las obras en preparación anunciadas en "Las Multitudes Argentinas". Después de 1900 conversamos del punto, en el sentido que dejo consignado.

En la reedición, que aparecerá muy en breve, he creído oportuno conservar los capítulos relativos a "Rosas y su época", por el interés que ello tiene para estudiar la evolución mental del escritor coincidiendo mi propósito con el deseo explícito de sus deudos.

III. La actuación universitaria de Ramos Mejía

Al mismo tiempo que componía las "Neurosis", Ramos Mejía puso lo más fresco de su juventud al servicio de una bella causa, que tuvo en su tiempo gran trascendencia cultural. El 12 de Diciembre de 1871 promovió una agitación estudiantil, con motivo del suicidio de un estudiante de jurisprudencia, injustamente reprobado; el movimiento cundió en el mundo universitario y encontró el apoyo de algunos profesores liberales, planteándose de inmediato el problema de la reforma universitaria. En unión con José María Cantilo, Juan Carlos Belgrano, Patricio Sorondo y Francisco Ramos Mejía, fundó un periódico de oportunidad, el "13 de Diciembre", en el que colaboraron D. Vicente Fidel López y D. Juan María Gutiérrez. La campaña iniciada por Ramos Mejía, en "La República", fue auspiciada por "El Nacional" y "La Libertad", que a la sazón dirigían Aristóbulo del Valle y Manuel Bilbao. Toda esa vasta conjunción de esfuerzos tuvo por resultado la obtención de las reformas pedidas, organizándose por separado las facultades superiores, hasta entonces mezcladas con la enseñanza secundaria. Esa transmutación de la Universidad de Buenos Aires, operada de 1873 a 1880, fue impuesta por la voluntad de los estudiantes, organizados para presionar a las autoridades universitarias[8]; José M. Ramos Mejía, iniciador del movimiento estudiantil, fue fundador y primer presidente del "Círculo Médico Argentino", título que ostenta con legítimo orgullo bajo su nombre, en la carátula de las "Neurosis".

La orientación natural de sus estudios, en un todo paralela a sus inclinaciones filosóficas, condújole a especializarse en la patología nerviosa y mental; en pocos años descolló en

---

[8] La historia oficial de la Universidad llega a las mismas conclusiones, aunque describe los sucesos de distinta manera, como es natural.

—Un incidente ordinario en la marcha de cualquier casa de estudios determinó una serie de sucesos lamentables y llevó la Universidad a una situación anormal, insegura y llena de inquietudes. La reprobación de un estudiante de jurisprudencia, en, diciembre de 1871, ocasionó su suicidio. Este hecho doloroso repercutió hondamente entre los alumnos, a quienes alarmó y condujo a la indisciplina y a la rebelión contra algunos de sus profesores. Los profesores hostilizados renunciaron, en el interés de volver la tranquilidad al establecimiento y de calmar la agitación estudiantil. Las renuncias no se aceptaron en el momento; pero, medidas de oportunidad adoptadas con firmeza, restablecieron el orden y acallaron las quejas, tan apasionadamente manifestadas.

Esta perturbación, cuyo desarrollo se atribuía en parte a los vacíos del Reglamento, persuadió al Rector de la necesidad urgente de preparar una ley orgánica de instrucción pública que abrazara todos los ramos y adaptara nuestras prácticas a este respecto a lo que nos muestre como más adelantado la experiencia de las naciones cultas, y en especial las que se rigen por instituciones libres. El Ejecutivo, por su parte, pensaba que los hechos producidos demostraban que la disciplina interior no estaba perfectamente cimentada, careciendo de los resortes necesarios para mantenerse debidamente, y que el régimen de la enseñanza, y el adoptado para la rendición de las pruebas anuales, tenían defectos que era necesario corregir. Consideraba, pues, reclamada con urgencia la revisión y reforma del Reglamento; y encomendaba al Rector la reunión del Consejo universitario, a fin de que propusiera inmediatamente tal reforma. Además, aceptaba la indicación de proyectar una ley orgánica de la instrucción pública y confería al mismo Rector el encargo especial de prepararla.

nuestro mundo médico y fue un acontecimiento para la Facultad de Medicina su ascensión a la Cátedra de Patología Nerviosa (1887), creada expresamente para incorporar su valioso ingenio a la enseñanza.

Ramos Mejía no era orador; el público le incomodaba. Más de una vez escribió bellísimas oraciones, que a última hora hizo leer por este o aquel amigo. Era, en cambio, un conversador interesantísimo. Llevó a la cátedra esas cualidades; sus lecciones eran charlas familiares con los alumnos, ante el lecho del enfermo. Allí nació nuestra amistad que, andando el tiempo, la comunidad de ideas y el ahondarse del cariño convirtieron en una intimidad de padre e hijo.

En la cátedra se hastió muy pronto. No hizo esfuerzo alguno para adquirir las aptitudes exteriores que dan brillo a la docencia; es frecuente que los escritores rehúyan el ejercicio de la palabra en público. Ramos Mejía acostumbraba hacerme esta reflexión, que hoy encuentro justísima, después de haber desempeñado varios años una cátedra universitaria: «Es tiempo perdido, para el que pueda escribir obras propias, preparar dos veces por semana un discurso sobre temas que están tratados en los libros de texto»; alguna vez, refiriéndose a los malos estudiantes, le oí una frase significativa: «Esto es cortar adoquines con navaja de afeitar». No sorprende, pues, que al cabo de algunos años fuera un profesor poco entusiasta y de escasa puntualidad.

Ramos se sentía otra cosa, y lo era. Ramos era un maestro, un director de inteligencias. En ese sentido su influencia fue eficacísima, primero entre sus coetáneos y más tarde entre los jóvenes.

Fue hombre de consejo en aquella vigorosa pléyade intelectual que durante dos décadas luchó por renovar la enseñanza en nuestra escuela de Medicina. Rawson, Wilde, Pirovano, fueron sus precursores. Después del 80, se incorporó a la enseñanza la generación de Ramos Mejía, que empezó a lavarse las manos, creyó en los microbios e hizo cortes histológicos: Novaro, Aguilar, Wernicke, Decoud, Llobet, Arata, Penna, Podestá, Güemes, Udaondo, Lagleize, Antonio Piñero, Susini, Sommer, Revilla, Naón, Meléndez, Obejero, Señorans, Chayes, Ayerza. El año 90 el espíritu de la

Facultad estaba cambiada; los "jóvenes" habían suplantado la influencia de sus predecesores, que fueron probos maestros y distinguidos médicos de su tiempo. De esos "viejos" hemos conocido una docena: Porcel de Peralta, Albarellos, Leopoldo Montes de Oca, González Catán, Aguirre, Mallo,

González del Solar, Spuch, Astigueta, Blancas, Herrera Vegas, Baca. Los más de ellos conservaron el tipo físico y moral del médico antiguo, sentencioso en el decir, grave en el andar, severo en el vestir; su moral médica parecía más rígida que la actual, y en realidad consideraban su profesión como un noble sacerdocio. Por esas cualidades eran admirados y respetados por los jóvenes; pero, en verdad, su mucha virtud no se oponía a que desconfiasen de los microbios y dudaran de los laboratorios. Creían más en el "ojo clínico" y en la "larga práctica", excelentes cualidades empíricas que nunca han bastado para constituir la ciencia.

A esa transformación de nuestra Escuela de Medicina prestó Ramos Mejía un concurso valiosísimo, por sus dotes eficaces de escritor y por la fundación del "Círculo Médico Argentino". Así lo recordó él mismo, al volver años más tarde a la presidencia de esa institución, «cuyos primeros pasos inciertos los ha dado tomado de mis manos».

«Han pasado ya algunas generaciones de médicos y de estudiantes, dejando muchos de ellos su noble nombre escrito en cada tramo del camino recorrido por él.

»Este Círculo Médico, que pasa casi desapercibido en medio del bullicio atronador en que se revuelven los habitantes de esta capital, encierra en las humildes páginas de su historia casi una epopeya; porque resume en ella el esfuerzo vigoroso de una generación, que en medio de la hostil indiferencia de los viejos augures, luchó con éxito relativo por la reforma de la enseñanza superior, venciendo tradiciones obstruccionistas que habían detenido la marcha de la Universidad en plena era colonial.

»Fueron los hombres del Círculo Médico los que iniciaron las reformas universitarias con el movimiento del 13 de Diciembre que, a pesar de la apariencia de un simple motín estudiantil, era, sin embargo, la expresión viva y activa de las aspiraciones de una juventud engañada por promesas de mejor suerte intelectual que no se cumplían jamás. No me cansaré de insistir sobre el mérito de esas mejoras, que conquistamos con el trabajo y la propaganda, que no por ser de humilde origen dejó de obrar poderosamente en el espíritu de los que gobernaban, sembrando los gérmenes de las transformaciones que se han operado después en la enseñanza. Ahora, vosotros, los que estudiáis, tenéis en vuestras manos elementos precisos de trabajo, tenéis cierta independencia en el pensamiento científico, y hasta en muchos actos escolares, de que carecíamos entonces; la educación es más amplia, y las aspiraciones del espíritu, hasta en sus exigencias más pueriles, tienen una satisfacción inmediata a que nosotros no podíamos aspirar».

«Aparte de ser esto el producto de las transformaciones naturales que hace experimentar el progreso a todas las cosas es la consecuencia, la expresión de un deseo que palpita en todas las cabezas, cual es el de cultivar la inteligencia, el amor a la ciencia que ennoblece, el perfeccionamiento del espíritu por el estudio y la investigación, pacientemente buscada y siguiendo el precepto inmortal del viejo sabio de Bremen 'la ciencia por la ciencia', no la ciencia por el lucro, no la ciencia en sus aplicaciones sensuales al bienestar material, no como simple instrumento al servicio de una profesión»[9].

---

[9] Discurso, en "Estudios Clínicos sobre las enfermedades nerviosas y mentales", pág. 37 y siguientes.

Esta vigorosa influencia de Ramos Mejía sobre la generación que transformó nuestra enseñanza de la Medicina fue olvidada con el andar del tiempo, por la orientación histórico-sociológica que primó en sus siguientes estudios.

Ese es, sin embargo, uno de sus títulos más altos en la evolución de nuestra cultura universitaria, al que es justo agregar otro, no menos importante.

Con la generación de Ramos Mejía comienza en nuestro país la producción científica en las disciplinas médicas: insegura y humilde en sus comienzos, firme y lozana hoy, en las últimas generaciones. Contribuyó muchísimo a ello Ramos Mejía, que siendo escritor se vio precisado a combatir el horror a la imprenta de que parecían poseídos los médicos de la generación anterior.

«No quisiera pasar —decía— esta oportunidad sin decir dos palabras sobre una perjudicial preocupación que domina a nuestros médicos, ya que con este motivo he traído a vuestros oídos el nombre respetable de Renan: el más grande e irreprochable escritor de su tiempo. Se ha creído siempre entre nosotros, y los viejos maestros nuestros se han encargado de transcribirlo, como animados de un santo horror ortodoxo, que el perfecto médico debía ignorar por completo las más rudimentales nociones de la educación literaria; que para ejercer con éxito este noble arte que ejercemos, era menester que desconociéramos los más bellos productos del espíritu en esa amable y atrayente rama de los conocimientos humanos indispensables, y que el clínico perfecto debía apenas saber coordinar dos malas ideas sobre el papel.

Error, señores, error funesto para la educación superior que recibíamos. En ese tiempo, y no creáis que exagero, porque todavía hay entre nosotros ejemplares de adeptos empecinados de esa escuela; en esa época, llamar "literato" a un estudiante equivalía a la clasificación de "hereje y judaizante" en los tiempos de Arbúes y Torquemada. Yo fui una de sus víctimas, porque cuando, por razones que no ignoráis, quisieron levantarme un proceso público por haber empleado "mi literatura" en beneficio de aquella vieja y venerable institución, dijeron, en descargo de sus conciencias meticulosas, que yo era "un estudiante literato", "un escritor", como si dijéramos "una pequeña furia del Averno" o un candidato al ostracismo de la ciencia: "*Non erat dignus entrare in illa docto corpore*", como decía graciosamente ese inolvidable medicastro que ha inmortalizado el genio de Molière. Aquellos antiguos caudillos del año 20, que vestían chiripá y sombrero alto, adornado con el elástico de grandes plumas, en burlescas solemnidades, llamaban desdeñosamente "doctores" a los hombres de letras que creían tener más derechos que ellos para manejar el país. Los médicos que creen que el saber expresar con buenas formas las ideas establece incompatibilidades con la clínica, pueden asimilárseles, porque es un signo de barbarie, un síntoma de inferioridad mental, creer que el rol del médico en la sociedad moderna es el mismo que en los tiempos de Molière»[10]. Y, ampliando el comentario, sostenía que los más grandes maestros de la medicina habían sido siempre eximios escritores, que aunaban su mucha ciencia al arte de saberla expresar en páginas cordiales y eficaces.

Esta prédica la acompañó con el ejemplo.

La labor de Ramos Mejía como escritor médico es abundante; la mayor parte de sus estudios médico-legales ha quedado dispersa en revistas técnicas, o inédita. Un buen lote, de gran mérito, está reunido en el volumen "Estudios clínicos sobre las enfermedades nerviosas y mentales"[11].

El discurso pronunciado en la inauguración de la Cátedra de Enfermedades Nerviosas es una pieza académica: en esa época nadie habría podido marcar rumbos a esta enseñanza con más precisión y doctrina; igualmente docta es la oración inaugural del curso de 1891, siendo ambos trabajos de verdadero vuelo filosófico dentro de las ciencias médicas.

Sus "lecciones" y sus "estudios médico-forenses" versan sobre la degeneración, las neurosis y las enfermedades mentales. Basta leerlos para advertir la versación del autor en tales materias; hace un cuarto de siglo, y en nuestro país, sorprendían por su aguda perspicacia y por su erudición constantemente al día. Bien merece, por ello, el título de iniciador de la psiquiatría argentina, ya que ningún otro de sus predecesores o contemporáneos ha enriquecido con estudios de tanto mérito la bibliografía nacional.

Su influjo de maestro fue más visible entre los hombres jóvenes, que supo atraer con el doble prestigio de su virtud personal sin aspavientos y de su vasta ilustración sin solemnidad. Así fuimos discípulos suyos una docena de profesores, alienistas y escritores: José R. Semprún, Francisco de Veyga, Luis Agote, Fermín Rodríguez, Horacio Madero, Fernando Alvarez, Lucio V. López, Augusto Osorio, Justo P. Garat, Raúl Novaro, Raúl Goyena, yo, y otros estudiosos que no han tenido tiempo de adquirir personalidad intelectual. A la cátedra, al libro, hemos llevado, todos, algún rastro de sus enseñanzas o de sus consejos: quien tal cosa consigue se eleva mucho sobre el rango común del profesor -que los hay por centenas en la Universidad- y merece el título más honroso y significativo de Maestro.

---

[10] Loc. cit.

[11] 1 volumen de 300 páginas, editor Félix Lajouane, Buenos Aires, 1893.

IV. La locura en la historia

Su actuación descollante y la notoriedad que había adquirido como escritor, hicieron más fácil su carrera médica, preparándole el acceso a los altos cargos administrativos. A poco de terminar sus estudios tuvo ocasión de prestar a nuestra medicina pública un servicio extraordinario: siendo Vicepresidente de la Comisión Municipal de Buenos Aires (1882) promovió la creación de la Asistencia Pública y fue su primer director (1883), bajo la intendencia inolvidable de Torcuato Alvear. En las memorias oficiales de la institución están consignadas sus múltiples iniciativas científicas y humanitarias, que, solas, bastarían para perpetuar su nombre en la historia médica argentina. En justo homenaje a tan altos servicios la Municipalidad de Buenos Aires ha llamado "Hospital Ramos Mejía" al antiguo Hospital San Roque, en cuyo local funcionó originariamente la Asistencia Pública, fundada por él[12].

Esa labor administrativa robó parte de su tiempo a los trabajos propiamente intelectuales. Afortunadamente el paréntesis fue breve. Una obra de índole médico-sociológica, semejante a "Las Neurosis", enriqueció la bibliografía de Ramos Mejía: "La Locura en la Historia - contribución al estudio psicopatológico del fanatismo religioso y sus persecuciones"[13].

Me ha referido Ramos Mejía que tuvo la idea de escribir esta obra leyendo el admirable capítulo de Paul de Saint Victor "*La Cour d'Espagne sous Charles II*", en el leidísimo libro "Hombres y Dioses": diré, de paso, que Saint Victor fue uno de los escritores literarios más admirados por mi maestro y es visible que en él aprendió el difícil arte de dar cierta suntuosidad al estilo, sin caer en la grandilocuencia retórica.

Tuvo Ramos el buen gusto de insistir ante Paul Groussac para que le prologase el libro, no obstante haberle manifestado el docto crítico que disentía radicalmente de la escuela

---

[12] «Guiado por el impulso de su entusiasmo creador, trazó un vasto programa, tan vasto que su desarrollo sólo podía tener lugar con los años, en un país donde todo tenía que hacerse, y donde escaseaban los recursos para llevarla a cabo. Sin embargo, a pesar de las muchas dificultades que tuvo que vencer, consiguió organizar los servicios más urgentes y dejar bien sentadas las bases de la mayor parte de lo que hoy, en plena ejecución, ha levantado a esa institución a una altura que todos miramos con orgullo y que del extranjero vienen a estudiar para poder imitar.

Bajo su dirección se creó el servicio médico seccional, destinado a la asistencia de enfermos, el laboratorio bacteriológico, el instituto antirrábico, las salas de urgencia, los consultorios de la Casa Central y el servicio de ambulancias, que, paulatinamente mejorado, tanto admiramos por los inestimables servicios que presta todos los días.

Tuvo ocasión de ahogar en un principio, gracias a sus enérgicas y prudentes medidas, dos invasiones de enfermedades exóticas, una de fiebre amarilla importada por viajeros procedentes del Brasil, que produjo pocas víctimas, y otra de cólera asiático que empezaba a desarrollarse con caracteres alarmantes, y que, desgraciadamente, saliendo de la Capital, se difundió por varios puntos del interior de la República.

[13] 1 volumen de 690 páginas, editor Félix Lajouane, Buenos Aires, 1895.

médico-histórica cuyos principios se postulaban en la obra. A este bello gesto, revelador por sí mismo de una gran cultura intelectual, debemos el meritísimo estudio de Groussac, más encaminado a impugnar la doctrina general que a desmerecer el valimiento de su aplicación concreta.

Groussac ha resumido con precisión la tesis sustentada en "La Locura en la Historia". «La locura —dice— bajo sus formas insidiosas y parciales, ha desempeñado un papel capital en la historia de la humanidad, singularmente en los países de gobierno absoluto, donde, por naturaleza de éste y definición, la suerte de los pueblos dependía en un todo de la voluntad, de la inteligencia, y del carácter de los monarcas. A esta consideración individual, el autor añade el estudio de las creencias y pasiones colectivas que, salvando las vallas de la razón, han obrado a manera de delirio comunicado o epidémico, e influido desastradamente en la evolución histórica de un pueblo: así, por ejemplo, la Inquisición española».

Es indudable que la crítica de Groussac no produjo una impresión propicia al libro: «no puede ser buena —se pensó— una obra cuyos fundamentos son inexactos». ¿Lo son? En parte, sí, evidentemente; las más de las objeciones puestas por Groussac a la teoría de la herencia, en general, y particularmente a la degeneración hereditaria, tenían serio fundamento. He leído más de una vez ese prólogo sesudo y mi impresión es siempre la misma: son objeciones exactas (con alguna que otra excepción rara) en el detalle, pero no invalidan lo esencial de la doctrina. Tan es así que, aun aceptando la doctrina, podrían ser suscriptas casi todas; y esto no escapó a la aguda perspicacia del mismo Groussac. Tengo por cierto, en cambio, que el prologuista no dejó demostrado que «la degeneración hereditaria (...) no es sino una hipótesis sin fundamento», aunque pueda ser inexacta «con su especial evolución», frase que interpola donde hemos puesto los puntos suspensivos. A pesar de esto, diré, por mi parte, que si adoptara el criterio disolvente que Groussac aplica en su prefacio, llegaría yo mismo a suscribir las más de sus conclusiones, máxime en cuanto ellas se refieren a las falacias del método médico-histórico.

Todo ello no resta méritos, en mi entender, a la obra de Ramos Mejía; y para no repetir sin comillas las opiniones de Groussac, prefiero mencionar las frases ecuánimes con que él las expresa.

«Bajo el supuesto —que es necesariamente el mío— de haber demostrado lo inconsistente de la tesis psiquiátrica, ¿habría de deducirse la inutilidad o el escaso valor de libros como 'Locura en la Historia?'. De ninguna manera; y es prueba de ello el mero hecho de estar yo escribiendo esta introducción. He combatido con franqueza, y probablemente con más coraje que eficacia, una doctrina que no reputo científica; pero la obra misma de Ramos Mejía queda interesante por muchos de sus aspectos eruditos y literarios.

»Las observaciones de detalle y muchas inducciones psicopatológicas subsisten, si bien algunas veces extraviadas por un erróneo concepto histórico o la aceptación de autoridades sospechosas. En los capítulos consagrados a las persecuciones religiosas en los primeros siglos, en la monografía del inquisidor español, las vistas finas o profundas se suceden en cada página. El capítulo de entrada, que tiene más de cien páginas, es como un libro en el libro, y presenta un cuadro abreviado de la frenopatía de la historia, exuberante de información y colorido. Sobre todo, ¿quién podría olvidar la belleza literaria de tantos fragmentos como se destacan del fondo discutible de la doctrina: la pintura de la Grecia adolescente y grácil, la leyenda sombría del Judío errante, el cuadro de las cruzadas y ese retrato aterrador de Torquemada, que trae a la mente al 'Monje arrodillado' de Zurbarán, espectro del implacable fanatismo que ofrece a Dios, a guisa de flores e incienso, la calavera de alguna víctima?

»'La teoría es gris, pero verde es el árbol de la vida'. Así se expresa la sabiduría por boca de Mefistófeles. La vida, en la obra de Ramos Mejía, está en los detalles y en el estilo, en las cien páginas vibrantes que forman el follaje del libro y revelan el talento personal del autor emergiendo inerte del fondo de las doctrinas sepultas...

»¿Acaso la ambiciosa 'Filosofía de la Historia' no es toda ella una hipótesis arbitraria y prematura, cuyas conclusiones no resisten a la prueba disolvente de la crítica? Nadie, empero, quisiera borrar de la lista de las grandes producciones humanas las vastas síntesis de Herder y Hegel, los atrevidos bosquejos de Buckle y Quinet.

»Lo propio habremos de decir de la Patología histórica. Aunque resultaron fallidas todas las generalizaciones que se han inducido sin base suficiente, libros como la 'Locura en la Historia' son testimonios elocuentes de valor intelectual y estudiosa energía que honran a su autor y a la naciente literatura científica de la América del Sud».

Como discípulo y amigo de Ramos Mejía he querido, ex profeso, detenerme en la crítica de Groussac, para desvanecer la leyenda absurda de que el prologuista escribió contra el libro que prologaba: leyenda explicable en un medio intelectual acostumbrado a llamar "críticas" a inocentes loas de camaradería. Hizo de la obra los elogios que merecía, sin regatearlos; pero ello no impidió opinar contra teorías generales que consideró inexactas, con lo que no amenguó el valor de 'La Locura en la Historia' y sí aumentó, ciertamente, el interés agridulce de la edición. Si López y Sarmiento dieron el lustre de su gloria madura a las "Neurosis", agregó Groussac el de su docta autoridad a la segunda obra fundamental del eminente alienista.

En la primera parte de la obra analiza Ramos Mejía la evolución de la locura en la historia, como determinante de la conducta individual de los grandes directores de pueblos y sectas; desde los tiempos griegos y romanos hasta los medioevales y modernos, recorre con mucha doctrina y erudición los casos más célebres de "locuras históricas". Estudia a continuación las persecuciones religiosas y los efectos del fanatismo, mostrando el sedimento patológico de las muchedumbres enardecidas por una u otra fe contra esta o aquella herejía.

Ramos Mejía atribuye a las perturbaciones del sentimiento religioso «los delirios del misticismo, las locuras epidémicas, los estragos de la Inquisición, las guerras interminables de religión que han hecho más mal al mundo que la guerra política»; en todo ello ve un fondo patológico y considera que ciertos momentos de la historia humana serían incomprensibles sin el auxilio de la psiquiatría. El análisis previo del delirio religioso en el individuo le sirve «para comprender mejor su desenvolvimiento en la multitud, que tiene otra manera de delirar y otro procedimiento, si bien el tinte general de las ideas y por consecuencia el fondo del delirio es el mismo». Aquí parece mucho más difusible aunque menos profundo y, sin duda, no tan grave en cuanto a sus efectos demenciales; es mucho más bullicioso e impulsivo, pues aunque el carácter de su tono general suele ser profundamente melancólico, su evolución por accesos y las tendencias locomotrices con cierta agitación febriciente, le dan más bien un tipo maníaco. Esa locura es, por excelencia, deambulatoria y movediza como todas las psicopatías populares y el decaimiento que sucede a menudo a un período de agitación desordenada, equivale más bien a la tranquilidad de la reacción de un período de convalecencia, que al estupor profundo o a la demencia terminal de ciertas formas deprimentes.

Las ideas de persecución predominan de una manera casi patognomónica; las turbas son siempre "perseguidas", y por eso también son, en una escala tan grande, doblemente "perseguidoras". Todos los degenerados, neurópatas y, en general, los predispuestos a la locura, se contagian de los fanatismos dominantes en cada época, engrosando las filas de las sectas y determinando la aparición de esas locuras epidémicas de carácter religioso que imprimen a ciertas épocas de la historia un sello de terror frenético y siniestro.

El estudio atento de esos hechos impone a Ramos Mejía esta conclusión: «La aptitud para el fanatismo religioso es, según lo tiene demostrado la patología mental, un signo de inferioridad, tal vez un estigma degenerativo, lejos de ser de perfeccionamiento como quieren algunos.

Recorred con espíritu científico esa oscura y triste regimentación de la clínica psiquiátrica, y vais a encontrar siempre tal exaltación caracterizando con cierta persistencia ilustrativa las formas más demenciales y degenerativas de la locura y de la agenesia intelectuales: la histeria, la epilepsia, la imbecilidad, los delirios parciales de los degenerados hereditarios, las debilidades mentales, etc., presentan frecuentes delirios religiosos, y en algunas de esas enfermedades sólo se manifiestan delirios religiosos».

Considera Ramos Mejía que las manifestaciones "espirituales" —por así decir— de la religión dan mayor pasto a la locura que la "materialización" externa del culto. Y llega a esta interesante inducción: «Pienso que la religión católica paga menos tributo a la locura desde que se ha hecho más sensorial e idolátrica, desde que ha abandonado el cerebro para llamar a los sentidos, desde que ha dejado de ser tan divinamente espiritual como era en sus comienzos, para hacerse un tanto material y hasta grosera, con las exageraciones crecientes del culto externo.

»Ese tributo que las religiones pagan a la locura, ¿no estará probablemente en relación con el trabajo que reclaman del espíritu? ¿Con el grado de concentración que exigen a la inteligencia?

»Las religiones de culto externo, lujoso y variado, tienen un mecanismo mucho menos complicado para comprenderlas y practicarlas; demandan menos esfuerzo de atención, sus dogmas son más claros y comprensibles, y el clérigo ahorra al pensamiento del creyente el trabajo forzado de la especulación, porque piensa por él; le da al espíritu mediocre y meticuloso el alimento digerido, "peptonizado"; disciplina y regimenta las inteligencias, y con el gran instrumento de la "fe" salva todas las dificultades y despeja todas las dudas. Para llegar a una concepción de Dios y de sus leyes, el cerebro judío y el de muchas sextas protestantes, tienen que consumir una cantidad de fuerza cerebral inmensamente mayor que el que necesita un cerebro católico, que concibe a Dios bajo formas accesibles a cualquier inteligencia: de un hombre de barba larga, de mansa apariencia por su infinita bondad y rodeado de ángeles y querubines. Los espíritus débiles, los niños, las mujeres, las personas nerviosas, los caracteres místicos y contemplativos, encuentran en sus prácticas fáciles consuelos que no ofrecen las otras que son áridas y poco consoladoras".

Páginas de interesante psicología del sentimiento religioso, como la precedente, abundan en la primera parte de la obra; con ellas queda el lector preparado para leer la segunda, en que se estudian la psicología del inquisidor español, la personalidad moral de Torquemada bajo el punto de vista de la psiquiatría, las denuncias y delaciones de los alineados y de las histéricas en los procesos de herejía, y otros problemas conexos.

El prologuista de la obra ha señalado, con caluroso elogio, la admirable elocuencia de algunas páginas; nos detendremos solamente en el último capítulo de esta segunda parte, por desenvolverse en ella una idea de mucha originalidad médico-sociológica.

El título —"La selección de la especie humana por medio del Santo Oficio"— enuncia netamente el problema estudiado. Ramos Mejía expone, de conformidad con Darwin, el concepto de selección natural y artificial, para establecer la necesidad de la selección en la especie humana.

Considera que sólo el Santo Oficio ha practicado -involuntariamente, se comprende- esa selección en vasta escala, suprimiendo millares y millares de alienados y desequilibrados que, en plena epidemia de locura religiosa, cayeron realmente, o se acusaron de caer, en herejías. Del estudio médico retrospectivo, bien documentado, infiere Ramos Mejía que las poblaciones de Europa atravesaban por una época de profunda insalubridad, de pestes, fiebres, epidemias, etc.; la miseria fisiológica traía aparejada la degeneración mental. En esas condiciones propicias entra a actuar la Inquisición, como un factor de selección artificial de las poblaciones degeneradas.

«El Santo Oficio, con su serenidad de fatalidad antigua, acechaba tranquilamente el momento en que el letargo de esa doble miseria se la abandonaba inerme para colmar su obra. La temible institución se había venido desenvolviendo con cierta lentitud de gestación metódica: primero suavemente, como tanteando la tolerancia del "medio"; luego rápida y violentamente a favor de este secular decaimiento que aplastaba el carácter y degeneraba la fibra del universo todo. Tomó su vuelo cuando el hombre estaba física y moralmente postrado: lo sorprendió cuando su timidez extraordinaria le permitía derramar impunemente en el cerebro ese cúmulo de terrores y de esperanzas falaces que constituían el secreto de su arte consumado. Entonces, todos los hondos terrores de sus procedimientos, los infinitos dolores de sus tormentos cayendo sobre la tierra preparada, sobre la imaginación irritada por la larga usura nerviosa, desarrollaron primero y dieron pábulo más tarde a la locura universal que se cristaliza en forma de epidemias psicopáticas mortíferas.

»En su patogenia se siente todo el artificio maligno de aquella mano serena, que desde lo alto del quemadero desarticuló intencionalmente el cerebro de multitud de generaciones... Primero, la vaga emoción de las delaciones secretas; luego el terror constante de incurrir en algunas de esas faltas que el Santo Oficio castigaba con tanta severidad; la agitación y el insomnio después, la perpetua zozobra, las ideas de persecución con esta tendencia incierta a la sistematización clavadas en el alma, y por fin la locura franca, terrible, con toda su deplorable morfología evolucionando con el carácter ruidoso que le imprimía el genio epidémico de la época».

El famoso tribunal vino a ser chispa que incendió de locura a todos los que la incubaban a fuego lento; y fue, a la vez, el inconsciente depurativo que esterilizó en sus quemaderos la parte más insana de la población.

Desgraciadamente los perseguidores no eran más sanos que los perseguidos, ni los creyentes eran más cuerdos que los herejes; en unos y otros la misma locura epidémica se expresaba con actitudes diversas frente al dogma. Por eso los fanáticos perseguidores cumplieron al mismo tiempo otra "selección artificial", funesta para la civilización y más grave que los suplicios del circo romano: «La otra selección terrible, la selección intelectual, que ha muerto o cuando menos adormecido el pensamiento en España, es otra faz de la 'selección artificial por el Santo Oficio'; la selección de la leyenda liberal, que estigmatiza con razón el mundo entero, porque es la selección sacrílega que enmudeció al cerebro español, abandonándolo soñoliento a la inercia de su colapso secular. Hubo, pues, en ella una verdadera bifurcación dicotómica, caracterizada la una por su índole, diremos así, medular o puramente ganglionar, vale decir inconsciente y ciega, que echó afuera del mundo a los inválidos del cerebro, a los alienados, epilépticos, frailes, vagabundos, histéricos, etc.; y la otra completamente cerebral, es decir, intencionada, casi inteligente. La primera tiene la utilidad, o mejor dicho el saludable y secreto propósito de la 'puesta en acción' de una ley natural, la ciega fatalidad del destino; la otra, la inútil barbarie de una violación sacrílega.

»Las consecuencias de ambas selecciones se han hecho sentir en España de una manera sensible.

»Ningún cerebro ha sido moralmente más confundido por la Inquisición que el cerebro español. La emoción violenta del terror ha hecho estragos en él, y téngase presente que la emoción, es decir, la usura de la sensibilidad moral produce efectos destructores más terribles que cualquier otro trabajo mental. Ha sido tal vez más por la emoción que por la opresión del pensamiento que el Santo Oficio ha operado su trabajo de demolición: quiero decir que ha agotado las fuerzas vitales de ese órgano a fuerza de actuar sobre la sensibilidad moral, manteniendo durante siglos un estado de emotividad patológica cuyo resultado lo hallamos en el decaimiento de todo el sistema nervioso superior.

»El descenso de la inteligencia española en sus manifestaciones más elevadas, no depende tanto de la persecución al libre pensamiento, a las ciencias que son su expresión más genuina, como de esa 'intoxicación' por el veneno deletéreo del terror operado por un procedimiento violento y continuado».

En suma, el pensamiento cardinal de Ramos Mejía viene a ser el siguiente: el Santo Oficio efectuó dos selecciones artificiales. Por la una, extinguió legiones de alienados y desequilibrados; por la otra, suprimió todos los gérmenes de la iniciativa personal, del libre examen, de la intelectualidad, de la ciencia. Su obra no fue de mejoramiento, sino de aniquilación: «Este agotamiento, aun cuando tiene su expresión más sensible en el silencio y la indigencia de la inteligencia española, se traduce, por otra parte, en una saludable (?) falta de aptitud para la enajenación mental que es bien visible en la Península. Triste compensación, sin duda, a la deplorable esterilidad intelectual que hace de ese gran pueblo casi un analfabeto, en medio de la cultura y del progreso sorprendente de la Europa entera. Faltóle a España, como un resultado de esa selección devastadora, la exaltación cerebral en que se excedió Israel, y que se traduce en la estadística por un aumento progresivo de la locura y de las enfermedades nerviosas, y en el pensamiento por un desarrollo creciente de las letras, de las artes y de las ciencias, que duermen un sueño demasiado largo en España. Faltóle la suprema tensión de las fuerzas morales que puede alternativamente producir en Augusto Comte el genio de la 'Filosofía positiva' y la locura que rompe la armonía de sus bellas facultades; que en otro cerebro sugiere el descubrimiento de las leyes de la gravitación universal y engendra probablemente los profundos accesos de melancolía que alteraban el espíritu de Newton; que da vida y calor al cerebro de Descartes y Beethoven, al mismo tiempo que aguijonean la inteligencia y exaltan la mente hasta la alucinación.

«El cerebro español no trabaja o trabaja poco; por eso no está expuesto a los graves peligros del *'surmenage'* y a la violencia funcional que trae el aumento de todos esos males al espíritu. Las necesidades de la vida, las aspiraciones exigentes que surgen naturalmente de la ilustración y ennoblecimiento del espíritu por el estudio, las agitaciones de todo género que produce la vida intelectual en esos grandes centros, no perturba la tranquilidad soñolienta de aquel cerebro que fue en un tiempo el dominador del mundo y al que diera vida y calor con su savia exuberante».

Con ese ejemplo clásico del fanatismo religioso ilustra Ramos Mejía la influencia de la locura en la historia.

La tercera parte de la obra, consagrada a estudiar la degeneración y la locura en la casa de Austria, constituye un libro especial dentro de la obra. Compulsando numerosas fuentes históricas —aunque sin detenerse a criticar el valor muy desigual de ellas— Ramos Mejía procuró examinar sus aspectos médicos y psiquiátricos, deteniéndose particularmente en las personalidades de Carlos V y de Felipe II. Ellos legaron a sus descendientes una herencia patológica que influyó marcadamente en la ulterior decadencia española, acentuada de generación en generación durante la siniestra era de los Habsburgo.

Esta obra acrecentó grandemente la reputación de Ramos Mejía, confirmándole en el rango de psicólogo, alienista e historiador, que había ya conquistado con sus obras precedentes.

V. Las multitudes argentinas

En 1893 Ramos Mejía fue solicitado para ocupar la presidencia del Departamento Nacional de Higiene, donde su paso dejó huellas firmes de renovación científica, consignadas en "Memorias" administrativas que contarán mucho al medirse la evolución de nuestra medicina pública[14].

Ramos Mejía —dicho sea en su honor— no tuvo nunca temperamento de funcionario; era un hombre de estudio, más ideativo que actor. El Departamento Nacional de Higiene no era el escenario más propio para la culminación intelectual de este pensador, que prefería leer un clásico a revisar un expediente, escribir un capítulo científico a redactar un informe sanitario. De allí cierta apariencia de pereza que mostró en su visible vida oficinesca, vivamente contrastada por la invisible laboriosidad con que leía o escribía sin descanso. Tenía conciencia plena de que el funcionario hurtaba muchas horas u tiles al estudioso; así se explica que abreviase en lo posible los vulgares menesteres administrativos —que requieren mucha actividad y poco talento— para alargar las horas de estudio, adentrándolas en la noche. Basta pensar que, a sus ocho macizos volúmenes publicados, deben agregarse otros tantos inéditos, inconclusos los más.

---

[14] El mismo año de su nombramiento reglamentó las funciones del Departamento, deslindando las atribuciones con la Asistencia Pública Municipal, que había sido causa continua de conflictos cuando se presentaban casos de enfermedades infecciosas exóticas. Quitó al Consejo sus funciones ejecutivas, dejándole las deliberativas y de consulta, es decir, centralizó el poder en manos del Presidente, única forma de hacer eficaz su acción, quedando dividido en dos ramas: una científica, el Consejo, y otra ejecutiva, la Presidencia.

Esta división fundamental se mantiene hasta hoy. El Dr. Ramos Mejía perfeccionó y reglamentó los servicios. La orientación de su política sanitaria fue, dentro de la mayor liberalidad, la defensa del país, no basada, como hasta entonces, puramente en las medidas cuarentenarias, sino en la preparación sanitaria en todos los puntos de la República, de manera que, en cualquier momento y en cualquier punto que apareciese un enfermo sospechoso, se contara con los elementos necesarios para combatir el foco, sosteniendo que la defensa de un país no está en las medidas de urgencia, en presencia de un peligro, sino en la previsión y ajuste de todos sus servicios para prevenirlo.

Estas ideas, que son hoy las más adelantadas, fueron las que él aconsejaba en todos sus informes.

Ocasiones tuvo de ponerlas en práctica, en su lucha contra la fiebre amarilla, entonces endémica en el Brasil, combatiendo con todo éxito ese peligro constante para nosotros. Todos los años se presentaban en nuestro puerto numerosos barcos con enfermos de fiebre amarilla, habiéndose producido en cinco años en la rada doscientos seis casos confirmados. Gracias a sus sabias y enérgicas medidas, allí se detuvo el flagelo, y nunca apareció foco alguno en el país.

Dotó a la sanidad de un hospital flotante y del Lazareto de Martín García, creó la Inspección Sanitaria del Puerto, organizó los servicios de limpieza de las aguas, el Instituto de Bacteriología, hizo una seria campaña contra la viruela y tomó medidas eficaces contra la lepra.

Bajo su dirección se reglamentó el ejercicio de la medicina y el de la farmacia, redactándose el Codex Medicamentario que aún hoy rige. Creó la biblioteca, fundó los Anales del Departamento y emprendió el estudio y recopilación de datos para la Geografía Médica del país, que aún se prosigue.

Tenía horror del engranaje administrativo, y compadecía sin reticencias a los hombres sin iniciativa que entregan su personalidad al parasitario rodaje. Nunca tuvo, por otra parte, el menor reparo en afirmarlo. «Cabría igualmente en el género, pero sólo por su espíritu gregario e inapto para la lucha, aunque tal vez bondadoso, aquel "empleado antiguo" que es todo un tipo psicológico social y que durante cuarenta y cinco años no ha hecho otra cosa que seguir la rutina honorable de su empleo, en un ininterrumpido sonambulismo que lo sustrae a todas las espontaneidades del espíritu y de la voluntad.

»Todo lo que es desviación del carril, los postra en la fatiga y suscita sus alarmas; para ellos el esfuerzo sería el estallido o la muerte. Al verlos funcionar, se le antoja a uno que han de ser honorables, porque no tienen aparatos mentales para otra cosa; la malicia y el prurito de la tentación no encontrarán órgano en su simplicidad de espíritu rayana en la imbecilidad. La costumbre de una misma función, exclusiva y absorbente durante cincuenta años, no ha permitido que se forme en el cerebro el centro psíquico-motor o de ideación que sugiera y ordene el mecanismo de un acto punible. Todos estos abúlicos por temperamento o por la fuerza de la costumbre, fuera o dentro de la administración pública, son los más sólidos basamentos de los despotismos porque, como carecen de personalidad, son números y no personas, como los enfermos de los hospitales; su servilismo honesto y paciente no incomoda y se dejan conformar dentro del molde en que los vacía la mano que toma su masa dócil»[15].

En circunstancias que nunca olvidaré conocí al que fue más tarde mi maestro y mentor; la literatura, la sociología y la medicina entraron por partes iguales en la iniciación de nuestra amistad. Le encontré en un buen momento de mi formación intelectual: tenía yo veinte años y él cincuenta.

Estaba en su plenitud meridiana; yo en la edad propicia para aprender.

En 1898 cursaba quinto año de medicina y había escrito algunas niñerías sobre temas sociológicos y antropológicos. Alumno del curso de Ramos Mejía —cuyas primeras obras me eran bien conocidas— tuve la inhábil ocurrencia de "lucirme" ante él. Era su jefe de clínica el Dr. Fermín Rodríguez, autor de bellos estudios sobre "El suicidio en Buenos Aires", que hacían esperar mucho de su talento, aunque más tarde abandonó la huella del maestro. Obtuve "un caso" para exponerlo ante el profesor, y "un día" que Ramos concurrió a clase, llegó mi hora de prueba. Alcancé a decir:

—Después de leer a Charcot, a Maudsley y a Morselli, considero...

—No siga —me dijo el profesor—; usted no puede saber 'su caso' leyendo libros, sino

---

[15] "Los simuladores del talento", cap. II.

examinando al enfermo. Estúdielo para otro día.

Conversó con otros alumnos el resto de la hora. Al terminar la clase salí tras él, por las galerías del Hospital San Roque; entablamos conversación y seguimos a pie algunas cuadras; Ramos Mejía me expuso sus ideas en favor de la enseñanza clínica y contra la enseñanza libresca de los viejos profesores de medicina, que solía llamar "ciencia de papel". No nos vimos hasta el día del examen. En un corredor de la Facultad se me acercó:

—¿Cuándo llega su turno?

—Mañana.

—¿Sabe algo?

—Es de suponer que sí, pues me presento a rendir examen.

—Vea, che, yo creo que no sabe nada. Estúdiese para mañana la epilepsia.

—Pero, doctor...

—No se haga el zonzo...

Al día siguiente, al sentarme ante la mesa examinadora, Ramos dijo, dirigiéndose a los doctores Penna y Semprún que la formaban:

—No saque bolilla; vamos a ver si este señor sabe decirnos algo de la epilepsia...

Yo me sonrojé. Los tres jueces sonrieron. En un instante repetí lo que había repasado en las últimas veinticuatro horas.

Supe, más tarde, el motivo de esa preferencia que, sin causa, podría parecer una improbidad del catedrático.

Siendo estudiante universitario, me vinculé a un grupo de obreros soñadores que predicaban el socialismo y con ello me aficioné a leer libros de sociología. Al propio tiempo, gustando de las letras, frecuentaba el "Ateneo", donde Rubén Darío concentraba el interés de los jóvenes. En 1898 el poeta Eugenio Díaz Romero editó la revista "El Mercurio de América", que fue auspiciada por Darío y en la que colaboramos casi todos los ateneístas del último tiempo.

Ramos Mejía, aunque Presidente del Departamento Nacional de Higiene (1893-1899), conservaba inalterada su afición a las letras. La producción literaria le interesaba tanto como la científica y tenía por los jóvenes poetas esa cariñosa debilidad que lo distinguió hasta la hora de su muerte. Díaz Romero, director de "El Mercurio", era al mismo tiempo bibliotecario elegante del Departamento Nacional de Higiene, puesto que le permitía despreciar la bibliografía sanitaria y pasar la tarde leyendo a los poetas modernistas. Solían conversar de literatura el presidente y el bibliotecario; muchas veces un médico del puerto hacía muchas horas de antesala para ver a Ramos Mejía, que estaba ocupadísimo... en escuchar las entusiastas lecturas de Paul Verlaine o Gabriel D'Anunnzio con que lo deleitaba su poeta bibliotecario.

Aquella hora de nuestra historia intelectual espera su cronista; fue, ciertamente, significativa en la evolución de nuestra cultura literaria.

El Ateneo, fundado diez años antes por un grupo de poetas, prosistas, pintores, escultores y músicos, había emigrado de la Avenida de Mayo esquina Piedras a un amplio salón del Bon Marché contiguo al Museo Nacional de Bellas Artes. El cansancio de los socios viejos y el desenfado de los nuevos comenzaban a comprometer su existencia. Junto a los hombres reposados, no muy sensibles a la predicación de Rubén Darío —Obligado, Sívori, Vega Belgrano, Quesada, Oyuela, Martinto, Julio Jaimes, Lamberti, Piñero, Osvaldo Saavedra, Holmberg, Rivarola, Dellepiane, Matienzo, Argerich— estaban los que ya tenían un nombre hecho, casi todos favorables a las tendencias modernistas —Escalada, Jaimes Freire, Leopoldo Díaz, Estrada, los Berisso, Soussens, Payró, Piquet, Cárcova, Aguirre, Baires, Carlos Ortiz, Ghiraldo, Stock, Arreguine, Ugarte— y nos agrupábamos decididamente en torno de Darío los últimos llegados —Lugones, que alcanzó celebridad en pocas semanas, Díaz Romero, Goycochea Menéndez, C. A. Becú, José Ojeda, Pagano, Américo Llanos, García Velloso, Nirenstein, Oliver, Monteavaro, Ghigliani, José Pardo, Luis Doello. El "Mercurio de América" fue, en cierto modo, el portavoz de estos grupos y especialmente de los dos últimos. Darío dio en llamar "La Syringa" al cenáculo juvenil que frecuentaba "El Mercurio", nombre que se difundió más tarde, cuando, muertos ya el Ateneo y "El Mercurio", se rehízo el núcleo con la anexión de otros jóvenes, que hicieron después su aparición en la revista "Ideas": Ricardo Rojas, Becher, Chiappori, Gálvez, Olivera, Gerchunoff, Ortiz Grognet y otros.

Esta oportunidad no es propicia para hacer esa crónica. Diré solamente que Ramos Mejía se interesaba de verdad por el movimiento modernista, sirviéndole Díaz Romero de intermediario espiritual con los admiradores de Rubén Darío. Alguna vez yo, aunque socialista, no desdeñaba concurrir a la biblioteca del Departamento Nacional de Higiene, atraído por el té y los bizcochuelos del estado, con que Díaz Romero obsequiaba generosamente a sus colaboradores más íntimos. Supo Ramos Mejía que yo era alumno suyo; leyó algunos de mis balbuceos sobre sociología y psicología, interesándose más por un escritillo sobre "Psicología colectiva", que revelaba alguna lectura y era el único publicado en el país sobre ese tema en que él trabajaba, pues a poco vieron la luz "Las Multitudes

Argentinas". Ramos Mejía había descubierto mis inclinaciones de principiante y, según me contó años más tarde, entrevió que mi sitio estaba a su lado.

¿Es de sorprender que el profesor procediera como maestro, facilitando el examen de un alumno que podía convertirse en su discípulo?

El nuevo libro de Ramos Mejía apareció cuando era más intenso el movimiento literario que, en América, auspició Rubén Darío, y, con ser tan personal su estilo, es evidente que Ramos no escapó a la influencia renovadora; cierta preciosidad en las imágenes y un marcado afrancesamiento en el giro de las locuciones, parecen revelarlo.

"Las Multitudes Argentinas", estudio de psicología colectiva para servir de introducción al libro "Rosas y su tiempo", acentúa en la obra de Ramos Mejía el carácter histórico-sociológico, pasando a ocupar un rango secundario el médico-histórico[16]. Antes de que la amistad me vinculara al que pronto sería mi maestro —siendo yo todavía estudiante de medicina—, escribí un juicio crítico que tuvo cierta resonancia[17].

Aparte de alguna versación sociológica adquirida en mi juvenil actuación de doctrinario socialista, la bibliografía completa de la psicología colectiva me era familiar, por una favorable conjunción de circunstancias; y, sin desconocer los méritos intrínsecos de la obra, ni su significado en la evolución de la cultura argentina, tuve el deseo de poner algún orden en el desorden inicial con que aparecía en Europa esta rama de las disciplinas sociológicas.

Esta obra de Ramos, inspirada principalmente por los estudios de Le Bon, consta esencialmente de dos partes. El primer capítulo expone la "biología de la multitud", trasuntando las doctrinas sociológicas emitidas al respecto. Los siete siguientes constituyen una aplicación original de las mismas al estudio histórico de las multitudes argentinas: durante el virreinato, en la época de la emancipación, bajo la tiranía y en los tiempos modernos. Algunos períodos culminantes de la historia argentina son estudiados como productos de vastas composiciones y descomposiciones de "multitudes", convertidas en propulsoras psicológicas de la evolución nacional; los grandes hombres, si los hubo, fueron su simple instrumento, cuando no cómplices ciegos de las masas populares que los envolvían y arrastraban.

He vuelto a leer el libro, a pocos días. ¡Cuánto ingenio y cuanta belleza derramados en sus

---

[16] 1 volumen de 343 páginas, editor Félix Lajouane, Buenos Aires, 1899.

[17] Al reunir algunos escritos sociológicos en mi libro "Sociología Argentina", en 1910, omití, de intento, el que se refería al libro de mi maestro, escrito antes de que lo fuera. Ramos Mejía me lo reprochó cariñosamente, arguyendo que las razones de afecto personal debían excluirse de la crítica científica; me recordó el prefacio de Groussac a la Locura en la Historia y me comprometió a incluir el artículo cuando mi libro llegara a reeditarse. Así vino a figurar en la 2° edición (Biblioteca Científico-Filosófica, editor Jorro, Madrid, 1913).

páginas! Acaso tuve razón al negarle, quince años ha, severidad en su método científico; pero hoy, con mejor criterio, preferiría insistir sobre sus méritos y atractivos, que a su tiempo no dejé de señalar.

«La aplicación del criterio científico a la interpretación de la historia argentina —escribí entonces— debe ser saludado como un síntoma de progreso en la cultura del país; al mismo tiempo que señala el comienzo de una etapa en nuestra producción intelectual, es índice seguro de que las jóvenes sociedades americanas se preparan a contar como iguales entre las naciones civilizadas, no solamente por su producción agropecuaria, sino también por las inclinaciones de su mentalidad primeriza.

»Además de ese valor representativo, 'Las Multitudes Argentinas', de Ramos Mejía, evidencia un serio esfuerzo para aplicar un criterio científico al estudio de la evolución argentina; más o menos fecundo —como veremos— ese esfuerzo es poco frecuente en nuestro país. Si a ello se agrega que la obra pretende al mismo tiempo estar bien escrita —pretensión literaria que se justifica en muchas bellas páginas—, se explicará el interés que su aparición despierta en nuestros círculos intelectuales.

»Por eso, y por el respeto que impone la vasta aunque desordenada erudición que revela, se han batido palmas, merecidamente, a este nuevo trabajo del distinguido profesor, envidiablemente reputado por su labor asidua y eficaz. Sobre 'Las Multitudes Argentinas' han florecido amistosas críticas, históricas las menos y literarias algunas; casi todas han señalado los méritos que, sin duda, la adornan, aunque sin señalar las deficiencias de la obra, que las tiene y grandes. Ellas aparecen si se la estudia con criterio científico, lo que es legítimo dada su pretensión de tal. Es un deber para los que piensan y estudian, aplaudir el talento y la cultura; también lo es señalar las lagunas de toda obra digna de consideración. Tales son los objetivos de la crítica científica, inconfundible con las banales laudatorias de los ignorantes que esperan se estará con ellos algún día a la recíproca».

Ramos Mejía considera que «se necesitan especiales aptitudes morales e intelectuales, una peculiar estructura, para formar parte, para identificarse con la multitud, sobre todo», y considera que en eso estriba su divergencia con Le Bon. En general, no todos los hombres —dice— pueden llegar a formar parte de una multitud: entre nosotros la compondría solamente «el individuo humilde, de conciencia equívoca, de inteligencia vaga y poco aguda, de sistema nervioso relativamente rudimentario e inadecuado, en suma, el hombre cuya mentalidad superior evoluciona lentamente, quedando reducida su vida cerebral a las fuerzas instintivas».

Para compartir las pasiones colectivas los individuos necesitan ponerse en íntimo contacto con la multitud de que forman parte, mediante profundas compenetraciones y afinidades. Fuera injusticia —escribí entonces— no felicitar al autor por la bella e ingeniosa concepción del "hombre-carbono"; es, sin duda, una expresión metafórica apropiada para evidenciar las condiciones de afinidad que considera indispensables para que un hombre sea apto para formar parte de una multitud. Ninguno de los otros sociólogos y psicólogos que han estudiado estos problemas han encontrado una analogía tan sugerente y tan hermosa.

La revolución argentina sería obra exclusiva de la multitud, pues han faltado los jefes y «aquí la multitud, que es función y expresión de las fuerzas y aptitudes colectivas, se organiza con facilidad ante cualquier emergencia: hay, como dije antes, constante 'inminencia de multitud'».

Se manifiesta en hora temprana. La masa popular anónima tuvo un papel de primer orden en las invasiones inglesas: este es uno de los puntos verdaderamente demostrativos de la obra de Ramos.

Dos hombres del pueblo se pusieron al habla para organizar la reconquista; son *"meneurs"* bien característicos: salidos de la multitud, interpretan sus sentimientos y viven de su vida, desapareciendo con ella.

Esta página abunda en sugestivas bellezas.

La figura histórica de Liniers está muy bien presentada y tratada; quizá pudiera haber sido un poco más verdadera. Y —aunque fuera del propósito de este artículo— no es posible dejar de aplaudir con efusión las condiciones literarias de la preciosa reconstrucción de las invasiones inglesas.

Las multitudes de la emancipación tienen también un papel importante, pero obedeciendo siempre su acción a los poderosos factores señalados. La revolución era fatal, es verdad; pero no porque persistiera la multitud a pesar de la caída de los hombres *"meneurs"*, sino porque persistían las causas económico-sociales que eran el *substratum* de la idea de la emancipación política y "económica".

La participación de las masas populares en la acción de los primeros ejércitos es inmensa; eso, sin embargo, es psicología social en un sentido amplio, psicología nacional más bien que psicología de la multitud. La "rabia" de esos ejércitos amorfos es, en muchos casos, apetito; ¿y no es ese el refugio de todos los aberrantes de la sociedad, de todos los inadaptables, en las horas de sacudimientos populares? El que vive en mala situación material —porque no le está permitido o no es capaz de vivir en una mejor— es el elemento principal de todas las revueltas y revoluciones.

¿No presenta la historia un desfile interminable de ejemplos que comprueban esta verdad?

Ramos Mejía establece "diferencias biológicas" entre las multitudes de la ciudad y de la campaña; mejor pudo haberlas llamado "diferencias psicológicas" entre la población mediterránea y la población interior.

Pero, sin duda, más útil hubiera sido estudiar las bases de esas diferencias que residen, sobre todo, en las diferencias de evolución sociológica, determinadas por la distinta acción de los factores cósmicos y sociales. En esa lucha memorable de la civilización y la barbarie, se ve la resistencia de un régimen contra otro régimen en formación; las diferencias psicológicas pertenecen a la superestructura del organismo social y dependen de las instituciones de orden material que le sirven de base, de la misma manera que las funciones psicológicas del individuo dependen de las condiciones materiales de su organismo.

La filogenia del "caudillo" es una página admirable por su verdad psicológica; difícilmente pudiera habérsela sintetizado mejor. El episodio de los unitarios que "han manchado la historia"; está muy en su sitio; es de un intenso poder sugestivo para evocar el estado del ánimo popular en aquella época.

«Por otra parte —escribí entonces—, la controvertida época de la tiranía no ha sido aún sometida a serio e imparcial análisis; aún está esperando su historiador. Acaso Ramos Mejía lo sea en la obra que promete; por lo menos es de esperarlo, dado su indiscutible talento e ilustración, si no se encarrila por sendas resbaladizas, como la que lo ha atraído a estudiar las multitudes con resultados inferiores a los que de su talento podían esperarse».

No haré ahora la crítica de mi crítica. Lo que entonces escribí como sociólogo incipiente, sigue pareciéndome exacto; pero, en justicia, debo reconocer, que apliqué un criterio tan "disolvente" como el antes usado por Groussac, sacudiendo los muros del templo con la intención de turbar la fe del sacerdote.

Por razones de cronología conviene recordar, como lo señalé entonces, que "Las Multitudes Argentinas" fue la primera obra propiamente sociológica publicada en la Argentina, aunque ya Echeverría, Alberdi y Sarmiento hubiesen sido los precursores de esa disciplina, planteando o tratando problemas históricos que, por su generalidad, tenían un sentido propiamente científico o filosófico.

Un año más tarde, en ocasión de terminar yo mis estudios, correspondió a mi crítica con un gesto de gran señor. Por intermedio de Francisco de Veyga, con quien me vinculé fraternalmente siendo su discípulo de Medicina Legal, Ramos Mejía hízome ofrecer el puesto de Jefe de Clínica de su Cátedra de Enfermedades Nerviosas, puesto honorífico y de confianza, que acepté como una *bonne fortune* intelectual.

Lo fue, en efecto, y lo desempeñé con amor durante muchos años. Ramos Mejía tuvo el acierto de adivinar mi vocación, paralela a la suya: dentro de la medicina, que era ya mi carrera, nada podía interesarme como la patología mental y nerviosa, tan ajustable a mis primeras aficiones sociológicas, como propicia a mis ulteriores estudios de psicología y filosofía científica. Cuando repito que Ramos Mejía fue mi maestro, quiero expresar que él, en hora oportuna, me asentó en el camino en que hasta ahora he continuado. Ramos Mejía no era entonces funcionario y no volvió a serlo hasta que fue llamado a ocupar el más alto cargo directivo de la educación nacional.

Para mí, que nunca esperé ni recibí de él pequeñas protecciones de otro orden, tuvo Ramos la más grande generosidad que un joven podía anhelar: su intimidad intelectual, el consejo de su vasto saber, el ejemplo de sus virtudes austeras, el contagio de su intelectualismo anti-burgués, el tesoro de su experiencia mundana, el ejemplo de su sencillez bondadosa y optimista.

No ocupando cargos administrativos, Ramos tenía más tiempo libre para sus lecturas favoritas, que eran las mías. Y así, encontrándonos una mañana en la clínica del Hospital San Roque y almorzando otro día en el Instituto Frenopático, de que era director, conversábamos sin sosiego de libros, de doctrinas, de sucesos, de observaciones, pasando de la psiquiatría a la sociología, de la historia a las ciencias físico-naturales, de la literatura a la filosofía.

El Instituto era, por entonces, menos suntuoso que en la actualidad.

Almorzábamos en alguna de las pequeñas mesitas que amueblaban las habitaciones destinadas a los enfermos. Muy ajustados cabíamos los tres, pues siempre nos acompañaba el Dr. Augusto Osorio, que era médico interno y su discípulo en la práctica psiquiátrica. Alguna vez un loco tranquilo comía con nosotros y Ramos lo incitaba a intervenir en nuestras conversaciones; en más de una ocasión tuvimos dos en la mesa y nos encantábamos como niños grandes, oyéndolos disputar alrevesadamente sobre problemas oscuros.

Allí, en los antiguos almuerzos del Instituto, aprendí a amar la bondad y la sencillez del gran pensador, junto con Francisco de Veyga y Lucio V. López, que fueron acostumbrándose a concurrir los viernes, convertidos años más tarde en días clásicos.

Me he referido a los "antiguos" almuerzos. Poco a poco, andando el tiempo, la intimidad disminuyó y se convirtieron en ágapes de intelectuales y mundanos. Desde el viejo poeta Lamberti hasta los más jóvenes, muchísimos desfilaron por la mesa del Instituto: Lugones, Díaz Romero, Ghiraldo, Fernández Espiro, Soussens, etc. Allí se sentaron Juan A. García, Ayarragaray, Payró, Mariano y Joaquín de Vedia, Jorge Duclout, Osvaldo Saavedra, Horacio P. Areco, Amador Lucero, Enrique Prins, Alberto Julián Martínez, Ángel Estrada, Carlos O. Bunge, Florencio Sánchez, Víctor Mercante, los Madero, Juan Pablo Echagüe, Mariano Bosch, Tomás Juárez Celman, Julio Rosa, Mariano Pinedo, García Velloso, Manuel Podestá, Rodolfo Senet, Pedro Caride, Mario Carranza y otros hombres de letras y de sociedad, alternando con el grupo de médicos que fuimos sus discípulos inmediatos. En los últimos años el almuerzo del Instituto -matizado por concurrentes más mundanos- se convirtió en número obligado para los intelectuales y conferencistas europeos que vinieron al país; diré de paso que Ramos Mejía los miraba entre desconfiado y burlón. Y nunca dejaba de decirme, en picaresco aparte, al escuchar alguna vanidosa referencia   autobiográfica: ¿no será un "farabuto"? Palabra que en sus labios significaba lo que llamamos habitualmente "macaneador". Ramos, que murió sin haber ido nunca a Europa, tenía bien adentro al "criollo" porteño, y no acababa nunca de tomar en serio a ciertos conferencistas ambulantes que venían a deslumbrarnos con tonterías; seguían siendo, para él, unos "gringos" sospechosos, aunque fuesen ilustres.

Esos años, vividos a su lado, fueron los más encantadores y provechosos de mi vida. El ambiente intelectual de que Ramos Mejía gustaba rodearse, constituía un oasis en el país afiebrado por los negocios sórdidos y la política menuda. El amor por las cosas nacionales adquiría allí bien distinto valor que en las frases hechas de los politiqueros; el nacionalismo de Ramos Mejía era todo simpatía por la obra de los que habían enriquecido la cultura nacional, amor por los pensadores Alberdi y Sarmiento, respeto por los estadistas Moreno y Rivadavia, solidaridad cariñosa con todo el que escribía una página de prosa o componía un soneto.

Ramos Mejía —que era un productor— simpatizaba con todos los productores, era amigo de aplaudir y estimular, repitiendo que era mejor ocuparse en hacer obras propias que en deshacer las ajenas. Teniendo un agudísimo espíritu crítico, nunca escribió un artículo criticando un libro ajeno. Se limitaba a no admirar a los malos escritores, reservando su desdén para quienes censuraban a los virtuosos que gustaban de escribir, como podían. Sus diatribas contra el "burgués aureus" dan, por antítesis, la medida de su simpatía para todos los que intentaban un esfuerzo en pro de las letras nacionales.

VI. Los simuladores del talento

Un hermoso paréntesis a sus estudios sobre la época de Rosas fue el libro "Los simuladores del talento en las luchas por la personalidad y la vida"[18] que obtuvo un sorprendente éxito de librería. Lo componen cuatro capítulos de sabrosa psicología política y social, que cuentan entre sus más bellas páginas literarias.

Este aspecto del escritor merece comentario especial. Ramos era, a pesar de los géneros científicos que cultivó, un escritor nato. Tenía un estilo suyo, inconfundible, en el cual las imágenes frondosas se entrelazaban con tecnicismos tomados de la patología; sin ver la firma, los que le han leído con asiduidad, pueden decir sin equivocarse: esto es de Ramos. En una palabra: tenía personalidad, tenía estilo. Verdad es que el más banal de los profesores de gramática castellana podría señalar en sus páginas frecuentes incorrecciones y deducir de ello que su estilo era imperfecto. Esta vulgar censura, que más de uno formuló, juega sobre un equívoco fundado en dos maneras de concebir el estilo. En los grandes escritores se mide por la intensidad de expresión con que logran enunciar sus ideas, lo que es independiente de su corrección gramatical, aunque ésta lo mejora; tal fue el caso de Sarmiento entre nosotros. En los escritores adocenados sólo puede hablarse de estilo en el sentido de esa simple corrección gramatical, que con alguna paciencia puede alcanzar cualquier cronista sin talento; mientras el escritor original pone una idea o engarza una imagen, el adocenado corrige un acento o borra un neologismo. En esto, como en tantas otras cosas, los profesionales mediocres alteran el cartabón de los valores efectivos: confunden la técnica de la forma, que es un arte complementario, con la fecunda elaboración de la belleza misma, que está en el valimiento intrínseco de las ideas o emociones que el estilo expresa.

Ramos tenía lo esencial del estilo: era suyo. Se lo había formado como todos los buenos escritores: leyendo y releyendo ciertos autores favoritos —Renan, Taine y Sainte-Beuve, al mismo tiempo que Saint Victor y Gauthier, aparte de Quevedo y V. F. López entre los de habla castellana— para citar los que gustaba de elogiar con más frecuencia. Esas fuentes confluyeron en su temperamento para producir una manera inconfundible de expresar sus ideas, llena de color y de relieve, evocadora cuando describía, precisa cuando explicaba, sugerente cuando ascendía de los hechos a la doctrina general.

Muestras selectas de esas cualidades literarias encontramos en "Los simuladores del talento", libro compuesto de ensayos cuya homogeneidad está en la intención espiritual y en la forma, antes que en sus argumentos.

La tesis del libro es la siguiente: muchos sujetos desprovistos de aptitudes efectivas para luchar por la vida, consiguen simularla y triunfar en su medio, empleando recursos similares

---

[18] Un vol. de 250 páginas, editor Félix Lajouane, Buenos Aires, 1904.

a los que llaman los naturalistas "mimetismo". Muchos hombres que culminan en la política y en la administración carecen de talento y ascienden por la complicidad de sus iguales: son simuladores del talento.

«La inteligencia, diré más bien, el pensamiento, porque esa palabra me da una sensación mayor de lo que es elevado y perfecto en el cerebro, está allí ausente o mudo, aun cuando la perfección relativa de esos mecanismos y el cumplido fin de sus funciones, dé al espíritu cierta impresión de inteligencia directriz de conscientes aplicaciones. Tan bien se desempeñan, que cuando se los ve funcionar siéntese uno movido a imaginarse, que si no es el talento mismo, algo debe haber detrás que en tan curioso psiquismo protector se le parezca, cuando menos un alma peculiar; aquellos espíritus 'vitales' del viejo Asclepíades tal vez.

»Que una cosa vulnerante o destructora se haga sentir y veréis con qué rapidez y perfección entra el primero en movimiento y opera su providencial defensa; que un agente de otro orden en la lucha social por la vida amenace la posesión de un bien cualquiera y veréis como el segundo opera la suya, como concurren todas las aptitudes a darles movimiento, desplegando los recursos que el ejercicio del aprendizaje combina inconscientemente. Nunca es más animal el hombre que cuando se defiende así, buscando en la simulación la fuerza de su impotencia. En un momento, y con cierto particular sentido de la oportunidad, entran en función sus aparatos, como en los animales inferiores los mil recursos prodigiosos que les sugiere su debilidad.

»Estos hombres mediocres o inútiles, que son la expresión humana de aquella animalidad defensiva, tienen en su espíritu, como los paralíticos y los mudos en su cerebro, 'suplencias' de extraordinaria aplicación: el don de espera del batracio oportunista, las trasmutaciones de la forma, el uso del color, las actitudes, las complicadas comedias de todo lo que hiere el sentido alerta de sus enemigos. Todo ello no les sirve para agredir, sin embargo, porque la iniciativa es propiedad del talento como la fecundidad de la vida, pero se defiende con armas cuyo uso y mecanismo ignora aquél, porque es inocente y sin malicia frecuentemente».

La psicología del éxito, conseguido siempre por tortuosos caminos, está admirablemente esculpida en el capítulo que estudia "La Expansión Individual"; esa crítica del ambiente social contemporáneo, de la mediocracia —que los puristas llamarían "mesocracia", quitando al vocablo toda su expresiva riqueza—, alcanza en ciertos pasajes una eficacia decisiva y culmina por su belleza literaria. Ramos Mejía es, en esta obra, un "gran escritor"; el principiante de las "Neurosis", asentado ya su estilo en "La Locura en la Historia" y en "Las Multitudes Argentinas", es un maestro en "Los simuladores del talento". Los capítulos en que estudia los simuladores del talento y de la energía, los auxiliares de la simulación, la fauna de la miseria y los otros modos de expansión de la personalidad, son todos de igual mérito: el alienista muéstrase psicólogo y el escritor es siempre un elocuente artista.

Es imposible exponer sintéticamente el contenido de este libro lleno de fina, de agudísima observación psicológica. El simulador silencioso y el simulador multiparlante son dos aguas fuertes imperecederas: habría que transcribirlas íntegras para apreciar la riqueza del ingenio que las grabó. Esos "defensivos" duplican sus fuerzas mediante la asociación.

Buscan el éxito mediante apariencias de relumbrón, que son la caricatura del talento verdadero. «En tales circunstancias, la solución no está en tener talento o cualidades de otro género, sino al contrario, en no tenerlas para poder subir: aptitudes defensivas y aquel poder de mimetismo concurrente que hace de la vida un carnaval solemne, en el cual los inútiles se aprovechan de su accidental cotización, para aplastar con su vientre la excelsitud del cerebro alado; tanto más fácilmente, cuanto que la miope simplicidad popular confunde a menudo las anfractuosidades del abdomen con las circunvoluciones cerebrales. Por otra parte, la sustitución del cerebro colectivo por el de unos pocos elegidos, que es la fórmula de la tiranía, es otra de las causas de la resistencia que levanta el talento, y del triunfo accidental de la inocuidad defensiva como expresión de la voluntad general y como exponente de la media mental reinante».

La intención espiritual —prescindiendo de la alusión política que nadie desapercibió— tradujo el más hondo sentimiento que conocí en Ramos Mejía: el desprecio incondicional por todo lo que implicara ignorancia y presunción. La autoridad y la fortuna, en manos de espíritus sórdidos o incultos, excitaban su abominación; Ramos, como Lucio López y Miguel Cané, sus coetáneos, no concebía otro privilegio legítimo que el de la ilustración y el talento, tal como lo había plasmado Renan en sus ensueños de aristocracia intelectual.

Tenía este sentimiento origen autóctono en su inspirador y maestro D. Vicente Fidel López, tan propenso a fulminar a los advenedizos ignorantes que suelen mancomunarse para captar el gobierno de las naciones. En Ramos alcanzó intensidad de pasión, exponiéndole, por consiguiente, a excederse en algunos juicios sobre los hombres de banderías adversas a la de Carlos Pellegrini, que tuvo siempre sus simpatías políticas.

Meditando sobre este sentimiento de repulsión hacia los ignorantes ensoberbecidos por el dinero o la política, he podido advertir que si a Ramos Mejía se lo contagió López, a mí me lo contagió Ramos Mejía, encontrando preparado el terreno por los gustos de bohemio y de socialista contraídos en mi primera juventud. En el fondo, la psicología del "enriquecido", que López trazó en párrafos magníficos, es la misma del "burgués aureus" que inspira a Ramos Mejía páginas elocuentes, para reaparecer en mi catecismo de moral, titulado "El hombre mediocre". Un sentimiento único corre por tres cauces: en López nace como protesta contra las absurdas preeminencias sociales y políticas, en los libros de Ramos se desenvuelve como reclamación de los derechos del talento, y en mi ensayo se convierte en predicación de una moral neoestoica para separar radicalmente las cosas viles de la política o del éxito, de las cosas nobles de la cultura y del ideal. En esto, más que en otra cosa alguna, la influencia de López, a través de Ramos Mejía, dejó rastros imborrables en mis sentimientos.

Este inquieto afán intelectualista constituye la espina dorsal de "Los simuladores del talento". En ningún otro de sus libros maneja Ramos con mayor gracia ese arte difícil de la psicología descriptiva, en que fueron maestros La Bruyère y Mariano de Larra. Pintar caracteres y desnudar costumbres suele ser más difícil que estudiar psicología experimental concreta o divagar abstractamente sobre los atributos de la mente humana; en ese sentido puede afirmarse que la psicología más humana es la que observa tipos reales, analizándolos y describiéndolos como fragmentos de la vida misma. Desfilan por docenas en "Los simuladores del talento",

algunos concretamente caracterizados, otros representativos de toda una categoría social, mostrando los procedimientos innumerables de que se valen las medianías para usurpar el rango del mérito.

Su desprecio por el hombre sin cultura resaltaría mejor si el tiempo no me fuese corto para contar algunas anécdotas expresivas de su ingenio. En cierta ocasión, leía los diarios en su bufete; un ordenanza vino a pedírselos en nombre de un empleado, que no se distinguía por su afición a la lectura.

—Dice el Sr. X si quiere tener la bondad de enviarle los diarios.

Y sin que mediara un segundo en la respuesta:

—Pregúntele lo que va a envolver.

Otra vez, siendo Presidente del Consejo Nacional de Educación, los parientes de alguien tan dado a la bebida como a las letras, le hicieron pedir que diera su nombre a una escuela próxima a inaugurarse:

—¡Si se han creído que voy a inaugurar un despacho de bebidas! -exclamó Ramos.

Cuando en el diario "Sarmiento" publicaba ciertas magistrales siluetas políticas "a punta de buril", un amigo oficioso le insinuó que hiciera la de tal personaje.

—¿Cuándo escribirá la silueta de X?

—Cuando él pueda leerla.

Y como estos rasgos, mil. Cada día, cada hora. El desdén por las medianías fue siempre su más acentuado sentimiento, equilibrado en él por una simpatía ilimitada hacia los jóvenes poetas. No hay uno, entre éstos, a quien no haya concedido un favor o una protección.

VII. Rosas y su tiempo

En un período de afortunado ostracismo administrativo maduró su gran proyecto de ampliar la primera parte de las "Neurosis", que se refería a "Rosas y su tiempo"; "Las multitudes" (1899) había sido un anticipo de su obra magna, que vio la luz ocho años más tarde[19].

Su tarea fue difícil. El personaje era magnífico por sus destellos de luz y por sus honduras de sombra. Encarnación de la vieja alma gaucha, en que promiscuaban el español y el indígena, le tocó representar la restauración de lo colonial contra lo europeo, del mestizo contra el blanco, de la clase feudal conservadora contra el liberalismo naciente, de lo viejo español contra lo nuevo argentino. El modernismo político y cultural de Moreno y Rivadavia le sonó a herejía, como a todos los señores feudales del interior. Esa es la antítesis que Sarmiento expresó en los términos "Civilización y Barbarie" de su "Facundo" admirable. Unitario de raza, Ramos Mejía aprendió en el hogar el odio al tirano, que su padre, D. Matías, había combatido: "Uno de los iniciadores de la Revolución del Sud de la provincia de Buenos Aires, el año 1839. Ayudante de campo del general D. Juan Lavalle durante la campaña contra los ejércitos de Rosas en las provincias de La Rioja, Tucumán y Córdoba, en 1840 y 1841". Transcribo esta dedicatoria del libro para apresurarme a decir que Ramos Mejía llevó su afán de imparcialidad hasta escribir, sin desearlo, la más sólida justificación de Rosas que haya escrito jamás argentino alguno.

Esta apreciación, que conversé con Ramos Mejía en su oportunidad, creyendo complacer al hombre de ciencia, lo contrarió vivamente. Había yo escrito algunos borradores acerca del libro y los rompí; en mi concepto, su obra demostraba lo contrario de lo que él se había propuesto. Cosa fácil de evidenciar, como veremos en seguida.

Conviene antes consignar, para nuestra historia literaria y científica, algunos datos informativos que explican este hecho curioso: pocos libros han sido más leídos que "Rosas y su tiempo", cuya edición primera —de gran tiraje y precio elevado— se agotó en pocas semanas; en cambio, ningún libro del mismo autor fue tan fríamente recibido por los aficionados que ejercen la crítica en nuestro país.

¿Por qué?

Prescindo de la envidia, que siempre tiene alguna parte en casos análogos.

Hay otras razones.

----

[19] "Rosas y su tiempo", 2 vol. de 400 y 500 págs., editor Félix Lajouane. Buenos Aires, 1907.

En primer lugar, era una audacia escribir sobre "Rosas y su tiempo" sin que cierta preparación histórica y sociológica diera autoridad para hacerlo, máxime tratándose de una obra asaz documentada.

Los que la poseían en nuestro país —podría clasificarlos uno por uno- tenían ya partido tomado contra Rosas o en su favor: eran, retrospectivamente, federales o unitarios.

La mejor prueba de la excelencia y justeza de la obra fue, a mi juicio, la siguiente: los federales la sospecharon de unitaria, por ser de tal tradición su autor, y los unitarios quedaron descontentos de que la obra no fuera bastante antifederal.

"Trasunta un odio de familia" dijeron aquéllos; y éstos agregaron: "por amor propio de autor ha agigantado a Rosas".

Yo que no acostumbro ser ecléctico —pues así llamo a los que no tienen el valor de profesar una opinión— me inclino a serlo al juzgar la obra de Ramos. Nunca, ningún autor, ha luchado más que él contra sus propios sentimientos para ser imparcial; y, por haberlo conseguido, hizo de Rosas un personaje verdaderamente representativo de su época y de su tiempo. Porque Rosas lo fue, como lo reconoció Sarmiento en repetidos escritos que amenguan el juicio apocalíptico de "Facundo". "Rosas y su tiempo" es la obra de un escritor llegado al dominio pleno de "su" estilo. Juzgada en conjunto, es una de las cinco o diez obras argentinas que seguirán leyéndose dentro de medio siglo con el mismo interés con que se leyeron al publicarse: tiene unidad de plan, continuidad de desarrollo, seria visión sociológica, riqueza de información, colorido exuberante, originalidad de exposición. Nadie, entre nosotros, se ocupará de Rosas sin leer esta obra; ninguno la cerrará sin haber encontrado en ella provecho y deleite. ¿Cuántos escritores argentinos se atreverían a decir lo mismo, del que creen mejor entre sus libros?

Ramos Mejía reunió para su obra un material documentario muy considerable, cuya sustancia aprovechó con talento sin perderse en la búsqueda nimia de los detalles. El asunto del drama y la personalidad moral del protagonista, le interesaban mucho más que los pequeños accidentes biográficos o cronológicos; es conocido su desprecio por los "papelistas", que padecen la inocente manía de carcomer papeles viejos, hasta convertirse en polillas, y que nunca logra confundirse con la ilustración del hombre docto. Espíritu generalizador y sintético -como son todos los verdaderos pensadores-, no concebía el análisis por el gusto de analizar, sino como un instrumento para inducir conclusiones generales. "Los hechos son el fundamento de las ideas, que son absurdas si no se fundan en ellos; pero detenerse a rumiar las insignificantes minuciosidades de los hechos, sin ascender a la región de las ideas, es la característica más segura de la incapacidad mental en un historiador". Ramos Mejía tuvo siempre en vista que, para el sabio y el filósofo, la erudición es un medio, no un fin. Y cuando un respetado historiador, a quien él llamara "papelista", le apuntó algunos menudos errores de circunstancias en verdad insignificantes, Ramos Mejía le envió un libro de Taine en que señaló aquellas palabras decisivas sobre el erudito de profesión: «*Un érudit est un maçon, un philosophe est un architecte; et quand l'architecte, sans nécessité absolue, au lieu d'inventer des méthodes de construction, s'amuse à tailler, non pas une pierre, mais cinquante, c'est que, sous l'habit d'un architecte, il a les goûts d'un maçon*».

Ramos Mejía se propuso un objetivo distinto del que alcanzó. Es evidente su propósito de legar a la posteridad un Rosas "loco moral"; acumuló para ello todos los elementos de diagnóstico, sin desdeñar los más equívocos o insignificantes. Pero, de buena fe, anhelaba ser imparcial: consiguió otros elementos de juicio que convergen a acrecentar grandemente la figura de su personaje, que crece de capítulo en capítulo, de página en página, advirtiéndose cierta fruición del artífice al embellecer, con su verba decorativa, este o aquel detalle de su modelo. A este respecto, de cuanto se ha dicho sobre "Rosas y su tiempo" nada parece más justo que una frase de Francisco de Veyga: "Rosas lo conquistó a Ramos". Esa es, posiblemente, la verdad: el ajusticiado se convirtió en seductor de su verdugo. Huelga decir que Ramos Mejía no se apercibió de ello: siguió creyendo que Rosas quedaba moralmente decapitado bajo el filo de su diagnóstico.

Otro es el juicio que su obra sugiere a los argentinos de cepa europea, que no tenemos motivo alguno para afiebrarnos al juzgar las contiendas indígenas de la edad media argentina.

La arquitectura de "Rosas y su tiempo" es excelente: en el volumen primero examina los orígenes del sujeto, cómo se forma su personalidad de caudillo, el ambiente político que precedió a su advenimiento, sus instrumentos de dominación, cómo se organiza la plebe rosista, los puntales de la tiranía y sus resortes coercitivos. En el segundo: sus medios de propaganda y de sugestión popular, sus costumbres administrativas y sus recursos financieros, la acción militar de la tiranía, terminando la obra con una magnífica aguafuerte psicológica sobre la personalidad moral del tirano.

El punto de vista médico-psicológico, que predominaba en las "Neurosis", está aquí subordinado al psico-sociológico. El estudio del gobernante "en función de su medio" es acabado. Hay páginas de paisaje que son ejemplares: el mar y la montaña. No lo son menos algunos cuadros de costumbres tan llenos de colorido que evocan la vida misma. La época de

Rosas revive a cada instante, con eficacia que raya en maestría: esa eficacia de Ramos constituye la justificación social de Rosas ante el lector.

Es innegable que fue políticamente un dictador y no lo es menos que sus procedimientos fueron siempre excesivos, y en cierta época, bárbaros. En todo ello Ramos es, seguramente, verídico. Pero el ambiente y los sucesos por él descriptos dan la impresión de que la dictadura era una consecuencia de la desbocada anarquía caudillista, que Rosas consiguió en parte sofrenar, dando alguna cohesión a la nacionalidad: la muy poca que no habían conseguido mantener Rivadavia y el grupo unitario de Buenos Aires.

He escrito recientemente que la Revolución de Mayo fue ejecutada por un pequeño núcleo de porteños europeizantes, que captaron el asentimiento de una inmensa mayoría del país que aún conservaba las ideas y los sentimientos hispano-coloniales. La corriente "argentina" que nace en Moreno y culmina en Rivadavia, fue resistida por la corriente "colonial" que asoma en Saavedra y triunfa en Rosas. Su gobierno representa el predominio de los sentimientos conservadores del país feudal contra los de la minoría revolucionaria que había efectuado una subversión innovadora. Rosas fue el más fuerte señor feudal y acomunó a los señorzuelos de provincias en su lucha contra la burguesía porteña; su gobierno fue representativo de los más cuantiosos intereses materiales que existían en el país.

Es notorio que mis simpatías y mis ideas están en la corriente de los adversarios de Rosas, que representaron, en su tiempo, el porvenir argentino contra el pasado gaucho; pero ello no me impide reconocer que Rosas fue el gobernante reclamado por el ambiente feudal y conservador. Saldías, en su "Historia de la Confederación", menos leída de lo que merece, y Quesada, en su sintético "Rosas y su Época", lo han demostrado variamente. Ramos Mejía lo confirma en "Rosas y su tiempo", pero con más eficacia, dado su evidente desinterés de justificar a tirano.

La prueba parece sencilla.

Es indudable que Rosas tenía el apoyo de las clases feudales del interior.

Veamos lo que ocurría en Buenos Aires. En el capítulo VI explica Ramos Mejía que el advenimiento de Rosas fue recibido por el vecindario conservador como una fórmula de estabilidad; tuvo la adhesión de la gente de pro, como es notorio.

Examina, en seguida, sus "títulos para provocar el delirio de la plebe y de la clase decente": los gremios industriales estaban encantados con el dictador y la masa popular lo veneraba. Demostrando todo eso, el autor sugiere esta pregunta: ¿Quién, sino Rosas, podía gobernar "en su tiempo", ya que realizaba el milagro de contentar a las clases feudales, a la gente de pro, a la burguesía industrial y a las masas populares? ¿Cuántos gobernantes podrían nombrarse que hayan satisfecho los intereses de todas las clases sociales de una nación?

Adviértase que estoy lejos de negar los procedimientos salvajes usados por Rosas contra sus adversarios, aun sabiendo que éstos no desdeñaron recurrir a procedimientos análogos. Y reitero mi comunidad de ideas y de ideales con la selecta minoría "argentina" que Rosas proscribió del país "colonial". Pero aquel vasto país, modelado a imagen y semejanza de la metrópoli y, compuesto entonces, en su casi totalidad, por mestizos hispano-afro-indígenas, no podía avenirse al nuevo régimen concebido en

Buenos Aires según las doctrinas de Europa. Al renunciar Rivadavia, el espíritu público tomó contacto con la realidad: las ideas coloniales y los intereses conservadores tenían demasiado arraigo en todo el país, exceptuando la minoría innovadora y liberal que comprendía la "argentinidad", tal como la habían pensado los morenistas de 1810.

Rivadavia era el ensueño; Rosas fue la realidad nacional.

Más tarde, en la proscripción primero y en el gobierno después, el ensueño pasó a ser realidad. La nación cambió de símbolo y, en vez de Rosas, fue Sarmiento el hombre representativo de la Argentina nueva.

VIII. La educación nacionalista

En 1908 Ramos Mejía fue llamado a ocupar la presidencia del Consejo Nacional de Educación. Dos ideas fundamentales constituyeron su programa: multiplicar las escuelas y acentuar el carácter nacional de la enseñanza[20]. Hizo ambas cosas con entusiasmo y eficacia, no sin levantar obstáculos que amargaron su última actuación en la vida pública. La misma

---

[20] Estaba en las mejores condiciones para dirigir la enseñanza, y el Superior Gobierno, conociendo sus aptitudes le colocó al frente de las escuelas nombrándolo presidente del Consejo Nacional de Educación.

Su acción escolar ha dejado profundas huellas. Espíritu innovador por excelencia, su primera idea de reforma en el plan de estudios de las escuelas primarias, envuelve un altísimo pensamiento de estadista y de patriota, y revela su amplia visión de argentino, con certera penetración sociológica.

Estudioso de nuestros orígenes patrios, conocedor como pocos del proceso evolutivo de nuestra raza, le bastó un solo golpe de vista para percibir el gran problema: la orientación nacionalista en la instrucción política. A este propósito se dio con los más puros entusiasmos; él mismo presidió la comisión revisora de los planes, infundiendo a la obra los mejores empujes de su talento.

Hizo revivir en todas las formas y en todos los momentos, el sentimiento genuinamente argentino; bautizó con nombres ilustres todos los edificios escolares de la Capital; instituyó fiestas cívicas y conmemoraciones periódicas de nuestros grandes ciudadanos; promovió concursos de canciones escolares con versos de nuestros poetas y cadencias de la tierra.

Pedagogo sin pedagogía, a la manera de los grandes hombres, puso tal pujante afán en la obra, que los mismos que tacharon de excesiva su reacción acabaron por reconocer la trascendente importancia de aquel recio movimiento argentinista en la educación. Y dada la estrecha vinculación de la escuela con el hogar, la propaganda repercutió intensamente en todas las generaciones, preparando de este modo aquel soberbio estallido patriótico del Centenario.

Dotó a Buenos Aires de un Museo Escolar, de que hasta entonces carecía, centro de enseñanza técnica para los maestros y notable exponente de cultura para la República. En la sección histórica, a la que dio capital importancia, exteriorizábase de una manera elocuente el magnífico y eficaz resultado de sus preocupaciones de educador.

Extendió la utilidad y amplió el número de las llamadas escuelas nocturnas para adultos y de las escuelas militares, donde el conscripto analfabeto, evadido en los primeros años de la escuela, se redime de su ignorancia bajo la acción del citado docente.

Una de sus mejores iniciativas fue, sin duda, la reglamentación severa de la enseñanza particular, librada en su industria a una libertad que no consiente la misma salud moral, física e intelectual de la niñez.

En los cuatro años de su gestión, el Dr. Ramos Mejía desparramó escuelas a los cuatro vientos del país, en las provincias, secundando con creciente eficacia la acción constitucional de cada estado por medio de ese maravilloso instrumento de difusión cultural, llamado ley Láinez, que permite a la Nación acudir allí donde la exigencia es perentoria, y nula o escasa la influencia provincial, y en los Territorios Nacionales donde por razón de su despoblación es más difícil el problema escolar.

Soñaba con 1.500 escuelas nacionales en las provincias y con 500 en las Gobernaciones Federales; con el doble de las existentes, aquí, en la Capital de la República. En su constante acción, no cejó jamás en su anhelo, logrando dentro de la relatividad de los recursos que acordaban los presupuestos, disminuir en sensible curva el índice que la ignorancia acusaba en la iniciación de su período.

La casa-escuela fue otra de sus preocupaciones. Como médico e higienista, la quería amplia, ventilada y risueña. Fundó escuelas al aire libre y para niños débiles. Organizó instituciones de seguro y cooperación entre los maestros. Amplió las funciones del cuerpo médico y cuidó de la higiene escolar. Desenvolvió la biblioteca y dio vida fecunda a la revista editada por el Consejo Nacional de Educación.

reacción sectaria que treinta años antes había infestado contra Sarmiento, conspiró contra Ramos Mejía, hasta privarlo de un apoyo necesario que él creía cimentado en medio siglo de amistad. El apoyo le faltó en la hora más crítica: era ilusión suya confiar en la firmeza de un gobernante envejecido, a quien una progresiva enfermedad cerebral había transformado en caso de estudio para el método médico-histórico, que Ramos Mejía había desenvuelto desde las "Neurosis" hasta "Rosas y su tiempo".

Como término de su carrera, tuvo Ramos Mejía la honra de encrespar las mismas olas que habían volteado a Sarmiento; con nuevos actores, los sucesos fueron semejantes, aunque la lucha desembozada fue sustituida por procedimientos subrepticios que acaso anuncien horas de reacción más intolerante. En la época de Sarmiento —dice Paul Groussac— la cuestión religiosa «comenzó siendo una cuestión escolar. En el ensayo sobre Goyena he referido las peripecias de aquel alzamiento sectario —tal vez en vísperas de renacer por la imprevisión o indolencia de los que dejan que la pululación parasitaria invada el organismo argentino»[21]. Esta brevísima advertencia del ilustre crítico, que fue actor y testigo de ambas campañas contra la educación argentina, merece meditarse gravemente en la hora actual.

Son demasiado recientes los sucesos y nadie podría adivinar el juicio que de ellos se tendrá dentro de pocos años. Ramos Mejía, de cuyas virtudes e ideales nadie podría dudar sin mentir, era de esos hombres que para alcanzar fines grandes no se detienen a discutir accidentes pequeños. Su mente de pensador no se ajusta nunca a rutinas de funcionario.

Creyó útil fundar escuelas y las fundó a millares; anheló transfundir el sentimiento de la argentinidad en la enseñanza y ejecutó su programa de educación nacionalista. La posteridad juzgará si esos dos ideales fueron oportunamente concebidos y eficazmente realizados.

---

[21] Paul Groussac: "Carlos Pellegrini", en La Nación, Diciembre, 1913.

IX. Ideales de cultura

Analizando sumariamente la vida y la obra intelectual del ilustre escritor, en este Atenco de Estudiantes Universitarios, he querido rendir homenaje a la memoria del pensador que tanto honró a la moderna Universidad argentina, y que en toda hora supo amar y alentar a los hombres jóvenes que tuvieron la suerte de acercársele.

Su laboriosa vida intelectual es un ejemplo digno de señalarse; la edición de sus obras póstumas —que se hará algún día— contribuirá grandemente a acrecentar sus méritos y magnificará su figura ante la posteridad[22].

Su evolución intelectual revela influencias homogéneas. En las "Neurosis" sus fuentes psiquiátricas son francesas y el mayor influjo corresponde a Moreau de Tours; sus fuentes filosóficas remontan a Comte, Darwin y Spencer; sus fuentes históricas argentinas son V. F. López y Sarmiento. En su "Patología nerviosa y mental" se percibe el rastro médico de Charcot y Claudio Bernard, correspondiendo a Renan la orientación cultural. En la "Locura en la Historia" se advierten lecturas nuevas de los historiadores ingleses que ilustraron la degeneración de los Habsburgo españoles. En las "Multitudes" se mezclan las corrientes sociológicas contemporáneas, de cepa spenceriana, girando en torno de las sugestiones directas de Le Bon.

En los "Simuladores", con ser de índole tan personal y localista, notase la asimilación de la corriente psicológica de Ribot. El modelo ideal de "Rosas y su época" fue Taine.

Ramos Mejía —como los otros pensadores argentinos— fue un autodidacta.

Aprendió en las mismas fuentes europeas que llegaron a conocer Alberdi y Sarmiento, y en las que se inspiró toda la "generación del ochenta". El único hombre que podríamos llamar su maestro -por la influencia personal más bien que por la dirección de sus estudios- fue D. Vicente Fidel López.

Tenía por Moreno, Rivadavia y Echeverría, verdadero culto. Admiraba a Sarmiento[23] con cariño y respetaba a Alberdi sin tenerle simpatía.

Entre los hombres de ciencia de su tiempo, nombraba con particular respeto a Ameghino, Arata, Penna, J. Méndez, F. P. Moreno, Holmberg. El amigo de su corazón fue Carlos

---

[22] Entre sus obras póstumas se cuentan "La física del genio" (casi completa), "Historia contemporánea de la República Argentina" (de 1852 a 1906, incompleta), "La familia delirante" (estudio de patología mental, casi completa), "Ensayo sobre las revoluciones sudamericanas" (fragmentos), etc.

[23] Alguna vez anunció un "Estudio sobre Sarmiento" en preparación, que no alcanzó a escribir.

Pellegrini.

Aunque fue Diputado Nacional (1888-1892), nunca actuó como "hombre de partido"; estaba más alto que la política criolla y sólo siguió el sendero de su amistad apasionada. Siendo miembro de varias Academias, tuvo en muy poco aprecio la pomposa vanidad del título, que nunca lució al frente de sus escritos; la solemnidad le fastidiaba y siempre la tuvo por sinónimo de mediocridad.

Juzgaba a los hombres por el mérito de sus obras y en un libro entero se burló de las apariencias vanas. Escribió obras para que ellas fueran la medida objetiva de su talento y para que por ellas se le estimara.

En una de sus últimas páginas ha grabado palabras que son un trasunto firme de su personalidad moral:

«Es un raro privilegio —dice— conservar inalterada, más allá de los fríos egoísmos que el tiempo acumula con desagradable apresuramiento, esa vaga impresión de poesía que en la época de la juventud, tan deliciosamente despreocupada, dejamos florecer en nuestro espíritu. Y aplicarla a las cosas del mundo y de la ciencia es también otro privilegio que la naturaleza sólo discierne a pocos espíritus, ingénitamente consagrados, por la fatalidad de un destino orgánico, a practicar el bien y a buscar la verdad sin sosiego.

»No es frecuente conservar siempre esa viril ecuanimidad de la juventud, ese amor a la verdad, ese celo del espíritu, el ingenuo desinterés y la sonriente filosofía, llevándolas en el estudio solitario o en la acción que imponen las funciones públicas, despreocupándose de los intereses subalternos y materiales que endurecen el intelecto para las beatas emociones de la luz.

»Pocos hombres consiguen practicar, sin un momento de claudicación, el amor a la ciencia regeneradora, que, como ha dicho el maestro incomparable, nos hace vivir mil vidas en una sola, y sobre la superficie de un ínfimo planeta pesa y mide los mundos, sondando los dos infinitos, de la grandeza y de la infinitesimal pequeñez, a pesar de nuestros sentidos mediocres.

»Los hombres que sobreponen el amor a la cultura al afán del enriquecimiento tumultuoso, son exóticos en nuestro "medio" actual, pero deben servir como ejemplos y como símbolos. Ellos representan el esfuerzo desinteresado y perseverante de la inteligencia aplicada a las cosas que no dan dinero ni proporcionan los placeres sensuales ambicionados por los que toman la vida intelectual como un negocio exclusivamente y no como una misión, como una fuente de riqueza más que como un sacerdocio destinado al sacrificio y a menudo a la pobreza augusta de la antigua sabiduría.

»Necesitamos hacer de este país un semillero de experimentos civilizadores, tanteando los caminos innumerables del pensamiento en todas sus complejas manifestaciones, de la ciencia primero, porque enseña al hombre a no andar a ciegas en la tiniebla sedimentada por la ignorancia y por la imprevisión del burgués que a todo se atreve porque cree saberlo todo; del arte, después, porque tiene para las naciones nuevas el mismo encanto revelador que los primeros sueños de hadas en las imaginaciones tiernas del niño.

»... necesitamos formarnos un sólido armazón para acometer con toda confianza nuestro porvenir como nacionalidad, templada al unísono y con ideales dignos de nuestra época.

»... sólo del maestro puede esperarse que difunda en los cimientos del país la ilustración general, que es la base para que en las clases dirigentes se desarrolle la preocupación por las cosas altas del espíritu, formándose esa verdadera aristocracia intelectual en cuyas manos quería poner Renan la dirección moral de las naciones.

»La alta cultura del espíritu es, sin excepción alguna y en todas partes del mundo, el elemento fundamental para la formación del alma nacional...

»Bueno es, en suma, que aprendamos a poner bien alto los ideales futuros de nuestra nacionalidad. Sin descuidar el crecimiento de su riqueza material —que es a la manera de la savia rica en glóbulos rojos que irriga todas sus arterias tensas por la juventud, o como el humus generoso en que ponen sus raíces robustas los árboles de más anchas copas—, pensemos que las más grandes fuerzas son las morales, nacidas de la cultura y de la ciencia, las que equivalen a la invisible vibración del cerebro, que dirige la actividad de todo el organismo, y que en las civilizaciones históricas culminantes vienen a ser como las flores que coronan las copas de los árboles, salpicándolas con sus notas de color que representan el ensueño y la poesía de la vida».

El pensador que esto escribía vivió sirviendo los ideales que predicaba y se mantuvo fiel a ellos hasta la hora de su muerte.

Fue mi pena más honda la de encontrarme ausente del país durante su última enfermedad; en Suiza, con su otro discípulo, Francisco de Veyga, no pasamos un día sin comentar con inquietud las noticias que de él nos llegaban. Cuando se produjo una acefalía del gobierno, que yo esperaba para volver al país, me decidí de prisa, con la esperanza de dar el último abrazo a mi maestro. En Montevideo el profesor Rodolfo Rivarola me dio la noticia de su fallecimiento, ocurrido pocas semanas antes, el 19 de Junio de 1914. Un nudo me apretó la garganta y no pude contener algunas lágrimas. Son las más angustiosas que he llorado en mi vida.

José Ingenieros

PREFACIO

Las páginas que van a leerse forman la primera parte de un trabajo más completo destinado a estudiar las enfermedades de algunos hombres descollantes en nuestra vida política. He dado preferencia a las neurosis, es decir, a las afecciones nerviosas de carácter funcional y particularmente a aquellas que han tenido mayor influencia sobre su cerebro, no sólo por creerlas comunes entre ellos, sino también porque creo que allí deben estudiarse todas esas modificaciones profundas y aún incomprensibles a veces, que observamos en algunos caracteres históricos. Creo que este estudio es la primera vez que se emprende entre nosotros, pues no conozco trabajo alguno que considere bajo esta faz médica a nuestros grandes hombres; que busque en todas esas idiosincrasias morales curiosas la explicación natural y científica de ciertos actos que sólo la fisiología y la medicina pueden explicar.

El Dr. D. Vicente F. López, autor de la "Historia de la Revolución Argentina", ha sido, en mi concepto, el primero en ponerse en este camino, recurriendo en cierta manera a la fisiología como complemento indispensable de sus trabajos históricos; no porque haya estudiado sus caracteres a la luz de la medicina puramente, sino porque, siguiendo los preceptos de la escuela de Macaulay, ha descendido hasta la vida íntima analizando todas esas nimiedades, todas esas puerilidades a veces tan ridículas y horribles que tanta importancia tienen para el conocimiento anatómico del hombre intelectual y moral. Todos esos movimientos fibrilares de la personalidad humana tienen, en este género de estudios, la importancia fundamental que damos al síntoma en el diagnóstico de las enfermedades; es, puede decirse, la aplicación del análisis histológico a los estudios morales, de ese análisis paciente y minucioso que por el conocimiento de lo infinitamente pequeño llega a explicarse la organización completa de lo grande, y que da cuenta de muchos procesos patológicos que sin su ayuda hubieran quedado envueltos en el más profundo misterio.

Mi objeto ha sido confeccionar un libro pura y exclusivamente médico, dejando a otro más competente que yo el trabajo de sacar las consecuencias que de él se desprenden. Para realizarlo he necesitado leer mucho, preguntando e inquiriendo más, porque los elementos que en este sentido podía ofrecerme la medicina de nuestro país eran completamente nulos.

Nuestros médicos de antaño escribían poco y a no ser lo publicado en la "Gaceta de Buenos Aires", y una que otra escasísima y mal confeccionada monografía, no sé qué haya nada que valga la pena consultarse.

El archivo más rico para la adquisición de estos datos es indudablemente la tradición, que es la que he consultado con más fruto a la par de todas esas obras históricas que van en el índice bibliográfico, y de las cuales he sacado algunos datos clínicos de mucha importancia.

La "Descripción de la Confederación Argentina" por Martín de Moussy, la "Historia de la Revolución Argentina" por el Dr. D. Vicente F. López y la "Biografía del fraile Aldao" por el Señor General Sarmiento, son las obras que más he revisado, las unas para la confección de la primera parte, y las otras para la segunda, que vendrá después. En esta primera parte, y especialmente en el Capítulo II, me he servido mucho de la "Historia de la conquista del Perú", por Prescott, que es en su género el libro más hermoso que posee la lengua castellana, y de la "Historia de Belgrano" por el Sr. General Mitre, cuyos estudios históricos sobre la época de la Revolución e Independencia son de un valor inapreciable.

De ambos he tomado párrafos enteros, indicando al pie el capítulo y la página en que se hallan. Este sistema lo he seguido con todas las obras, tanto históricas como científicas, que cito en el curso de mi libro.

Esta primera parte consta de cinco capítulos. El primero es una reseña de los adelantos que ha realizado la Medicina en el estudio de la fisiología y de la patología del sistema nervioso, particularmente en lo que se refiere a las enfermedades mentales. En el segundo, estudio el rol de la neurosis en la historia y especialmente en la nuestra: los tres últimos están destinados, como lo indica el título del libro, a "Rosas y su época".

La segunda parte, que aparecerá más tarde, contiene estudios sobre el "Dictador Francia" - "El fraile Aldao" - "Brown" - "Echeverría" - "Monteagudo", etcétera.

PRIMERA PARTE: ROSAS Y SU ÉPOCA

I. Los progresos de la psiquiatría moderna

La profecía maravillosa de Voltaire se ha cumplido. No era posible resolver el problema del alma hasta que la anatomía no hubiera penetrado en la constitución íntima de esa pulpa divina que palpita bajo la cúpula del cráneo.

Lo que él llamaba la Anatomía es hoy la Biología, ciencia de horizontes vastísimos que, principiando esa larga y gigantesca labor, «ha hecho menos aquel intrincado problema, tendiendo a resolver lo que posee de más esencial».

Esos monumentales trabajos que tienen por objetivo exclusivo la interpretación clara del mecanismo encefálico, se comprenden hoy en una escala extensísima, con una paciencia que asombra, con un resultado que avasalla y deslumbra a los espíritus más teológicos. Numerosos puntos oscuros del funcionamiento cerebral, que hace pocos años eran un misterio inabordable, son ya hoy nociones claras y casi axiomáticas de la fisiología que presta a la medicina práctica un contingente inapreciable revelando la filiación complicada de muchas enfermedades.

Las épocas "teológica" y "metafísica", diremos, adoptando la terminología de Augusto Comte, han pasado felizmente; los trabajos de Charcot, Claudio Bernard, Benedikt, Volkman y otros, inician con sus revelaciones la "edad positiva" de la ciencia médica, singularmente en esta rama importante que abraza el estudio de los centros de inervación.

La idea de las localizaciones funcionales en el cerebro había sido abandonada. Flourens, resumiendo los principios de la fisiología de su época, había dicho que la sustancia cerebral era inexcitable y homogénea en su funcionamiento, puesto que una parte relativamente mínima parecía suficiente para reemplazar las funciones del todo. A pesar de los trabajos de Broca, Bouillaud, Longet, Jackson, la patología no parecía seguir adelante, cuando en 1870 los estudios de Fritsch e Hitzig hicieron cambiar la faz de la cuestión, demostrando que ciertas regiones de la superficie cerebral respondían a las excitaciones eléctricas y que esta excitación se traducía por movimientos parciales y diferentes según se excitara tal o cual región.

Las ideas de Flourens y de los fisiólogos de su tiempo estaban destruidas, y la fisiología del encéfalo tomaba otro nuevo aspecto. Después vinieron en comprobación de esta tesis nuevos trabajos de Hitzig, y bien pronto Ferrier, Carville, Duret, Lepine y Charcot, dieron un impulso poderoso contribuyendo a descifrar esta misteriosa incógnita.

Las localizaciones cerebrales —dice el profesor Charcot— están fundadas sobre la idea de que el encéfalo no es un órgano homogéneo sino una asociación, o mejor dicho, una confederación, constituida por un cierto número de órganos diversos. A cada uno le están encomendadas fisiológicamente propiedades, funciones, facultades distintas; en el orden patológico —agrega el profesor de la Salpêtrière— la lesión de cualquiera de ellos se revela por síntomas particulares, resultantes de una perturbación sobrevenida en el ejercicio de estas propiedades, de estas funciones especiales. Es esto lo que hace posible el diagnóstico regional de las afecciones encefálicas, ideal hacia el cual tienden todos los esfuerzos de la clínica moderna[24].

Los experimentadores, como Ferrier y otros, habían buscado la luz en la experimentación verificada en animales, olvidando, según Charcot, que es en el hombre en quien es preciso ir a buscarla, pues el hombre, según él, se aleja bajo muchos puntos de vista, con respecto a las funciones de los centros nerviosos, de los animales más elevados de la escala zoológica.

Por lo que a éstos respecta, los resultados de la experimentación más ingeniosa y mejor dirigida no podían suministrar sino presunciones más o menos fundadas y no una demostración absoluta. Por esto es que él ha fundado su escuela sobre la observación clínica, paciente y constante, medio que, aunque tardío, promete resultados más seguros.

Alejándose de los experimentadores que pretenden establecer la escuela de las localizaciones motrices sobre la base casi exclusiva de la experimentación, Charcot ha buscado fundarla sobre la observación del enfermo, comprobando después de la muerte las alteraciones del movimiento observadas durante la vida. Un número de hecho clínicos bastante numerosos le permite hacer frente a sus adversarios que le atacan con violencia y en cuyas filas se descubre la figura siempre respetable de Brown-Séquard.

Luys combate también la doctrina de las localizaciones, haciendo notar que no hay ejemplo auténtico de lesión cerebral que haya producido una parálisis directa. Al contrario, presenta algunas planchas fotográficas de atrofia de los lóbulos cerebrales, de los cuerpos estriados, de las capas ópticas, observadas en un amputado a los quince o veinte años de verificada la operación. Después, el descubrimiento de la sensibilidad de la "dura madre", hecho por Rochefontaine, parece traer otro argumento poderoso en contra de la doctrina de las localizaciones. Ha comprobado este observador que rascando ligeramente la superficie de esta membrana al nivel de la parte media de uno de los hemisferios, los párpados de este costado se cierran y el movimiento se propaga a los miembros del mismo lado; y haciendo más viva la irritación, llegan hasta producirse verdaderas convulsiones generales más intensas. Resulta de esto que la irritación mecánica de la "dura madre" se trasmite por continuidad a más o menos distancia, según su intensidad, sin el intermedio de la sustancia

---

[24] GARNIER: "*Dictionnaire des sciences médicales*".

gris o blanca subyacente que había sido quitada de antemano.

Sea de esto lo que fuere, lo cierto es que la escuela de Charcot se sostiene con vigor y que unos y otros van iluminando con sus descubrimientos, diarios puede decirse, las funciones del encéfalo. Brown-Séquard, Luys, Rochefontaine, Carville, Ferrier, etc., han hecho ya menos confuso aquel dédalo profundo, a punto de que parte de su mecanismo íntimo nos es casi del todo conocido.

Se busca con ahínco sus secretos, empleando todos los medios admirables de investigación con que cuenta la Biología moderna para hacer hablar aquella esfinge que ha guardado por tanto tiempo un silencio desesperante. Sólo la localización del lenguaje ha merecido en esta última década estudios curiosísimos, suscitado controversias ardientes, hasta que por fin los trabajos de muchos observadores, particularmente de Paul Broca, el venerable fundador de la Antropología moderna, han dejado casi resuelta la cuestión. Bouillaud, levantándose hasta las nubes con sus concepciones atrevidas, con sus intuiciones proféticas, lanzaba, quizá el primero, una interpretación juiciosa y madurada al calor de su larga y envidiable experiencia: en 1825 declaraba, fundándose en la anatomía patológica, que la pérdida de la facultad del lenguaje encontrábase siempre religada a lesiones materiales del lóbulo anterior de uno o ambos hemisferios cerebrales; que en ciertos casos las lesiones de la palabra dependían de la imposibilidad en la ejecución de los movimientos coordinados o coasociados necesarios a la articulación del lenguaje; que en otros, las perturbaciones dependían de una lesión del órgano de las palabras y no del acto de su pronunciación, de donde resultaba que existía en los lóbulos cerebrales otro centro sin la cooperación del cual no podía ejecutarse el lenguaje. Más tarde Dax sostenía que el órgano de la palabra era únicamente el hemisferio izquierdo, hasta que de una manera definitiva, y apoyándose en numerosas observaciones, lo fijaba Broca en la tercera circunvolución izquierda, admitiendo la ley de los órganos supletorios, en virtud de la cual, cuando el hemisferio izquierdo está lesionado el derecho le reemplaza en sus funciones.

Los estudios de Kussmaul, según el cual la integridad de las sílabas parecía depender de la regularidad funcional de los núcleos motores de la médula oblongada; los de Jaccoud que buscaba en otro tiempo el centro de la articulación de las palabras en las "olivas", localizando la coordinación de los movimientos de las mismas en el sistema conmisural cerebelo-bulbar; los de Voisin, de Meynert y de Carville, han llevado adelante este género fecundo de observaciones.

En este sentido se han realizado los más grandes adelantos de la fisiología normal y patológica del sistema nervioso, constituyendo para muchos de esos grandes sabios el objetivo predilecto de todos sus estudios, de todos sus desvelos.

Es que en todos los tiempos —como lo observa Luys— estos estudios han llamado vivamente la atención de los hombres de ciencia. Es que no sólo se ven impulsados por el deseo instintivo de penetrar los secretos íntimos de la organización de los elementos anatómicos, sino que se encuentran dominados por esa atracción inconsciente que arrastra al hombre hacia las regiones inexploradas de lo desconocido, hacia esos lugares misteriosos en que se elaboran en silencio las fuerzas vivas de todas nuestras actividades mentales y en donde se oculta tenazmente la solución de esos eternos problemas de las relaciones de la organización física del ser viviente con los actos de su vida psíquica e intelectual[25].

Larga es la historia de estos combates silenciosos, dados dentro de las cuatro paredes de un laboratorio humilde, como el que oyó las primeras palabras que balbuceara la anatomía por boca de Vesalio, de Vieussens y de Fabricio. Generaciones enteras de sabios han pasado año tras año, consumiéndose en medio de una noche que parecía eterna, y sólo de poco tiempo a esta parte la organización de los centros de inervación ha principiado a revelar sus secretos inescrutables, interrogados por la curiosidad agresiva de este niño hecho gigante que se llama la fisiología moderna. Ya siglos atrás se creía, es verdad, que el cerebro era el órgano de la inteligencia y de la voluntad; pero esta noción, como observa muy bien el sabio catedrático de la Escuela de Alfort, era más bien hija del instinto que de una demostración dada por la experiencia y la observación de los hechos. La experimentación bien dirigida ha probado después, perentoriamente, que ese sueño de la fisiología embrionaria es hoy una hermosa realidad. El cerebro es el sitio de las facultades instintivas e intelectuales, y el místico espiritualismo de los psicólogos del Instituto tiene forzosamente que inclinarse ante estas llamaradas de luz que le envía la ciencia moderna engrandecida con el trabajo de pocos años.

La sangre es el elemento material y tangible que hace vivir, anima y sensibiliza ese obrero incansable que se llama la célula y que participa de todos los fenómenos generales de la vida de las demás células; los animales decapitados quedan privados del funcionamiento cerebral, pero así que restituimos artificialmente el elemento nutritivo indispensable, por medio de inyecciones de sangre desfibrinada, a la manera que lo practicaba Brown-Séquard, la célula revive bajo la acción de su estímulo habitual, los signos de la vida reaparecen como por encanto y la cabeza del animal en experiencia, vivificado momentáneamente, manifiesta los signos inequívocos de una percepción consciente de las cosas exteriores[26].

La continuidad de la irrigación sanguínea es la condición "*sine qua non*" del trabajo regular de las células cerebrales y es a expensas de los jugos filtrados por las paredes de los capilares, que se alimentan y reparan continuamente las pérdidas sobrevenidas en su constitución integral.

Gracias a este ambiente exuberante que la rodea, la célula renueva de una manera

[25] LUYS: "*Le Cerveau*".
[26] Ídem.

continua los elementos de vida, pudiendo hacer frente a las pérdidas enormes que tiene, particularmente en aquellos cerebros dotados de una actividad exagerada.

El trabajo del órgano de la inteligencia se revela en la composición de la orina, por el fósforo que en diversos estados manifiesta el análisis químico. Byansson ha demostrado que toda célula cerebral que funciona gasta sus materiales fosforados y que estos productos de la actividad mental, como las excreciones fisiológicas naturales, se arrojaban fuera del organismo, pasando a la orina al estado de residuos y bajo la forma de sulfatos y de fosfatos; de manera que por este procedimiento sencillo se puede químicamente dosar el trabajo cerebral verificado en un tiempo dado[27].

Pero esto no debe sorprendernos, porque hay algo más admirable todavía. La ciencia no se ha contentado con averiguar únicamente la relación que existe entre la actividad de los fenómenos cerebrales y las pérdidas de su propia sustancia; ha querido ir más lejos, interrogando a la Física sobre los fenómenos que en este orden pasan en las profundidades de aquel órgano. Estudiando las modificaciones físicas apreciables que presenta la sustancia encefálica en actividad, ha notado que ese trabajo íntimo se revela por signos sensibles bajo la forma de un desprendimiento más acusado de calor: el cerebro, como el músculo en acción, manifiesta su potencia dinámica por un calentamiento local apreciable con la ayuda de ciertos instrumentos. Un autor norteamericano, el Dr. Lombard, de Boston, ha sido el primero que ha hecho estos experimentos por medio de aparatos termo-eléctricos muy precisos, publicando sus resultados en los "Archivos de Fisiología Normal y Patológica". Más tarde Schiff los ha complementado, obteniendo mayor exactitud por medio de aparatos termoscópicos de una sensibilidad extrema, interrogando directamente la sustancia cerebral en el momento en que entra en conflicto con las incitaciones exteriores y determinando, por este curiosísimo medio de análisis, cuáles eran los grados de elevación de temperatura que el cerebro era capaz de desarrollar en sus operaciones[28].

Mach, siguiendo esta corriente de ideas, ha determinado comparativamente el tiempo preciso para que una impresión sensorial cualquiera, se convierta en el encéfalo en una determinación motriz. Donders, con la ayuda de aparatos registradores sumamente ingeniosos, ha llegado hasta introducir una anotación precisa de ciertos fenómenos de la actividad cerebral.

Después de la publicación de su obra monumental sobre "El sistema cerebro-espinal", coronada por la Academia de Ciencias, Luys ha publicado otro precioso libro titulado "El Cerebro y sus funciones", en el que resume sucintamente su sistema anatomo-fisiológico, sobre este órgano. En él, el médico de la Salpêtrière da una idea exacta del estado de

---

[27] LUYS: Ob.cit., pág. 55.
[28] Véase: "Archivos" citados, 1869, pág. 671; y LUYS, ob. cit.

nuestros conocimientos sobre estas fundamentales cuestiones, mostrando que todos esos actos, al parecer inmateriales, como la atención, el juicio, las ideas, etc., están íntimamente sujetos a la actividad de las células y fibras nerviosas del cerebro. Esto es lo que en la actualidad parece acercarse más a la verdad. La fisiología moderna abunda en pruebas y cada día se hacen más claras estas nociones que, en otro tiempo, debido a la falta lamentable de elementos de investigación, no pasaban de simples concepciones teóricas, de hipótesis a estudiar. Los alienistas son tal vez los que mejor han aprovechado estas adquisiciones, no viéndose ya obligados a recurrir a fuerzas ocultas, a entidades imaginarias y casi inconcebibles, para la explicación de ciertos fenómenos que tienen lugar en la esfera del dinamismo encefálico.

La fisiología patológica del delirio -por ejemplo- se comprende fácilmente con el conocimiento exacto de las propiedades que poseen los elementos anatómicos de la sustancia cortical. En las células de la capa más superficial afectas a la inteligencia —dice Poincaré— se ha reconocido un automatismo fisiológico, en virtud del cual les es dado entrar en acción de un modo espontáneo y sin el estímulo funcional inmediato de las sensaciones, evocando impresiones, percepciones y juicios formados en otro tiempo y conservados virtualmente al estado de recuerdos. Este automatismo espontáneo de la inteligencia se manifiesta en un grado relativamente remiso en el estado normal; más cuando por cualquier influencia morbosa, determinadas células cerebrales entran en eretismo patológico, su actividad funcional se multiplica extraordinariamente y el orgasmo de que se hallan poseídas se comunica a las inmediatas, hasta un radio más o menos grande. Entonces cesa la armonía en las operaciones intelectuales y este desorden constituye el carácter más culminante del delirio[29].

Este es el proceso del delirio general o difuso. El delirio circunscrito o sistematizado se explica porque el eretismo iniciado en algunas células cerebrales, se propaga a corta distancia y por consiguiente sólo un corto número, las que están más próximamente relacionadas con aquellas en donde se originó la alteración primitiva participan de la irritación morbosa.

La "parálisis general" ha sido en estos últimos tiempos objeto de estudios completos debidos a Voisin, el autor de las "Lecciones Clínicas sobre las enfermedades mentales"; a Magnan, que ha reunido en un precioso volumen todas las memorias publicadas principalmente en los "Archivos de Fisiología", y que ha sido uno de los primeros en demostrar que la lesión habitual en la parálisis general consiste en una encefalitis intersticial difusa y generalizada.

Clouston ha hecho un trabajo completo sobre las perturbaciones de la palabra en los

---

[29] POINCARE: *"Leçons sur la physiologie du système nerveux"*.

locos, estudiándolas no sólo en la parálisis general sino también en la epilepsia, en la demencia senil, etc., atribuyendo el mutismo que se observa en los melancólicos a una inhibición o entorpecimiento de los centros motores del lenguaje.

Kelp, abandonando los adultos y concentrando su atención en las otras edades de la vida, ha estudiado la locura en los niños y publicado varios casos curiosos de psicosis infantil, deduciendo que la enajenación mental es en ellos menos rara de lo que generalmente se piensa. Kelp cree poder afirmar que muchos casos escapan a la observación médica, sea porque las perturbaciones psíquicas pasan desapercibidas o son consideradas como una simple debilidad intelectual, sea porque concluyen habitualmente en el idiotismo, término a que por desgracia llegan más rápidamente los niños que los adultos.

Las diversas formas de enajenación mental, y particularmente la melancolía, han sido objeto de trabajos completos como los de Voisin, Christian, Bigot, Foville, que las han analizado bajo todas sus fases, sacando conclusiones prácticas de suma importancia.

Las alteraciones del sistema cutáneo, las perturbaciones psíquicas de la epilepsia, el diagnóstico, el tratamiento y particularmente la patogenia de las frenopatías, han recibido un impulso considerable en estos últimos años.

Nada puede resistir a este espíritu de progreso que nos empuja. Es una corriente impetuosa que va por días engrosando su cauce, ensanchando sus horizontes, ampliando sus planes, hasta hace muy poco reducidos y estrechos por exigencias ineludibles.

Hasta el tecnicismo clásico ha cambiado alterándose, mortificándose bajo la acción de este impulso benéfico. Ha sufrido ampliaciones y restricciones saludables, impuestas por el conocimiento exacto y claro de las cosas. La palabra "neurosis", que antes tenía una acepción tan vaga y general, está hoy más circunscrita y el número de enfermedades que abraza es mucho más restringido por consecuencia. No hace mucho, casi todas las afecciones nerviosas era comprendidas en esta clasificación arbitraria, pero después que la fisiología patológica y particularmente la histología, han mostrado en las intimidades del tejido lesiones materiales ocultas a la simple vista, muchas de las llamadas neurosis han dejado de serlo, entrando en el número de las que reconocen como causa eficiente una lesión nutritiva. La "parálisis esencial de la infancia", que Rilliet y Barthez incluyeron en este grupo, porque en algunos casos y después de un examen minucioso no habían podido comprobar lesión alguna en el cerebro y en la médula, está ya eliminada gracias a los trabajos de Cornil, de Laborde, de Charcot y de Damaschino. La "parálisis agitante", es otra de las afecciones que tiende, debido a nuevos estudios histológicos, a separarse también, a pesar de que, como decía Charcot en 1868, sus lesiones materiales no han sido todavía precisadas. Tal ha sucedido con otros procesos análogos cuya filiación nos ha revelado el microscopio, arrancándolos al grupo de esos estados tan vagos e indeterminados que llamamos neurosis.

Sin embargo, la clasificación subsiste todavía y lo comprendemos, porque aún hay ciertas enfermedades nerviosas que al parecer dependen, no de una lesión material, sino de perturbaciones puramente dinámicas. Las enfermedades que Cullen definía como «afecciones contra natura del movimiento y del sentimiento, sin fiebre y sin lesión local», forman, como dice Marcé, un grupo provisorio únicamente, mal definido, destinado a sufrir importantes modificaciones y tal vez a desaparecer a medida que la anatomía patológica haga nuevos progresos.

Las "neurosis", que en el estado actual de la ciencia pueden definirse como afecciones que tienen por carácter distintivo una perturbación funcional sin lesión perceptible en la estructura material del centro encefálico y sus dependencias, se dividen, según Hardy y Behier, en convulsiones, neuralgias, parálisis y vesanias, presentando algunos rasgos comunes que hasta cierto punto las hacen inseparables las unas de las otras. Las vesanias afectan la inteligencia, las neuralgias más particularmente la sensibilidad, mientras que, al contrario, las parálisis musculares, las afecciones convulsivas, como la epilepsia, la histeria, la corea, afectan más especialmente a la motilidad[30]. Los signos que las distinguen de los demás grupos de enfermedades, son: la falta de fiebre, aun cuando como lo observa el autor citado, en el principio de la "manía" y de la "melancolía" se perciba una ligera elevación de temperatura; la movilidad de los síntomas; la periodicidad que a veces suele ser una circunstancia agravante para el pronóstico; la integridad más o menos completa de las funciones de la vida animal; la herencia, que en la etiología de las "neurosis" desempeña un papel tan importante que, puede decirse, forma uno de sus caracteres especiales; y ese estado nervioso, esa neuropatía proteiforme, como la llama Cerise, y que constituye el fondo de todas ellas, explica Marcé.

Las vesanias, que forman la parte fundamental de este grupo nosológico, son las que por su importancia y por el objeto de nuestro trabajo, debemos abordar más particularmente.

Desde la simple pobreza de espíritu o la extravagancia poco acentuada de un carácter, comúnmente inapreciable para un ojo profano, hasta las más profundas y terribles perturbaciones de la inteligencia humana, todo entra fatalmente incluido en este grupo sin término de las "neurosis", fuente inagotable de estudios, cuyo alcance no se aprecia suficientemente todavía.

Nada más curioso que esos estados intermedios, esa zona indefinida, como llama Mausdley a estas penumbras en que el espíritu humano se columpia entre la tranquilidad fisiológica de la salud y la exaltación anómala de la locura declarada, en que se vive próximo a las sombras y misterios de la enajenación, sin perder de vista, sin abandonar completamente los dominios serenos de la razón. Las organizaciones que se hallan bajo este

---

[30] MARCE: "*Traité pratique des maladies mentales*".

cielo en eterno crepúsculo, viven solicitadas por dos fuerzas contrarias, e igualmente poderosas, aunque por lo común se hace más sensible el poder implacable de la atracción patológica a la que van acercándose sin sentirlo, hasta abandonarse completamente a ella. Participan más de su influencia, porque muy a menudo el terreno viene preparándose desde la cuna o de más lejos todavía, desde el claustro materno, en donde reciben el germen que da a su idiosincrasia cerebral el sello incomprensible de la predisposición. Este equilibrio inestable a que están sujetos y, en virtud del cual, ora se ven en el goce pleno de sus facultades, ora en el dominio de la enajenación, constituye ese misterio a que los autores, a falta de una denominación más precisa, han dado el nombre de "estados intermedios".

Es en ellos que se observan esas grandes revelaciones de locura pasiva, mansa, circunscrita, al mismo tiempo que las más elocuentes manifestaciones de una salud cerebral perfecta e intachable. Son, puede decirse, una confusión de luz y de sombras, una mezcla incomprensible de la salud y de la enfermedad, una combinación extraña de la razón y de la locura.

Nadie puede decir que un hombre encerrado en uno de estos círculos de hierro está en el goce pleno de sus facultades, ni tampoco nadie podría, sin temeridad, encerrarle en las celdas de un manicomio clasificándolo de enajenado. Son seres híbridos que participan de los rasgos fisionómicos de dos razas diametralmente opuestas, organismos contradictorios, concepciones imaginarias para el criterio profano, fantasías científicas para aquél que no teniendo la cabeza suficientemente fuerte teme asomarse a ese abismo que se llama el cerebro humano.

Lo que parece indudable es que la enfermedad, con más derechos, los reclama. Combaten sin éxito, resistiendo por un tiempo más o menos largo a sus atracciones horribles, pero al fin caen en la lucha, y el delirio, bajo cualquiera de sus múltiples formas, toma posesión de su cabeza.

Constituyen matices de colores más fuertes, gradaciones inferiores de estados más graves y complejos, pudiendo establecerse entre ellos y los locos la misma comparación que entre un individuo que sufre una bronquitis ligera y uno que cae postrado por una neumonía aguda, franca, grave; entre un atacado por la congestión cerebral de forma leve y otro que sufre una hemorragia violenta. Ambos son estados patológicos, el uno leve, pasajero generalmente y más o menos incómodo; el otro grave, mortal muchas veces.

Estas zonas intermedias son, pues, evidentemente, estados enfermizos del espíritu. Remontaos si no a sus padres, a sus abuelos, a sus más lejanos ascendientes, y raro será que no encontréis en ellos la explicación de estas anomalías que en la mayoría de los casos son fatalmente hereditarias.

Esta curiosa manera de ser del espíritu tiene sus modos especiales y caprichosos de manifestarse. Sin concepciones delirantes, sin alucinaciones que la justifiquen, cometen casi automáticamente actos ridículos, irracionales, extravagantes y hasta agresivos, con una tranquilidad, con una impudencia que sólo explica un estado de desequilibrio mental. La variedad y multiplicidad interminables de sus manifestaciones es tal —dice Legrand du Saulle— que no se presta a una descripción general. Todos sus actos están siempre en oposición abierta con las costumbres establecidas: en sus vestidos, en sus muebles, en la educación de sus hijos, en sus lecturas y en los incidentes más insignificantes de la vida, muestran algo de extraordinario y de anormal. Morel ha conocido un magistrado cuyas "requisitorias" eran un modelo de lógica y de lucidez; descendía de padres neurópatas y fue toda su vida un hombre excéntrico y extravagante. Pasaba su vida separado completamente de su familia, aislado en un cuarto del hotel en el cual no permitía a nadie la entrada. Cuando caminaba en la calle ponía gran cuidado en no pisar en las líneas de junción de las piedras, temiendo formar una cruz que era para él de un augurio terrible. Un banquero distinguido, citado por Legrand du Saulle, se creía obligado a cometer, de cuando en cuando y con cierta periodicidad, una extravagancia, para preservarse, según decía, de la locura.

Hay entre estos "neurópatas" individuos que rehúsan absolutamente tocar ciertos objetos, las monedas de oro o de plata por ejemplo, temiendo contraer enfermedades desconocidas. Morel tenía relación con un abogado excéntrico y "hereditario" que no tocaba jamás una puerta sin tener el cuidado de limpiarse las manos en sus ropas. A estos casos Falret ha dado el nombre de «enajenación parcial con predominio del temor al contacto de los objetos exteriores», denominación inadmisible, pues si se hace de estos un grupo especial, no hay razón para no formar otros tantos cuantas son las variedades de actos excéntricos que pueden cometer los hereditarios[31].

Estas excentricidades se reproducen algunas veces con una tenacidad extraordinaria durante largos años, acentuándose de más en más su carácter positivamente patológico. Hay allí fijeza de los actos delirantes, análoga a la que observamos en las ideas del mismo carácter. Una mujer extravagante cuya observación refiere Trélat, razonaba con una rectitud y lucidez intachables; hacía una vida arreglada y tranquila, y la única cosa que parecía extraordinario en ella era el detenimiento que manifestaba en su aseo personal, para permanecer encerrada en su cuarto muchas horas del día y de la noche. Durante largos años su familia ignoraba completamente el empleo que daba a su tiempo, hasta que por fin, habiendo caído gravemente enferma, pudo penetrar el misterio. Todo su armario estaba lleno de pequeños paquetitos, cuidadosamente hechos y rotulados. Esta señora empleaba las horas en coleccionar su detritus corporal y cada grupo de paquetes contenía un producto especial. Unos encerraban el cerumen, otros la suciedad de las uñas, algunos las mucosidades nasales desecadas, y muchos la caspa que sacaba de su cabello; cada paquete tenía una etiqueta especificando la naturaleza del producto y la fecha en que había sido extraído[32].

---

[31] LEGRAND DU SAULLE: "*Folies héréditaires*".

Y sin embargo, como sucede en todos ellos, nada indicaba en esta pobre víctima una perturbación mental general; todos sus actos y palabras marchaban en armonía con el resto de sus facultades. Dominándola, la impulsión enfermiza la arrastraba a este género de extravagancias, que tenía que satisfacer so pena de graves complicaciones ulteriores.

Satisfecha la impulsión sobreviene una tregua acompañada de cierta satisfacción intima e indescriptible. Una vez perpetrado el acto, el enfermo experimentaba un bienestar infinito, un alivio extraordinario, porque el cumplimiento de este deseo imperioso parece que fuera una válvula que calma y consuela ese cerebro enfermo, dando escape a esta fuerza indomable que se concentra con energía en su masa, perturbando su dinamismo.

El autor de la "Psicología Mórbida" refiere la historia de uno de estos enfermos, que después de entrar en un acceso espontáneo e inmotivado de cólera habitualmente injustificable, experimentaba un sentimiento indefinible de bienestar. Tal sucede, también, con los monomaníacos incendiarios que sienten un placer incomparable al ver el fuego, al oír las campanas y el tumulto que pone en alarma a toda una población, mezclándose entre la multitud que corre a apagar el incendio producido por sus propias manos[33].

Todo esto depende del estado particular en que se encuentra el sistema nervioso general. El dinamismo mental, colocado en condiciones excepcionales, engendra todos estos modos curiosos de la inteligencia, con una abundancia sorprendente de matices que varían hasta el infinito. La transmisión hereditaria, que es la vía por donde generalmente se reciben estos estados, imprimiendo con energía su sello, permanece por completo velada y tiene su origen fuera del individuo; esto explica tal vez porqué hasta el presente[34] ha estado completamente desconocida y ni siquiera se le ha sospechado, aun siendo en ciertos casos tan manifiesta.

Estas formas particulares, esas cualidades excepcionales que distinguen a ciertos caracteres como los que hemos mencionado, están ligadas por lo general a condiciones orgánicas de un orden patológico. Son, a veces, es verdad, productos de la transmisión hereditaria, pero también no es raro que se muestren solas, aisladas, producidas por causas que en muchos casos escapan al análisis más sutil y paciente[35].

Existe, dice Gaussail[36], una disposición particular del organismo, caracterizada por la imposibilidad en que se encuentra el aparato inervador de recibir sin perturbaciones la acción de las causas excitantes exteriores o interiores. Esta disposición, que conviene designar bajo el nombre de "sobrexcitabilidad nerviosa", es original o adquirida, y en uno como en otro

---

[32] Cit. por LEGRAND DU SAULLE.
[33] GRIESINGER: "*Maladies mentales*".
[34] MOREAU DE TOURS escribía esto en el año de 1859.
[35] MOREAU DE TOURS: "*Psychologie morbide*".
[36] GAUSSAIL: "*De l'influence de l'hérédité sur la production de la surexcitation nerveuse*".

caso está ligada a una falta de armonía en las relaciones preestablecidas que deben existir entre el elemento nervioso y el elemento arterial, para formar la condición invariable y constante de la excitabilidad fisiológica. Este defecto de armonía, no pudiendo depender sino de una actividad defectuosa o predominante del uno o del otro de los elementos constitutivos de la excitabilidad normal, la sobreexcitación nerviosa no puede, por esto, presentarse sino bajo cuatro formas principales; es decir, siguiendo la modificación orgánica de que depende, será "hiponéurica" o "hipernéurica", "hipohémica" o "hiperémica". Puesta en juego por influencias físicas o morales, la sobreexcitación nerviosa tiene por resultado constante e inmediato la sobreexcitación. Esta se manifiesta ya por una simple exaltación de la sensibilidad normal, ya por fenómenos mórbidos variables en su forma e intensidad[37].

El estado nervioso, que cuando toma una acentuación patológica designamos con el nombre genérico de "neurosis", se revela a menudo por fenómenos a los cuales no se les da más importancia bajo el punto de vista fisiológico, que la que tienen esa simples desigualdades de carácter bajo el punto de vista moral.

Los fenómenos propios de estos modos de ser del organismo, pueden dividirse —dice Moreau— en dos categorías: la primera comprende aquellas neurosis que tenemos costumbre de designar bajo el nombre de tics, muecas, etc., y que son producidas por ligeras convulsiones de los diferentes músculos de los párpados, de los labios, etc.; en la segunda están colocadas las que habitualmente designamos con el nombre de "manías" y que a menudo atribuimos a distracciones, preocupaciones de espíritu, etc.

Entre estas dos categorías hay una solidaridad mórbida indudable y probada. En virtud de lo que los antiguos autores llamaban una metástasis, un cambio de lugar del principio mórbido, las "neurosis" de la primera categoría pueden por vía de herencia transformarse en accidentes puramente morales, como muy frecuentemente sucede[38].

Todas estas manifestaciones deben considerarse, sin duda alguna, como hechos patológicos por los cuales se traduce un estado especial del sistema nervioso, producto de modificaciones más o menos profundas de las facultades intelectuales, que revelan una organización moral particular.

Todas ellas a cualquier orden que pertenezcan, bajo cualquiera forma sintomática que se nos presenten, desde la más simple hasta la más compleja, entrañan para el funcionamiento cerebral las mismas consecuencias que la predisposición hereditaria, es decir, el desorden de las facultades (locura propiamente dicha), extravagancia, excentricidad, rareza del carácter, defecto que suele verse ligado a un notable desarrollo de las facultades intelectuales y

---

[37] Ver GAUSSAIL, ob. cit.
[38] Véase MOREAU DE TOURS, ob. cit., pág. 198.

morales[39].

El número de los que atraviesan esta oscura penumbra del espíritu es muy grande y muy a menudo pasan desapercibidos, cuando sus perturbaciones embrionarias permanecen estacionadas o cuando no hay un ojo de cierta exquisita agudeza visual que observe y escudriñe, apreciando el medio sombrío en que se agitan. Los hay de muchas, de infinitas y variadas especies, observándose en unos en su principio y apenas perceptibles; en estado de desarrollo medio en otros, y en algunos en su completa y acabada evolución. En todos, lo repetimos, se percibe un fondo enfermizo que altera en diversos grados la salud de la inteligencia, y aunque al parecer viven a igual distancia de la razón como de la locura, parece indudable, como ya lo hemos dicho, que la enfermedad con su acción potente tiene sobre sus cabezas mucha mayor influencia.

Como ejemplo palpitante de esta verdad, estudiad entre otros ese grupo de neurópatas curiosísimo, mezcla de lo ridículo y de lo terrible, que Lasègue ha bautizado con el nombre pintoresco de "exhibicionistas". Esta extraña "neurosis", que parece constituir para él un género nuevo, abunda en todas las sociedades, de una manera sorprendente. Un joven empleado —refiere ese autor— pasa sus horas, después de salir de la oficina, bajo las ventanas de una joven. Piensa que está enamorada de él y que la resistencia de sus padres es el único obstáculo a su unión. Este dato delirante que nada justifica, le ofusca y después de muchos días de dudas y de fluctuaciones, se resuelve a emprender la lucha. Jamás ha intentado hablarle, hacerle llegar una carta, demostrarle de alguna manera su amor; pero todas las tardes primero, y después todos los días, abandonando las ocupaciones en que gana su pan, se coloca infaliblemente delante de la puerta de su supuesta prometida. Sigue a la familia por todas partes, a la iglesia, al paseo, al teatro, esperando en la puerta de las amigas a quienes va a visitar, pero sin enviar una mirada, un gesto expresivo, una palabra, una sonrisa siquiera. Su rol se limita durante un año a hacer el papel de sombra, hasta que la familia, alarmada, trata a todo trance de deshacerse de él.

Si este hecho fuese una excepción individual, no merecería mencionarse; pero se ha reproducido muchas veces ante mis ojos —dice Lasègue— con variantes que en nada cambian el fondo y que adquieren un valor patológico. Este hombre entra en la clase de los "exhibicionistas"; no hacía otra cosa que exhibir su persona, sin ir más lejos. Cuando se interroga a estos enfermos con el tino que exigen semejantes aberraciones, se supone, más bien que se descubre, el trabajo íntimo que se opera en su espíritu.

El sentido genital es ciertamente el que mejor se presta a estas perversiones compatibles con un ejercicio hasta cierto punto regular de la inteligencia. Un individuo (generalmente es un hombre) es arrestado por ultraje público al pudor. Se le ha encontrado mostrando sus

---

[39] Ídem, en pág. 198.

órganos a los transeúntes sin distinción de sexo: con esta circunstancia, que siempre es en el mismo sitio y a la misma hora. Este escándalo se ha repetido muchas veces antes de ser vigilado y arrestado. Lo primero que nos imaginamos es que se trata de un hombre depravado, vicioso y que echa mano de este último recurso para excitar sus órganos y curar su impotencia. Pero las averiguaciones prueban sobreabundantemente todo lo contrario; es un individuo de antecedentes honorabilísimos, cuya virilidad está lejos de agotarse y cuya situación pecuniaria e independiente le hace fácilmente accesible toda clase de "satisfacciones autorizadas".

El primer caso que observó Lasègue, cuyo artículo estamos copiando, fue todavía más curioso y le impresionó profundamente. Se trataba de un joven de 30 años, más o menos, ligado a una de las familias más honorables de Francia y que gozaba de una posición envidiable como Secretario de un célebre personaje político de la época. Era un hombre inteligente, bello, y que por su educación tenía abiertas las puertas del gran mundo. Ahora bien: la autoridad había recibido frecuentes quejas de un escándalo, que se reproducía en una iglesia periódicamente y a la caída de la noche. Un hombre joven, cuyas señas no se especificaban, se presentaba súbitamente delante de una de las tantas mujeres que iban a orar; sacaba sus órganos sin pronunciar una palabra y después de haberlos exhibido desaparecía en las sombras. La vigilancia era difícil a causa del número de lugares en donde hacía esta curiosa exhibición. Una tarde, sin embargo, este extraño personaje fue arrestado en Saint-Roch en momentos en que se entregaba a sus prácticas periódicas, delante de una pobre vieja, que al observarlo, dio un grito llamando la atención del agente de policía. El delito era tan singular que la autoridad pidió un informe médico, encargado al profesor Lasègue. Yo he tenido —dice éste— largas conversaciones con él, de las cuales no he podido deducir los menores indicios. La impulsión era invencible y se reproducía periódicamente a las mismas horas, pero jamás por la mañana; era precedida de una ansiedad que el enfermo atribuía a una resistencia interior. Las investigaciones continuaron con una curiosidad y paciencia fácilmente concebibles, pero sólo dieron datos negativos; en él todo era irreprochable, salvo el acto que había motivado el arresto.

Algún tiempo después -continúa el distinguido médico- oía hablar de una queja que había sido puesta contra un empleado superior, de 60 años de edad, viudo y cargado de hijos. Se le acusaba de colocarse en su ventana, mostrando sus órganos a una joven de 15 años que vivía enfrente. La exhibición tenía lugar todos los días por la mañana, entre las 10 y las 11; la escena se repitió durante 15 días, y cesó otros tantos para repetirse en seguida en condiciones idénticas. Yo conocía personalmente al culpable —refiere el profesor citado— lo fui a ver y le exigí confidencialmente datos que él no rehusaba; convenía perfectamente en la enormidad y en lo absurdo de su falta, pero no podía dominar la impulsión.

La incitación instintiva era intermitente, pero desde el momento que se producía se manifestaba invencible y poderosa. Advertido a tiempo, resolvió partir para Bélgica, en donde un año después murió a causa de graves accidentes cerebrales.

Otro individuo, joven de 25 años, fue arrestado en las circunstancias siguientes: todas las tardes, así que daban las cinco, se colocaba en el rincón de la puerta de un colegio de niñas. En el momento en que salían las externas, sacaba sus órganos y dejaba desfilar por delante a las pobres jóvenes escandalizadas. Este manejo fue siempre igual en cuanto al modo, a la hora y al lugar y se repitió durante 12 o 15 días. Intervino la policía y fue condenado a algunas semanas de prisión. Dos meses después cayó enfermo, el médico se apercibió que su escritura era irregular y que tenía una debilidad intelectual incompatible con su empleo. Después de un año le sobrevinieron accidentes cerebrales, se puso hipocondríaco, hasta que por fin la locura se le declaró completamente.

Lasègue cita otros ejemplos que le permiten establecer los caracteres científicos de la especie: exhibición a distancia sin manejos lúbricos, sin tentativas para entrar en relaciones más íntimas, vuelta de la impulsión en el mismo lugar y habitualmente a las mismas horas, ningún otro acto reprensible bajo el punto de vista genital, fuera de esta manifestación monótona. Los hechos mencionados —concluye el apreciable director de los "Archivos de Medicina"— llevan el sello de los estados patológicos; su instantaneidad, su periodicidad, la enormidad del acto reconocida por el enfermo mismo, la ausencia de antecedentes poco honorables, la indiferencia por las consecuencias que de él resultan, la limitación del apetito a una exhibición que nunca es el punto de partida de aventuras lúbricas-, todos estos datos "imponen" la idea de una enfermedad[40].

Y no puede ser de otra manera. Se trata evidentemente de estos estados mixtos, de que venimos hablando, tan comunes en la vida diaria y a menudo desconocidos por la generalidad. Todos, o los más de ellos, marchan con más o menos rapidez hacia la pérdida perpetua de la razón, a la locura declarada. Pueden, no hay duda, permanecer por largo tiempo estacionados en esta zona fluctuante, acentuándose más sus perturbaciones sin llegar al límite fatal, pero su estado, aunque lejano, está indudablemente —volvemos a insistir— más próximo a la enfermedad que a la salud completa. Esta fusión imperfecta de ambos estados, esta mezcla extraña de situaciones tan opuestas, la singular coexistencia de la razón y de la locura, coloca a semejantes organizaciones en una posición extraordinaria. Es —dice un venerable alienista— el crecimiento de las razas transportado al orden moral: se trata de una clase de seres aparte, verdaderos "mestizos" intelectuales que tienen mucho del loco pero que también poseen algo del hombre razonable, o bien del uno y del otro en grados diversos.

¡Pensar que el mundo los cuenta por cientos y por miles y que sólo en Francia hay cuarenta mil epilépticos "conocidos", es algo que contrasta y deprime al espíritu más animoso!

---

[40] LASEGUE: "*Les exhibitionnistes*". *Gazette des Hopitaux*, número 51, May 1877, 50e année.

Los "intermediarios" están repartidos en todas las clases sociales; ninguna escapa a este proteo que se insinúa en todos los gremios, en todos los pueblos y que vive con igual exuberancia bajo todos los climas, aunque bien es verdad que en algunos se muestra con mayor abundancia. Todos los hombres son susceptibles de sufrir esas alteraciones, aunque, como lo demuestra el autor de la "Psicología Mórbida", parecen estar más expuestos los que han sido dotados por la naturaleza con una inteligencia superior.

Esto último, que tiene el aspecto seductor de una paradoja brillante, está en parte comprobado por documentos irrecusables. Registrad la historia, que ella va a suministraros un caudal abundante de datos. Encontraréis un número considerable de hombres superiores, de reyes, de dinastías enteras, sufriendo estos trastornos curiosos y trasmitiendo de padres a hijos el germen de sus terribles vesanias.

Quiero hacer en la historia de otros pueblos una revista general, para probar este aserto, y mostrar que lo que observamos en la nuestra no es sino la producción de un fenómeno curiosísimo si se quiere, pero bien conocido aunque poco estudiado todavía. La enunciación de estos hechos probados, mejor que toda discusión teórica llevará, no lo dudo, al espíritu menos crédulo el más amplio y completo convencimiento.

¿Cómo se producen, cuál es su mecanismo íntimo? ¿Por qué en aquellos individuos dotados de una inteligencia privilegiada, estos trastornos suelen mostrarse más acentuados, por qué se encuentran en íntima alianza, en fusión inseparable con el perfeccionamiento excepcional de sus más altas facultades? Tal es el problema que la patología mental de nuestros días trata de resolver estudiando el cerebro humano bajos todas sus fases. Moreau de Tours, que ha acariciado por tanto tiempo esta idea aparentemente ilusoria, ha escrito un hermoso libro cuya primera página encierra todo el argumento en estas pocas ideas: «Las disposiciones del espíritu que hacen que un hombre se distinga de los demás por la originalidad de sus pensamientos y de sus concepciones por la excentricidad o energía de sus facultades afectivas, por la trascendencia   de sus facultades intelectuales, provienen de una misma fuente, en las mismas condiciones orgánicas que las diversas perturbaciones morales, de las cuales la "locura" y el "idiotismo" son la expresión más completa».

En el curso de ese precioso libro, la tesis se desarrolla y se sostiene de una manera brillante. La herencia, sobre la cual insistimos en diversas partes de este trabajo, se presenta siempre o por lo menos en la mayoría de los casos, explicando estos modos tan singulares del espíritu. Moreau de Tours le da la importancia capital que tiene, y cita en su apoyo infinidad de ejemplos tomados de la historia de los diversos pueblos.

Nosotros sacaremos de su capítulo final algunos de los más notables, agregando otros que encontramos en libros más o menos conocidos.

Carlos V —por ejemplo— en quien la transmisión hereditaria aparece más visible, recibió su neuropatía de Felipe el Hermoso su padre, que murió joven a consecuencia de la vida depravada que llevó y de ataques repetidos de una enfermedad nerviosa que se asemejaba mucho a la "manía aguda"; su mujer, "Juana la Loca", durante el curso de una vida miserable, probó por la extravagancia de su conducta, que merecía este nombre. Carlos V venía al mundo habiendo recibido el germen de las perturbaciones morales de sus padres y de su abuelo materno, Fernando de Aragón, muerto a la edad de 62 años en un estado de melancolía profunda. En su juventud fue epiléptico y estuvo sujeto desde su más tierna edad a los accesos de lipemanía, que lo obligaron más tarde a abdicar y a buscar el reposo en el silencio de un claustro[41]. Felipe II, su hijo, aquella alma de hierro, que ha dejado en el mundo tan siniestros recuerdos, era víctima de los más negros ataques de melancolía, y basta —como dice Guardia— recorrer su correspondencia para encontrar el indicio cierto de un mal profundo que se traduce por alteraciones del carácter.

Esta herencia maldita no se detiene ni se extingue en tan pocas generaciones; continúa insinuándose en las que vienen después, cambiando caprichosamente sus formas, sin perder su naturaleza casi siempre inalterable.

Por esto es que se ven familias, generaciones, pueblos enteros, arrasados por la transmisión casi infalible de la herencia patológica. Felipe II no es el último de los neurópatas regios de su dinastía. Viene su hijo Carlos, heredero de la corona, epiléptico y sujeto a extravagancias y accesos de furor asimilables a una manía hereditaria. Después sigue esa serie de Felipes imbéciles y locos todos ellos: Felipe III era casi un cretino, Felipe IV, su sucesor, se parecía mucho al Emperador Claudio, y tenía el aire, las facciones y la conducta de un idiota. La debilidad intelectual de los últimos representantes de la dinastía austríaca, se revela sin atenuación alguna en la persona de Carlos II, este pobre príncipe miserable y enfermizo, impotente y maníaco, que se creía endemoniado. Felipe V, el nieto de Luis XIV, abdicó la primera vez en un acceso de manía. Vuelto al trono, su conducta en el palacio era la de un verdadero loco; pasaba meses enteros en cama, sin querer cambiar las sábanas y en medio de la más repugnante inmundicia, maltratando a su mujer y entregándose a toda clase de extravagancias[42].

Genio elevado a su más alta potencia, imbecilidad congénita, virtudes y vicios igualmente poderosos, ferocidad tremenda, transportes maníacos irresistibles, inmediatamente seguidos de arrepentimiento, hábitos crapulosos, muerte prematura de los hijos, ataques epileptiformes, todo —dice Moreau de Tours—, se encontraba reunido en el zar Pedro el Grande o en su familia. Federico Guillermo, el padre del gran Federico de Prusia, era víctima de sus accesos de locura moral. No se puede explicar de otra manera, sino por una perversión

---

[41] J. M. GUARDIA: "*La Médecine à travers les siècles*".
[42] Véase GUARDIA: ob. cit.

real de las facultades efectivas, las brutales excentricidades que señalaron los últimos días de su vida. Borracho hasta el exceso, había concluido por caer en una profunda hipocondría; varias veces intentó estrangularse, y a no ser por la intervención de la reina hubiera puesto fin a sus días[43].

Hermandad curiosa que nos obliga a inclinarnos y aceptar, aunque con las reservas consiguientes, el origen común del genio y de la locura. ¡La más grande y más sublime de las perfecciones humanas confundida en la cuna y emanando de un mismo tronco con la más deplorable de las enfermedades! Que la observación confirma esta aserción atrevida, esta ridícula paradoja de no hace muchos años, es una verdad innegable sin duda, porque entre otras razones está la de encontrarse entre los ascendientes de aquellos individuos dotados de una inteligencia superior o solamente colocados arriba del nivel común —dice Morel— alienados o personas sujetas a afecciones del sistema nervioso, alcohólicos, idiotas o suicidas, y entre los hijos o nietos de estos infelices, personas dotadas de cualidades morales e intelectuales de un orden superior.

La verdad es que estos estados enfermizos llevan al organismo, y particularmente al cerebro, elementos de vida poderosos, determinando una excitación considerable y una concentración muy grande de la vitalidad en el órgano de las ideas. El loco, en sus momentos lúcidos, raciocina generalmente (y salvo ciertas excepciones más o menos comunes) con mayor claridad y con más rectitud de juicio que en las épocas anteriores a su enfermedad. Este es un hecho de observación y depende evidentemente de ese estímulo poderoso que obra sobre el órgano de la inteligencia y cuya exageración produce el delirio. Estos signos de perfección intelectual, que tienen sus momentos fugaces o duraderos de lucidez extrema, constituyen, podemos decir así, sus extravagancias, porque son actos y pensamientos en oposición con su vida y modo de raciocinar habitual; así como las conocidas "manías" de los hombres superiores son sus instantes de locura, y constituyen rasgos de lo que podía llamarse "atavismo mental", porque se desvían de la corriente natural y lógica en que marchan sus ideas para retroceder hasta el punto de su nacimiento común con la locura.

En aquél, en esos momentos de bonanza, la excitación es relativamente demasiado débil para producir el delirio y entonces sólo se manifiesta una actividad de las facultades intelectuales; en éstos, el elemento patológico originario despierta por la sobrexcitabilidad en que suele encontrarse su espíritu superior y que se traduce por actos que revelan su cuna. Ambos terminan generalmente en el mismo estado, el primero en el estupor, en la demencia, en el idiotismo; el segundo en una enfermedad cerebral que varía en cuanto a sus formas, pero que frecuentemente se acerca por sus síntomas a alguna de aquéllas. Esto, nadie negará, es un lazo común entre esos dos estados y, si bien no lo prueba definitivamente, por lo menos hace sospechar muy grandes afinidades de origen.

---

[43] MOREAU DE TOURS: (Troisiéme partie: faits biographiques).

Los ejemplos de paralíticos, afásicos o imbéciles, entre ese grupo de predestinados, no faltan por cierto.

O'Connell, el célebre orador irlandés, murió de una parálisis general, lo mismo que Donizetti, el inmortal autor de "Lucía" y de "Lucrecia Borgia"; esta enfermedad (periencefalitis difusa) es tan común en los locos, que por mucho tiempo se ha creído que sólo ellos la sufrían: de aquí su nombre de "locura paralítica" y de aquí también la idea de considerarla como una vesania. En los últimos años de su vida, Newton, cayó en un estupor profundo y, según Zimmerman, su cabeza se había debilitado tanto que le privaba de la facultad de pensar; eran los síntomas primeros de una demencia crónica indudable[44].

Beethoven, naturaleza extraordinaria y dotada de una susceptibilidad casi patológica, extravagante y maniático, exaltado y violento como pocos hombres, terminó en ese estado de terrible melancolía, de estupor extremo que puso término a su existencia.

Boerhaave caía, después de trabajos mentales prolongados, en un estado de estupor completo y murió de una enfermedad a la cabeza; probablemente de hemorragia cerebral.

Linneo terminó sus días en un estado de "demencia senil" horrible, después de haber sufrido en el curso de su vida frecuentes ataques nerviosos cuya naturaleza no podemos especificar.

Wellington, el gran Beccaría, Luis XIV, Corvisart, Cabanis, Spallanzani murieron, como otros muchos hombres de su talla, de congestión cerebral, lo mismo que Catalina la gran Emperatriz de Rusia, que Dupuytren, que Euler y que Malpighi.

Además no es raro, o mejor dicho es común, encontrar en la descendencia de muchos de ellos miembros afectados de enfermedades nerviosas de cualquier género. Ejemplo, los hijos del Gran Condé, la familia de Alejandro el Grande, sus padres, sus hijos, y él mismo que murió de una forma de locura alcohólica, los descendientes de Lord Chatam y de Bernardino de Saint-Pierre, el autor de "Pablo y Virginia".

Todo esto revela puntos de afinidad indudable entre los hombres superiores y los "intermediarios" por lo menos, no sólo por estos rasgos comunes sino también por sus extravagancias y a veces por los síntomas de verdadera locura, exaltación maníaca, delirio de las persecuciones, lipemanía, etc.

En los alienados se ve también en muchas ocasiones una actividad, una perfección y desarrollo inusitado de ciertas facultades, y aunque esto no es tan frecuente como podía

---

[44] ZIMMERMAN: "La experiencia", pág. 288.

imaginarse, se observa, sin embargo, no sólo en sus momentos de calma, sino también después de su curación. No son excepcionales, en prueba de este último aserto, los ejemplos que encontramos en los tratados especiales, de individuos que dotados pobremente por la naturaleza, adquieren después de una enfermedad mental un desarrollo más grande de algunas funciones intelectuales, una viveza especial de su imaginación que despliega bríos insólitos y se mueve con una facilidad relativamente grande.

Si estos ejemplos no son comunes, tampoco pueden entrar en los límites de las curiosidades patológicas. No por esto quiero, ni aun remotamente, afirmar este disparate: que todos los locos son hombres de genio. Hago esta advertencia para las inteligencias inaccesibles a ciertas verdades poco conocidas y para los que están siempre dispuestos a interpretar las cosas torcidamente y con la ligereza de juicio propia del vulgo. Pero, lo que evidencia la observación, es que las naturalezas más prosaicas, los temperamentos menos excitables, pueden elevarse a grandes alturas en el período de exaltación de la manía, franca, libre y extremadamente estimulada su fantasía por las incitaciones poderosas de su mismo estado anómalo. En la "monomanía razonadora", o como quiere Bigot, en el período razonador de la enajenación mental, es muchas veces difícil, para el alienista, descifrar el delirio de un loco, por la manera sabia y el exquisito talento con que algunos manejan la paradoja y la simulación[45].

Hay ciertos maníacos y lipemaníacos que en sus buenos momentos razonan de una manera tan clara y tan perfecta que a veces hacen imposible la interdicción. Bigot cita el caso de un loco que ocultaba con tan extremada sagacidad su estado, valiéndose del convencimiento, que a no ser por la ayuda del guardián, testigo diurno y nocturno de sus acciones, le habría tomado por un hombre en su más perfecto estado de salud.

La creencia de que los hombres privilegiados tienen sus extravagancias y excentricidades, que por su fuerte acentuación toman muy a menudo un carácter patológico; la existencia de sus delirios, alucinaciones y a veces accesos de verdadera enajenación mental, es una verdad que viene dibujándose y haciéndose camino hace mucho tiempo en la mente de los observadores. Esto no es nuevo, porque en el mundo de las ideas no hay nada nuevo; la tesis, aunque ligeramente desarrollada por algunos autores modernos, está sintetizada en esta estrofa profética de Voltaire:

De notre être imparfait voilà les éléments:

Le ciel en nous formant mélangea notre vie.

De raison, de folie.

---

[45] V. BIGOT: "Des périodes raisonnantes de l'aliénation mentale".

Ils composent tout L'homme, ils forment son essence.

He aquí por qué —dice Moreau de Tours, que ha escrito sobre esto un libro de quinientas páginas, algunas de cuyas ideas dejamos expuestas— he ahí por qué el genio está a veces condenado a delirar, por qué la aplicación muy sostenida de la atención, la exaltación de la imaginación (facultades que según Newton son el genio mismo) conducen a menudo a las perturbaciones del espíritu; por qué, en fin, el hombre, como ha dicho Rousseau, retorna tan fácilmente a su primitiva estupidez. Augusto Comte, el más ferviente propagador y reconstructor del Positivismo, es uno de esos hombres en quien tal vez es más visible esta pretendida hermandad, y en quien, según la expresión poética de Lamartine, las vibraciones de la fibra humana fueron tan fuertes, que su corazón no pudo soportarlas sin romperse. En el primer trimestre de 1826 —dice Emilio Littré— cuando estaba ocupado en la primera exposición del sistema de filosofía positiva que entonces propagaba entre sus contemporáneos, fue atacado de enajenación mental[46]. Y bien, dos años después de este ataque terrible, que Comte llamaba su crisis cerebral, publicó su curso completo de Filosofía Positiva, uno de los productos más perfectos del espíritu   humano según el autor de la "Historia de la lengua francesa".

Pero Comte no es el único. Lo mismo que él, y a igual altura, se encuentran otros como Kepler, cuyas extravagancias lo acercan mucho a los grandes alucinados, a la cabeza de los cuales se encuentran Swedenbourg y Hennequin.

Swift murió loco y su espíritu enfermo se revela elocuentemente en ese folleto que publicó en 1729 y que Taine ha reproducido en la "*Revue des Deux Mondes*". Llevaba por título: «Proposición modesta para impedir que los niños pobres en Irlanda no sean una carga a sus padres y a su país».

En este panfleto Swift proponía que a los niños de buena constitución y de cierta edad se les beneficiara para vender su carne, colocando "puestos" en distintos puntos de la ciudad de Dublín adonde pudieran cómodamente concurrir los carniceros (citado también por Moreau). Swift había presentido su enfermedad y entre sus ascendientes se encontraban algunos neurópatas.

Watt murió hipocondríaco. Savonarola sufría frecuentes alucinaciones y caía a menudo en éxtasis, durante los cuales, según él, se comunicaba con el Espíritu Santo.

Haller sufrió en los últimos períodos de su vida una verdadera lipemanía religiosa. Harrintong era un alucinado, lo mismo que Cardano y Lavater.

---

[46] LITTRE: "Auguste Comte et la Philosophie Positive".

Zimmerman, el autor de la "Experiencia en Medicina", fue víctima durante su vida de crueles ilusiones y terminó en una hipocondría. Goethe, lo mismo que Pascal, sufría alucinaciones.

Y para no concluir sin citar al hombre cuya neurosis ha tenido más influencia sobre su época, hablaremos de Juan Jacobo Rousseau, el tipo más acabado del temperamento nervioso y una de las misantropías más acentuadas que se encuentran en la historia de los que llama Emerson grandes representantes de la humanidad. Rousseau tenía accesos de verdadera locura afectiva y, las revelaciones curiosas que uno de sus más íntimos amigos ha dejado sobre el estado mental de este hombre extraordinario, sirven admirablemente para la confección de un diagnóstico retrospectivo. Tenía algunas veces accesos que se manifestaban por un delirio de las persecuciones en que, a propósito de cualquier circunstancia pueril, hablaba de las pérfidas y ocultas maquinaciones de sus enemigos; entraba en convulsiones fuertísimas que imprimían a su fisonomía, según dice Corancez, un aspecto horroroso, entregándose a extravagancias propias únicamente de un loco. Rousseau, como sucede casi siempre, había recibido por herencia su estado mental.

La mayoría de estos datos biográficos son tomados del libro de Moreau de Tours, cuyo capítulo último está consagrado a hacer una reseña muy ligera del estado mental de estos hombres. En casi todos se concreta únicamente a consignar la enfermedad que sufrían, puesto que su objeto principal no es estudiarlos individualmente, como es nuestro propósito hacerlo con algunos de nuestros más célebres personajes.

No podemos, porque no es ese nuestro objeto, entrar a apreciar la parte que en los acontecimientos históricos hayan tenido los estados mentales de que acabamos de hablar, particularmente de aquellos que, como Cromwell, víctima de frecuentes trastornos y agitado por los accesos terribles de una hipocondría; de Richelieu, sujeto también a accesos de locura; de

Carlos el Temerario, que según Michelet se volvió loco de pesar; de Pedro el Grande, de Carlos V, de Fernando VII, y de tantos otros que han tenido en sus manos la suerte del mundo entero o que han dispuesto de la vida de sus pueblos haciéndolos víctima de sus caprichos, como Fernando y Felipe II.

¡Cuántas hogueras se han levantado, cuántas cabezas han caído sin causa, sólo por las exigencias de un cerebro agitado por el aura terrible de incurable neurosis!

¡Cuántas guerras sangrientas, cuántos pueblos en ruina, cuántos hogares disueltos por un espíritu en convulsiones, por una inteligencia "eminente" por su desequilibrio!

La explicación de ciertos acontecimientos históricos debe buscarse, en muchas ocasiones, dentro del cráneo de algún rey hipocondríaco, o de algún mandatario enardecido por las vibraciones enfermizas de su encéfalo.

El desarrollo de este punto sería objeto de un libro que nadie ha escrito todavía, y nuestro objetivo, aunque siguiendo la misma corriente de ideas, es más circunscrito, porque sólo tomamos la historia patria como tema de estos apuntes.

II. LAS NEUROSIS EN LA HISTORIA

¿De qué naturaleza era esa fuerza irresistible que arrastraba al suicidio al Almirante Brown, el viejo paladín de nuestras leyendas marítimas, que poblaba su mente de perseguidores tenaces que envenenaban el aire de sus pulmones y amargaban los días de su vida?

¿Cómo se producían en el Dr. Francia los fuertes accesos de aquella negra hipocondría, que rodeaba de sombras su espíritu selecto, acentuando tanto los rasgos de su fisonomía de César degenerado?

¿Cuál era la fibra oculta que animaba la mano de la "Mazorca" en sus depredaciones interminables, que ponía en movimiento al cuchillo del fraile Aldao, la lanza de Facundo, la pluma de Juan Manuel Rosas en sus veladas homicidas tan largas?

Todo espíritu desprevenido admitirá en presencia de ciertos hechos —decía Tissot— la necesidad de hacer intervenir la psicología mórbida en la apreciación de todo aquello que se refiere a la actividad moral e intelectual del hombre en general y en particular de aquellos individuos a quienes la Providencia ha colmado con sus dones. Origen, predisposiciones hereditarias, próximas o lejanas, agrega el sabio autor, reveladas por los parientes, descendientes, ascendientes o colaterales, disposiciones idiosincrásicas innatas o adquiridas, aferentes al estado fisiológico y patológico del sistema nervioso, al estado patológico sobre todo, todas estas causas reclaman su parte de influencia tanto más manifiesta cuanto más vigorosamente dotada sea la constitución.

«Conjeturo que estos hombres de un temperamento sombrío y melancólico no debían esa penetración extraordinaria y casi divina que les notamos por intervalos y que los conducía a engendrar ideas, unas veces disparatadas y extravagantes y otras sublimes, sino a una perturbación periódica de la máquina cerebral»[47]. No queremos volver a insistir sobre este punto que dejamos ligeramente ampliado en el capítulo anterior; pero todo esto nos induce más a creer que efectivamente el genio y la locura tienen algunos puntos de afinidad. El que quiera cerciorarse de la mayor o menor exactitud que encierra esta proposición, todavía muy discutible, puede leer a Wagner, a Dragon, a Bigot, a Lucas, a Moreau de Tours, para convencerse de que esos dos productos tan opuestos dimanan, tal vez, de un tronco común y tienen algunas de sus faces idénticas.

---

[47] DIDEROT: "Diccionario Enciclopédico", art. "Teósofos".

Estudiando con atención la Historia Argentina, nuestro espíritu se ha familiarizado más con esta idea que tiene algo de paradoja y mucho de verdad, porque allí hemos encontrado también organizaciones privilegiadas sufriendo esas perturbaciones inconcebibles del espíritu. Semejantes dislocamientos, profundos, incurables, aparecen en algunos con todo su horrible aspecto y vienen como amarrados a la cuna, absorbidos en la leche materna; parece que al nacer trajeran un pedazo del alma del padre o de la madre, como fundido en su cabeza con todas sus sombras y su colorido enfermizo; es que no han podido eludir el peso abrumador de este misterio inescrutable que llamamos herencia patológica. Otros sólo presentan matices más o menos fuertes y oscuros, y sólo expiando los momentos en que se producen sus exaltaciones supremas, buscando atentamente en todos los actos de su vida pública y privada, interrogando al organismo físico en sus interminables manifestaciones, pueden descubrirse estas modalidades patológicas tan dignas de estudio.

Para los que viven alejados de ese género de investigaciones y que sólo consideran una faz en estos hombres superiores, la idea de un estado moral distinto al de los demás es indudablemente ridícula y hasta imposible.

Suponer estados excepcionales, perturbaciones del cerebro, leves o profundas, en individuos que han mostrado en todos los actos de su existencia precisamente lo contrario; que muchos de ellos han descollado por su cordura y por el brillo de sus facultades y no por sus extravagancias (de las cuales nuestra historia no se ha dignado ocuparse) es cometer una locura o tratar de probar un absurdo. Pero basta hojear siquiera ligeramente uno de estos libros especiales, un tratado cualquiera de patología mental, que tanto abundan en la literatura médica de nuestros días y que tratan fisiológicamente la cuestión, para convencerse de dos cosas: la primera, que esta idea, es decir, la de que casi todos los hombres superiores están llenos de manías o son notoriamente neurópatas, no es nueva, y la segunda que lejos de ser una quimera, es una aserción muy discutida y que tiende a tomar un lugar definitivo en la ciencia.

La aplicación de estos principios a nuestra historia parecerá impropia porque hemos conocido la vida de casi todos nuestros hombres célebres trasmitida por la tradición fabulosa y desfigurada, o por la biografía meliflua de sus biógrafos amigos, y porque muchos historiadores "han creado" al personaje a su capricho y nos lo han impuesto difundiendo errores que hoy es difícil combatir. Nos los han hecho conocer incompletamente, inspirándose en la doctrina poco provechosa de Salustio: "*Animi corporis servitio magis utimur*", escribiendo sus Vidas impersonalmente y sin querer revelarnos los detalles más preciosos, su modo de ser habitual, su fisonomía, sus caprichos, su parte moral y su parte física, sus estados fisiológicos y patológicos. Conocemos al poeta en la estrofa mentirosa, en el poema, sin reflexionar que el poeta y muy especialmente el nuestro (salvo excepciones) es todo lo contrario de lo que aparece en sus versos; son lo que "resuelven" ser, o lo que ha sido el modelo que se han propuesto imitar. Esto es evidente. Para muchos de ellos hay una filosofía oficial, la de los versos de Byron, Leopardi, Foscolo, etc., de la cual no pueden separarse. Los poetas, ante todo, son hombres, y con raros ejemplos no hay hombre que esté hastiado de la vida y que aspire constantemente a abandonarla por otra de muy problemática existencia. Esto sólo puede suceder bajo la presión de un estado patológico perfectamente caracterizado; y sin embargo, ¿cuál es aquél de todos nuestros grandes y pequeños versificadores que no manifieste ese mentido cansancio de la existencia terrena, ese constante aspirar a otra vida más perfecta y, por la cual, evidentemente, no abandonaría la que tiene? No conozco entre ellos ningún suicida, y sí muchos apasionados de los más pueriles goces de la vida, y sin duda que, a ser cierta esta atrofia deplorable del instinto de la propia conservación, todos ellos lo serían.

Lo que sucede con los poetas, sucede, aunque menos frecuentemente con los militares, con los abogados, estadistas y escritores de aquella época. Por esto, para conocerles es menester no detenerse en la puerta del hogar, menospreciando ciertas nimiedades de carácter puramente privado, ciertas debilidades más o menos groseras, como indignas de la pompa y majestad de la historia, porque sería cometer un absurdo y falsear la verdad, despreciar un criterio de inapreciable valor para la averiguación de los hechos.

La anatomía de la vida íntima es muchas veces una piedra de toque bastante sensible para el estudio y conocimiento de estos grandes caracteres, porque los revela en toda su desnudez, porque los da a conocer de una manera acabada, con una minuciosidad anatómica, mostrando sus sombras y sus secretos más recónditos, y contribuyendo a darles ese relieve histórico que anima y vivifica las grandes figuras resucitadas por el pincel admirable de Lord Macaulay. Esto es lo que puede llamarse la "histología de la historia". Ella sirve para el estudio de los móviles ocultos que encierran ciertas acciones, al parecer incomprensibles, descubre el misterioso motor de muchas determinaciones caprichosas, la índole de sus tendencias, la naturaleza íntima de su carácter, escudriñando la vida hasta en sus más pueriles manifestaciones; de la misma manera que la histología propiamente dicha, con su espíritu esencialmente analítico, estudia y describe el último de los elementos anatómicos, dándose cuenta por su evolución y transformaciones de todos los procesos orgánicos ulteriores. No escapa nada a este método agresivo de análisis, a esta luz penetrante y sutil que se insinúa por los más oscuros repliegues del alma humana, que interroga al cuerpo para explicarse las evoluciones del espíritu y que desciende hasta el hombre privado, buscando en sus idiosincrasias morales el complemento necesario del hombre público. Dentro de esa pléyade de personas ilustres que nos da a conocer la historia patria, existen muchas que, gracias a este sistema de investigación, nos han revelado en sus manifestaciones morales e intelectuales un fondo nervioso, enfermizo, herencia en parte de la época y del medio en que vivieron, en parte de la organización excepcional de su propia naturaleza.

Bajo el punto de vista físico y moral, la generación a quien cupo la ardua tarea de la Revolución e Independencia del país, estaba formada por individuos maravillosamente preparados. La naturaleza nos había hecho el presente de este conjunto de hombres providenciales, vigorosos, audaces, favorecidos por la supremacía de un temperamento nervioso y de una constitución fuerte, atlética e intachable. Sea que el sibaritismo de los monarcas españoles no habían llegado hasta ellos para aniquilar la sencillez patriarcal de sus costumbres, la rectitud admirable de sus hábitos domésticos, para destruir la frugalidad legendaria de su tiempo y la actividad física, ya que no la intelectual, adormecida por una inacción alarmante, lo cierto es que aquella tribu venerable no fue azotada por las enfermedades a que estuvo sujeta la que le sucedió y que se han hecho patrimonio ineludible de la actual. Las fuertes emociones de la libertad, que sólo después conocieron, la usura orgánica que producen en la economía los trabajos propios de otras épocas más felices, y sobre todo, ese enervamiento y molicie inherentes al refinamiento de costumbres que trae consigo la civilización y que ellos no conocían, contribuyó sin duda a la conservación de ese vigor físico envidiable y necesario, que desarrollaron en todos los instantes de aquella odisea sin ejemplo.

Todas esas enfermedades, con sus determinaciones múltiples y difusas, de que sólo nosotros y por experiencia dolorosa tenemos una noción precisa; aquellos desórdenes crónicos y eternos con sus consecuencias inevitables, la escrófula con sus síntomas diversos, con su marcha regular desde las partes superficiales hasta lo más íntimo del organismo; la clorosis con las alteraciones oscuras de la hematopoyesis y sus trastornos curiosos, el tubérculo, la sífilis, el cáncer, la gota, el raquitismo con sus deformaciones enormes y horriblemente ridículas a veces, no eran conocidas o por lo menos lo eran poco, en aquellos días de tranquilidad evangélica.

La Colonia no ha conocido hospitales, no por lo que no conoció "la academia" y "el gimnasio" o por lo que la Escuela de Náutica cerró sus puertas, sino porque evidentemente no los necesitó. Buenos Aires no luchaba entonces, como lucha ahora, por el aire que falta a sus pulmones; cada habitante tenía los pies cúbicos necesarios; hoy tiene un déficit enorme comparado con la cantidad que con arreglo a los sanos preceptos de la higiene le corresponden. Les falta el doble de lo que necesitan y Buenos Aires se asfixia en la estrecha superficie aereatoria que posee, cosa que es claro no le sucedía a La Colonia por razones que cualquiera se explica.

Se desarrolló el cuerpo con exuberante lozanía, mientras el espíritu, manifestándose sólo por la viveza de aquellas imaginaciones meridionales, velaba inactivo esperando la oportunidad propicia para estallar y emplear saludablemente esos órganos, cuya regularidad casi inalterable engendró aquellos atletas. El alimento era abundante y sano, y en consecuencia las enfermedades del tubo digestivo, la dispepsia, la enteritis y toda esa serie de perturbaciones críticas que de una manera tan rápida destruyen el organismo, no reinaron tampoco de un modo alarmante. Ellas son a menudo sintomáticas de fiebres eruptivas, de la tuberculosis que se ha desarrollado después en nuestra generación de una manera rápida y temible, de la fiebre tifoidea, de la enfermedad de Bright, de la gota y afecciones del hígado, todas poco o nada observadas. En nuestros días, la enteritis de los niños de pecho, afección que tan fuertemente repercute sobre el estado general, en consorcio maligno con la escrófula, nos están formando esa generación empobrecida con la tez pálida y el "rostro volteriano", con sus carnes blandas y flácidas, y esa mirada tristísima tan característica.

Examinad su etiología fácil y veréis que ella no ha podido presentarse entonces por la bondad de la alimentación, y eliminad otras causas que hoy actúan poderosamente para producirlas.

La generación de la Independencia fue en este concepto la generación de la salud y del vigor; formó el régimen colonial mismo, a la sombra de esas costumbres primitivas y en medio de aquella inocente molicie que adormecía la inteligencia en beneficio del cuerpo.

Lo que evidentemente contribuyó a prepararla, fue, entre otras causas, el cumplimiento de esa ley ineludible que establece entre los seres animados de la creación la lucha por la existencia, ese combate eterno y terrible que da el triunfo al más fuerte y que aniquila para siempre al débil, que da la preeminencia a las razas vigorosas asegurando la vida de sus descendientes por el temple que manifiestan, por la fuerza, la grandeza y la naturaleza de los medios de ataque y defensa, por la belleza y las aptitudes para soportar las privaciones y procurarse el alimento. Nadie puede escapar a su influencia universal. Las especies más humildes, como las más elevadas en la escala zoológica, viven y se extinguen o se perpetúan debido a su cumplimiento. La acción del clima, los accidentes del frío y de la sequedad, vienen a agregarse a la influencia de la alimentación, y por esto es que en los rigurosos inviernos de 1854 y 1855, la quinta parte de los pájaros de caza perecieron en Inglaterra por los hielos, conservándose sólo los más fuertes y mejor emplumados, los más robustos, aclimatados y astutos para alimentarse. Cuando en una bella tarde de primavera —dice Darwin— los pájaros tranquilos hacen oír alrededor nuestro el sonido de sus cantos alegres, cuando la naturaleza entera no parece sino que respira paz y serenidad, no pensamos seguramente que todo este espectáculo tan lleno de alegría y de bonanza, reposa sobre un vasto y perpetuo aniquilamiento de la vida, puesto que los pájaros se nutren de insectos y del grano de la planta indefensa; olvidamos que esos cantores de la selva cuyos acentos recogemos complacidos, no son sino los raros sobrevivientes entre sus hermanos, que han sido sacrificados por la voracidad de las aves de rapiña, de los enemigos de todo género que devastan el nido o que han sucumbido a los rigores de la miseria y del frío[48].

Nunca se vio con más vigor y mayor encarnizamiento esta lucha colosal que en la época de la conquista de América, lucha horrible entre las razas aborígenes y los recién venidos, lucha de éstos con sus propios hermanos y con los rigores de un clima variable en cada palmo de tierra. Por esto es que muchas tribus han desaparecido totalmente, dejando el campo a los más fuertes y que mejor se "adaptaban" por su resistencia y medio de ataque y

---

[48] DARWIN: "Origine des Espèces".

de defensa. El trabajo matador de los yerbales y el alimento «tenue y de poca sustancia», como dice el historiador Lozano, mataron un sinnúmero de indios que después formaron en los bosques inmensos osarios, dando fin a sus desdichas. Además, era tan larga la época que permanecían lejos de sus toldos, que no les quedaba el tiempo material para atender a sus familias, cuidar de sus hijos, hacer sus sementeras y reproducirse. Por esto las desamparaban y huían a provincias extrañas y distantes, y los pueblos que formaron, desaparecieron por completo[49].

Es necesario leer la historia de los conquistadores del Nuevo Mundo, para darse cuenta exacta de la magnitud homérica de aquella empresa. Es menester seguir a esos puñados de aventureros, atravesando la selva virgen, cruzando la montaña, vadeando el río en busca de oro y de gloria, y dejando sus huesos en el camino, para explicarse cómo la "selección natural" ha venido a formar, después esa raza física y moralmente privilegiada, con una preparación maravillosa para acometer la empresa de nuestra independencia. El hambre y las enfermedades hacían sucumbir al que, poco vigoroso, no resistía a la influencia de aquellas calenturas y afecciones de los ojos, que reinaban en marzo y abril en el Paraguay y de las que habla Ruiz Díaz en su historia del descubrimiento. Sólo la contextura hercúlea y el temple animoso de su alma, hicieron que Pedro Mendoza pudiera resistir aquel cúmulo de desgracias que traían afligido su ánimo y el de los otros caballeros, según asegura el padre Lozano al hablar de la primera fundación de Buenos Aires. Hubo momentos supremos en que sus soldados sólo comían una ración exigua de harina podrida; más tarde apuró el hambre: los débiles murieron y los fuertes luchaban, comiendo primero los caballos, luego los ratones, los sapos, las culebras y por fin se cocieron en mala agua el cuero y la suela de los zapatos, y hasta a la carne humana y excrementos viéronse obligados a recurrir[50].

Apurado Mendoza por las exigencias del hambre y de las enfermedades que se desarrollaban, partió al Brasil con la mitad de la gente que trajo. Los indios huían en presencia de los conquistadores, incendiaban sus pueblos, talaban las mieses y los mataban por hambre, como le sucedió a Juan de Ayolas, cuya miseria fue horrible por muchos días. Aquellos trescientos aventureros que acompañaron a Gonzalo Pizarro en su empresa temeraria al través de las montañas y en busca de esa tierra fabulosa que por tanto tiempo había cautivado la imaginación de los conquistadores, es sin disputa el hecho más culminante como rasgo de valor, en toda la historia de América, y al mismo tiempo una prueba palpitante de la resistencia de aquella raza excepcional. Así, con empresas de esa magnitud, era como se mejoraba la raza, "eligiendo" entre los más fuertes y de mejor temple los que más derecho tenían a la vida. Estos rasgos étnicos se ven después palpitar en el carácter de Camargos, de Muñecas, de los gauchos de Güemes, de los habitantes de Cochabamba, y un destello de esas almas primitivas alumbra y vigoriza el espíritu de la

---

[49] LOZANO: "Historia de la conquista del Paraguay, Río de la Plata y Tucumán".
[50] LOZANO: Tomo II, pág. 93.

generación de la independencia.

Sólo una raza selecta por su vigor extraño y dotada de una resistencia primorosa para sobrevivir a las influencias hostiles de la naturaleza, pudo sobrellevar las penurias inherentes a esas expediciones ciclópeas.

«Al bajar las vertientes orientales cambió súbitamente el clima y al paso que descendían a niveles más inferiores, reemplazaba al frío un calor sofocante; fuertes aguaceros, acompañados de truenos y relámpagos, inundaban las gargantas de la sierra de donde se desprendían en torrentes sobre las cabezas de los expedicionarios, casi sin cesar ni de día ni de noche».

«Por más de seis semanas —continúa diciendo el historiador americano— siguió el diluvio sin parar y los aventureros sin tener donde abrigarse, mojados y abrumados de fatiga, apenas podían arrastrar los pies por aquel suelo quebrado y saturado de humedad: las provisiones deterioradas por el agua, se habían acabado hacía tiempo. Habían sacado de Quito unos mil perros, muchos de ellos de presa, acostumbrados a acometer a los desgraciados indios, los mataron sin escrúpulos, pero sus miserables cuerpos no proporcionaban sino un escaso alimento a su hambre famélica y cuando se acabaron hubieron de atenerse a las yerbas y peligrosas raíces que podían recoger en los bosques. Agotadas las fuerzas y el sufrimiento, resolvió Gonzalo construir un barco bastante grande para llevar los bagajes y a los más débiles de sus compañeros. Los árboles les proporcionaron maderas, las herraduras de los caballos fueron convertidas en clavos, la goma que destilaban los troncos hizo el oficio de brea y los andrajosos vestidos de los soldados sirvieron como estopa. Gonzalo dio el mando del bergantín a Francisco de Orellana y, embarcando a los rezagados y enfermos, continuaron así, trabajosamente, por espacio de muchas semanas atravesando las espantosas soledades del Napo. Ya no quedaban hacía mucho tiempo ni vestigios de provisiones; habían devorado el último caballo y para mitigar los rigores del hambre se veían obligados a comer las correas y los cueros de las sillas. Los bosques apenas les ofrecían algunas raíces y frutas de que alimentarse, y tenían a dicha cuando encontraban casualmente sapos, culebras y otros reptiles con que aplacar sus necesidades. Gonzalo resolvió enviar a Orellana en busca de provisiones.

»En consecuencia, llevando éste consigo cincuenta soldados, se apartó hasta el medio del río y el barco impelido por la rápida corriente partió como una flecha perdiéndose de vista. Más tarde, no recibiendo noticias suyas, resolvió Pizarro volver a Quito. Muchos se enfermaron y murieron por el camino; el extremo de la miseria los había hecho egoístas y más de un pobre soldado se vio abandonado a su suerte, destinado a morir sólo en los bosques, o más probablemente a ser devorado vivo por los animales feroces.

»Volvían sin caballos, sus armas se habían roto u oxidado; en vez de vestiduras colgaban de sus cuerpos pieles de animales salvajes; sus largos y enmarañados cabellos caían en desorden sobre los hombros, sus rostros estaban quemados y ennegrecidos por el sol de los trópicos; sus cuerpos consumidos por el hambre y desfigurados por dolorosas cicatrices[51]»

.

Y, sin embargo, habían resistido con un raro valor, muriendo sólo aquellos de complexión poco fuerte para resistir las penurias. De los 300 españoles, únicamente regresaron 80 y tantos, y de los 4.000 indios que los acompañaban, más de la mitad dejó sus huesos en los bosques. De estas expediciones, aunque no en escala tan fabulosa, está llena la historia de la conquista del Nuevo Mundo. En el territorio argentino, en el Paraguay, en Chile y en el Perú, en cada palmo de tierra recorrido, ha dejado aquella raza un rastro, una prueba de barbarie enfermiza, es verdad, pero también de su vigor y de su temple moral tan poco común. La naturaleza con sus influencias y caprichos irresistibles; los rigores del clima, el hambre, la envidia, la ambición desmedida, la muerte misma constantemente ante sus ojos, no fueron nunca un inconveniente serio para la realización de sus increíbles propósitos. Había algo que los enardecía y que excitaba esos cerebros efervescentes arrastrándolos al abismo; había una imaginación meridional constantemente exaltada, perpetuamente estimulada por el grito de una ambición de oro y de gloria, que no reconocía límites ni lazo alguno que la dominara. La idea de un país en que los metales preciosos corrían a raudales en el lecho de los ríos, sin dueños y despreciados por los indios mismos; de que aquellas zonas fabulosas eran habituadas por gigantes y amazonas, exaltaba su espíritu calenturiento y alegraba aquellos corazones en perpetua lucha con la emoción. La presencia edificante de panoramas como el que presenta el río Napo, desencadenándose con brío en su corriente y yendo a precipitarse en la cascada con un clamoreo espantoso; el ruido de la catarata del Tequendama, que a seis o siete leguas habían principiado a oírlo, formando un contraste con el silencio triste de la naturaleza americana; los árboles de sus bosques inmensos, extendiendo perezosamente sus ramas descarnadas; los ríos —dice Prescott, describiendo estos cuadros— corriendo en su lecho de piedra como habían corrido por siglos, la soledad y el silencio de aquellas escenas, interrumpido solamente por el estruendo de la cascada y por el murmullo suave y lánguido de los bosques; todo parecía mostrarse a los aventureros en el mismo agreste y primitivo estado en que salió de mano del Creador, contribuyendo cada vez más a excitar su mente[52]. Corrían de territorio en territorio, presenciando a cada momento espectáculos análogos, en lucha con la distancia en esas llanuras exterminadoras en que el ojo se cansa en inútiles esfuerzos buscando algo en que fijar la mirada; por el valle sin horizontes, por la montaña sin fin, peleando con el hambre y con la sed, con los fríos aniquiladores o el aire abrasador de las zonas tropicales, buscaban esas tierras soñadas, los ríos de plata, las vetas interminables de oro tan tenazmente incrustadas en su cerebro.

---

[51] PRESC0TT: "Historia de la conquista del Perú".
[52] Ver: PRESCOTT, ob. cit.

Todos estos rasgos étnicos, a la par de otros o menos sensibles, se han trasmitido con ínfimas modificaciones a las generaciones que les sucedieron. El vigor físico observado por el ejercicio que lo alimenta y sostiene, la constancia, el valor personal, la ciega intrepidez, todo ha venido transfundiéndose hasta llegar a las generaciones actuales. La "selección", con su principio de mejoramiento, ha ido agregando esas cualidades morales que complementan la fisonomía de la generación de la independencia, todos estos destellos de virtud que muy de cuando en cuando alumbraban el alma angulosa de aquellos hombres. Facundo Quiroga, Artigas y los otros caudillos de su talla, sólo atestiguan que la ley del "atavismo", en virtud de la cual el individuo tiende por un esfuerzo de su propia naturaleza a parecerse a un tipo o especie anterior más imperfecta, se cumple siempre con igual regularidad.

No hay duda de que ciertos caracteres psicológicos y aun físicos, se fijan por medio de la herencia, no sólo en una familia, sino también en un pueblo, puesto que es un organismo análogo al organismo humano[53]. "La suma de los caracteres psíquicos que se encuentran en toda la historia de un pueblo, en sus instituciones y en todas las épocas, se llama el "carácter nacional"[54]. Pero "la evolución" transforma ese carácter, y debido a estas transformaciones, es que nosotros nos encontrábamos ya un tanto modificados en la época de la Revolución, pues subsistiendo muchísimos de los caracteres de la generación de la conquista, habíamos adquirido algunos otros, el sentido moral, por ejemplo, que según Maudsley, no es un agente preexistente sino un efecto concomitante de la evolución; y habíamos atrofiado otros, de la misma manera que se atrofian, en algunos animales, ciertos órganos que han dejado de ser útiles.

Conservábamos, entre otros, la viveza meridional de la imaginación, trasmitida en ese estado de emoción y estímulo en que ellos la tuvieron constantemente. Esa imaginación que constituye un rasgo de raza y que desempeña un papel tan importante en el sueño, en la locura y en las alucinaciones, origen probable, en mi concepto, de muchos de los hechos sobrenaturales que refiere la historia de la conquista y colonización de la América. Las curaciones rápidas verificadas por el agua de Santo Tomé, la aparición del mismo santo en el camino de arena de la Bahía de Todos los Santos, y muchos de los episodios que la credulidad primitiva de los cronistas nos ha trasmitido, no tienen evidentemente otro origen.

El pueblo que habita el extenso territorio que se extiende al oriente de la inmensa cadena de los Andes y al occidente del Atlántico, siguiendo el Río de la Plata, es por herencia y por el clima un pueblo de imaginación viva y exaltada, por esto es naturalmente poeta y músico, como se ha dicho, apasionado y entusiasta.

El sentimiento religioso muy desarrollado en su alma, el espectáculo de lo bello, el poder

---

[53] HERBERT SPENCER: "Principios de sociología".
[54] RIBOT: "La Herencia".

terrible de la inmensidad, de la extensión, de lo vago, de lo incomprensible —como dice Sarmiento— todo contribuye a exaltar el ánimo que se siente sobrecogido y vibra con fuerza ante la majestad de ciertos espectáculos. El simple acto de clavar los ojos en el horizonte —y no ver nada—, porque cuanto más los hunde en aquel espectáculo incierto, vaporoso, indefinido, más se le aleja y le fascina, lo confunde y lo sume en la contemplación y la duda; el hombre que se mueve en estas escenas se siente asaltado de temores e incertidumbres fantásticas, de sueños que le preocupan despierto[55].

A esta natural predisposición, agreguemos la influencia evidente que han tenido los grandes acontecimientos políticos, las conmociones sociales fuertísimas, desarrolladas durante tantos años y tendremos, en parte, la explicación de estas perturbaciones nerviosas, ya leves, ya profundas, que vamos a estudiar.

Por esto lo que ha predominado en el período posterior a la Revolución y, más aún, en los días fúnebres de la tiranía, ha sido el elemento nervioso, las alteraciones generalmente dinámicas y a veces pasajeras del centro encefálico. Este estado de tensión al máximum del espíritu, explica, por ejemplo, la muerte de aquel ciudadano, cuyo nombre no recuerdo, y que cayó como fulminado al recibir la noticia de la derrota de los españoles en la jornada de Maipo; episodio que bien se explica por la exageración súbita de la acción cardíaca, provocada por una viva emoción moral[56].

La explicación de este predominio evidente que se advierte en la lectura de ciertas piezas especiales, científicas e históricas de la época, puede encontrarse en la acción continuada de causas cuya influencia demasiado conocida no es ya discutible. Los acontecimientos políticos desempeñaron un rol importante, sino en la producción de la locura, por lo menos en la patogenia de estos estados individuales enfermizos que se observan en ciertas personas ilustres, y aunque con menos acentuación en pueblos enteros. El brusco y considerable estimulo que determinó sobre todos los cerebros el cambio rápido que produjo la independencia, haciéndonos pasar sin preparación alguna de la vida tranquila y puramente vegetativa de la colonia, a las luchas y emociones de una existencia libre y casi desenfrenada, a los azares de una democracia demagógica y tumultuaria, tuvo que conmover fuertemente todos los corazones haciendo vibrar hasta la última célula del cerebro más perezoso y atrofiado de la época.

La influencia de los grandes acontecimientos políticos, como la revolución y guerra de nuestra independencia, tienen una acción poderosa en la génesis, no sólo de ciertos estados nerviosos, sino también de la enajenación mental misma, particularmente en los individuos predispuestos.

---

[55] SARMIENTO: "Civilización y Barbarie".
[56] JACOUD: "*Traité de Pathologie Interne*".

Las conmociones políticas imprimen indudablemente -dice Esquirol- mayor actividad a todas las facultades intelectuales, exaltan las pasiones tristes y rencorosas, fomentan la ambición y las venganzas, derriban la fortuna pública, alteran profundamente el orden social y por lo tanto producen las distintas formas de locura. Esto es lo que ha sucedido en Inglaterra, lo que se ha visto en América después de la guerra de la Independencia, y en Francia durante la revolución, con la diferencia entre Francia e Inglaterra, que en esta última, según Mead, más fueron los ricos que perdieron el juicio, al paso que en Francia casi todos los que escaparon a la hoz revolucionaria, se vieron atacados de enajenación mental[57].

Las conmociones políticas —continúa el venerable alienista— son, como las ideas dominantes, causas excitantes de la locura que ponen en juego tal o cual influencia, imprimiendo un sello particular a sus distintas formas.

Cuando la destrucción de la antigua monarquía francesa, muchos individuos se volvieron locos por el espanto; cuando vino el Papa a Francia, las manías religiosas aumentaron; cuando Bonaparte hizo reyes, hubo muchos emperadores y reyes en las casas de locos. En la época de las invasiones francesas, el terror produjo muchas manías, sobre todo en las aldeas; los alemanes hicieron la misma observación el día que sufrieron las invasiones de los ejércitos de Francia. Nuestras sacudidas políticas —concluye el médico de Charenton— han producido muchos casos de locura provocados y caracterizados por los acontecimientos que han señalado cada página de revolución; en 1791 hubo en Versalles un número prodigioso de suicidios, y cuenta Pinel, que un entusiasta de Danton, habiendo oído acusarle, se volvió loco y fue enviado a Bicêtre[58].

El trabajo mental, llevado hasta el cansancio del cerebro, puede favorecer el desarrollo de estos estados; la experiencia enseña que en este concepto ejercen mucho mayor influjo las penas, las pasiones contrariadas, el orgullo, la ambición, la exaltación mística, las decepciones, los quebrantos de fortuna y todo género de emociones de índole afectiva[59].

Sin embargo, algunos autores niegan que las conmociones políticas tengan influencia sobre la producción de la locura. Pero esto es evidente, en mi concepto, según parecen revelarlo los últimos estudios: es preciso fijarse que al hablar de "grandes" acontecimientos políticos, los autores que sostienen su influencia se refieren, no a hechos de poca importancia, como las agitaciones electorales diarias en las repúblicas, o a cualquier otro suceso de trascendencia alguna, sino a los grandes acontecimientos políticos y sociales, de esos que invierten completamente el orden establecido, conmoviendo por su base a toda una sociedad, la Revolución Francesa por ejemplo, la Revolución Sud-Americana, y bajo otra faz

---

[57] ESQUIROL: "Tratado de Enfermedades Mentales".
[58] Ídem.
[59] GINE Y PARTAGAS: "Tratado de Frenopatología".

y en otra escala, las depredaciones de la Comuna, de la Mazorca, de Facundo Quiroga, del Fraile Aldao. Lunier, uno de los directores de los "*Annales médico-psychologiques*", de París, e Inspector General del servicio de alienados, ha publicado no hace mucho una excelente memoria sobre este punto y de la cual se deducen las siguientes conclusiones: los acontecimientos de 1870 y 1871 han determinado, más o menos directamente, del 1° de Julio de 1870 al 31 de Diciembre de 1871, la explosión de 1.700 a 1.800 casos de locura; su resultado ha sido, primero un descenso considerable en la cifra de admisiones en los Asilos, después un recrudecimiento ulterior (fines de 1871), luego una elevación excepcional (1872), y finalmente un retroceso a la proporción media. Aquí, como se ve, está comprobado que la influencia de la herencia ha sido relativamente débil, y preponderante la de las emociones.

Ahora bien: si, como dice el eminente Griesinger, el aumento de las enfermedades mentales en nuestra época es un hecho real en relación con el estado de las sociedades actuales, sobre las que obran ciertas causas de una influencia incontestable; que la actividad impresa hoy día a las artes, a la industria y las ciencias tienen por resultado inmediato un acrecentamiento considerable de actividad en las facultades intelectuales; que los goces físicos y morales van sin cesar aumentando; que nuevas inclinaciones y pasiones desconocidas principian a germinar; que la educación liberal hace cada día progresos, desarrollando ambiciones que sólo un pequeño número puede satisfacer; y, finalmente, que las crueles decepciones, la agitación industrial y política son causas bastante poderosas para desarrollar esos trastornos de la inteligencia, es claro que iguales razones existen, en mi concepto, para suponer que el estado efervescente y verdaderamente excepcional por que han atravesado nuestros pueblos en ciertas épocas, ha influido poderosa y activamente para desarrollar, sino la locura, por lo menos un estado de exaltación o de depresión intelectual y moral muy análogo, y de su misma naturaleza.

Entre las causas que más vivamente han influido, según Lunier, para determinar el aumento de locos durante la guerra Franco-Prusiana, se encuentran: la inquietud causada por la aproximación del enemigo, el temor al reclutamiento, la partida de una persona querida para el ejército, las fatigas físicas y morales de la guerra, particularmente del sitio de París, la ansiedad y angustias experimentadas durante una batalla o un bombardeo, los cambios de posición o de fortuna, resultado inmediato de los acontecimientos, el terror causado por la noticia de una nueva derrota y por fin la excitación política y social, y la ocupación del país por el enemigo[60]. Todas ellas, y con exuberancia, las vemos actuar sobre la masa de nuestro pueblo durante un lapso de tiempo de veinte años, agregadas a otras tal vez más poderosas, y que el estado deplorable de nuestra comunidad misma hacía germinar. Si allí en donde la civilización impera eran aquellas suficientemente eficaces para engendrar tales trastornos, ¿qué no sucedería entre nosotros, en donde una barbarie ingobernable e indigna había,

---

[60] LUNIER: "*De l'influence des grandes commotions politiques et sociales, etc., etc.*"

desgraciadamente, asfixiado nuestra sociabilidad embrionaria, atrofiado el sentido moral y dominado prepotente por tantos años?

Si en Francia producía trastornos mentales la aproximación de un ejército de hombres civilizados, ¿qué no produciría la presencia de las bandas de Quiroga que iban arrasando pueblos y fusilando sin valla, que volteaban a rebencazos a las mujeres y que ataban desnudos a las cureñas de los cañones a los hombres más honorables de las ciudades?

Para comprender la patogenia de estos trastornos curiosos, para apreciar el grado de exaltación a que llegábamos, basta entresacar a la ventura ciertos cuadros históricos, recordar algunos episodios lamentables de la vida desordenada y bulliciosa de aquella democracia pampeana. Llegó un día en que las facciones se hicieron más turbulentas y agrestes, los males se agravaban sin la esperanza siquiera lejana de un remedio eficaz y enérgico. La división de las ideas —dice el distinguido historiador de Belgrano— era completa al comenzar el año 16; los ejércitos derrotados o en embrión apenas cubrían las fronteras, el elemento semi-bárbaro se había sobrepuesto en el interior a la influencia de los hombres de principios... aquello era un caos de desórdenes, de odios, de derrotas y luchas intestinas, de teorías mal comprendidas, de principios mal aplicados, de hechos no bien apreciados y de ambiciones legítimas o bastardas que se personificaban en pueblos o en individuos[61].

Había llegado un momento terrible para las revoluciones que se desenvuelven desordenadamente y por instinto, ese momento en que el mal y el bien se confunden, en que las cabezas más firmes trepidan, en que las malas pasiones neutralizan la influencia saludable de los principios y en que cada bando se apodera de una parte de la razón y de la conveniencia social, como de los jirones de una bandera despedazada en la lucha[62].

En medio de aquella "bancarrota moral", las emociones súbitas y variadísimas, la ambición, la vanidad herida, la alegría misma, el terror, la cólera determinando cambios bruscos e intensos en todas las funciones cerebrales, el dolor moral, el trabajo físico, la envidia y el rencor, agregándose a todas ellas las influencias climatéricas y hereditarias, provocaban esta irritación intensa del encéfalo determinando esas exaltaciones patológicas que se traducen por actos extravagantes, insólitos y muchas veces sangrientos.

Hay en aquellos dramas de la Revolución escenas interesantes bajo este punto de vista, episodios que el observador menos avisado no trepidaría en clasificar de delirantes, en el verdadero sentido de la palabra. Muchos de aquellos cerebros dominados por una estimulación continua y pertinaz, sacudidos por el cúmulo de causas excitantes que gravitaban sobre ellos, congestionados o anemiados alternativamente por las perturbaciones

---

[61] MITRE: "Historia de Belgrano", Tomo II.
[62] Ídem.

que esa vida sin sueño y sin tregua llevaba a los órganos de la respiración, de la digestión y de la hematosis, principiaron a perder el equilibrio fisiológico, dando lugar a todas esas manifestaciones de un carácter aliénico tan marcado. Las revoluciones se sucedían unas tras otras con una rapidez pasmosa; los gobiernos sólo tenían una existencia efímera y hasta ridícula. Así que caía uno, el que lo había volteado se entregaba muy a menudo a actos de supina crueldad y algunas veces de verdadera demencia.

Como la revolución de 5 y 6 de Abril de 1816, dice el autor citado, y como casi todas las conmociones internas que se habían sucedido, la que derribó a Alvear se cambió a su vez en perseguidora, llevó su encarnizamiento hasta el grado de cebarse en enemigos impotentes y muy dignos de toda consideración, y su impudencia o su "delirio" llegó hasta el extremo de calificar de criminales las acciones más inocentes. Para colmo de vergüenza vendió, por dinero, a los mismos compatriotas perseguidos la dispensación de las penas arbitrarias a que eran sentenciados por las comisiones instituidas en tribunal[63].

Hay más aún. Había allí dos tribunales denominados el uno "Comisión Civil de Justicia" y el otro "Comisión Militar Ejecutiva", cuyos actos indudablemente son los síntomas de una verdadera exaltación enfermiza, de esa enajenación que han estudiado Despine, Laborde y Dubois Reymond en la Comuna de París. Era una creación monstruosa inspirada por el odio y cuyo único objeto parecía, no la persecución del enemigo, sino la persecución de las opiniones disidentes de los patriotas caídos. El voluminoso proceso que con tal motivo se formó —continúa el autor mencionado— es la más completa justificación de la inculpabilidad de los acusados, a pesar de que se inventó con este motivo el "crimen de facción" (la Comuna inventó clasificaciones vaciadas en el mismo molde), que indicaba simplemente la disidencia de opiniones. La sentencia que dictó la Comisión Civil es un monumento de cínica injusticia o de obcecación", de que la historia argentina presenta pocos ejemplos. Por esta sentencia, D. Hipólito Vieytes, que murió de pesadumbre (una lipemanía terminada en la demencia), D. Bernardo Monteagudo, D. Gervasio Posadas y D. Valentín Gómez, fueron condenados "por equidad" a destierro indefinido, a pesar de no resultar contra ellos en el proceso, sino el «hallarse comprometidos con principalidad en la facción de Alvear, según voz pública y voto general de las Provincias», teniendo, sin embargo, la generosidad de devolverles sus bienes después de entregar el valor de las costas en que quedaban al descubierto. A. D. Nicolás Rodríguez Peña se le condenaba, por «el crimen de su influjo en la opinión», a salir desterrado hasta la reunión del Congreso; a D. Antonio Álvarez Fontes se le desterraba sin acusarlo de ningún delito «para que no pudiera entrar en lo futuro en alguna revolución»; al Dr. D. Pedro J. Agrelo, se le confinaba al Perú «por la exaltación de ideas con que había explicado sus sentimientos patrióticos»[64]. El Fiscal D. Juan J. Passo clasificaba de execrables "estos crímenes" y llamaba "dulce" al temperamento

---

[63] Ídem.
[64] Ídem.

adoptado por el tribunal.

Si se tiene presente la honorabilidad y mansedumbre de algunos de los que formaban estos tribunales, se verá que sólo bajo la acción deletérea de un estado cerebral anómalo, de verdaderos arranques de monomanía exaltada, han podido cometer tranquilamente estas aberraciones inadmisibles en un espíritu completamente sano. Hechos análogos sólo se observaron en la Comuna y, respecto al estado de sus cerebros, los alienistas citados más arriba, nos han dado ya su opinión autorizada.

No era posible tampoco que sucediera de otra manera, dadas nuestras condiciones sociales y políticas. Un pueblo que, como el nuestro, vivió desde su nacimiento desquiciado por tan distintos elementos, desorganizado y sin brújula, tenía que sentirse arrebatado por movimientos pasionales de esta naturaleza, produciéndose las neuropatías epidémicas que se revelan en la historia por actos de naturaleza tan extraña. ¿Cómo no sentirse fuertemente contristado, deprimido, en presencia de aquellas invasiones que López, el agreste caudillo de Santa Fe, verificó en 1819 a Córdoba, residencia de Bustos, su rival infortunado? Su presencia imponente hubiera bastado por sí sola para producir una inquietud mental colectiva. La columna que le seguía —dice el autor de "Belgrano y Güemes"— presentaba un aspecto original y verdaderamente salvaje; su escolta, compuesta de dragones armados de fusil y sable, llevaba por casco la parte superior de la cabeza de un burro, con las orejas paradas por crestón. Los escuadrones de gauchos que le acompañaban, vestidos de chiripá colorado y botas de potro, iban armados de lanza, carabinas, fusil o sable indistintamente, con boleadoras a la cintura, y enarbolaban en el sombrero de panza de burro que usaban una pluma de avestruz, distintivo que desde entonces empezó a ser propio de los montoneros. Los indios, con cuernos y bocinas por trompetas, iban armados de chuzas emplumadas, cubiertos en gran parte con pieles de tigre del Chaco y seguidos por la chusma de su tribu, cuya función militar era el merodeo[65].

Estas invasiones de los montoneros, de una provincia a otra, eran casi constantes y a su paso iban dejando un rastro de sangre, degollando y saqueando poblaciones enteras, como lo efectuó la división de López en su retirada, producida por la aproximación del General Arenales que, al frente de 300 hombres disciplinados, corrió a batirlo. Retiráronse asolando al país por ambas márgenes del Tercero, desde la Herradura hasta la Esquina, saqueando ciudades, robando mujeres y esparciendo el terror por todas partes. Eran verdaderas irrupciones de bárbaros desbordados sobre las ciudades indefensas, las que hacían estos hombres ensoberbecidos con la prepotencia que la desorganización política del país les había dado. Durante el "año veinte", López y Ramírez entran a Buenos Aires con sus escoltas de salvajes cuyo aspecto agreste imponía a las poblaciones, y atan sus caballos en las rejas de la pirámide de Mayo. Ese "año veinte" puede considerarse, en nuestra historia, como un

---

[65] MITRE: "Historia de Belgrano", vol. II.

verdadero acceso de exaltación maníaca general, rabiosa y desordenada, como el momento supremo en que una crisis agudísima y brutal rompe en todos los cerebros ese equilibrio benéfico que constituye la razón. Este oscuro proceso, manifestación bulliciosa de ese "*morbus democraticus*", como llamaba Brièrre de Boismont, a una epidemia análoga desarrollada en el Faubourg Saint Antoine, en París, llegó a su colmo cuando en aquel día famoso en los fastos de la anarquía, Buenos Aires tuvo tres gobernadores en pocas horas, elevados y arrojados del mando por otras tantas revoluciones.

Se comprende que este estado deplorable del espíritu, agravándose cada vez más, diera más tarde nacimiento a otros fenómenos de origen nervioso, pero de un fondo patológico más acentuado. A esta categoría pertenece el desarrollo relativamente considerable del histerismo en sus diversas formas, en algunas de las provincias argentinas y cuyo aumento se hizo más sensible bajo el reinado del terror. Un médico respetable de la provincia de Tucumán, y que ejercía entonces su profesión, nos decía que en esa época, casi todas las mujeres, la que no era histérica declarada, tenía en su modo de ser, en su carácter, algo que revelaba la influencia perturbadora de esta afección. En estas organizaciones débiles por naturaleza, y dotadas de una sensibilidad emotiva exquisita y propia del temperamento, agitadas por esa imaginación fosforescente, tan propia no sólo del sexo sino de la época y del clima, bien se explica que aquellos días de tanta amargura, que todas esas transiciones bruscas de la tristeza profunda a la más amplia y expansiva alegría, haciendo vibrar con fuerza sus débiles nervios, produjera sino la histero-epilepsia o la histeria tipo, cualquiera de sus manifestaciones solapadas, tan comunes y numerosas en estas afecciones. Frecuentes, sin duda alguna, tienen que haber sido; lo que hay es que pasarían desapercibidas para la generalidad ignorante, porque al manifestarse lo harían bajo un aspecto aparentemente sin importancia, mostrándose el cuadro sintomático en detalle, como sucede a menudo. El "clavo histérico", por ejemplo, o algún otro signo casi inequívoco, por parte de la sensibilidad; sensaciones de un frío glacial o de un calor intenso, excitaciones sensoriales, determinando alucinaciones fugaces, trastornos del tacto o cualquiera de esas infinitas sensaciones alucinatorias, a veces tan accidentales o transitorias en la histeria. Las perturbaciones del carácter bien podían atribuirse a causa de otro orden, a los disgustos domésticos, al tedio, a la tristeza, etc., y entonces la razón de este desconocimiento es perfectamente atendible. La etiología es fácil, en mi concepto. Quiroga, Artigas, Manuel Oribe y Aldao, con las exaltaciones del alcoholismo crónico de este último, están ahí para explicarlas. El terror es la palanca más poderosa para despertar todos estos trastornos, que pueden ser no sólo dinámicos, sino también orgánicos, nutritivos del cerebro y de los demás órganos del cuerpo humano. ¿Reconoce este mismo origen la propagación rápida de las afecciones cardíacas durante la tiranía de Rosas? El Dr. Colombres, distinguido médico de la provincia de Salta, aseguraba que eran entonces tan frecuentes en Buenos Aires, que él las tomó como punto para su tesis inaugural, proponiéndose averiguar la influencia innegable que en su patogenia había tenido el régimen de Rosas. El joven Dr. D. Eulogio Fernández, presentó el año pasado al "Círculo Médico Argentino" un trabajo haciendo observar esto mismo, estudiando su origen, y aunque adolecía de ciertos defectos capitales respecto a la estadística y etiología, consignaba sin embargo algunos datos de mucha importancia.

Por lo que dejamos apuntado más arriba, fácilmente puede explicarse esta influencia y el origen primitivamente nervioso de semejantes perturbaciones, que por otra parte pueden curarse una vez que la causa ha cesado de obrar, o hacerse orgánicas si persiste por mucho tiempo.

Entonces se establece un círculo mórbido: el cerebro ha influenciado primitivamente al músculo cardíaco y éste, una vez enfermo, influencia a su turno al encéfalo, determinando perturbaciones que varían en intensidad, según la predisposición del individuo y la amplitud de causas de otro orden que, agregadas a aquellas, actúen con mayor fuerza sobre el resto del organismo.

Durante la permanencia de Facundo Quiroga en Tucumán, el terror se apodera de la población de una manera pavorosa. Quiroga azota por su propia mano a los miembros de las principales familias, fusila algunos y saca al pueblo contribuciones ingentes para cubrir sus deudas de tahúr. Facundo se presenta un día en una casa y pregunta por la señora a un grupo de chiquillos que juegan a las nueces; el más vivaracho contestó que no estaba.

—Dile que he estado aquí —responde.

—¿Y quién es Ud.?

—Soy Facundo Quiroga...

El niño cae redondo, y sólo el año "pasado" (es decir, dos años después), ha empezado a dar indicios de recobrar un poco la razón; los otros echan a correr llorando a gritos; uno se sube a un árbol, otro salta unas tapias y se da un terrible golpe[66]. Una familia de las más respetables de la provincia —refiere el mismo Sarmiento— recibe la noticia de la muerte de su padre, que ha sido fusilado, y momentos después de tan terrible anuncio, dos de sus hijos, un varón y una mujer, se vuelven locos. Un joven distinguido de la provincia de Buenos Aires cae también fusilado por aquel jaguar; su linda prometida, al recibir la sortija que el sacerdote tenía encargo de entregarle, pierde la razón, que no ha recobrado hasta hoy[67].

Estas emociones brutales, llevando cada día mayor estímulo a aquellos nervios crispados por las más dolorosas alternativas, conmovieron con violencia sus cerebros, determinando, como era consiguiente, la explosión de afecciones nerviosas muchas veces graves e incurables. La enteritis estalla en Tucumán y cunde por toda la población con una rapidez

---

[66] SARMIENTO: "Civilización y Barbarie".
[67] SARMIENTO: "loc. cit."

alarmante. He aquí otra prueba del influjo de las acciones nerviosas. Los médicos aseguran que no hay tratamiento, que la enteritis viene de afecciones morales, del terror, enfermedad —dice el autor de "Facundo"— contra la cual no se ha hallado remedio en la República Argentina hasta hoy.

Esta enteritis, cuando se presenta bajo formas y circunstancias análogas, depende de trastornos nerviosos bien estudiados ya. Es una fluxión catarral por trastornos de la inervación vaso-motriz y reconoce por causas la impresión del frío sobre el vientre y sobre los pies, las emociones morales fuertes, el terror y los disgustos intensos, particularmente durante el trabajo de la digestión. En estos casos —dice Jaccoud— los fenómenos intestinales pueden presentar la rapidez y duración de las acciones nerviosas; la predisposición individual y la persistencia de las impresiones patogénicas son los dos elementos que constituyen la mayor o menor duración[68].

Al influjo de todas estas causas que acabamos de enumerar no podía escapar nadie, como es lógico suponerlo, y por esto es que vemos a un número considerable de nuestros hombres célebres, sufriendo afecciones del cerebro, ya orgánicas ya dinámicas puramente, y que en muchos de ellos se traducen por los trastornos morales e intelectuales que vamos a estudiar más adelante.

Lo que es indudable es el predominio acentuado de un temperamento eminentemente nervioso en casi todos y la circunstancia, no casual, sino necesaria, de padecer de afecciones de este aparato, como vamos a verlo.

"Bernardino Rivadavia" durante su destierro tuvo verdaderos accesos de hipocondría. En los últimos períodos de su enfermedad, sus facultades mentales, como es consiguiente, habían decaído; era ligeramente afásico pues encontraba con mucha dificultad las palabras y había perdido completamente la memoria de algunas. Murió de un reblandecimiento cerebral.

El "Dr. D. Manuel J. García" sufría también accesos de hipocondría.

Encerrábase en su cuarto y allí se entregaba a la soledad, embebido en sus largos monólogos. Murió de una afección al cerebro, cuya especificación no me es posible hacer. Tengo estos datos del distinguido coronel Barros, sobrino carnal del ilustre ministro de Rivadavia.

El "General Guido" murió de una hemorragia cerebral. Cuatro años antes había caído del caballo a consecuencia de un ataque análogo.

---

[68] JACCOUD: "*Traité de Pathologie Interne*".

El "General Brown" estaba afectado de una "melancolía" en la que el delirio de las persecuciones se destacaba con bastante claridad. Tuvo un pariente consanguíneo afectado de enajenación mental y él, llevado de repulsiones suicidas, arrojóse de una azotea fracturándose una pierna.

Creemos, aunque no tenemos seguridad alguna, que murió de una hemorragia cerebral.

El "Dr. D. Vicente López" autor inmortal del himno patrio, murió de una enfermedad nerviosa. Los síntomas que se me han referido dejan entrever una afección a la médula con ramificaciones en el cerebro (esclerosis en placas). Antes de morir, y durante su último ataque, le sobrevino un delirio que duró treinta y tantas horas, según me lo ha referido su ilustre hijo. Era un delirio tranquilo, suave y sin determinaciones motrices (delirio verbal). Sentado al lado de su cama, conversaba consigo mismo de muchos y variados asuntos, y en un tono solemne y grave recitaba trozos enteros de las poesías de Horacio, su poeta favorito. La memoria, fuertemente excitada, le hacía desfilar por delante acontecimientos que no recordaba en su estado de salud, personajes que habían vivido en los primeros años de su vida y cuyas fisonomías y detalles refería con primorosa claridad.

El "Dr. D. Florencio Varela" sufría de accidentes epilépticos (el gran mal) que principiaron a manifestarse en la edad adulta.

El "General D. Antonio González Balcarce" murió repentinamente.

"Don Juan Cruz Varela" estaba afectado, como su hermano, de accidentes epilépticos.

El "General D. Marcos G. Balcarce" murió repentinamente.

El "Dr. D. Gregorio Funes" murió de apoplejía cerebral, sentado en una de las calles del antiguo "Jardín Argentino".

El "Dr. Tagle", personaje de un carácter sombrío y un tanto hipocondríaco, padecía de una dispepsia crónica y murió, como Rivadavia, de un reblandecimiento al cerebro.

"Beltrán", que colgó los hábitos por servir en los ejércitos de la República, y después iluminaba con antorchas betuminosas las hondonadas de la cordillera para facilitar en medio de la noche el pasaje de los torrentes[69], fue años después atacado de enajenación mental en el Perú y andaba por las calles de Lima corriendo desaforadamente y vendiendo figuritas.

---

[69] SARMIENTO: "Vida del Fraile Aldao".

Los desaires e ingratitudes de Bolívar hicieron que en esta organización, predispuesta sin duda, estallara la enfermedad.

El "Coronel Estomba" conocido en los anales de nuestras guerras civiles fue atacado de enajenación mental encontrándose al frente de sus tropas[70]. Sus oficiales comprendieron el estado de sus facultades por la extravagancia de sus marchas, pero cuando se apercibieron era ya tarde, porque los había entregado al enemigo.

"Don Hipólito Vieytes", después de la sentencia que contra su persona dictó la Comisión Civil de Justicia, organizada por la revolución de 15 y 16 de Abril de 1815, cayó en un estado completo de lipemanía, a consecuencia de la cual murió...

Todo esto se explica, no sólo por las causas accidentales de que nos hemos ocupado, sino también por la natural predisposición que engendra el clima con sus diversas y múltiples influencias. Hay en este país un marcado predominio de las enfermedades del sistema nervioso. «Las muertes súbitas resultantes de apoplejías sanguíneas o serosas —dice Martín de Moussy en su libro sobre la República Argentina— son comunes, y lo mismo sucede con las parálisis producidas por congestiones y apoplejías parciales que se observan con alguna frecuencia. Una alteración cerebral bastante generalizada es el reblandecimiento, que se manifiesta aún en los extranjeros que han pasado cuarenta años en el país».

Y nótese bien que la generación en que Moussy toma estos datos es precisamente la que había vivido durante la época de agitaciones y de fuertes sacudimientos morales del período de la Revolución y de la Independencia. El mismo hace notar que más se observa en aquellas personas que han viajado mucho y que han pasado alternativamente de una gran actividad física y moral a un reposo pasajero y más o menos completo. «La irritabilidad extrema que se nota en el sistema nervioso, sobre todo en el litoral, hace necesariamente más frecuentes estas enfermedades y más rebeldes que en cualquiera otra parte; el gran número de tormentas, los cambios bruscos de temperatura que traen los vientos algunas veces muy frescos, contribuyen indudablemente a producirlas».

A este dato sobre la influencia de nuestras condiciones meteorológicas que consigna el autor citado, agregaremos nosotros una, cuyos efectos, aunque no muy intensos, son sin embargo indudables. Es esta la influencia evidente que tienen sobre el cerebro los vientos del Norte que reinan en el país con mucha frecuencia. El influjo poderoso de este agente, consignado de muchos años atrás en la tradición popular, lo han observado después los hombres de la ciencia y entre ellos el inolvidable Mossotti, cuyas excelentes lecciones se conservan todavía en la memoria de sus discípulos. Este apreciable maestro lo atribuía a los cambios de presión en los líquidos del organismo, producido por las modificaciones que en

---

[70] RIVERA INDARTE: "Rosas y sus opositores".

la densidad del aire determinan estos vientos. Es observación diaria en los manicomios del país que los alienados se encuentran más exaltados cuando aquéllos soplan. Y este dato, que nos ha sido suministrado por el Director de uno de ellos, nos recuerda un caso curioso recogido por un respetable médico, el doctor Valdez, y comentado en una memoria que escribió con ese motivo. Un joven de buena familia sentíase periódicamente arrastrado por impulsiones homicidas y salía a la calle sin otro objeto que el de repartir puñaladas a todo el que encontraba a su paso: tomado por la autoridad, confesó ingenuamente todos sus delitos, pero declaró que él no tenía la culpa, porque esos deseos enfermizos lo asaltaban irresistiblemente cuando reinaban los vientos del Norte. La observación del alienado (pues no era otra cosa) había sido confirmada por el autor de la memoria, quien le había prestado sus auxilios profesionales en otras ocasiones análogas.

Bajo la influencia de este viento, agrega de Moussy, se producen cefalalgias intensas, particularmente migrañas, tics dolorosos de la cara, tortícolis, etc., etc. Algunas de estas neuralgias se hacen realmente intermitentes y son precedidas de escalofríos, a punto de producir una fiebre larvada que cede siempre a los anti periódicos.

Más adelante, en el capítulo destinado a la "marcha de las enfermedades" y a las "constituciones médicas del Plata", el Sr. Moussy vuelve a insistir sobre esta frecuencia, sobre la insidiosidad con que suelen aparecer, y apunta también la frecuencia entre nacionales y extranjeros de las afecciones del corazón y de los grandes vasos.

Esta predisposición a las enfermedades de los centros nerviosos, revelada por las observaciones pacientes de Martín de Moussy y de otros médicos experimentados, constituye un elemento fundamental en la etiología de las neurosis que vamos a estudiar. Ella había preparado el terreno, colocando al organismo en condiciones propicias para su desarrollo, aumentando la receptividad mórbida, y creando oportunidades que el clima, los acontecimientos políticos y sociales, y ciertos caracteres étnicos que ya hemos marcado, hacían cada vez más frecuentes.

Las enfermedades de los centros de inervación son el patrimonio de las sociedades llenas de vigor y dotadas de esa savia maravillosa que palpita en cada célula cerebral. Las fuertes emociones que experimentan en esa vida de vértigo eterno, en que el elemento sensitivo hace el gasto principal, traen como consecuencia obligada todos esos trastornos cuya patogenia no siempre es conocida. Lo que sucede en el organismo humano se observa igualmente en el organismo social y político. Los hombres que abusan de la vida intelectual, se crean una predisposición marcada a esas enfermedades y a menudo perecen bajo su influencia formidable. En los pueblos en quienes una civilización avanzada mantiene al cerebro en perpetuo estímulo, creando esa susceptibilidad enfermiza que propaga el suicidio y la locura, es donde las neurosis hacen mayor número de víctimas.

III. LA NEUROSIS DE ROSAS

La naturaleza moral tiene sus monstruosidades como la naturaleza física.

Un individuo es incompleto bajo el punto de vista de su organización moral, como otro lo es bajo el punto de vista de su organización física.

La mente tiene sus imperfecciones, sus anomalías en el desarrollo de sus facultades, como las tiene el cuerpo en el de sus órganos. Estos principios que Moreau de Tours consigna en su capítulo: "De las influencias de los estados patológicos sobre el funcionamiento intelectual", son verdades inconcusas probadas por la observación diaria.

Así como se nace con la predisposición orgánica para ciertas enfermedades somáticas, se nace igualmente con predisposición para las de la mente. Hay "diátesis físicas" y "diátesis morales", porque el espíritu no puede sustraerse a ciertas leyes que determinan en él padecimientos de marcha y aspectos iguales a los del cuerpo. La herencia patológica, que trasmite de generación en generación la inminencia mórbida para los sufrimientos del cuerpo, sigue fatalmente la misma marcha y recorre las mismas fases que la que trasmite la herencia psicológica para los padecimientos del cerebro.

La herencia de ciertas enfermedades, la tuberculosis por ejemplo, es frecuente, y el niño nacido de padres tuberculosos no trae el tubérculo en su cuerpo, sino que viene con la maldición ineludible de la predisposición; los descendientes de padres que no son tuberculosos, pero que han sufrido la escrófula, la diátesis caquéctica, o el alcoholismo, pueden nacer con la diátesis tuberculosa, porque la enfermedad sufre, al trasmitirse, una verdadera transformación.

En cierta manera sucede lo propio con estos padecimientos proteiformes y a veces incomprensibles que la llamamos neurosis. El monomaníaco puede legar a sus hijos o la monomanía misma o la aptitud para contraer cualquier género de vesania; y como esto es lo que más frecuentemente se observa, resulta que los hijos, los nietos o los sobrinos (herencia colateral) de un loco, cualquiera que sea su locura, pueden ser o maníacos o alcohólicos, histéricos, epilépticos, perseguidos, criminales o extravagantes, y los hijos de estos últimos, maníacos, lipemaníacos, etc.

La tendencia a reincidir que se observa en ciertos géneros de criminales, es una simple cuestión de fisiología o de psicología mórbida. Algunos de esos desgraciados, a quienes la ley condena a la última pena como asesinos vulgares, no son sino enfermos. «Aquí es donde se observa la acción de la herencia, la influencia mórbida deletérea de la organización de los padres sobre la de sus hijos y las transformaciones de las neuropatías de los unos, en monstruosidades morales en los otros» —dice Moreau de Tours. Los más experimentados directores de prisiones han llegado a convencerse que para ciertos criminales no alumbra esperanza alguna de reforma, puesto que el crimen es el fruto de la locura en muchos de ellos.

En la generalidad de los casos, la educación no cura radicalmente estas gibosidades del espíritu, como no cura la cirugía las gibosidades del cuerpo o sus interminables vicios de conformación. Como tampoco cura la medicina las diátesis tuberculosa o cancerosa. La educación adormece su potencia, atempera sus manifestaciones, estableciendo un equilibrio saludable, como calma la terapéutica las exacerbaciones de la escrófula por medio del tónico que ayuda a la naturaleza en esa lucha eterna en que viven los diatésicos. La enfermedad subsiste, aunque debilitada, pero de repente, y bajo la acción de cualquier causa insignificante, recobra su vigor primitivo y su mano de plomo aplasta estas organizaciones empobrecidas.

Esto sucede a menudo con las perversiones enfermizas de que habla el autor antes citado, con las degeneraciones que debilitan el ser moral, aniquilando el equilibrio de sus facultades y paralizando toda reacción de la voluntad contra los arranques de las pasiones, contra la fuerza de esa diátesis moral, temible, que casi fatalmente conduce al crimen y para la cual no hay remedio en todas las terapéuticas del mundo. Estas organizaciones caprichosas encuentran en el crimen verdaderos goces, una satisfacción particular en el sacrificio inútil de un semejante, un placer inefable en el tormento lento, pausado, en que se bebe la muerte a intervalos crueles, a la manera que lo hacía Rosas.

Gall consigna casos curiosísimos de este género de trastornos psíquicos. Entre otros, refiere el de un dependiente de botica que sintiendo fuertes inclinaciones al asesinato, concluyó por hacerse verdugo; y el de un rico propietario irlandés, que pagaba a los carniceros para que le permitieran el placer de matarles los bueyes. «El caballero Lelwin —dice Legendre— asistía a todas las ejecuciones de criminales y hacía toda clase de esfuerzos para colocarse cerca de la guillotina».

La-Condamine buscaba con ardor el placer de presenciar la agonía de los ajusticiados, y los libros de Pinel y de Esquirol refieren casos análogos al de aquella mujer que vivía en las inmediaciones de París, y atraía con cariño a los niños para degollarlos, salarlos y luego comérselos con una sangre fría tremenda.

Cuenta el venerable Esquirol que un día fue consultado por un hombre como de 50 años, de enormes músculos, de buena constitución, y que después de haber llevado una vida activa, trabajando y recorriendo casi todos los países de Europa, se había retirado a vivir tranquilo. Estaba poseído de una impulsión al asesinato y durante todos los instantes de su vida vivía en una angustia perpetua; esta impulsión variaba de intensidad, pero jamás desaparecía enteramente: a veces era sólo una idea que ocupaba con tenacidad su espíritu, pero sin inclinaciones motrices a ponerla en ejecución, una idea homicida más bien que una impulsión. Algunas veces tomaba una intensidad grande y entonces sentía que toda su sangre se le agolpaba a la cabeza, entraba en un verdadero paroxismo, experimentaba una sensación horrible de plenitud, un sentimiento angustioso de malestar y de desesperación, su cuerpo entraba en convulsiones y se cubría de un sudor profuso; se tiraba de la cama, pues casi siempre los accesos eran de noche, y después de un rato de horrible incertidumbre, terminaba el acceso derramando abundantes lágrimas.

Maudsley refiere la historia de una señora de 72 años de edad, en cuya familia había muchos locos, que estaba sujeta a paroxismos frecuentes de una cólera convulsiva y que en medio del acceso hacía esfuerzos desesperados por estrangular a su hija, a quien idolatraba. Habitualmente estaba sentada, lamentándose del estado de abatimiento y decrepitud a que la había reducido la edad; pero de repente se levantaba con una energía extraordinaria y echando a correr saltaba sobre la niña gritando: «¡es necesario que yo la mate! ¡es necesario que yo la mate!»[71].

Un químico distinguido y amable poeta, dotado de un carácter dulcísimo y muy sociable, se constituyó en prisión en uno de los asilos del barrio de San Antonio. Atormentado del deseo de matar, se prosterna al pie de los altares e implora a la Divinidad para que lo libre de una inclinación tan atroz y de cuyo origen jamás ha podido darse cuenta. Cuando el enfermo sentía que su voluntad flaqueaba bajo el imperio de esta impulsión, corría hacia el jefe del establecimiento y se hacía atar las manos con un cordel.

Sin embargo, concluyó por ejercer una tentativa de asesinato sobre uno de los guardianes, y falleció más tarde en medio de un acceso violento de manía furiosa[72].

Este aniquilamiento intermitente del sentido moral, producto indudable, aunque desconocido en su esencia, de un estado patológico de la masa cerebral, constituye esta forma curiosa de locura que todos los autores modernos, respetando la clasificación de Pinel, llaman la "monomanía homicida". Es una forma de manía análoga a las otras y en la cual el paciente, dominado por la necesidad de matar, arma su mano, y sin vestigio alguno de delirio, mata y destruye hasta satisfacer su sed horrible. Es una hermana de la monomanía suicida, de la tendencia irresistible al robo y al incendio; es una de las tantas variedades, interminables y oscuras en su patogenia, de ese cuadro infinito de la locura. Esta impulsión que, como se ha visto, es en ciertos individuos causa de abatimientos y de amargos disgustos, constituye una fuerza desconocida, indomable, brutal, que echa momentáneamente

---

[71] MAUDSLEY: "Fisiología y Patología del espíritu".
[72] MARC: "*De la folie considérée dans ses rapports avec les questions médico-judiciaires*".

un velo espeso sobre la razón humana, que asfixia el alma ahogando el sentimiento hasta el extremo incomprensible de arrastrar a una madre contra sus hijos. No puede darse perturbación más curiosa y más temible. Es un género de atavismo psicológico, un retorno a las especies animales más inferiores, que nos acerca al hombre más primitivo.

La monomanía homicida da origen a los pobres "poseídos" de que habla Esquirol, y que viven en constante alarma, agitados por estas convulsiones malignas que, como observa Mausdley, llevan a muchos al suicidio por evitar el asesinato.

El pródromo convulsivo es a menudo una sensación extraña, incómoda, desesperante, que principia en una parte cualquiera del cuerpo, en el estómago, la vejiga, en el corazón, en las manos, en los pies mismos, y que luego sube al cerebro determinando el estallido de aquellas fuerzas comprimidas, que obligan al paciente a caminar, a correr precipitadamente, robar, incendiar, a clavar un puñal en el pecho del primero que se presenta delante. Es algo como el "aura epiléptica" que anuncia con tiempo el momento supremo y que le permite gritar a la víctima que huya de su presencia porque va a matarle. Skae, el célebre alienista inglés, habla de un hombre en quien está "aura homicida" principiaba en los dedos de los pies, luego ganaba el pecho produciendo un sentimiento de debilidad y constricción, en seguida subía a la cabeza y determinaba una pérdida completa de la conciencia[73]. A esto se agregaba un sacudimiento violento e involuntario, de las piernas primero, después de los brazos, y cuando aquel estaba en su mayor fuerza, era que el enfermo se sentía impulsado a cometer todo género de violencia. En otro —dice Mausldey— es una sensación de malestar, una especie de vértigo o de temblor invencible, como un vago presentimiento de algo pavoroso que va a producirse; el que ha sufrido un primer ataque sabe lo que este preludio significa, y si puede, se precave. En estas anomalías el enfermo, después que ha pasado el acceso, comprende la enormidad de su delito. El remordimiento subsiste, y una vez que el sentimiento recupera sus dominios, se lamenta y se arrepiente sinceramente. Por esto es que muchos recurren al suicidio como a un supremo recurso.

Pero hay otra variedad de la misma especie, indudablemente mucho más horrible. Si en la manía homicida el paciente sufre un eclipse pasajero del sentido moral, en aquélla es permanente, porque procede de una atrofia incurable y congénita de todos los sentimientos que guarda el alma humana en su regazo. Tal es lo que llama Prichart la "locura moral". Esta es la locura de Rosas y tal vez de Oribe: es esa forma de enajenación mental que se entrelaza con el vicio y con el crimen, y que, después de haber sido por mucho tiempo objeto de largas controversias, ha quedado incluida en el cuadro nosológico de la enajenación. Esta degeneración de la naturaleza moral del hombre forma el tercer grupo de las tres grandes clases en que divide Krafft-Ebing las enfermedades mentales. La locura moral la constituyen esas perturbaciones del espíritu, sin delirio, sin ilusiones, sin alucinaciones, y cuyos síntomas

---

[73] Cit. por MAUDSLEY.

—que, según Mausdley, consisten principalmente en una perversión completa de las facultades efectivas, de las inclinaciones, sentimientos, costumbres, y de la conducta misma—, se han observado de una manera tan clara y tan sensible en Juan M. Rosas, cuya vida afectiva se manifiesta profundamente alterada desde sus primeros años. Todos los que la sufren viven en una incapacidad completa para sentir; sus tendencias, los deseos que los dominan, llevan un sello de repugnante egoísmo. Tienen una sensibilidad moral aterradora, y su inteligencia, a menudo vivaz, si bien no se manifiesta sensiblemente perturbada, está casi siempre viciada por los sentimientos mórbidos bajo la influencia de los cuales piensan y obran. Rosas mostraba hasta esa sutileza extraordinaria tan propia de los hombres que se encuentran en este caso y que se manifiesta en las excusas y justificaciones que dan a su conducta atrabiliaria, exagerando ciertas cosas, aparentando ignorar otras y dando al conjunto de sus acciones un colorido engañoso que los hace aparecer como víctimas de falsos informes o de juicios erróneos. «Son —dice Maudsley— incapaces de dar a su vida una dirección regular, de reconocer las reglas más vulgares de la prudencia y del interés social, y por más que se insista no es posible hacerles comprender sus faltas y sus crímenes que excusan y justifican de alguna manera. Todo les arrastra a la satisfacción de sus deseos funestos; han perdido el instinto más profundo del ser organizado, aquel por el cual el organismo asimila todo aquello que puede contribuir a su desenvolvimiento o su bienestar moral, desarrollando en su lugar inclinaciones y sentimientos perversos que siempre los conducen a la destrucción»[74].

Estos degenerados están desde su nacimiento predispuestos a las diversas perturbaciones del espíritu y atraviesan su existencia en un estado permanente de "locura razonante" en diversos grados[75]. Si nos remontamos en la historia de sus ascendientes, se descubren casi siempre numerosos ejemplos de enajenación mental o de enfermedades nerviosas diversas, y ya veremos, en el curso de este capítulo, cómo escudriñando la genealogía del Tirano, encontramos ejemplos sino de afecciones mentales, por lo menos de enfermedades nerviosas.

Estos locos, que resumen en sí todos los caracteres enfermizos de su raza y que desde su más temprana edad son una plaga social por sus instintos perversos, sus sentimientos depravados, sus deseos violentos e incoercibles, forman desgraciadamente un grupo más grande de lo que puede creerse, y a sus anomalías morales suelen agregar defectos físicos más o menos repugnantes. Rosas no tenía defecto físico alguno; antes al contrario, la contextura material y la belleza varonil de sus formas hacían de él un hombre de singular hermosura. En cambio, toda esa fuerza mórbida que, diremos así, se distrae en estos defectos del cuerpo, estaba tenazmente concentrada en su espíritu, determinando esas profundas y gravísimas perturbaciones afectivas, que hacen de él el más acabado tipo de la locura moral.

---

[74] MAUDSLEY: "*Le crime et la folie*".
[75] Ver FALRET: "*La folie raisonnante*".

Su cerebro, evidentemente, no participaba de esa salud completa que tiene su expresión genuina en la regularidad de las funciones; que impide el desorden, que enfrena al instinto siempre bravío y tumultuoso, por medio del alto equilibrio que impone la razón.

Hay entre su organización y la de los demás hombres un abismo profundo abierto por esa falta completa de sentimientos, por esa tenaz persistencia en el crimen y por la ausencia absoluta del remordimiento.

Los grandes neurópatas como Rosas, en cuya contextura espiritual existe una atrofia tan extraordinaria del sentido moral, constituyen todas esas anomalías que son en el orden psíquico lo que las monstruosidades de la organización del cuerpo en el orden físico. Vienen al mundo con el germen de su locura, de esta locura temible que busca el placer en las emociones intensísimas del crimen, que arranca al corazón fibra por fibra y que en cada gota de sangre que vierten, encuentran una fuente inagotable de gratas emociones.

Agotada en sus últimos límites la sensibilidad moral, por los arranques de una perversidad violenta y activa, se manifiesta una sed insaciable que engendra esos deseos de muerte, y buscan con avidez las ocasiones propicias de satisfacerla. Son naturalezas nacidas para el crimen, organizadas para vivir y desarrollarse en ese medio homicida en el cual perecen asfixiados los espíritus en quienes la presencia constante y saludable de la razón moral, impide la formación de los impulsos que encuadran al alma formidable de los grandes criminales. Rosas cedía sin repugnancia a sus más perversas inspiraciones, y arrebatado por esa fibra enfermiza que lo animaba desde su infancia, mataba con desesperante tranquilidad y como si verificara el acto más natural de la vida ordinaria. Esta frialdad aterradora que acompaña siempre a todos sus actos forma el rasgo más prominente de la "locura moral", causa única en él de esa cínica insensibilidad que lo llevaba hasta burlarse de sus víctimas una vez cometido el delito.

No existiendo en su conciencia ni el vestigio de un cruel remordimiento, sus deseos homicidas estaban siempre en libre y perpetua efervescencia, porque en su cerebro había muerto todo lo que podía resistir con éxito a la fuerza temible de sus inclinaciones. La lucidez indiscutible de su inteligencia, inculta aunque vivaz, empleada en la satisfacción exclusiva de sus designios, era tanto más peligrosa cuanto mayor fuera su desarrollo, porque todos ellos, en halago de sus instintos, la utilizan en el único propósito de formular proyectos criminales y en idear los medios de darles cima.

La lesión de una facultad cualquiera del orden instintivo no entraña fatalmente, según parece probarlo la observación, una lesión correlativa del orden intelectual o si la trae es tan poco sensible algunas veces, que pasa desapercibida y como disimulada por el lujo de manifestaciones con que se presenta la perturbación moral. Para el criterio vulgar no hay enajenación donde no existe el delirio, y la "locura moral" circunscrita a las facultades "puramente afectivas", se confunde sin razón con el vicio y con el crimen. Esta especie de monomanía que no invade sino la parte sensitiva de la naturaleza humana, como lo afirman Pritchard, Esquirol,

Maudsley y otros, presenta una sintomatología exacta y algunos datos etiológicos precisos. Para que en un individuo pueda manifestarse, es menester que haya en sus conmemorativos individuales y en su genealogía el antecedente de enfermedades o estados nerviosos de cualquier género y que la enfermedad moral se manifieste después de un trastorno mental agudo cualquiera "o desde los primeros años de su vida". Es precisamente en esta época, antes que el individuo tenga conciencia de sí mismo y posea una noción verdadera de lo justo y de lo injusto, que la perversión moral, las extravagancias de carácter, las inclinaciones viciosas y criminales se han observado[76]. «Y si sigue aquélla una evolución gradual —afirma el célebre médico de Bicêtre— su violencia oscurece y falsea la conciencia, y la razón en vez de dominar, como sucede en los individuos suficientemente bien organizados, se hace cómplice y les presta el concurso de su fuerza».

Rosas, en su niñez, mostraba ya en gestación activa todo este cúmulo de extravagancias morales, que después han acentuado tanto su fisonomía. Se refiere que inventaba tormentos para martirizar a los animales y que sus juegos en esta edad de la vida en que ni el más leve sentimiento inhumano agita el alma adolescente, consistían en quitarle la piel a un perro vivo y hacerle morir lentamente, sumergir en un barril de alquitrán a un gato y prenderle fuego, o arrancar los ojos a las aves y reír de satisfacción al verlas estrellarse contra los muros de su casa. Ese cuerpo, tan artísticamente formado y macizo, se desarrollaba exuberante en la vida saludable de la campaña, y, con él, esos instintos de ferocidad que forman la masa de su alma y que en veinte años de crímenes diarios eran todavía insaciables.

En esos enfermizos estremecimientos juveniles se presentía ya al asesino aleve de Maza y de Camila.

En la mirada inquieta de aquel niño temible podía descubrirse un cerebro precoz, batido por mil pensamientos siniestros, y al través de su pecho hubiérase percibido el ruido tumultuoso y convulso de un corazón agitado por la impaciencia de horrores y de sangre.

Mal puede atribuírsele una organización moral íntegra, cuando desde tan temprano principiaba su "diátesis" a manifestarse.

Tenía ya todos los atributos de esta enfermedad mortífera y hacíase notable por sus malos instintos, sus insubordinaciones y sus actos de violencia. Conociendo los padres sus instintos perversos, su carácter rebelde y atrevido, colocáronlo de mozo de tienda bajo la dirección

---

[76] MOREAU DE TOURS: "Psychologie Morbide".

inflexible de un señor D. Ildefonso Passo, quién le dio algunas lecciones de escritura, conservándolo a su lado hasta el día en que huyó. Allí cometía toda clase de extravagancias y "diabluras": se cuenta que peleaba con los que iban a la tienda, destruía todos los géneros cortándolos al sesgo y agujereaba con su cuchillo los sombreros, buscando hasta en esas puerilidades una satisfacción de sus deseos destructores. Después fue enviado a un establecimiento de campo, bajo las órdenes de un esclavo, capataz de la estancia, que solía castigarlo severamente imponiéndole duras penas corporales. Cuentan que, un día, habiendo malgastado un dinero, su padre lo llamó para reprenderlo. Rosas lo escuchaba silencioso, con la fisonomía contraída por la rabia. Permanecía inmóvil y de pie, mientras el anciano le hacía severos reproches por su vida licenciosa y desordenada. Cuando hubo concluido, sacóse precipitadamente su poncho y la casaca que llevaba debajo, y arrojándolos al rostro de su padre, se retiró haciendo ademanes indecentes. Más tarde pasó a la República Oriental, siguiendo, a pesar de sus cortos años, su vida vagabunda, hasta que al regresar a la campaña de Buenos Aires encontró a D. Luis Dorrego, bajo cuya protección trabajó por algún tiempo.

Su adolescencia ha sido un continuo desorden y la conducta posterior no ha hecho sino acentuar más los contornos de su carácter, completando con nuevos rasgos la fisonomía especial de su alma, la más curiosa de la teratología moral. Lastimar a sus peones dándoles argollazos en la cabeza o haciéndolos golpear con animales bravíos, echar excrementos en la comida de la pobre gente que sentaba a su mesa, incendiar las parvas de trigo para gozar con los estragos del fuego; tales eran los entretenimientos de su niñez, la niñez típica y brutal de los que llevan eternamente en su cerebro enfermo los síntomas inequívocos de la "locura moral".

Por eso, repetimos con Maudsley, estos seres son incompletos bajo el punto de vista mental y algunas veces físico. «Obsérvanse —dice— ciertos niños pertenecientes a familias distinguidas por su honorabilidad, su educación y origen, afectados de esta imbecilidad moral; a nadie quieren y una inclinación fatal y tenaz los lleva habitualmente al crimen sin que nada pueda detener esas repulsiones orgánicas: es que la locura sensitiva principia a manifestarse, y todos esos actos, puede decirse que son los primeros vagidos de ese embrión peligroso que está verificando su gestación bulliciosa, libre de las trabas saludables del sentido moral». Es que en muchos de estos casos la locura radica (como en Rosas) en una imperfección o en una imbecilidad moral que, en proporciones más o menos grandes, constituye un hecho del nacimiento. «Cuando se ven niños —agrega Maudsley— entregarse a los más exagerados vicios, cometer los más repugnantes crímenes con una ferocidad instintiva y como por una propensión al mal inherente a su naturaleza; cuando se encuentra, aunque sea remotamente, a la herencia desempeñando un rol activo, cuando (como en Rosas) la experiencia prueba "que el castigo no tiene ninguna acción reformadora", estamos autorizados para creer que se trata de una imbecilidad, de una "locura moral"». Esta perversidad —dice Legran du Saulle— se manifiesta "desde los más tiernos años" por una crueldad horrible y son verdaderos monstruos morales que viven poseídos por el genio de la destrucción y que concentran toda su actividad intelectual en un objetivo único: practicar el mal.

Todos estos individuos constituyen una variedad degenerada y mórbida de la especie humana, encontrándose algunos que están como estigmatizados por caracteres particulares de inferioridad física y mental. Es tan fácil —dice Maudsley—, reconocerlos entre los demás hombres, como lo es distinguir en una majada de carneros blancos uno de cabeza negra. En aquellos cuyos caracteres físicos están en armonía con sus caracteres morales, un aspecto especial, «un aire común de familia los denuncia desde lejos». Bruce Thompson asegura que casi todos son escrofulosos, raquíticos, de cabeza angulosa y mal conformados, muchos de ellos están desprovistos de energía vital «y a menudo son epilépticos». Si estos caracteres materiales no se observan en Rosas, es porque, como hemos dicho antes, toda la fuerza patológica que en aquéllos se encuentra diseminada en la parte física y moral, en él parecía fuertemente concentrada en su cerebro únicamente.

Para Rosas el crimen era una especie de emuntorio, algo como una válvula que daba escape a las fuerzas patológicas que lo dominaban; hubiérase manifestado el delirio, la epilepsia, la corea o cualquiera otra afección nerviosa, si no hubiese cometido el crimen que aliviaba su cerebro de un peso enorme, como sucede en muchos de ellos, que por la circunstancia de ser criminales es que no se vuelven locos, según lo observa el autor ya citado.

Todos los síntomas, que revela en el curso de su vida, concuerdan perfectamente con el cuadro que los autores describen de la locura moral.

En ciertos momentos, los extraños deseos que tanto lo conmovían presentaban una forma extravagante pero típica y feroz. Había, a veces, algo como un delirio moral inclasificable, diabólico, como cuando mandaba degollar a los prisioneros indefensos al compás de una "media caña" o de un "cielito federal"; cuando paseaba por las calles de la ciudad las cabezas humanas en carros, cuyos conductores anunciaban con gritos destemplados la venta de duraznos, y finalmente cuando hacía colocar a uno de sus bufones debajo del lecho donde estaba el cadáver de su mujer, con orden de imprimirle movimientos que persuadieran al sacerdote que todavía le animaba un soplo de vida, para administrarle los últimos auxilios. El éxito de estas bromas brutales, que después han sido clasificadas de "diabluras", lo hacían perecer de risa.

Los deseos homicidas, dominando despóticamente su cabeza, lo impulsaban al crimen bajo formas diversas y asesinaba sin distinción de sexos ni de edades, porque sentía indudablemente una satisfacción intensa. Todos estos pensamientos de muerte se habían fijado en su espíritu de una manera indeleble: casi, puede decirse, se habían formado con su cerebro y lo absorbían por completo. Por eso vivió constantemente tramando el asesinato y buscando en las sombras de su alma tiberiana las inspiraciones del crimen para inventar el tormento del "serrucho", el degüello a "cuchillo mellado", la muerte angustiosa a son de músicas diabólicas o de tambores destemplados. Vivió bajo la impresión maligna de estas tentaciones homicidas, arrastrado por las actividades anómalas de su cerebro, dominado por ese estado enfermizo, extraordinario, en que se mantuvo tantos años volteando cabezas y haciendo abofetear mujeres. Cuando éstos que podemos llamar los paroxismos de su lúgubre insania tenían lugar, cuarenta, cincuenta, cien o más individuos eran apuñalados en barrios centrales de la ciudad, se azotaban las damas en sus propios hogares, se profanaban los templos y se afrentaban las jóvenes con aquellos moños colorados de tan horrible recuerdo. La exaltación extrema en que vivía perpetuamente el cerebro se manifiesta en estas escenas inolvidables para el que haya vivido en aquellas épocas de horrores y bajo la presión de su mano crispada.

No hay duda, pues, que estas efervescencias malignas responden a estados patológicos perfectamente caracterizados, y estudiando su temperamento y su historia clínica puede descubrirse al virus vesánico manifestándose en otra época bajo la forma probable de una "epilepsia larvada". Rosas tenía, sin duda alguna, un temperamento nervioso y sufría fuertes ataques neuropáticos en los cuales saltaba a caballo y echaba a correr por el campo, lanzando gritos descompasados y agitando sus brazos hasta que caía extenuado y transpirando a mares[77]. Otras veces se entregaba a arranques de furor súbito, que nada justificaban, y los peones de su estancia y los objetos que encontraba a su alcance pagaban su tributo cayendo bajo los golpes de sus puños formidables. Todos ellos terminaban, como los que refiere el Sr. Sarmiento, por «un sudor profuso y abundante, acompasado de una extenuación más o menos prolongada».

Estos accesos tienen un carácter epiléptico evidente y son uno de los tantos matices bajo los cuales se presenta esta enfermedad. Bajo el punto de vista somático la epilepsia reconoce tres órdenes de fenómenos: el "vértigo", el acceso "incompleto" o pequeño mal y el "ataque convulsivo" o gran mal. El individuo afectado de vértigo goza de todas las apariencias de la salud, se ocupa de su trabajo o conversa tranquilamente, cuando de repente palidece, se detiene, interrumpe la frase y con los ojos desmesuradamente abiertos y fijos, permanece casi inmóvil, durante cuatro, ocho, diez o más segundos o minutos; concluido el acceso lanza un profundo suspiro, y reanuda la conversación interrumpida, sin sospechar que ha estado enfermo. Esta es una de las maneras de manifestarse que tiene el vértigo. El acceso incompleto o pequeño mal es una manifestación epiléptica intermediaria entre el vértigo y el ataque convulsivo; está caracterizado por movimientos convulsivos parciales o mejor dicho por contracciones involuntarias de ciertos músculos de la cara o de los miembros. El gran mal es la epilepsia propiamente dicha, caracterizada por la caída, el grito inicial, la pérdida del conocimiento y las concesiones crónicas y tónicas de los músculos[78].

---

[77] SARMIENTO: "Civilización y Barbarie".
[78] Ver LEGRAND DU SAULLE: "*Etudes médico-legales sur les épileptiques*".

Los "ataques nerviosos" de Rosas, de los cuales hablan algunos historiadores contemporáneos, corresponden, en mi concepto, a una de las dos primeras categorías, y están entre el vértigo y el acceso incompleto: desecho completamente la idea del "gran mal", por la falta de los síntomas que lo caracterizan. A pesar de la duración efímera y de su casi instantaneidad, el vértigo conduce, con igual rapidez que el acceso incompleto y el ataque convulsivo, a las manifestaciones psíquicas anormales, a las impulsiones peligrosas y a la verificación de todos esos actos insólitos y reprensibles que cometía Rosas tan frecuentemente.

Después de un solo accidente o de una serie de ellos, el vertiginoso puede bruscamente recorrer todos los tonos de la gama delirante, desde la   irascibilidad caprichosa o la excitación turbulenta, hasta la incoherencia y el furor[79]. Las extravagancias a que se entregan, y que constituyen los distintos modos de manifestarse el vértigo, son a menudo apreciadas en su justo valor por el criterio vulgar, que las atribuye a la corrupción de costumbres o a las conveniencias de hacerse pasar por locos.

Una mujer distribuye monedas de oro a los transeúntes; concluidas éstas, principia con sus guantes, su pañuelo, su libro de misa, su sombrilla, y   por fin termina regalando su sombrero. La gente la cree ebria, pero así que ha pasado el vértigo vuélvele el conocimiento y tomando un carruaje se retira avergonzada a su casa. Un sabio naturalista, sentado en su mesa de trabajo, se interrumpe tres o cuatro veces en un corto espacio de tiempo, para ir a deshacer su cama y luego volverla a hacer. Un excelente obrero "vertiginoso" entra en un café lleno de gente, se pone a silbar una canción y después de haberse desnudado comienza a cepillar su camisa.

Todos estos episodios, y muchos más, porque el catálogo de las extravagancias de los epilépticos de esta categoría es interminable, son casos que consigna Legrand du Salle, en su excelente monografía. Esto, aparte de las impulsiones suicidas y homicidas que forman muchas veces sus principales tendencias.

Las extravagancias que encontramos en la vida de Rosas, y que han sido clasificadas de "pillerías", por la psicología poco científica de sus contemporáneos, revelan la acción del virus epiléptico y nos ayudan a hacer un diagnóstico retrospectivo. Con el vértigo epiléptico —dice Legrand du Salle— se puede construir toda la enfermedad y explicar entonces cómo el mismo hombre puede ser conducido casi periódicamente a las mismas singularidades intelectuales, a las mismas impulsiones peligrosas, a los mismos actos anómalos. Con este criterio podemos explicarnos ciertas "singularidades intelectuales" tan propias de Rosas y tan visibles en muchos de sus actos públicos; en su prensa y por la publicación de ciertos "documentos epilépticos" y aún en sus actos privados más pueriles. Singularidades que

---

[79] LEGRAND DU SAULLE: Ob. cit.

revestían, no sólo la forma extravagante característica, sino también su periodicidad: claro es que no nos referimos a aquellas que en realidad sólo revelan su astucia proverbial y que no pasan de nimiedades sin trascendencia para el diagnóstico.

Examinemos algunas de ellas y veremos la verdad de esta afirmación.

Rosas hizo que todos los individuos del "Batallón Libre de Buenos Aires", compuesto de negros y mulatos, y que formaba parte de su ejército en la Campaña de Córdoba en 1830, perdieran sus nombres, sustituidos por otros que su cerebro inventaba. Al efecto, dio orden de que a cada soldado se le afeitara el parietal derecho y luego se procediera a la ceremonia de la aspersión. Una parte del batallón sufrió este vejamen, la otra escapó porque él mismo lo mandó suspender. Esto, como se ve, es enfermizo y todas las circunstancias que acompañaron al acto revelan elocuentemente su carácter. Mandó suspender la ceremonia, sin duda cuando el vértigo había pasado.

Un día, se encontraba en su residencia de Palermo, cuando una Comisión de la Sociedad de Beneficencia llegó a felicitarlo, por no recuerdo qué triunfo obtenido sobre los "salvajes unitarios". Matronas de lo más distinguido, muchas de ellas ancianas, componían aquella memorable embajada. Entran a la sala y allí Rosas las recibe afectuosamente, haciendo a cada una los cumplimientos de forma y mostrando, como nunca, la más fina y galante solicitud. Se conversa largamente sobre los trabajos de la Sociedad, encareciendo el Tirano los beneficios que reporta el pueblo con tan santa institución y concluye asegurándoles su firme y decidido concurso. Agotado el tema, sobrevino un largo intervalo de silencio.

Rosas, con la vista baja, parecía meditar, pero repentinamente se pone de pie y dirigiéndose a las damas les dice con voz imperiosa:

—Vamos, señoras, vamos, que ya están prontos los caballos, e iremos a dar un paseo.

Las señoras, sorprendidas, le siguen automáticamente al través de una serie de cuartos y de patios. Llegan al último y allí recoge varias escobas, monta en una de ellas, hace que las señoras monten en las otras, y tomando la delantera, parte imitando el galope, caracoleando y escarceando como si realmente fuera a caballo. Aquellas pobres mujeres le seguían, unas con más bríos que otras, según los años y el grado de sus fuerzas, galopando detrás de aquel gran insensato que manejaba la escoba para un lado y otro, y que le pegaba en la cabeza cual si fuera efectivamente un animal duro de boca.

El día que la Cámara de Buenos Aires le nombró Gobernador de la Provincia, todas las corporaciones marcharon al palacio de gobierno a ofrecerle sus cumplimientos. Las guardias de honor se multiplicaron y no hubo individuo —dice un historiador contemporáneo— que no le ofreciera la suya. A cada una de estas felicitaciones, él dirigía modestamente sus agradecimientos, encareciendo la necesidad de que todos los ciudadanos patriotas coadyuvaran a sus esfuerzos para la realización de la nacionalidad argentina. Les hablaba de sus grandes proyectos políticos, cuya ejecución, decía, debían dar por resultado la unión de todos los argentinos, bajo el   paternal sistema de la federación de los pueblos. Hasta aquí todo iba   bien, pero más adelante principiaron los discursos contra los salvajes unitarios y contra la idea de dar una constitución a la Provincia, contra los enemigos de la Santa Federación, contra «los que vestían frac y tenían el cuello de la camisa limpia». Por fin, aquel cuadro grotesco terminó obligando a todos los concurrentes «que llevaban su cara a la unitaria», es decir, sin bigote, a que se lo pintaran con un corcho quemado, que él mismo ofrecía con este objeto.

He aquí toda una serie de desórdenes y de actos anómalos que traicionan la enfermedad, pero cuya significación real, es, según asegura Legrand du Saulle, ignorada todavía de muchos médicos. Estos desórdenes y estos actos pertenecen a los epilépticos —dice Legrand du Saulle—; lo que hay, es, que el médico a menudo no comprende su importancia. Todas estas extravagancias y particularidades curiosas del carácter de Rosas, corresponden, aceptando el neologismo de Maudsley, a una mentalidad desordenada y tienen todo el carácter de la epilepsia. No debemos olvidar tampoco que, si en el Tirano, la enfermedad ha pasado desapercibida, aun para su misma familia, es porque, según lo afirman Legrand du Saulle, Jaccoud, Krafft-Ebing, y Maudsley, su existencia puede escapar aun al ojo del médico mismo; esto es lo que sucede en muchas ocasiones, sobre todo cuando la atención del observador se concentra en otros rasgos más llamativos, según Maudsley.

Las ideas que Lépar y Cuenca, que fueron los únicos médicos de Rosas, debían tener sobre las neurosis y particularmente sobre estas variedades caprichosas de la epilepsia que son, puede decirse, una conquista de la clínica moderna, debieron ser muy limitadas, como es consiguiente suponerlo. Ellos han debido conocer únicamente el "gran mal" por el ruidoso cuadro de síntomas con que se presenta, por el grito, la caída, y esas horribles convulsiones que hasta en el ánimo del médico más acostumbrado producen un pavor inexplicable. El pequeño mal o accesos incompletos, y sobre todo los vértigos con sus maneras multiformes de presentarse, seguramente no los conocieron.

Lépar sabía, no hay duda, que su encumbrado cliente había tenido "ataques nerviosos" que no asimiló nunca a la epilepsia y que atribuía a "excesos de vida" y a las incomodidades que le proporcionaban una enfermedad crónica de sus órganos urinarios. Estos dos apreciables profesores, tan poco curiosos, no han dejado, que nosotros sepamos, indicación o papel alguno relativo a las dolencias de Rosas, a su carácter, a sus hábitos, y sí sólo referencias escasas en las familias que formaban su clientela aristocrática. No han podido estar tan adelantados, y esto es natural, como para conocer la importancia de estas revelaciones y sobre todo para saber que los accesos de vértigos epilépticos son algunas veces tan pocos acentuados que se les toma por un simple desvanecimiento. Es notorio —dice Mausdley— que las personas afectadas de este mal y que van a consultar a un médico, se quejan únicamente de una incomodidad que a menudo atribuyen al estómago o al hígado, y sólo a fuerza de preguntas y a veces por casualidad, se alcanza a descubrir la verdadera naturaleza de la enfermedad. Otra circunstancia que explica por qué puede el vértigo pasar desapercibido, es que los accesos se producen a veces durante la noche, en el sueño y aun sin que el paciente mismo lo sospeche[80]. Delasiauve y otros autores que han escrito sobre esta neurosis, refieren casos en que sólo la casualidad ha podido descubrirla.

Ahora bien, ¿el estado de perturbación sensitiva de Rosas era un producto de la epilepsia, o esta última fue completamente independiente de su locura moral? Nada prueba que en su edad viril haya padecido de epilepsia, pues los datos que hemos podido obtener sólo se refieren a su adolescencia. Evidentemente, la neurosis se ha manifestado durante aquella época, bajo esta forma vaga e intermediaria entre el vértigo y el "pequeño mal", especie de pródromo de esa locura moral que luego se muestra enardecida y maligna en el resto de su vida.

Entonces sucedió lo que ya ha observado la ciencia: los fenómenos epileptiformes fueron substituidos por la locura afectiva. Falret habla de un individuo en quien la enfermedad parecía haber terminado hacía veinte años, y que fue repentinamente atacado de una invencible inclinación al homicidio. Maudsley cita el caso de un hombre de sesenta y dos años que en su juventud había sufrido accesos epilépticos y que, después de curar, quedó sujeto a ataques periódicos de exaltaciones que se traducían siempre por inclinaciones violentas al homicidio. Delasiauve refiere la historia de un joven perteneciente a una de las principales familias de Francia, primorosamente educado y con una inteligencia nada común, que fue condenado a prisión por robos repetidos; después de permanecer allí mucho tiempo fue conducido a Bicêtre, porque se adquirió la prueba evidente que los síntomas de locura moral manifestados eran el producto de una epilepsia que había cesado y que luego volvió a manifestarse. Esquirol, en su "Tratado de Enfermedades Mentales", consigna la curiosa observación de un paisano nacido en Krumbach, de veintiséis años y que a los ocho había principiado a sufrir ataques epilépticos; a los diez el carácter de éstos cambió completamente; en vez del acceso convulsivo, este hombre se encontraba desde entonces atacado de una inclinación irresistible al asesinato. Legrand du Saulle cuenta de un sujeto de treinta años de edad, que fue condenado a muerte por graves "vías de hecho" contra su superior, y que estaba poseído de esta inextinguible sed de destrucción: no había tenido nunca verdaderos ataques.

Estos casos, en que una neurosis convulsiva cesa para ser reemplazada por trastornos de otro orden en que las manifestaciones físicas desaparecen dando lugar a perturbaciones morales e intelectuales, pueden explicarse por un mecanismo análogo al que produce esas emigraciones terribles en las enfermedades de otro orden, que abandonan un órgano y huyen

[80] TROUSSEAU: "Clínica Médica del Hôtel-Dieu".

a otro produciendo trastornos durables o fugaces según la importancia del aparato en que van a situarse. Cuando la erupción escarlatinosa o sarampionosa desaparece por cualquier causa del tegumento cutáneo, va a refugiarse en el cerebro, los pulmones o el riñón, trastornando completamente sus funciones. El aparato nervioso no escapa tampoco a esta ley patológica.

Así, sucede que cuando una "corea", que es una "locura de los músculos", o una epilepsia convulsiva desaparecen, reemplázalas en muchas ocasiones una perturbación más o menos profunda de los órganos de la inteligencia y vienen a manifestarse bajo la forma de convulsiones, no de los músculos, sino del espíritu, como lo observa muy bien Maudsley. De aquí proviene, agrega este autor, que en ciertos casos la perturbación pasa rápidamente de los centros de una categoría a los de otra, cesando los síntomas primitivos para ser reemplazados por síntomas de otro orden. Siguiendo esta ley desaparece una violenta neuralgia para ser reemplazada por un fuerte ataque de locura de cualquier forma: aquí se ha producido una verdadera emigración de las condiciones mórbidas que pervertían las funciones de los centros sensoriales, hacia los centros intelectuales y efectivos. El transporte —dice Maudsley a quién estamos copiando— se hace de los centros del movimiento a los centros del espíritu o bien, inversamente, la aparición de las convulsiones puede determinar la conclusión de un ataque de locura. Esto prueba que la especie de alteración mórbida, condición física de la alteración funcional en los centros nerviosos motores y sensoriales, es parecida a la que engendra estos trastornos.

La idea de una perturbación, determinada por el mismo mecanismo, no puede ser más evidente en Rosas. Al cesar sus ataques nerviosos o sus vértigos, la locura moral enardecióse, o mejor dicho estalló, por una repercusión violenta sobre sus órganos sensitivos. Y esto es tanto más evidente, por cuanto esas repercusiones son más frecuentes cuando se presentan más leves en apariencia los síntomas epilépticos. La "locura moral", sea por repercusión o idiopática, está ahí manifestándose en todos los actos de su tumultuoso existencia.

Desde sus primeros años, todo ha sido en él extraño y desordenado. Ha vivido en una eterna penumbra, sembrando el desorden y la anarquía allí donde sentaba su mano. «En lucha abierta con su familia y con la sociedad entera —dice Falret, describiendo un caso de locura moral— ha levantado por todas partes el odio y la repulsión más profunda. Lleno de insubordinación ha huido del lado de su familia o de sus tutores para llevar una vida vagabunda e irregular, escapando por milagro a la acción de la justicia y haciendo gala de la más feroz insensibilidad».

Si se casó, fue para hacer más visible la aridez estupenda de su alma, convirtiendo en objeto de burlas soeces hasta el cadáver de su propia mujer.

No hay nada en su larga vida que marque el rastro de un sentimiento elevado, el destello de una afección siquiera rudimentaria, de esas que han brillado aunque momentáneamente hasta en el alma bravía de Cómodo y de Facundo.

¿En qué momento de su vida se vislumbra un rayo que ilumine esas tiniebla eternas, un relámpago de sus afecciones paternales, de su amor filial o fraternal?

¿Cuándo ha cesado su egoísmo epiléptico de animar la fibra flácida e inerte de su corazón?

*****

Estudiando sin prevención alguna el organismo cerebral de este hombre, la idea de una "locura moral" no puede repugnar al espíritu.

Bajo el amparo de su mano, dice Rivera Indarte, se ha arrancado la piel de los cadáveres insepultos y se han hecho maneas y bozales para su uso; se ha "comido la carne humana" y se ha castigado con la muerte al que se atrevía a echar un puñado de tierra sobre un cadáver abandonado[81].

En Córdoba hizo degollar trescientos soldados prisioneros.

En el cuartel de Cuitiño se fusilaba por pelotones, y arrebatado por sus deseos hizo traer de Bahía Blanca cuatrocientos indios que fueron, unos fusilados, otros degollados a "serrucho". Algunos de ellos, vivos aún —dice un historiador de la época— se alzaban en los carros que los conducían al cementerio y otros al borde de la zanja que se abrió cerca de la Recoleta, para enterrarlos. Allí todavía los oficiales y comisarios de policía, los edecanes de Rosas, se disputaban "el placer" de acabarlos de matar, ¡festejando con risotadas las convulsiones que aquellos desgraciados hacían en su horrible agonía!

Tenía días terribles, épocas como el "año cuarenta", en que las matanzas eran diarias y acompañadas de circunstancias terribles.

Sin causas aparentes, sin cambios políticos, sin batallas perdidas ni conspiraciones descubiertas, de una manera insólita, como era natural que sucediera, puesto que esas impulsiones nacían espontáneamente en su cerebro, estallaban sus brutales accesos y la

---

[81] RIVERA INDARTE: "Rosas y sus opositores".

cuchilla y el serrucho comenzaban a jugar. Tenía períodos de exacerbación y de calma, horas de fiebre maligna en que su cabeza, agitada por esas fuerzas anómalas de que habla el venerable Falret, se sentía fuertemente convulsionada arrastrándolo al asesinato aleve, con un encarnizamiento tranquilo, con esa frialdad desesperante tan característica.

No era la cólera la que provocaba estos impulsos lamentables.

¿Qué odio podía inspirarle una mujer, un niño inocente, un anciano decrépito?

¿Qué cólera podía engendrar en su alma la presencia de su hija, de su noble madre o de sus hermanos?

Martirizaba por exigencias orgánicas, solicitado por impulsiones ocultas y poderosas a que obedecía sin repugnancia y hasta con placer.

Ordinariamente mataba sin que ningún síntoma objetivo hiciera presentir esos vértigos de lascivia homicida a que iba a entregarse: hay individuos en quienes el paroxismo es precedido de signos que indican una excitación general cuando el "aura" homicida comienza su ascensión; se quejan de cólicos, de ardores en las vísceras, de cefalalgia e insomnio; la cara está pálida o roja, el color de la piel es oscuro, el pulso lleno y duro, y el cuerpo entra en un estado de temblor convulsivo. Pero Rosas estaba libre de este sentimiento tan angustioso, porque es más frecuente observarlo en las manías impulsivas que en la "locura moral". Se mostraba sereno, sin pesares, sin remordimientos, contemplando a sangre fría las víctimas próximas a expiar sus delitos imaginarios, y hasta expresando cierta íntima satisfacción. Aquella respuesta que dio a un alto funcionario suyo, cuando vino a interceder por un preso, sintetiza toda su insensibilidad:

—Cuando pongo preso a un hombre —dijo— es para mortificarlo ¡y no para que viva de regalos![82].

Rosas —dice Rivera Indarte— amargó los últimos días de la vida de su padre y puede decirse que le asesinó, insultándole en su lecho de muerte[83].

«En mil ochocientos treinta y ocho —agrega el autor citado— expiró su inquieta mujer. En sus últimos momentos se vio rodeada, no de profesores que aliviaran los dolores de su cuerpo, ni de la amistad, ni de la religión, sino de una profunda y desesperante soledad, interrumpida por las risas y las obscenidades de los bufones del Tirano. Ellos le aplicaban algunas medicinas y muchas veces desgarraba los oídos de la pobre enferma la voz satírica

---

[82] "Diabluras de Rosas".
[83] RIVERA INDARTE: "Rosas y sus opositores".

de su marido que gritaba a alguno de los locos:

—¡Ea!, acuéstate con Encarnación, si ella quiere, y consuélala un poco.

»La infeliz se sintió morir y pidió un sacerdote para confesarse. Rosas se lo negó, pretextando que su mujer sabía muchas cosas de la Federación y que podía revelárselas al fraile. Cuando le avisaron que había expirado, mandó venir un clérigo para que le pusiera la "extremaunción", y para que creyera que el óleo santo se derramaba sobre un moribundo y no sobre un cadáver, uno de los locos, puesto debajo de la cama en que estaba el cadáver, le hacía hacer movimientos, pero con tal torpeza, que el sacerdote, después de haber fingido que nada comprendía, salió espantado de aquella caverna de impiedad y reveló la escena infernal en que había sido involuntario actor, a un eclesiástico venerable, de cuyos labios tenemos esta relación»[84]. Al día siguiente de su muerte se encerró en su cuarto con Viguá y Eusebio, y lloraba a gritos la muerte de su Encarnación. En algunos momentos daba tregua a su dolor, pegaba una bofetada a uno de aquéllos y con voz doliente les preguntaba:

—¿Dónde está la heroína?

—Está sentada a la diestra de Dios Padre Todopoderoso —respondía Viguá, y volvían a llorar.

Esta mezcla horrible de la burla y la ferocidad más inaudita, son rasgos frecuentes de su vida. Todo lo grotesco halagaba aquella naturaleza lapidada con los estigmas de una inferioridad moral deplorable.

Bruce-Thompson, que por su posición de médico de las prisiones de Escocia, ha podido estudiar cientos de criminales famosos, no ha observado que prosperara entre ellos el sentimiento de lo bello. Ese signo de degeneración que palpita en todas las cosas de Rosas, en todas sus obras, viene casi siempre acompañado de este estado de insensibilidad moral predominante que acusaba.

Esas figuras siniestramente alegres que cruzan en el escenario de su tiranía, tienen también su parte en este proceso médico. Los perfiles grotescos de sus bufones, los férreos contornos de sus fisonomías deformes, agregados a todos esos rasgos conocidos ya, dan la evidencia del diagnóstico. Eusebio, Viguá y toda esa cohorte de imbéciles que abofeteaba en sus horas de recreo, y «cuyos intestinos hacía insuflar por medio de fuelles» para montarlos con espuelas; esos dementes incurables como el "Loco de la Federación", a quién hacía arrancar los pelos del periné (sic) por medio de pinzas, dejan vislumbrar todas las asperezas que tenía aquel espíritu en completo desequilibrio. El rol importante que desempeñaron en su

---

[84] RIVERA INDARTE: Ob. cit.

vida todos estos desgraciados es bien conocido. Eusebio asistía de noche a los cuarteles, hacía que le formaran la guardia y, al pasar por debajo del Cabildo, el centinela gritaba echando el arma al hombro:

—Cabo de guardia, el Sr. Gobernador; y la tropa batía marcha y presentaba sus armas.

Lo que comúnmente se llama "las diabluras de Rosas" son todas aquellas extravagancias feroces que han quedado grabadas con caracteres indelebles en la imaginación de todo un pueblo. Mandar a Eusebio que se calzara un par de botas llenas de brasas de fuego, obligar a latigazos al imbécil Viguá a comerse media docena de sandías, divertirse en darle de puñetazos en la boca y en el vientre en el juego brutal de "la inflada", y hacerlo sentar sin calzones sobre un hormiguero hasta que hubiera devorado dos fuentes de dulce; tal era el repertorio de sus bromas.

Rosas está pintado en todas ellas. Gira en una órbita en donde la naturaleza humana camina sin el apoyo de la razón, que en el orden moral es el equilibrio de las facultades, según decía Augusto Comte. No vivía en esa zona misteriosa de que habla Maudsley y en uno de cuyos bordes se ve a la perversidad predominando sobre la locura, mientras que en el opuesto la perversidad es menor y la locura domina. Rosas estaba francamente afectado de una "locura moral" en toda su horrible plenitud. Principió a manifestarse en su juventud, y después públicamente, haciendo pintar bigotes con corcho quemado a sus generales, proscribiendo el frac y cortando por sus propias manos los faldones que llevaba el Sr. Gómez de Castro en un baile público, en la casa de Gobierno, «presentándose en mangas de camisa y en calzoncillos en momentos solemnes y notables»[85], y organizando bandas de hombres feroces que tenían la misión de tusar las barbas de los "salvajes unitarios" y pegar moños con brea en las cabezas de sus mujeres. Rosas hacía bailar a su hija y a sus generales con negras y mulatas en la Alameda y en las plazuelas de las iglesias, y representaba con sus bufones "farsas indecentes y obscenas" parodiando las cosas más serias, sin miramiento alguno por las personas que tenía cerca[86].

Esas tendencias obscenas que manifestaba son propias y casi patognomónicas de estados cerebrales especiales, análogos al suyo. Lasègue ha referido un número considerable de ejemplos. Individuos, muchos de ellos que, a pesar de su posición y de las consecuencias que necesariamente producían semejantes atentados, se entregaban con verdadero placer a estos manejos, reducidos, bueno es decirlo, a la exhibición pasiva de sus órganos genitales. Otros que, como Rosas, no hacían otra cosa que salirse en camisa y calzoncillos a la sala, al patio o a la plaza misma, «siempre que hubiera espectadores»[87]. Legrand du Saulle, en su libro sobre

---

[85] LAMAS: "Escritos políticos y literarios".
[86] LAMAS: Ob. cit.
[87] LASEGUE: en "*Gazette des Hospitaux*", núm. 51, mayo, 1877.

los epilépticos, refiere también casos idénticos y no menos curiosos. Este "exhibicionismo" de Rosas es un dato más que se agrega al proceso.

Las extravagancias, como aquella de obligar a todo un pueblo a que vistiera chaleco colorado, a que pintara las puertas y el frente de sus casas del mismo color, a que llevara bigote como signo de exterminio, quedan todas muy atrás de ese cúmulo de escenas sangrientas que constituían el alimento diario de sus sentidos.

Hizo meter vivo en un tonel lleno de alquitrán, para luego prenderle fuego, al español Rodríguez de Eguilaz.

Era frecuente en aquel tiempo encontrar las cabezas humanas en los puestos de los mercados, colgadas y adornadas de perejil y de cintas azules.

A los ancianos y venerables sacerdotes Cabrera, Frías y Villafañe los hizo fusilar en su residencia de Santos Lugares, pero antes quiso apurar "el placer" y les mandó cortar del cuero cabelludo toda la parte de la corona, luego les hizo sacar la piel de las manos y en seguida los mandó al banquillo.

Los prisioneros de guerra que no eran fusilados o degollados "a serrucho" o a "cuchillo mellado", se les hacía llevar una existencia atroz, viviendo entre los animales y podredumbre y obligándolos, entre otras cosas, a trabajar arrancando troncos de duraznos con las uñas[88].

«Rosas —dice el Sr. Lamas, a quién copiamos textualmente— tenía sus goces en la agonía lenta y prolongada de esos míseros prisioneros, que en cada ruido que percibían creían distinguir el paso y la voz del que iba a degollarlos, que bebían lentamente la muerte, que presenciaban transidos de horror el degüello del amigo o del hermano y que creían sentir a cada momento el frío del cuchillo al introducirse en su carne. La ejecución a degüello, que era una institución suya, producía una agonía dolorosísima y era ejecutada lentamente y con cuchillo de poco corte, buscando el martirio prolongado y cruel. Los degollados no recibían jamás los consuelos con que la religión prepara a los hombres para el trance supremo, y Rosas, que ha mostrado una fecundidad diabólica para inventar el tormento, hacía acompañar las ejecuciones con una música pavorosa, con canciones de una alegría extraña y satánica, y las víctimas lanzaban sus últimos suspiros en medio de sus horribles acordes.

»Las orejas del coronel Borda, que cayó prisionero de uno de sus tenientes, las tenía "saladas" en una bandeja de plata y colocadas sobre el piano de su sala para mostrarlas a sus tertulianos»[89].

---

[88] VICTOR BARRANT: "*Exposition des violences, outrages, etc., etcétera*".
[89] "*The Britannian*" núm. 4, Junio 25 de 1842.

Camila O'Gorman, joven de 20 años, perteneciente a una de las principales familias, que había cometido el delito de enamorarse de un clérigo, fue traída de un pueblecito de Corrientes, en donde estaba escondida, y fusilada en las prisiones de Santos Lugares. Camila estaba embarazada y Rosas hizo bautizar al niño, introduciendo el agua bendita por la boca de la madre. ¡A esta horrible burla la llamó el bautismo federal!

No había nunca en las modalidades de su espíritu atrabiliario esos términos indecisos, esas zonas intermedias e indefinidas que parecen acusar una lucha de sentimientos opuestos. Las manifestaciones de su carácter eran siempre fuertemente acentuadas y vivaces como los síntomas de una enfermedad aguda, franca y rápida en su marcha.

Rosas no sintió nunca el temor, que es el sentimiento más cercano al miedo sin ser el mismo, sino el terror.

En circunstancias difíciles no tuvo jamás un destello de virilidad sino que se mostró anonadado, deprimido por el más innoble pavor, por la más degradante cobardía. Tuvo miedo, pero ese miedo depresivo y enfermizo que invade a los alucinados, cuando por delante de sus ojos absortos cruzan esas sombras silenciosas y amenazadoras, esos enormes fantasmas que crispan sus nervios, cuando sienten la frialdad de la cuchilla imaginaria que se introduce en su carne determinando los accesos.

Bajo la influencia de causas relativamente insignificantes, caía en estos paroxismos de terror, que respondían evidentemente a estados particulares de su cerebro. En 1828, después de la jornada de Navarro, en que el gobernador Dorrego fue vencido, huyó solo, en «alas del miedo», a refugiarse a Santa Fe; llegó allí «asustado y tembloroso», y a pesar de los esfuerzos de López, no pudo volver la tranquilidad a su espíritu profundamente conturbado. Era tal su depresión moral que solicitó y rogó al general Lavalle le otorgase garantías y un pasaporte para irse a Estados Unidos[90]. Si entonces Lavalle se presenta a las puertas de Santa Fe, Rosas hubiera caído en un acceso, producido por una fuerte emoción moral.

En 1833 se repitió la misma escena. Fue invadido súbitamente por un terror inexplicable, a pesar de encontrarse al frente de un poderoso ejército.

Entonces escribió a sus amigos, «aterrorizado, lloroso y suplicante», para que le permitieran salir del país abandonándolo todo. En 1839, cuando estalló la célebre revolución del Sud, repitióse de nuevo afectando una forma horrible y desapareciendo después para dar lugar a un verdadero acceso de furor en el que pretendió manchar la reputación intachable de su propia madre con una calumnia atroz[91].

---

[90] LAMAS: "Agresiones de Rosas".
[91] Véase: RIVERA INDARTE, "Rosas y sus opositores".

En estos hechos, dice Griesinger, hablando de la influencia de las emociones fuertes, entrevemos ya una predisposición moral seria a la enajenación mental, en esta impresionabilidad, en esta tendencia a las oscilaciones perpetuas del espíritu que hacen que todas las impresiones morales susciten juicios confusos. La pupila del ojo del espíritu, dice este sabio autor, se estrecha entonces y el único objeto porque se deja atravesar, es ese dolor moral que se apodera fuertemente de la conciencia.

En razón de esta concentración misma, agrega el profesor de Zurich, todas las percepciones son tristes y penosas; hábil para proporcionarse tormentos y solamente ocupado en su dolor, el enfermo se hace extraño a la mayor parte de las cosas que habitualmente le interesan, dando origen a esa sombría desconfianza que engendra el terror de los alucinados.

Estas bruscas transformaciones que se operaban en su espíritu a favor de la más leve impresión dolorosa, estos cambios violentos e insólitos, eran todos hijos de su estado neuropático.

Mil otros detalles e incidentes de su vida, que no necesitamos para complementar este cuadro clínico, pintan gráficamente esta organización perturbada desde su infancia y cuyas peripecias inolvidables formarían por sí solas un libro sin término.

Si Rosas no ha sufrido la neurosis que le atribuimos, particularmente en aquellos períodos de su vida, la naturaleza humana es incomprensible.

IV. CAUSAS DE LA NEUROSIS DE ROSAS

Múltiples y variadas son las causas de esta enfermedad oscura que consiste en la abolición más o menos completa de la personalidad humana, en sus manifestaciones morales e intelectuales.

Su génesis lo han buscado los patologistas de todos los tiempos, en el agregado físico, en la fuerza que preside a sus movimientos y a sus manifestaciones variadas. El corazón, el cerebro, el hígado, el estómago y los intestinos, lo mismo que los órganos de la respiración, todos los que forman la máquina animal, pueden tener su parte en esta desventura que sepulta la razón en las regiones oscuras de un ensueño eterno. La mayoría de ciertos estados anómalos del organismo, que perturban más o menos levemente su marcha regular, deprimiendo o exaltando el funcionamiento de un órgano importante; la clorosis, que azota al sexo femenino, trastornando la vida del cuerpo y del espíritu con la muerte misteriosa del glóbulo sanguíneo; la tisis pulmonar, las fiebres intermitentes, y hasta la época apacible de la lactancia materna, todas son causas o estados propicios para su invasión, sin que la herencia, o cualquiera de esas grandes fuerzas, tenga necesidad de intervenir.

Obran además en el orden físico, y como causas locales, todas las que influyen directamente sobre el encéfalo, principal motor de la vida, o que lo hagan a distancia y simpáticamente; como causas generales, la anemia, el onanismo y las pérdidas seminales, la diátesis neuroartrítica, la fiebre tifoidea; como causas fisiológicas, la menstruación, el embarazo, el parto; y como causas específicas, las intoxicaciones por medio del mercurio, del plomo, de la belladona, el opio o el hachís. En el orden moral, y como ocasionales, las emociones fuertes, el desborde de las pasiones, los disgustos, la imitación; como predisponentes generales la civilización, las ideas religiosas, los acontecimientos políticos; y como individuales, la "herencia", el sexo, la edad, lo mismo que el clima, el estado civil de las personas, la profesión y por fin la educación. Que estas influencias etiológicas —dice el autor de quién tomamos estos párrafos— obren aisladamente, es muy raro; lo más a menudo se asocian entre sí causas predisponentes y causas ocasionales, causas morales, y causas físicas, y su unión no hace sino aumentar la intensidad de su acción[92].

Una de las que obran con mayor fuerza en la etiología de la locura, y la que más ha fijado la atención de los sabios, es sin duda la herencia, fenómeno misterioso que hace la desesperación de los médicos y en virtud del cual el niño nace con el carácter, con las inclinaciones, con las disposiciones patológicas, con las calidades corporales, con las

---

[92] MARCE: "*Traité pratique des maladies mentales*".

preocupaciones del espíritu del padre, del abuelo o de cualquiera de sus ascendientes directos o colaterales.

Hace años un hombre ilustre en los anales de la medicina, el profesor Virchow, emitió la opinión atrevida, aunque poco explicativa, de que el cuerpo del padre y de la madre comunicaban a la sustancia del germen y, en consecuencia, a los seres que de ellos provenían, cierto movimiento material de una naturaleza indeterminada y que cesaba únicamente con la muerte. Más tarde, Haeckel, el apreciable autor de la "Morfología general de los organismos", se pronunció también por esta opinión, sosteniendo para explicar los fenómenos infinitamente variados y complejos de la herencia, que la evolución completa del individuo es un encadenamiento continuo de movimientos moleculares del plasma activo que, gracias a su tenuidad infinita, se encuentra en el óvulo y en el espermatozoide, con una estructura molecular y atómica especifica.

Pero estas explicaciones, tan complicadas y tan poco satisfactorias, han dejado la cuestión casi en el mismo terreno, envuelta en los mismos misterios y oscuridades de antes.

Sin embargo, las observaciones reunidas hasta nuestros días, parecen autorizarnos, dice Buchner, para afirmar que las disposiciones del espíritu, tendencias, etc., etc., adquiridas o nativas, se heredan con mayor facilidad que las disposiciones corporales. Los caracteres de la voluntad y del sentimiento, la memoria, la imaginación, la inteligencia, suelen pasar todos, de padres a hijos, de la misma manera que se trasmiten las facultades sensoriales, las particularidades de la visión, el estrabismo, la miopía o la presbicia, las perfecciones e imperfecciones más singulares del tacto, las debilidades e hiperestesias del oído, las anomalías todas del olfato y del gusto.

La influencia preponderante de la herencia en la producción de las perturbaciones mentales es un hecho comprobado por los trabajos estadísticos de los alienistas modernos. Y es tal su importancia, dice Legrand du Saulle, que cada vez que por la marcha del estudio hemos llegado a la etiología de una de estas perturbaciones, la herencia se ha presentado en primera línea. Sucede a menudo que las causas ocasionales de estas afecciones son ligeras; y cuando circunstancias, insignificantes en apariencia, determinan en ciertos sujetos la explosión de perturbaciones cerebrales graves y a veces incurables, es menester ir a buscar allí la razón de esta desproporción aparente «entre la pequeñez de la causa y la magnitud del efecto»[93].

En la mayoría de los casos —continúa—, la transmisión hereditaria no se hace de una manera similar, sino que es esencialmente polimorfa y la regla general es que las afecciones de este género se transformen al trasmitirlas. Un padre o una madre epiléptico, excéntrico o

---

[93] LEGRAND DU SAULLE: "*Folie hereditaire*".

extravagante, puede engendrar hijos alienados, idiotas, perseguidos o criminales; y un loco, a su vez, puede engendrarlos epilépticos, pobres de espíritu, alcoholistas, etc. Para comprender bien estas transmisiones polimorfas es preciso considerar a las afecciones mentales y a las grandes neurosis como variedades de una misma especie. Las grandes neurosis y las diversas formas de enajenación son estados mórbidos entre los cuales existen lazos íntimos de parentesco; sus productos patológicos tienen entre sí relaciones directas, es decir, que lo que generalmente se llama extravagancia, estado nervioso, rareza de carácter, debilidad de espíritu o locura, tienen relaciones estrechas y no son sino variedades de un mismo tipo[94].

Esto era lo que evidentemente sucedía en Rosas, cuyo estado anómalo parecía, con ciertas transformaciones, heredado por línea materna, que es lo que más frecuentemente se observa siempre que en los ascendientes se haga notar cualquiera de esas perturbaciones, ya leves, ya graves; siempre que, según el respetable autor del "Delirio de las persecuciones", sean aquellos neurópatas, personas extravagantes, originales, exaltadas, violentas, apasionadas, histéricas, epilépticas, suicidas, alcoholistas o locos verdaderos. Insisto en esto porque he vislumbrado en el carácter de la madre de Rosas manifestaciones claras de un estado nervioso acentuado, de un histerismo evidente. Esta señora, matrona respetable por muchos conceptos, era persona de un temperamento eminentemente nervioso y exaltado, hasta donde puede permitirlo la sensibilidad exquisita de su sexo; una organización dotada de una actividad excesiva y casi febril, con una movilidad de espíritu francamente neuropática. Caminaba precipitadamente, hablaba con una ligereza nerviosa, accionaba con virilidad y, en los movimientos de sus miembros, en la vivacidad de su rostro, en su andar firme y resuelto, y hasta en los destellos de sus ojos brillantes y convulsivos, podía descubrirse una naturaleza llena de vida y azotada por esas efervescencias indomables que agitan tanto la sensibilidad femenil.

Tras estas confusas manifestaciones se abre paso ese estado vaporoso del histerismo, en que la retina se siente herida con fuerza por el rayo de luz más pálido, en que, por la exageración insólita de su potencia emocional, siente la mujer esos espasmos dolorosos y se estremece hasta su última fibra al menor ruido, con el más leve movimiento de un objeto.

Modalidad singular de su espíritu, que deja entrever ciertas alteraciones fugaces de la personalidad moral propias de la histeria, delineada con fuerte colorido en su organización arrebatada por un nerviosismo extremo.

Por ese influjo particular y en virtud de las exaltaciones de la afectividad, vivía aguijoneada por las exigencias de este estímulo sensitivo, tras el cual el ojo menos experimentado descubriría el estado de excitación enfermiza de que hablan los autores. Encontrábase poseída de un deseo extraño de ocuparse de muchos asuntos a la vez, de

---

[94] LEGRAND DU SAULLE: Loc. cit.

emprenderlo todo sin concluir nada, de una actividad incesante, de una especie de movimiento continuo, análogo a «ese vaivén agitado que se apodera de la aguja de un péndulo cuando ha desaparecido el disco que regula su marcha».

Una anécdota que me ha sido referida por una persona ligada a su familia, y de cuya veracidad no puedo dudar, dará una idea de su carácter excitable, violento y varonil. Un día se presenta en su casa un comisario de policía con el objeto de expropiar los caballos de su carruaje para no recuerdo qué fin. La señora lo recibe y, al significarle aquél el objeto de su visita, monta en cólera negándose redondamente a hacerle la entrega.

El comisario insiste, y como intentara emplear la fuerza, la señora corre a una de las habitaciones inmediatas, toma un par de pistolas, dirígese a la caballeriza y las descarga sobre los caballos. Aquel de los dos que quedó agonizante, fue ultimado por su propia mano.

Otro episodio me es conocido, tomado de las tradiciones orales de la época. Una tarde, compra en una tienda algunos objetos, que dejó apartados para llevarlos cuando regresara a su casa. Momentos después vuelve por ellos y se impone con sorpresa que el tendero los ha vendido.

—Los he vendido —le dice éste—, viendo que Ud. no volvía.

—Soy sorda —le responde la señora, colocando en el oído la mano derecha a guisa de pabellón—, tenga Ud. la bondad de acercarse más.

El tendero acerca su cabeza, y antes que hubiera articulado la palabra, una feroz bofetada le hacía purgar su insolencia.

Las expresiones súbitas de la cólera, la sobreexcitación constante en que vivía, agregadas a estos rasgos de su carácter extravagante, nos ha llamado la atención, llevándonos a buscar en la "herencia", transformada indudablemente, una de las causas que han influido con más o menos vigor en la producción de este dislocamiento de las facultades morales que encontramos en Rosas.

¿Estas explosiones de la sensibilidad no serían ese matiz intermediario entre la salud y la enfermedad que Lorry llamaba la caquexia nerviosa y Pomme la fiebre nerviosa? ¿No sería la neuropatía proteiforme de Cerice, el estado nervioso de Sandras o la neurospasmia de Brachet?

Indudablemente había mucho de enfermizo en esas actividades extrañas, puesto que, según Legrand du Saulle, este estado no es otra cosa que la exageración patológica del temperamento nervioso. Algo más en mi concepto; estaba allí visible el histerismo con sus manifestaciones caprichosas, múltiples y variadas. Esta señora era indudablemente extravagante y exaltada, y esto se ha reproducido —dice el eminente autor del "Facundo"— en D. Juan Manuel y dos de sus hermanos. Tenía un carácter duro y tétrico, y se hacía servir el mate de rodillas con las negritas esclavas que criaba. Estos datos[95] me los ha corroborado el Dr. D. Vicente F. López, cuya madre, aunque en grado lejano, es pariente de aquella señora.

A la par de su dureza extraordinaria de carácter, tenía, sin embargo, y en un estado de exaltación propio de su temperamento, sentimientos completamente opuestos, porque era caritativa, solícita con los pobres a los que repartía dinero y ropas, y para quiénes fue, según se refiere, una verdadera providencia. Frecuentemente (y consigno este dato como un complemento al diagnóstico), véiasele atada la cabeza con un ancho pañuelo de seda porque padecía de fuertes y repetidas cefalalgias.

Bien, pues, este carácter neuropático, es el germen de entidades mórbidas más graves, "que la herencia hace estallar" y evolucionar de cierta manera propicia a la enfermedad, más aún, «cuando el germen es fecundado en la descendencia por elementos morbosos nuevos» según Legrand du Saulle.

Siempre que encontréis en una familia uno de estos miembros gangrenados —dice Moreau de Tours—, una de estas naturalezas extraordinariamente viciadas, de estos seres que hacen desde sus primeros años la desesperación y muy a menudo la deshonra de sus desgraciados padres, cuya honorabilidad y costumbres ejemplares parece que debieran preservarlos de esta calamidad, estad seguros «que encontraréis un vicio neuropático oculto en alguna parte del árbol genealógico». Encontraréis, agrega, una de estas afecciones nerviosas tan comunes como la locura, la histeria, las enfermedades convulsivas, bajo cualquiera forma, grave o ligera, las lesiones de los centros nerviosos, de la médula espinal, etc.

Hay entre estos productos patológicos relaciones directas que la herencia combina y transforma de manera que pueden pasar por una serie compleja de metamorfosis, y no es extraño, como antes he dicho apoyándome en la palabra respetable de todos estos grandes maestros, que de personas extravagantes, exaltadas, etc., etc., nazca un criminal, un paralítico, etc., siendo precisamente más frecuente por línea materna esta terrible transmisión. La madre trasmite a veces simplemente esta tendencia enfermiza, este modo de ser del organismo que lo pone en mejores condiciones para recibir las impresiones mórbidas y para reaccionar en favor de ellas, de ese modo particular que llamamos predisposición;

---

[95] SARMIENTO: "Civilización y Barbarie", pág. 179.

otras trasmiten directamente su enfermedad, transformándola, aporta Legrand du Saulle.

El rol importante, que desempeña la madre en la transmisión de los fenómenos patológicos hereditarios, está hoy completamente averiguado y no necesitamos insistir sobre él. Recordemos de una manera general, dice Moreau de Tours, que como toda causa, todo agente físico o moral, tiene el poder de sobrexcitar y de perturbar sobrexcitando la fuerza vital o dinámica de los centros nerviosos en los padres, puede desarrollar en los hijos desórdenes análogos "más o menos intensos".

Ahora bien, estudiando los rasgos que marcan los autores como signos de estas transmisiones en el orden afectivo y en el orden moral, y comparándolos con los que en este sentido revelaba en su carácter Don Juan Manuel, no dejará de sorprender la curiosa semejanza que muestran entre sí, a tal punto, que al describirlos, parece que Legrand du Saulle hubiera adivinado los duros contornos de su lúgubre silueta.

Las profundas perturbaciones morales que agitaban el cerebro de este hombre son precisamente las que la mayoría de los hereditarios llevan palpitantes en su carácter. Casi todos ellos tienen las facultades efectivas profundamente alteradas.

Son, como Rosas, malos hijos, malos esposos, padres indiferentes, fríos, insensibles a todos los dolores de la tierra, a todo lo que no les toca directamente; presuntuosos, aunque afectan mucha modestia, rasgo que era proverbial en el "hombre de Palermo" y que ha dado origen a tradiciones curiosas. Déspotas violentos, dice Legrand du Saulle, no sufren nunca contradicción alguna, envidian los honores y desean la riqueza de todos.

Son burlones, amigos de chanzas brutales, y les gusta incomodar a sus más fieles amigos y servidores con bromas cruentas: incapaces de sentimientos elevados, no conocen la caridad, el patriotismo y el honor. Toda la moral se resume para ellos en el interés particular; la hipocresía y el engaño les parecen muy naturales, desde el momento que pueden sacar provecho.

Cínicos y disipados (como Rosas), sistemáticamente hostiles a toda acción moralizadora, insensibles a los goces del hogar, inaccesibles a las dulzuras de la afección, hacen siempre la desgracia de su familia y son a menudo su deshonra[96].

Hay un gran número de casos, agrega ese autor, en los cuales estas perturbaciones de las facultades son poco aparentes, sea porque en realidad están poco desarrolladas, sea porque en cierto modo las ocultan síntomas más graves y de otro orden. Pero se ven otros, agrega, en quienes las perturbaciones afectivas predominan de una manera completa, perturbaciones

---

[96] LEGRAND DU SAULLE: "*Folie hereditaire*".

caracterizadas por ciertos estados de exaltación enfermiza y por la perversión de la sensibilidad moral.

Esos actos de verdadera locura moral que conocemos en la vida de Rosas, aquellas "infladas" al loco Eusebio, aquellos juegos del "peludón", todas esas bromas infernales de que eran teatro Palermo y la Casa de Gobierno, son extravagancias a que frecuentemente se entregan los hereditarios, quienes, según el autor mencionado, se manifiestan sin motivo alguno inmorales y peligrosos, como si se sintieran arrastrados por una necesidad ligada a su organización anómala: «ninguna concepción delirante provoca estos actos, ninguna incoherencia en el discurso las explica»[97]. Su naturaleza, continúa, es extremadamente variable, unas veces son puerilidades insignificantes, absurdos, extravagancias; otras, actos peligrosos, obscenos, violentos o criminales.

Hasta en la forma de su cabeza había condiciones orgánicas que favorecían la producción de su imbecilidad moral. Su cráneo, aunque no era visiblemente muy defectuoso y asimétrico, no parecía tampoco artísticamente conformado. La abundancia exuberante de su cabello encubría a la mirada poco curiosa de sus cortesanos las señales inequívocas del desigual desarrollo de su cerebro.

Gratiolet ha descubierto que, en las razas menos perfectibles, las suturas anteriores del cráneo se cierran antes que las posteriores, es decir, que el crecimiento de los lóbulos anteriores del cerebro se detiene antes que el de los posteriores. En las razas superiores, por el contrario, la osificación de las suturas principia por las occipitales y cuando éstas están ya definitivamente cerradas, y terminando el crecimiento de los lóbulos posteriores, las frontales, todavía abiertas, permiten al cerebro desarrollar sus lóbulos anteriores que están en relación con las facultades más elevadas del entendimiento. Era ya, dice Broca, una noción vulgar en la ciencia que el desarrollo de la frente estaba en relación con el de las más altas facultades del espíritu, cuando Camper imaginó determinar esta relación por la medida del ángulo facial. Su procedimiento, aunque exento de un rigor absoluto, ha revelado sin embargo las desigualdades intelectuales de las distintas razas humanas. Las menos perfectibles son las que tienen un ángulo facial más agudo y en las que, en consecuencia, se encuentran menos desarrollados los lóbulos frontales del cerebro. Para determinar el desarrollo relativo de la parte anterior y posterior del cerebro, Parchappe ha imaginado un procedimiento que, aunque no es aplicable al estudio comparativo de las razas, puede sin embargo aplicarse al de los individuos de una misma raza.

De estos estudios resulta que, en los hombres mentalmente superiores, la región anterior del cerebro está mucho más desarrollada que en los hombres vulgares, y la parte posterior, por el contrario, es mucho más pequeña, no sólo de una manera relativa, sino también

---

[97] LEGRAND DU SAULLE: Loc. cit.

absoluta, dice Broca.

Y bien, estudiemos el cráneo de Rosas, la configuración exterior de su cabeza, y veremos cómo las pasiones ciegas, los instintos del bruto, el "alma occipital" en una palabra, están desarrolladas de una manera exuberante, con gran detrimento de los lóbulos anteriores.

He examinado ochenta y tantos retratos suyos, pertenecientes a la hermosa colección del doctor Lamas; muchísimos de perfil, debidos al pincel de Morel, de Carrandi, y "tomados del natural"; entre ellos, el que paseaban en el carro y colocaban en los altares, que es de mano maestra indudablemente. El ángulo facial es tan agudo que basta un examen superficial para comprenderlo. La frente, poco espaciosa, es deprimida, estrecha y cerrada, signo incontestable de inferioridad mental. La frente vertical, elevada, con las bosas frontales prominentes, se ve en ciertos hombres de genio; los microcéfalos y los idiotas poseen una frente fugitiva, las bosas frontales deprimidas y muy bajas. Frente ancha, llena, inclinada muy ligeramente hacia atrás, describiendo una curva amplia a nivel de las eminencias frontales y dirigiéndose de allí rápidamente hacia atrás, son, dice Topinard, los caracteres del tipo europeo bien constituido.

Este aplastamiento de la parte anterior del cráneo, sujetando en su natural desarrollo a los lóbulos correspondientes que hace a los hombres más dueños de sí y desarrollan las más nobles facultades del espíritu, determina, como es consiguiente, una prominencia notable de la parte posterior. Esta era visible en la cabeza de Rosas y favorecía, o mejor dicho, indicaba un desenvolvimiento grande de todas las facultades más inferiores, sobre todo de esa "ferocidad occipital", como llama Gosse a ese signo tan característico de los hombres de un nivel moral muy bajo.

Mirada su cabeza de frente, el ojo menos perspicaz descubre al instante la estrechez y poca extensión del frontal: angosto, corto y revelando toda la inferioridad de su alma. Los arcos superciliares prominentes, espesos y proyectándose atrevidamente hacia afuera, la órbita, profunda, ancha, elevada a expensas de las hendiduras frontales y reduciendo los lóbulos anteriores, las cejas abundantes, el párpado de aspecto edematoso, signo para mí de inferioridad, y la mirada encapotada, siniestra, que brotaba de unos ojos celestes bellísimos: tal era el conjunto de su fisonomía.

Además de todos aquellos signos orgánicos de degeneración, es probable que el traumatismo de cráneo tuviera también su parte en la producción de su estado mental. En su juventud, y en uno de los juegos brutales a que se entregaba, recibió de un potro una patada en la frente misma y sobre la eminencia derecha del frontal; el golpe lo dejó por mucho tiempo privado del sentido. En ese punto tenía una depresión más o menos visible que se extendía desde la eminencia derecha oblicuamente de afuera adentro y de arriba abajo, y llegaba hasta la glabela en donde era más profunda[98].

Los efectos del traumatismo craniano en la etiología de la enajenación, ya como causa determinante, ya como ocasional, son conocidos por todos los autores modernos. Las heridas de cabeza, dice Griesinger, tienen una influencia considerable sobre el desarrollo de la locura, sea que produzcan simplemente una conmoción del cerebro o que se acompañen de fractura del cráneo. En algunos casos, continúa, se forman pequeños focos purulentos de marcha crónica que permanecen largo tiempo sin producir accidentes, o bien son pequeños quistes apopletiformes, o una inflamación de la duramadre; otras veces se forman a consecuencia de las heridas, una exóstosis, un tumor o una caries de los huesos del cráneo que trae una hiperemia más o menos extendida, o la exudación de falsas membranas en las meninges. En otros no se observa nada de esto, la fuerte conmoción que ha sufrido el cerebro basta, sin necesidad de otras lesiones anatómicas, para determinar en este órgano una susceptibilidad mórbida tal que, bajo la influencia de causas ligeras, y al fin de algunos años, vemos aparecer la locura.

Indudablemente esto último es lo que ha sucedido en Rosas, porque nada nos autoriza para creer en la existencia de tumores de cualquier género ni menos de meningitis o encefalitis crónica, pues a haber existido estas últimas se hubieran manifestado durante la vida síntomas graves que no le conocemos. De 500 locos observados por Schlager, había 49 cuyas perturbaciones mentales, graves en algunos y leves en otros, eran producidas por la conmoción del cerebro; en 21 casos el traumatismo había sido seguido inmediatamente de pérdida completa del conocimiento, en 16 de simple confusión de ideas; en 19 la locura se desarrolló en el primer año del accidente, en 4 a los 10 años, pero siempre se inicia antes. Casi todos estos enfermos tenían después una gran tendencia a las congestiones de la cabeza, bajo la influencia del menor exceso en la bebida, de una emoción moral, etc., etc.[99] A esta tendencia a las congestiones en un temperamento sanguíneo, como el de D. Juan Manuel, y a la irritabilidad de su cerebro, despertado por el traumatismo, deben agregarse las causas que ya estudiamos como factores de mucha importancia en la etiología de su estado moral.

Pero hay todavía otra causa no menos importante, cuál es su enfermedad de los órganos urinarios, bien caracterizada en mi concepto, por ciertas particularidades sintomáticas que la revelan. No es dudoso que Rosas haya sufrido una enfermedad a la vejiga y afirmamos esto en virtud de datos suministrados por personas de su relación y aun por miembros de su familia. Algunas veces se quejaba de dolores vagos en las regiones renal e hipogástrica y echaba frecuentemente arenilla al orinar. Estas arenillas renales son la forma común de la litiasis, dice Jaccoud, y la mayor parte de los cálculos vesicales son piedras renales que han descendido a la vejiga y engrosado en ella por la adición de nuevos depósitos.

---

[98] Esto me lo ha referido el señor don Juan I. Ezcurra y lo veo consignado en la obra de X. Marmier, titulada: "*Léttres sur l'Amerique*", tomo 2, pág. 301.

[99] SCHLAGER: "*Sur les lésions de l'intelligence, consécutives à l'ébranlement du cerveau*".

El Sr. Ezcurra me ha referido que Rosas, a consecuencia de un fuerte golpe que recibió corriendo una carrera en Londres, cayó enfermo y que inmediatamente después arrojó una orina fuertemente sanguinolenta y cargada en abundancia de gruesas arenillas. Después de este accidente no volvió a sentir la menor incomodidad, restableciéndose al parecer completamente. En otras ocasiones este restablecimiento puede explicarse por la calidad del cálculo que, siendo úrico, desciende a la vejiga y escapa por la orina sin la intervención del arte. En estos casos, dice Thompson, el enfermo debe ponerse sobre aviso, pues un accidente semejante revela en él una gran predisposición a la formación de una piedra cuya evolución debe impedirse. La orina de sangre o hematuria se produce en todos aquellos individuos precisamente después de algún movimiento brusco, violento, como la caída que experimentó D. Juan Manuel y la que tal vez produjo el rompimiento de algún cálculo en formación.

Pero, si ese no fue un cálculo de buenas dimensiones, vivió ciertamente aquejado por lo que los autores franceses llaman la "*gravelle*". Esta enfermedad consiste en la formación de pequeños cuerpos granulosos, de diámetro variable aunque generalmente pequeños. Los síntomas son variados y todos se refieren naturalmente al aparato genitourinario. El que más molesta es el dolor renal que puede ser pasajero y accidental, aunque algunas veces se hace vivo e insoportable, y constituye en otros síntomas no menos molestos ese cuadro terrible que conocemos con el nombre de cólico nefrítico.

Si Rosas ha sido víctima de esta diátesis, nada de extraño tendría que el cólico nefrítico hubiera más de una vez amargado los días de su vida. Este episodio patológico es, con razón, el terror de los enfermos, y las convulsiones profundas que en esos momentos supremos experimenta el organismo, explican hasta cierto punto las perturbaciones morales que acarrean sus repeticiones frecuentes. Se anuncia a veces por pródromos que el enfermo habituado aprecia, poseído de una agitación dolorosa. Otras sobreviene con una instantaneidad insólita y brutal, sin que nada haga presentir su aparición; la víctima, dice Jaccoud, siente un dolor renal que va aumentando hasta que adquiere una intensidad insoportable; sudores profusos bañan su rostro y en los rasgos de su fisonomía descompuesta expresa los sufrimientos horribles por que atraviesa todo su cuerpo. Los padecimientos intensos del parto, los dolores gravativos de la peritonitis aguda y de la estrangulación intestinal, no son para algunos autores,

Durand Fardel entre otros, comparables con los que experimenta el paciente en estos paroxismos terribles. En lo más agudo del acceso, el enfermo se agita y se queja de la angustia que lo tortura, el semblante palidece, el pulso se hace pequeño y las extremidades se ponen heladas; la secreción urinaria disminuye, y en medio de los esfuerzos vesicales más dolorosos, arroja en corta cantidad, o a gotas, una orina ya clara y limpia, ya turbia, mucosa y sanguinolenta, según provenga del lado sano o del lado enfermo. El acceso dura algunas horas y concluye repentinamente arrojando, aunque no siempre, el cuerpo del delito[100]. Su modo de aparición es irregular. Puede producirse uno solo y no volver jamás, otras veces sucede que se renueven todos los años, otras cada dos años; en un año suelen verificarse muchos y aún repetirse en un solo mes. Que Rosas ha padecido de "gravelle" no cabe duda, puesto que, para la mayoría de los autores, basta para hacer el diagnóstico la presencia de esas arenillas que arrojaba en la orina.

Y véase aquí, como decíamos antes, otro elemento etiológico importante agregándose a ese cúmulo de causas de tan diverso género, físicas y morales, predisponentes y ocasionales, hereditarias y adquiridas, obrando, ora en conjunto, ora aisladamente, sobre su espíritu predispuesto desde la cuna.

Enardecida su enfermedad moral por los sacudimientos irresistibles que producen en todo el organismo los cólicos nefríticos, tendría que sentirse dominado por todas sus inclinaciones perversas, por ideas negras, por deseos inmorales; la rabia, el odio, el amor pervertido y extravagante estallando sórdidamente en sus entrañas, pondrían en mayor efervescencia aquel cerebro congénitamente enfermo.

La influencia que las enfermedades genitourinarias tienen sobre el carácter del individuo es evidente. He querido mostrar por un ejemplo célebre —dice Augusto Mercié—, qué influencia puede tener sobre la vida de un hombre y aun sobre la marcha de la humanidad, una alteración de estos órganos, tan pequeña como «para pasar desapercibida a los ojos de médicos instruidos» y que la han tocado con sus propios dedos. Juan J. Rousseau fue durante toda su vida atormentado por una enfermedad de este género cuya causa ha permanecido inexplicable aun después de la abertura de su cadáver. Más adelante, hablando de estas mismas influencias, agrega: los infelices que están afectados de esta enfermedad y que no pueden curar, sea por su propia incuria, sea por insuficiencia del tratamiento que se les aplica, viven condenados a una existencia penosa cuando la afección es leve, y a un fin próximo y doloroso, cuando es grave. Alejados de la sociedad por mil inconvenientes, por las exigencias secretas de su enfermedad todo les es indiferente. Difícil me sería decir, agrega Mercié, cuántos célibes no engendra y cuántas horribles confidencias se me han hecho en mi práctica, cuántos infelices atormentados en la soledad por continuas aprehensiones y disgustados de sí mismos han concluido por odiar

la vida y suicidarse. En general, podemos decir que las afecciones de las vías urinarias son causas poco conocidas de frecuentes suicidios. Y no es esto todo: cuántas veces no hemos visto la más bella facultad del hombre, perturbarse por desórdenes sobrevenidos en aquellos órganos y provocados por el dolor, la rabia y la desesperación. Diversas formas de monomanía, de hipocondría y de manía han sido la consecuencia de estas afecciones frecuentes[101].

---

[100] JACCOUD: "*Traité de pathologie interne*".

La espermatorrea engendra como secuela obligada la tristeza, la hipocondría y hasta el suicidio.

En los individuos que padecen alguna enfermedad crónica de la vejiga, el carácter sufre profundas modificaciones.

Podríamos aducir mayores argumentos en prueba de esta influencia, pero con lo expuesto queda, en nuestro concepto, suficientemente probada la que pudo tener sobre el carácter de Rosas.

Se ve, pues, el número y la magnitud de las causas que han influido para producir su neurosis. Todas ellas se han combinado, reforzándose las unas a las otras y aumentando considerablemente su potencia mórbida.

Primeramente se descubre la herencia, causa por sí sola suficiente para engendrar estas perturbaciones incurables; la herencia materna, sobre todo, que es aún más terrible y frecuente que la paterna. La madre de Rosas era una mujer histérica y con todos los atributos de un temperamento nervioso marcadísimo. Estas neuropatías que se observan en los padres (particularmente en la madre) son en los hijos el germen de trastornos más graves que la herencia transforma y acentúa. En seguida viene el traumatismo de cráneo, otro elemento poderoso que, aun cuando obra generalmente con lentitud, produciendo trastornos en la nutrición íntima del encéfalo, no por esto es menos temible en sus efectos. Después, la conformación misma de su cráneo, revelándose en los caracteres anatómicos que dejamos marcados en otro lugar; y finalmente la enfermedad crónica de sus órganos urinarios, fuente inagotable de trastornos morales, en todos los temperamentos.

Tenemos, pues, en conclusión, que cuatro de las causas más formidables para la producción de esas perturbaciones cerebrales, han obrado en Rosas de una manera completa y duradera. Lo que vemos no es sino la consecuencia forzosa de su influencia, el cumplimiento estricto de una ley a la cual no puede sustraerse ningún organismo humano.

---

[101] MERCIE: "*Mémoire sur la maladie de J. J. Rousseau*".

V. ESTADO MENTAL DEL PUEBLO DE BUENOS AIRES BAJO LA TIRANÍA DE ROSAS

Parece que los pueblos, como los individuos, pueden, bajo la acción de ciertas causas, sufrir estas perturbaciones del espíritu, que aunque temporarias, ofuscan la razón y adormecen el sentimiento hasta la oclusión completa.

Los ejemplos de casos análogos abundan en la historia de la humanidad.

La encarnación del "espíritu de las tinieblas" en el organismo humano producía, según el misticismo intolerante de la época, aquellas alucinaciones que, bajo el nombre de "demonofobia" o "demonomanía", arrasaban en la Edad Media conventos y poblaciones enteras.

La razón humana, adormecida por supersticiones increíbles, sufría a menudo esos dislocamientos epidémicos que en las márgenes del Rin y en los Países Bajos, dieron origen al "Mal de los ardientes" o "Mal de San Juan".

La exaltación perniciosa del fanatismo engendraba en la Moravia y en la Lorena, en la Hungría y en Siberia, la extraña manía del Vampirismo, bajo cuya influencia un sinnúmero de visionarios se sentían atormentados por los muertos que abandonaban sus tumbas para beberles la sangre.

Los Convulsionarios de San Medardo, empeñados en permanecer en cruz por largas horas, colgándose de los pies, arrastrándose sobre el pecho y dándose fuertes golpes en el vientre; la Coreomanía que principió en Francia y recorrió casi toda la Europa; el Tarantulismo que arrasaba la Calabria; el baile de San Vito en Alemania, y en Holanda el baile de San Juan, son ejemplos palpitantes de estas terribles epidemias de neurosismo bajo cuyo imperio también vivió Buenos Aires en ciertas épocas de la tiranía.

No hace mucho vivían todavía los famosos estigmatizados del Tirol, el estático de Kelderen, la paciente de Capreana, que poblaciones enteras iban a adorar personalmente. Monstrelet refiere detalladamente la epidemia demonolátrica que, en 1459, se apoderó de una parte de los habitantes de Arras y que como siempre terminó por repetidos autos de fe.

La mayor parte de todos estos trastornos fueron verdaderas epidemias histéricas que atacaban a los habitantes en grupos considerables y les hacían experimentar un sinnúmero de falsas sensaciones, de alucinaciones del oído, del tacto y de la vista, agitándolos en transportes nerviosos que eran exagerados por las ceremonias violentas, las abjuraciones, la afluencia de curiosos y el frenesí de los exorcistas[102].

Estas epidemias se curaban sin tratamiento, que tal es uno de sus caracteres más resaltantes, y tenían intervalos de calma, de depresión consecutiva a la excesiva tensión nerviosa; hoy parecen haber disminuido mucho y solo se han manifestado, dice Maxime du Camp, de tiempo en tiempo, y con una cierta periodicidad. Sus formas varían desde la más feroz hasta el simple absurdo, e indican una enfermedad más o menos fugaz del órgano del entendimiento. Los actos de la Comuna construyen verdaderos accesos de piromanía epidémica y furiosa comenta Laborde-Despine, así como los excesos de la Mazorca y del pueblo que la acompañaba tenían todo el tinte sombrío de una monomanía homicida furiosa. Esto se veía en una parte de la población, mientras que en la otra persistió por mucho tiempo un estado de depresión moral, neuropático y epidémico también.

Debido a causas morales, dice Despine, a sus efectos contagiosos y a causas físicas debilitantes, pueden desarrollarse todas estas epidemias histero-morales, convulsivas, etc. Lo que las determina es la excitación cerebral producida por causas múltiples, la exaltación moral, la perversión de los sentimientos que concluye por presentar todos los caracteres de la locura. La creencia invencible, agrega Despine, en la realidad y bondad de sus inspiraciones irracionales, que resulta del encegecimiento moral en que se encuentran todos esos apasionados, prueba que son realmente locos respectos a sus actos[103].

Bien se podría, hasta 1851, caracterizar dos períodos perfectamente delimitados en la historia de nuestro país. El primero, de excitación, que principia con la Revolución de Mayo y en el cual el pueblo despertaba de ese síncope de tres siglos que le había producido el embrutecimiento colonial, para moverse en todo sentido y con la actividad febril que determinaba en sus centros ese estímulo peligroso que produce una resurrección política inesperada. No nos es posible, por ahora, llevar la observación hasta aquella época, pero no hay duda de que encontraríamos más de un cerebro en efervescencia patológica entre aquellas turbas indomables porque, es indudable, como lo afirma Foville (hijo), que los grandes acontecimientos políticos, como el que sufrió Francia a fines del último siglo, y como la revolución de nuestra Independencia, tienen una influencia notable en la producción de las perturbaciones cerebrales[104].

Un segundo período, que contrasta vivamente con aquél, y que envuelve y concluye la tiranía; período de depresión mental, en el que se vislumbra un modo de ser análogo a la demencia. ¡A tal punto se encontraban abolidas, o por lo menos suspendidas, todas las facultades afectivas!

Aquella insensibilidad moral con tintes tan profundos de un egoísmo frío y desesperante,

---

[102] MAXIME DU CAMP: "Paris etc." - "La Possession".
[103] DESPINE: "Psychologie Naturelle".
[104] FOVILLE.

la extraña indiferencia que se apoderaba de todos, ese desligamiento de la existencia común, en que los hombres viven, como dice Taine, como el buzo en su campana, atravesando la vida como éste los niveles del mar; aquella supresión de la actividad del espíritu, acompañada de la inmovilidad eterna de las esfinges, imprimía en su fisonomía todos los caracteres del estupor profundo de la demencia, toda la serenidad granítica del idiotismo, que anula para siempre la vida del cerebro. Tenían la obediencia automática que imprime la fuerza oculta de la costumbre, movían los brazos, articulaban la palabra, sin tener conciencia del fenómeno.

Al lado de las turbas desenfrenadas, que seguían a la Mazorca, estaba esa otra parte de la población hundida en este estupor extremo. Subyugada por el régimen enervante de Rosas, y dominada por el miedo y la desconfianza, había perdido sus hábitos varoniles y debilitado todas sus fuerzas: una decadencia intelectual extremada vino a agravar este estado de embotamiento en que se encontró en presencia de los homicidas de la Mazorca.

La familia —dice un escritor contemporáneo— ya no prestaba desahogo al pecho oprimido, a la pena que despedaza el alma; había perdido su vínculo más precioso, cuál era la confianza ilimitada, que le embellece y consolida; la negra suspicacia, la traidora hipocresía, la habían sustituido, y la mujer, deidad del hogar destinada a ejercer en él una utilísima misión social, perdió su libertad, su inmunidad y su prestigio, en aquellos días horribles[105].

No podía ir más allá esta exaltación enfermiza por parte de Rosas y de la Mazorca, y de depresión moral por parte de una masa considerable del pueblo.

Se pintaban de colorado todas las puertas de la ciudad, porque era el color predilecto de Rosas, y el símbolo de su sistema; se llevaban chalecos colorados, divisas coloradas, y las señoras ostentaban enormes moños colorados también, por satisfacer las exigencias de los "poseídos".

Si a un pulpero se le ocurría colocar en su azotea una banderilla, su vecino lo imitaba, temiendo que fuera una orden de Rosas; el de más allá hacía lo mismo, el otro le seguía y así se iba de casa en casa y de barrio en barrio, colocando banderas, hasta que aparecía la mitad de la ciudad empavesada.

Estas escenas muestran hasta dónde puede enfermarse un pueblo bajo la acción de ciertas causas positivas, dando lugar a perturbaciones, asimilables a una verdadera demonomanía.

Esta adoración a la persona de Rosas era, en algunos, hija de un estado cerebral

---

[105] LAMAS: "Agresiones de Rosas".

patológico producido por el terror, pero en otros parecía engendrado por la exaltación, también patológica, de un sentimiento de admiración profundo, mezclado a ese pavor supremo que inspiraba el diablo y sus atroces castigos a los demonomaníacos del siglo XV. En ambos, pues, el elemento enfermedad desempeñaba un rol importante y decisivo.

Los poseídos de la Edad Media adoraban al Diablo por temor a sus maleficios y viéndose, según ellos, abandonados por Dios; aquellos nuevos demonólatras adoraban la imagen de Rosas por temor a la "verga", al "serrucho" y a los azotes. Exaltados por la convicción de que pertenecían al Demonio, los poseídos de que habla Despine, se acusaban de haberlo elegido como Divinidad, de negar la existencia de Dios, de profanar las hostias consagradas y de inmolar un sinnúmero de niños con el objeto de ofrecerlos en sacrificio; algunos, agrega, tenían tan desarreglada su imaginación, que decían encontrar su mayor placer en cohabitar con el diablo, en blasfemar, en tener en sus manos sapos, culebras, serpientes venenosas y en acariciarlas tiernamente. Los poseídos de la época de Rosas, "que le hacían novenas" y que le decretaron tan estúpidos honores, vivían bajo la influencia del terror que impresionaba sus cerebros con mayor o menor fuerza según el grado de educación y de resistencia moral.

La Inquisición, que en la Edad Media estaba en todo su esplendor, favorecía la rápida propagación de aquellas epidemias, del mismo modo que el terror que logró infundir el sistema de Rosas determinó la aparición de este estado de perversión moral que sufrió Buenos Aires, tan parecido, en ciertas manifestaciones a la "demonolatría".

Hay afinidades notables entre el "poseído", que encontraba un placer inefable en el éxtasis de admiración en que caía delante del "espíritu del mal", y el mazorquero que exclamaba, ebrio de rabia: "es justo adorar a Dios, pero más justo es adorar al Restaurador de las Leyes"; entre aquellas extravagantes peregrinaciones de los demonólatras a ciertos lugares donde se verificaba la adoración y la función "del retrato de Rosas", cuyo carro arrastraban, en lugar de bestias, hombres vestidos de generales, matronas distinguidas, esposas de los altos funcionarios de Buenos Aires[106].

En estas inolvidables peregrinaciones palpita un estado mental completamente anómalo y el relato de aquellas fiestas bochornosas llena el alma de un pavor inexplicable. Era necesario haber perdido completamente el sentido y la razón moral en esa noche de eternos infortunios, para descender tan abajo en el nivel humano.

La "Gaceta Mercantil", en su número de 19 de Septiembre de 1839, refiere así una de esas fiestas: «A las diez de la mañana del 29, el Juez de Paz y vecinos se dirigieron con un elevado carro triunfal a casa del "Héroe" a sacar su retrato y el de su esclarecida esposa. Al

---

[106] LAMAS: "Escritos políticos".

recibir el retrato, el Juez de Paz pronunció en la puerta de calle de nuestro Ilustre Restaurador, la alocución que va señalada con el número 1. En el centro de las tropas de caballería e infantería que escoltaban los retratos, conducía Don L. B. un rico estandarte de seda punzó alegóricamente bordado en oro, costeado para este acto por el mismo ciudadano. El retrato fue recibido en el atrio de la Catedral por el señor Cura y otros eclesiásticos y colocado dentro del templo al lado del Evangelio. El templo estaba espléndidamente adornado; la majestad con que brillaba, persuadía que era el tabernáculo del "Santo de los Santos". La misa fue oficiada a grande orquesta y la augusta solemnidad del acto no dejaba nada que desear. Nuestro Ilustrísimo señor Obispo Diocesano, Dr. D. Mariano Medrano, asistió de medio pontifical y celebró nuestro digno Provisor, canónigo don Miguel García. El señor Cura de la Catedral, D. Felipe Elortondo y Palacios, desempeñó con la maestría que lo tiene acreditado, la difícil tarea de hacer la apología del Arcángel San Miguel, mezclando oportunamente elocuentes trozos alusivos a la función cívica en honor del Héroe y en apología de la causa Federal. Fue en seguida presentado el nuevo estandarte ante las aras y recibió la bendición episcopal».

Con motivo de haber retirado Rosas su renuncia del mando de la Provincia, hubo una manifestación popular con el objeto de felicitarlo. El Jefe de Policía, en una nota publicada en la "Gaceta Mercantil", refiere, de la manera siguiente, esta otra fiesta: «Ningún quehacer dieron a la Policía los millares de concurrentes a la quinta de V. E., a excepción que cuando V. E. honró a sus conciudadanos con su presencia, aquellos inmensos grupos se movían gozosos y entusiastas, hacia donde V. E. se dirigía, con el objeto de vitorearlo, 'de verlo, y muchos aún de tocarlo'; así es que V. E. sabe cuántas felicitaciones recibió, cuánta infinidad de personas 'le tomaron la mano y se la besaron'. Era tal el entusiasmo, Excelentísimo señor, que las personas, 'no sentían los golpes y los encontrones que se daban', por abrirse paso y poder oír, ver y aun tocar a V. E. Este entusiasmo patriótico, 'esa pasión hasta el delirio', que animaba a aquel inmenso pueblo, así grandes como pequeños y de todos sexos y edades, por la ilustre persona de V. E., ocasionaron algunos leves daños en los jardines, porque, tanto el que firma como sus demás empleados, estaban extasiados a la par de los demás».

Todo esto era el producto de un estado excepcional del cerebro convulsionado por causas de tan distinto género.

El terror en las clases superiores y ese brusco cambio de nivel que experimentaron las clases bajas, elevadas rápidamente por el sistema de Rosas a una altura y prepotencia inusitada, tuvieron también su parte en la patogenia de tales trastornos. Un estupor próximo a la demencia crónica, una "pantofobia" depresiva y humillante, fue, durante mucho tiempo, la situación de una parte considerable de Buenos Aires.

La otra sufrió perturbaciones de un carácter mucho más terrible, porque estaba poseída de una exaltación homicida, llevada hasta sus últimos límites.

Si se tiene presente, dice Griesinger, que las emociones violentas dan por resultado ordinario un trastorno en la regularidad de la circulación, de la digestión y de la hematosis, se comprenderá entonces cuán fácilmente puede perturbarse el cerebro. A menudo la enfermedad cerebral que reconoce este origen, no se declara sino después de muchas oscilaciones. Vese primero sobrevenir una demacración y enflaquecimiento considerables, la digestión se hace mal, las funciones del intestino se debilitan y el enfermo pierde el sueño; las palpitaciones y la tos aparecen, preséntanse sobre diversos puntos del cuerpo anomalías de la sensibilidad, congestiones a la cabeza, y entonces las ideas tristes, la hipocondría y la depresión moral sobrevienen.

Un fenómeno, que ha de haber sido frecuente durante la época del terror (1840 y 42) y que tiene una influencia especial en el desarrollo de las perturbaciones de esta naturaleza, es el insomnio prolongado, a menudo producido por esas emociones depresivas que tanto sobrexcitan, trastornando profundamente la nutrición del cerebro. Las perturbaciones provocadas por el terror presentan ordinariamente este carácter de melancolía con estupor, que parece observarse en la población pacífica y que se comprende perfectamente, dado el estímulo peligroso que llevarían al cerebro aquellos horribles martirios que les imponía Rosas.

No hay más que buscar en las familias, las personas que perdieron el juicio, entre las cuales hay muchas que aún no lo han recuperado. Sería esto un elemento precioso para demostrar la tensión nerviosa en que se vivía y el número de perturbaciones morales e intelectuales que se produjeron. Citaré algunos ejemplos:

- En la familia de D..., hay tres o cuatro varones que perdieron la razón a consecuencia de los tormentos que sufrieron después de la batalla del Quebracho.
- La familia de M..., tiene dos de sus miembros, un varón (que murió en la fiebre amarilla) y una mujer, que enloquecieron el día que entró la Mazorca a su casa.
- En la familia de O..., he visto uno que se volvió loco el año 40, después de un susto que experimentó.
- La señora de P..., y dos de sus hijas, fueron igualmente afectadas el año 42, a consecuencia de haber sido atentadas por la Mazorca, a la salida de un templo.
- El Sr. L...., director de Correos durante la administración de Rosas, murió en medio de una lipemanía profunda, ocasionada por los vejámenes que recibió de Maza.

En el Hospital de Hombres, muchos de los locos que he visto, han perdido el juicio en aquella época. En el hospicio de San Buenaventura, según me lo refirió el Dr. Uriarte, había también algunos, entre otros el Escribano E..., cuya locura fue producida por iguales causas que las anteriores.

Bien se ve por estos pocos datos cuál sería la situación moral de este pueblo, y cómo por ellos es posible explicarse las distintas fases patológicas por que ha atravesado en aquella época.

La generalización de todos estos estados frenopáticos epidémicos, se verifica, o porque un número dado de causas obra sobre toda la comunidad, o por medio de ese agente invisible que los alienistas han llamado "contagio nervioso" y que trasmite, de individuo a individuo, todas esas múltiples faces por que atraviesa el cerebro, todos esos modos de ser de la sensibilidad, tan caprichosos y a veces tan incomprensibles.

Aquí obraban ambos agentes a la vez, por lo que respecta al contagio, parece que, producida en un individuo la manifestación de un sentimiento cualquiera, él despierta en las naturalezas análogas la explosión de un sentimiento idéntico.

La generalización de la tristeza, de la alegría, la risa, el pavor, o cualquier otro estado, en un número de personas, es indudablemente producto de su influencia, y muchas veces se propaga con mayor fuerza y espontaneidad que una enfermedad infecciosa, por medio de ese otro contagio que, por oposición, llamamos "físico". El contagio moral es el que produce la fuga vergonzosa en una fila de valientes, el abatimiento en un corazón alegre, por el solo contacto con un alma deprimida; es ese lazo invisible que une dos caracteres, por la analogía de sus naturalezas sensitivas; que trasmite, con una velocidad increíble y con el silencio de las operaciones orgánicas, todas las fases, todos los estados, ya expansivos, ya depresivos, por que atraviesa el cerebro en las evoluciones maravillosas de su vida. El contagio nervioso hace que la satisfacción o la tristeza se difunda en todos los enfermos de una sala, de la misma manera que la erisipela u otra cualquiera enfermedad contagiosa, cuyo desarrollo más o menos rápido depende puramente de influencias nosocomiales.

El contagio de los buenos y de los malos ejemplos, el contagio de las pasiones, es un hecho reconocido, tanto más fácilmente propagable cuanta mayor energía poseen los sentimientos manifestados. Para dar una idea clara de este fenómeno, dice Despine que, así como la resonancia de una cuerda hace vibrar la misma nota en todas las tablas de la armonía, de la misma manera las manifestaciones de un sentimiento, de una pasión, excitan los mismos elementos instintivos en todos los individuos susceptibles por su constitución moral de experimentar esta excitación. Esto último, agrega, explica por qué ciertos hombres no son susceptibles de experimentar el contagio de tal o cual sentimiento y porqué otros, por el contrario, lo sufren de una manera completa.

En la Historia Argentina conocemos más de un ejemplo evidente de este género de contagio, en que uno o más hombres comunican a todo un pueblo la exaltación de sentimientos de que se hallan poseídos. Citaremos, entre otros, la reacción de Buenos Aires después de ese profundo pavor que produjo la entrada de los Ingleses en 1806, y debida a la acción viril del célebre Álzaga, por medio del contagio súbito del entusiasmo febril que lo dominaba.

En la etiología de la anarquía Argentina, el "contagio mental" tiene una parte activísima, y sería curioso investigar cómo este agente de tan extraña naturaleza, aunque de tan positivos efectos, ha producido todas esas revoluciones sin bandera, todos esos movimientos de propósitos pueriles, contribuyendo de un modo poderosísimo a relajar los vínculos políticos y sociales durante el paroxismo del "año veinte".

Cuando el ejemplo del mal toma proporciones formidables, reviste, según Despine, todo el carácter de una verdadera infección moral. Entonces el contagio va cundiendo de individuo a individuo, hasta infectar al pueblo entero, que, bajo la influencia coadyuvante de ciertas causas generales, manifiesta su estado anómalo por medio de síntomas que revelan una verdadera enfermedad cerebral epidémica, como la de Buenos Aires. Aquí la infección se producía de un modo tan positivo, como el cólera en la persona que ha tocado las ropas de un colérico o ha estado sometida a las emanaciones de sus cámaras. Un colérico, un febriciente o un varioloso, como la chispa humilde que va a incendiar una ciudad como Chicago, pueden con su sola presencia infectar una ciudad entera, del mismo modo que, ese otro agente incomprensible, contribuye a la par de otras causas, para producir estas epidemias morales tal vez más terribles todavía.

Estos estados extraños que se manifiestan después tan generalizados son producidos por este contagio y por la acción persistente de causas físicas, debilitantes y deletéreas para el sistema nervioso. El grado de agudeza de semejantes neuropatías, dice el autor mencionado, está siempre en relación con la intensidad de estas causas, de manera que todas las circunstancias que conmueven vivamente la parte moral de un cierto número de personas que sobrexcitan sus sentimientos, que promueven la explosión de pasiones, estimulando, sea directamente y por sí mismas, sea indirectamente y por medio del contagio, sentimientos y pasiones parecidas, y por consecuencia delirios idénticos en un gran número de hombres, pueden engendrar perturbaciones cerebrales en toda una población, en "poblaciones enteras"[107].

Cuando en las masas ignorantes se excitan vivamente ciertos sentimientos enérgicos, como el miedo, la codicia, el terror y el fanatismo, estas epidemias no tardan en aparecer, más aún cuando se les estimula sistemáticamente, como sucedía durante la administración de Rosas.

En aquella época obraban sobre Buenos Aires un cúmulo de causas propicias para el desarrollo de una epidemia moral; causas todas que los autores marcan como de influencia más averiguada y positiva.

Además de la tremenda corrupción política y social que había en todos los ramos de la

---

[107] DESPINE: "*De la folie*".

administración, actuaba otro orden de causas físicas y morales determinando en unos un embotamiento de las facultades afectivas, a que ya hemos hecho alusión, y en otros una exaltación homicida extraordinaria y sin ejemplo. Una de las más frecuentes y activas era evidentemente el abuso del alcohol, porque la embriaguez, con todo su acompañamiento de escenas repugnantes, constituía el estado casi habitual de la clase baja.

En la época moderna, la gravedad de las locuras morales guarda casi siempre una relación estrecha con la cantidad del alcohol consumido. Basta conocer la acción deletérea que este agente ejerce sobre el cerebro y por consecuencia sobre las facultades morales e intelectuales, para comprender cuán perjudicial es su abuso. La dipsomanía es la que ha reclutado más soldados a la Comuna de París, dice Despine. Y por lo que a nosotros toca, baste decir que en todos los festines federales la Mazorca bebía el vino, no ya en vasos ni en jarrones, sino en tinetas. Los licores alcohólicos corrían con profusión y el cuadro final de aquellas escenas de magna crápula era una borrachera general.

El mismo Rosas, que habitualmente era sobrio, no pudo alguna vez resistir a sus tentaciones diabólicas. Una noche del mes de Junio de 1840, en que celebraban con gran bullicio la derrota de la Revolución del Sud en la batalla de Chascomús, Rosas, su compadre Burgos y todos los federales que lo seguían, estaban completamente ebrios. Dos días y dos noches duró el beberaje, y la última la empleó el "Gran Americano" en cantar y bailar con una negra vestida de bayeta punzó[108].

La muerte del general Lavalle la hizo celebrar ordenando al Cura Gaete la gran borrachera que tuvo lugar en la Piedad en Octubre de 1841, y mandó a Cuitiño y a Salomón que en la plaza de la Concepción hicieran lo mismo.

Todos, a cual más, bebían con delirante entusiasmo, dice un folleto que tengo a la vista, describiendo estas orgías, cuyas consecuencias hacían temblar a Buenos Aires.

En todas ellas los que se manifestaban tibios, es decir, los que no bebían en abundancia, eran considerados sospechosos y debían ser tratados con rigor, según lo manifestaba Rosas en una circular pasada a los Jueces de Paz.

El Dr. D. Manuel P. de Peralta, Catedrático de Clínica Médica de la Facultad de Buenos Aires, nos hacía notar en una de sus conferencias sobre las enfermedades del hígado, lo general que era en aquel tiempo el abuso de las bebidas alcohólicas, y afirmaba que, casi todas esas turbas que lanzaba Rosas a las calles, eran embravecidas por medio de libaciones abundantes de caña y de ginebra.

---

[108] FRANCISCO BARBARA: "Vida de Rosas".

Indudablemente, una de las causas más poderosas en la patogenia de estas exaltaciones enfermizas de la Mazorca, era este abuso inmoderado de las bebidas espirituosas.

Además, y como causa y efecto al mismo tiempo, el desenfreno de las más brutales pasiones, los instintos feroces aguzados sistemáticamente, salvando todas las vallas y desbordándose de la manera repugnante que conocemos, iban propasándose por el contagio y arrastrando en su torbellino la totalidad de las masas.

El terror que infundan las bandas de criminales enardecidos por la rabia y las excitaciones anómalas de su cerebro, la miseria que envanecía las cabezas adolescentes todavía, la sórdida desconfianza trabajando todos los corazones, el pudor ultrajado, la incertidumbre, el dolor extremo minaron seguramente aquellas cabezas produciendo las perturbaciones morales que se manifiestan por la exaltación en unos, por la depresión más profunda en otros.

Rosas, que dominaba por el terror, sistematizando la corrupción e introduciéndola dentro de las paredes domésticas, dice el Sr. Lamas, había degradado la familia, tiranizándola de un modo que no tiene ejemplo. La sirviente que delataba a sus patrones, obtenía la libertad si era esclava, y recompensas crecidas si era libre; y no sólo ellas, sino las mujeres de todas las condiciones, eran llamadas por el cebo de crecidas ganancias y por extravagantes e inmorales nociones del deber, a delatar al esposo, al padre, al amante. Publicaba los nombres de las personas que había envilecido y esta publicación tenía visiblemente dos objetos: primero, provocar nuevas delaciones por el ejemplo y el premio; segundo, aterrar con el hecho de tantos hombres y de tantas mujeres pervertidas, haciendo intensa y universal la desconfianza, e irrealizable todo concierto para escapar a su tiranía. La confianza era imposible y «esto explica mucho de los fenómenos curiosos que se observan en Buenos Aires»[109].

Basta describir esas escenas inolvidables que tenían lugar en la "Sociedad Popular Restauradora" para comprender, primero, el estado de aquellos cerebros, víctimas de la más deplorable exaltación maníaca, y segundo, la influencia profundamente depresiva que ejercía sobre el resto de la población. Hasta la casa donde celebraba sus sesiones, pintada de colorado, vieja y carcomida, llenaba el alma de un terror inexplicable. Las ventanas resguardadas por gruesas rejas de hierro, el aspecto lóbrego de sus pasadizos alumbrados por una luz mortecina, el corte antiguo y extravagante de su arquitectura, sus patios, sus paredes llenas de letreros obscenos, todo contribuía a darle un aspecto tétrico y repugnante. Allí se reunían los asociados, gente la mayor parte reclutada en las clases más inferiores, aunque favorecidos algunas veces con la presencia de personas cultas y altamente colocadas; y bailando y bebiendo, formulaban los planes de asalto y de asesinato que debían perpetrar en las principales casas de la ciudad.

---

[109] LAMAS: "Escritos políticos".

Tiburcio Ochoteco, Julián Salomón, Pablo Alegre y Cuitiño[110], que eran los principales instigadores de la turba, sostenían siempre vivo el entusiasmo de aquella célebre Sociedad.

Ella manejó alternativamente la daga, el "moño embreado" y la "verga" con que azotaban a ancianos y mujeres en el templo, en la plaza pública, al pie del altar o al borde de la tumba; el sitio, el sexo, la edad, eran para ellos indiferentes, porque sólo buscaban la sangre para satisfacer las exigencias de sus imperiosos deseos.

Cuitiño y Troncoso costeaban el vino que se bebía en tinetas y que corría con profusión, hasta que la mitad de los asociados, frailes, mujeres, hombres de todas las clases, rodaban por el suelo, en medio de las carcajadas y de un ruido infernal, producido por los gritos y las maldiciones de los que quedaban en pie. Cuando la excitación alcohólica había preparado el ánimo y los pródromos del alcoholismo agudo principiaban a acentuarse, provocando esas alucinaciones penosas, en que el oído percibe mil injurias y provocaciones imaginarias, en que se ven fantasmas horribles, animales deformes, patíbulos, puñales ensangrentados, sus instintos estimulados por la impunidad y solicitados por las fuerzas extrañas que los poseían, entraban en efervescencia revistiendo el aspecto horrible de una monomanía homicida. Tambaleantes algunos, que después quedaban tirados en las calles, salían todos en confusión, armados de látigos y afilando con alegría sus enormes cuchillos.

Para inspirar más terror, muchos de ellos pintábanse la cara de colorado; marchaban en pandilla, los unos emponchados y medio oculto el rostro tras el pañuelo, casi desnudos y haraposos; sostenían, otros, sus cabellos que caían sobre la frente, por medio de enormes vinchas rojas con "¡mueras!" en letras negras, formando aureola a la imagen de Rosas.

Algunos, a cara descubierta, iban delante golpeando las puertas con el cabo de sus puñales y rompiendo a ladrillazos los vidrios de las ventanas. Entraban a los templos y azotaban al sacerdote si era sospechado de enemigo oculto de la Federación, luego recorrían los altares y si alguna imagen tenía cara de "salvaje unitario", hacíanla descender a lazo, la azotaban, le ponían la divisa y se retiraban, festejando con risotadas y muecas sus hazañas tiberianas.

Siempre buscaban al más inocente para darle de puñaladas, al más débil para estropearle a latigazos, al más anciano para blanco de sus burlas procaces.

Se repartían en grupos de cincuenta o cien, por distintos puntos de la ciudad, y allí donde

---

[110] Un amigo de cuya sinceridad no puedo dudar, me ha referido que Cuitiño era un hombre ejemplar antes de ingresar a la Mazorca. Fue agente de Policía en Buenos Aires por los años de 1833 a 34 (?), siendo Jefe Político el señor Somalo. Su moralidad y buenas costumbres, como empleado y como hombre, le granjearon el aprecio de sus superiores. Si como no dudo es cierto esto, la idea de su estado enfermizo producido por todo ese cúmulo de causas, que ya hemos estudiado, confirma mis aserciones. Más aún, sí se recuerda que Cuitiño sufrió una hemiplejia que lo tuvo postrado por mucho tiempo. Este último dato lo ha referido el doctor Langenheim.

hubiera una familia comprometida, entraban, y registraban hasta la última pieza, cometiendo toda clase de tropelías. Si alguna mujer había olvidado el "moño", se lo pegaban en la frente con brea, o era tomada por cuatro manos crispadas y vigorosas y, arrojándola al suelo, la desmayaban a rebencazos. Desgarraban los papeles que cubrían las paredes, los muebles, los cortinados que fueran celestes, destruían a sablazos los cuadros y las persianas, y llegaban hasta la cuna donde dormía algún niño, "para cerciorarse si tenía las condiciones necesarias para ser un completo federal".

Luego, volvían a salir para continuar sus depredaciones y se veía a la gente aterrorizada disparando por las calles, y "el ruido de las puertas que se cerraban iba repitiéndose de cuadra en cuadra y de manzana en manzana", tal era el horror que causaban aquellos hombres, impulsados por un soplo irresistible de locura.

Vivían diseminados en todos los barrios, porque era por cientos que se contaban los afiliados a la Mazorca, y llenaban las tabernas y los cafés, se metían en los templos, frecuentaban los parajes públicos, y asaltaban y mataban en media calle. Habían declarado guerra a muerte a la gente culta e ilustrada, y jóvenes, viejos, comerciantes, eclesiásticos, abogados, literatos, pertenecientes todos a la primera clase de la sociedad —dice Rivera Indarte— arrastraban pesados grilletes en las horribles cloacas a que se les destinaba. Casi diariamente, uno o dos de ellos, eran llevados a la muerte y no pocas veces fusilados a algunos pasos del calabozo, sin que se les hubiera permitido arreglar sus negocios, dar sus últimas disposiciones, dejar una palabra a sus familias. Los cadáveres, arrastrados con escarnio hasta la puerta de la cárcel, se llevaban en un carro sucio y se arrojaban en una zanja del Cementerio. Los degollados en la campaña, se les desollaba, se les castraba, se hacían marcas de su piel y se les dejaba insepultos, pasto de las fieras y juguete de los vientos[111].

Bajo la presión abrumadora de esta situación, determinada por un estado de embotamiento sensitivo completo, vivió Buenos Aires durante mucho tiempo con cortos intervalos de tregua. Tanto él, como la exaltación homicida, que en ciertas ocasiones se manifestó con síntomas marcados de exacerbación, eran el producto del contagio moral, determinado en cerebros ya preparados un estado patológico que venían elaborando, de tiempo atrás, causas sumamente deletéreas del sistema nervioso. Estado mórbido y epidémico, pero pasajero y que responde a perturbaciones cerebrales puramente dinámicas y no a lesiones materiales profundas y más o menos apreciables, como erradamente podría creerse y como sucede en las otras formas de enajenación mental individuales y rara vez contagiosas.

Estas epidemias, que tienen en sus manifestaciones diversas todos los caracteres de la enfermedad, responden únicamente a trastornos funcionales producidos por una multitud de

---

[111] RIVERA INDARTE: "Rosas y sus opositores".

causas, cuyos efectos están necesariamente en razón directa de su magnitud, del tiempo que han actuado, de la predisposición y de la inminencia mórbida en que se encuentra cada individuo.

Al finalizar el año 41 manifiéstese una calma que indica la marcha regresiva de esta curiosa afección popular. Los ánimos, por razones que explicaremos, parecían tranquilizarse; la exaltación apasionada tendía a desaparecer, y aunque no de una manera completa, la calma se anunciaba por la disminución de los paroxismos. El año 40, y principios del 41, marcan la época de la algidez convulsiva, período durante el cual esos episodios terribles se suceden de una manera horrenda e increíble. Principiaban a insinuarse en el año 34 y siguen, en una progresión lentamente ascendente el 35, 36, 37 y 40, en que llegan al máximum, descendiendo entonces para volver a ascender en el 42, en el que se fusilan ochenta y tantos prisioneros de guerra en Santos Lugares y en que la Mazorca recorre en bandas, de día y de noche, las calles de la ciudad, degollando a todo el que encuentra en su camino. ¡Cuando ha degollado a cuarenta o cincuenta ciudadanos, arroja un cohete volador para anunciar a la Policía que salga en carros a recoger los cadáveres!

Fue a fines del año 39 y principios del 40 que las cabezas humanas se exhibían en los mercados adornados de perejil y de cintas celestes, y en que la Mazorca sustituía a la cuchilla "la sierra desafilada para degollar a las personas distinguidas".

En todos los actos, colectivos e individuales, se hace visible la exaltación lamentable que los dominaba. En la prensa diaria, en los parlamentos, en los anuncios de teatro y hasta en el púlpito, se sentía la influencia deletérea de su estado neuropático.

«Es muy cierto», decía un oficio del Juez de Paz de Monserrat, publicado en el número 2277 de la "Gaceta", «es muy cierto que los "salvajes unitarios, bestias de carga, agobiados con el peso enorme de sus delitos, las asquerosas unitarias y sus inmundas crías, habrían muerto degolladas, pero el horrendo montón que formasen las ensangrentadas e inmundas osamentas de esta maldita e infernal raza, sólo podría manifestar al mundo una venganza justa; pero nunca, ¡el remedio a los males inauditos que nos ocasionara su perversidad asombrosa!»

«¡Insensatos!», vociferaba el Cura Vicario de la Guardia del Salto, en un oficio publicado en el número 5308 de la "Gaceta", «¡los pueblos hidrópicos de cólera os buscarán por las calles, en vuestras casas, en la Iglesia, en los campos, y, segando vuestros cuellos, formarán con vuestra inmunda sangre un hondo río en donde se bañarán los patriotas para refrigerar su devorante ira!»

«Esté bien convencido V. E. —escribía el Coronel Villamayor, en una nota inserta en la "Gaceta" del 21 de Julio de 1840—, que el Dios de los ejércitos protege la causa de la justicia, poniendo en descubierto los infames e infernales planes de los traidores sobornados por un vil interés, como sucede con "el traidor, sucio, inmundo y feroz" Manuel Vicente Maza y su hijo bastardo».

Tras este lenguaje maníaco y procaz, claramente se vislumbran las anomalías de aquellos cerebros en perpetua erupción.

Y no podía ser de otra manera, porque todo venía preparándose para producir esta generalización epidémica de la neurosis.

Cada conmoción política o social, cada uno de esos crímenes ruidosos, hacen pagar su tributo fatal a la inteligencia humana, rompiendo las cuerdas de la sensibilidad e imprimiendo a ciertos organismos predispuestos, una sobreexcitación enfermiza o una depresión irremediable[112]. No hay médico, en París por lo menos, dice Figuier, que no haya comprobado algún grave desorden de la inteligencia o de la sensibilidad, causado por la emoción profunda que el crimen de Pantin suscitó en todas las clases de la sociedad; las neurosis preexistentes se exacerbaron y las que estaban en germen estallaron. El horror producido por este crimen, repercutió de una manera rápida sobre las inteligencias excitadas, sobre las imaginaciones vivas, sobre la sensibilidad exaltada; tal cual sucedió con todos los crímenes verificados públicamente por la Mazorca y acompañados de las más horrorosas circunstancias.

«El infrascripto tiene la grata satisfacción —se lee en un documento inserto en el número 5010 de la "Gaceta" y firmado por un Calisto Vera— de participar a V. E., agitado de las más grandes sensaciones, que el infame caudillo Mariano Vera, cuyo nombre pasará maldecido de generación en generación, quedó muerto en el campo de batalla, cubierto de lanzadas, igualmente que su escribiente José Pino. Felicito a V. E. y a toda esa benemérita provincia, igualmente a toda la Confederación Argentina, por tan insigne triunfo, en que hemos recogido los laureles de la victoria, tanto más frondosos cuanto que han sido ¡empapados en la sangre de un sacrílego unitario!» Ese Calisto Vera que firma el documento, «era hermano de padre y de madre» del muerto D. Mariano Vera[113].

Esto es horrible como un parricidio, y los parricidas son casi siempre locos; ejemplo: Vivado, Bousequi, Collas y Guignard, que son los más célebres que conozco. Una madre no mata a sus hijos sino bajo la presión horrible de una fuerte perturbación sensitiva. Un hombre, en su estado perfecto de salud mental, no hunde la lanza en el pecho de su propio hermano, experimentando como Vera una "gran satisfacción", sino después que el equilibrio de sus facultades morales se ha roto bajo la influencia de alguna causa patológica que lo abruma.

---

[112] SIMPLICE: en la "*Union Medicale*".
[113] LAMAS: "Agresiones de Rosas".

Atribuir estos actos, simplemente al deseo de complacer a Rosas y no a una perturbación cerebral, es un error lamentable que la ciencia se apresura a corregir, es mostrar ignorancia de las leyes que rigen a la naturaleza del hombre; sólo estas eflorescencias enfermizas pueden atrofiar en el cerebro humano ciertos sentimientos que alumbran el alma eternamente y que sólo se apagan bajo la influencia maldita de una locura ingénita o adquirida.

«Entre los prisioneros de la batalla, escribía un teniente de Rosas dando cuenta de la acción del Monte Grande, se halló al traidor salvaje unitario, Coronel Facundo Borda, que fue al momento ejecutado con otros traidores, cortadas y saladas sus orejas»[114]. Las orejas de Borda fueron remitidas a Rosas y colocadas por él sobre una bandeja de plata, con el objeto de exhibirlas.

«En fin, mi amigo, escribía Mariano Maza al gobernador de Catamarca, la fuerza de este salvaje unitario tenaz, pasaba de 600 hombres, y todos han concluido, pues así les prometí degollarlos».

«Con la más grata satisfacción —decía Prudencio Rosas, en un documento con que acompañaba la cabeza del infortunado Castelli—, acompaño a V. E. la cabeza del traidor forajido, unitario, salvaje Pedro Castelli, general en jefe titulado, de los desnaturalizados sin patria, sin honor y sin leyes, para que V. E. la coloque en medio de la Plaza, a la expectación pública».

Sería interminable la transcripción de estos documentos horribles. El teatro mismo se había convertido en escuela de degüello. El anuncio publicado en la "Gaceta" del 23 de Diciembre de 1841, dice lo siguiente:

«Concluyendo el espectáculo con la muy admirable y nunca vista prueba: 'El duelo de un Federal con un salvaje unitario, en el que el primero degollará al segundo a la vista del público'. Este espectáculo fue concurridísimo y su producto puesto a disposición de Rosas»[115].

Los hombres que vivían bajo esta pesada atmósfera de sangre, habían perdido, en virtud de causas puramente patológicas, hasta el último destello del sentido moral y, animados por una verdadera "necrofagia", iban hasta rastrear los cadáveres de sus enemigos, para desenterrarlos, cortarles la cabeza y escarnecerlos. Entonces se vio por primera vez "a todo un ejército" ocupado en buscar los huesos de un muerto, el cadáver del general Lavalle, para arrancarle la cabeza y remitírsela a Rosas, sediento de aquella noble sangre. Todas las autoridades —dice el Sr. Lamas— se ocupaban en abrir sepulcros, todos los curas párrocos

---

[114] Ídem.
[115] LAMAS: "Escritos políticos".

se apresuraban a certificar que no habían dado sepultura al ilustre difunto.

«He mandado —decía Oribe— hacer activas pesquisas sobre el lugar donde está enterrado el cadáver, para que le corten la cabeza y me la traigan».

Puestos los restos en tierra boliviana, Oribe reclamó la extradición, pero el general Urdimenea rechazó horrorizado tan atroz exigencia[116].

Los enfermos, los heridos, lo mismo que los cirujanos y los clérigos que los ayudaban a bien morir, tenían todos que caer víctimas de aquella temible exaltación.

El 29 de Diciembre de 1839, en los campos de Cagancha y en lo más recio de la pelea, se destacó una división de Rosas sobre las carretas en que estaba colocado el hospital, y allí fueron degollados enfermos, heridos, mujeres, niños y cirujanos; se rompieron los instrumentos quirúrgicos y se inutilizaron los vendajes y las medicinas[117].

De todas las causas físicas y morales que pueden perturbar la armonía de las fuerzas del cerebro, sea por fatigas funcionales exageradas, sea por la usura orgánica, ninguna ha faltado en este largo período de horrores inauditos, y la razón y el sentido común afirman —dice Voisin, hablando de la locura causada por la Comuna—, que una serie de acontecimientos semejantes puede conducir a un cerebro predispuesto, a la locura declarada. Y si se tiene en cuenta el número de individuos predispuestos por herencia, que existen en una población, y la predisposición indudable que la influencia de ciertas causas poderosísimas crea en otros, veremos cuán sencillo es explicarse todos estos trastornos epidémicos, bajo cuya influencia han vivido muchos pueblos en ciertos períodos de su vida. Para convencernos, no tenemos sino que recurrir al hermoso libro de Calmeil[118], en donde un sinnúmero de ejemplos muestran la extensión alarmante que han tomado algunas veces estos delirios simples o complicados.

Ejemplos de ello son la curiosa "monomanía homicida y antropofágica" de los habitantes del país de Vaud, en que muchos de ellos fueron quemados vivos en Berna; el delirio de los sortilegios que reinó epidémicamente en Artois; la pretendida "antropofagia" de los habitantes de la Alta Alemania, en que cien mujeres se acusaban de haber cometido grandes asesinatos y de cohabitar con los demonios; la histero-demonopatía que se hizo epidémica en el condado de Hoorn, por los años 1551, en el monasterio de Brigitte, en el convento de Kingtorp, que estalló después en Howel y se propagó entre los judíos de Roma; y por fin las convulsiones histéricas y la ninfomanía contagiosa de Colonia.

---

[116] Ídem.
[117] Ídem.
[118] CALMEIL: *"De la folie considérée sous les points de vue pathologique, judiciaire et historique"*.

La generalización alarmante, que había tomado en Buenos Aires, llegó a contaminar a todos los gremios y a todas las clases, sin exceptuar al clero en quien se manifestó de un modo horrible. De esto último tenemos ejemplos repugnantes. El furor homicida se había apoderado de él también de una manera tan pavorosa que hacía tronar el púlpito con discursos que destilaban sangre. Un canónigo subía a la cátedra y hablaba de las "siete virtudes" que adornaban al Padre de Buenos Aires, como llamaba a Rosas, y después de perorar una o dos horas, empleando el lenguaje más procaz, concluía tomando en sus manos el retrato del Restaurador para colocarlo en el altar. El joven D. Avelino Viamont fue conducido prisionero a San Vicente; el cura le ofrece el perdón si revela un secreto que a Rosas le convenía averiguar, pero como él repusiera que prefería morir, el sacerdote llamó a los soldados y les dijo: «Fusilen a este salvaje, que no quiere morir como cristiano».

Los sermones del padre Juan A. González, cura de San Nicolás de Bari, muestran el vértigo que se apoderaba de él en esos momentos de delirio: un día subió al púlpito y, arremangándose hasta el codo, dijo, mostrando unos brazos secos y convulsivos: «Estos brazos que veis se han de empapar hasta el codo, en la inmunda sangre de los asquerosos salvajes unitarios», y golpeaba con fuerza sobre la baranda, lanzando rugidos y maldiciones.

El cura Gaete, de tan horrible recuerdo y que, en medio de su asquerosa embriaguez, brindaba por las tres santas, la «santa Federación, la santa verga y la santa cuchilla», hacía que las señoras que se confesaban con él, se persignaran diciendo: «Por la señal de la santa Federación».

El cura Solís decía en una de aquellas bacanales que celebraba la Mazorca: «Señores, tenemos hoy ricas y abundantes sardinas» (aludiendo a los degüellos que se verificarían en ese día), «según me lo ha dicho el Presidente de serenos; cada uno afile su cuchillo, porque la jarana va a ser larga y divertida».

En medio de esta vida de enervamiento moral y de decadencia, sensitiva, es claro que el resto de la población se encontraba imposibilitada para reaccionar contra estas turbas embravecidas. Este descenso brusco de la personalidad humana, esta oclusión horrible de la razón y del sentimiento, manifestándose bajo dos distintas fases (depresión en unos, exaltación en otros), es lo que constituye el rasgo principal de la epidemia.

La influencia de una causa patológica, es pues, evidente.

Esas fugaces épocas de calma, que solían sobrevenir, se presentan en casi todas las epidemias de este género y se explican perfectamente. Cuando la tiranía llegó a su lúgubre apogeo, la desconfianza mutua principió a separarlos y se aislaron; aislándose, se suspendía el contagio nervioso que era uno de los agentes más poderosos de su patogenia, y entonces la enfermedad manifestaba tendencias a desaparecer sin tratamiento alguno, que es lo que más habitualmente sucede. La sucesión de esos accesos terribles en que entraba la Mazorca en ciertas épocas, traía así que terminaba, una depresión completa, una sedación del sistema nervioso: era la calma que sobreviene a consecuencia de un gasto excesivo de fluido, y una vez satisfechos los impulsos morbosos que dominan al cerebro. Después de un período de excitación muy grande, sucedió otro completamente contrario y caracterizado por una especie de laxitud saludable, de cansancio, de postración análoga a la que trae el acceso de histeria una vez que ha terminado. Esto es lo que sucede en la manía y en la mayor parte de las formas de locura con exaltación violenta.

Finalmente, todas aquellas circunstancias que distraen mucho la imaginación de los habitantes, que solicitan con viveza la atención, adormeciendo momentáneamente las ideas delirantes, producen, sobre estas epidemias, efectos benéficos, calmando la excitación anterior, cuando no las hace desaparecer completamente. Es una especie de "derivación" moral de acción rápida y de un efecto maravilloso. Por esto creo, que los intervalos de calma que observamos en Buenos Aires, eran debidos a esta fuerte concentración del espíritu, producida por la presencia de un ejército enemigo, o por la derrota de alguno de los ejércitos de Rosas: la inminencia del peligro despertaría con viveza el instinto de la propia conservación, obrando como un poderoso sedante. En el último tercio del año 1840 —dice el Sr. Lamas en sus "Escritos políticos"—, estaba Rosas totalmente perdido. Le habían retirado sus poderes y se hallaban en armas contra él, la mayor parte de las provincias Argentinas; el general Lavalle se encontraba a las puertas de Buenos Aires, y el general Lamadrid venía con otro ejército de las provincias, a colocarse en línea de operaciones con el de Lavalle. El general Paz levantaba un nuevo ejército en Corrientes, y la Francia bloqueaba los puertos argentinos. Entonces Rosas se vio obligado a tratar, y después de ese tratado, fue que desplegó un rigor formidable.

Todos esos acontecimientos fueron para Buenos Aires, lo que para ciertas poblaciones neurópatas de la Edad Media la aparición de la peste o la producción de cualquier otro incidente que absorbiera violentamente al espíritu: un fuerte "derivativo".

Más adelante, la mayoría de las causas que producían la epidemia fueron, o disminuyendo su acción por una especie de tolerancia establecida en la población connaturalizada ya con sus efectos, o desapareciendo espontáneamente por una evolución natural y sin que nada conocido, a no ser los acontecimientos arriba mencionados, viniera a precipitar la crisis.

Esta época de desolación fue, para Buenos Aires, el momento más crítico de su vida: fueron las convulsiones propias de una infancia difícil y enfermiza.

SEGUNDA PARTE

I. LA MELANCOLÍA DEL DOCTOR FRANCIA

La generalidad de los autores que han escrito sobre la dictadura de Francia hablan de las proverbiales singularidades de su carácter. Desde Rengger y Longchamp, que hicieron un libro reputadísimo, hasta las últimas biografías de los diccionarios europeos, todos están de acuerdo sobre este punto, para cuya confirmación basta, por otra parte, un conocimiento superficial de su vida. El mismo Moreau de Tours, cuyo chispeante libro hemos citado tantas veces en el curso de este trabajo, consagra con la autoridad irrefutable de su palabra, esa afirmación de los alienistas "*dilettanti*", digámoslo así: «Una enfermedad terrible, la locura —dice el autor citado—, ha hecho muchas víctimas entre los suyos. A veces, en medio de accesos repetidos de hipocondría, su razón parecía turbarse, y se había notado que el viento del norte, siempre caliente y húmedo, cuya influencia es una causa activa del malestar para las personas nerviosas, agriaba su carácter hasta el más alto grado».

Francia, pues, por consagración universal, pertenecía, como dice Paul de Saint-Victor, hablando de Nerón, al alienismo histórico, una ciencia a crearse, y en cuyos cuadros figuraría la mayor parte de los malos Césares[119]. No sé si me equivoco, pero creo que ninguno es más digno que él de que esta moderna tendencia de los estudios morales, que algún día formará una rama importante de la psicología positiva, le consagre su atención, tratando de investigar cuáles fueron las secretas influencias que produjeron su enorme desequilibrio moral.

Francia (o *França*, como él pretendía, buscando en la adulteración de su apellido una prueba de su supuesto origen francés), era hijo de un brasilero que había venido al Paraguay llamado por el gobernador Jaime Sanjust, cuando la corte de Madrid quiso hacer competencia a Portugal, introduciendo en su colonia la fabricación del tabaco negro[120].

García França era un mameluco, paulista de origen oscuro y de conducta equívoca, mitad aventurero y vagabundo, que sentó sus reales en la Asunción con la esperanza fundadísima de levantar con el contrabando del tabaco una fortuna fácil. Allí contrajo matrimonio con una criolla de buena clase y de nombre muy conocido[121]; de la cual, algunos años después de

---

[119] PAUL DE SAINT-VICTOR: "Hombres y Dioses".
[120] A. DUMARSAY: "Histoire Physique, etc. du Paraguay".

153

nacer nuestro héroe (1757), se separó, regresando de nuevo al Brasil, a continuar su ágil y holgada vida de aventurero, ya que las pingües fortunas que había soñado sólo alcanzaron para comprar una casa en la ciudad y una chacra que fue más tarde el refugio melancólico y el único patrimonio de su primogénito. Pocos años después regresó de nuevo al Paraguay, en donde murió a una edad avanzada. Ni había estado en Francia jamás, ni su tipo menudo y restringido, ni su color aceitunado y bilioso, revelaba que por sus venas corriera una sola gota de sangre francesa, según en sus delirios de grandezas napoleónicas se lo imaginaba su hijo.

Cuando el niño se hizo hombre, lo tomó bajo su paternal protección un comerciante español llamado Martín Aramburu[122] y, gracias a sus infinitas bondades y a las repetidas dádivas de que fue objeto por mucho tiempo, pudo ingresar a la Universidad de Córdoba, donde, según sus propias palabras, lo empujaban a estudiar la carrera eclesiástica.

No conocemos los primeros años de su adolescencia, que se pierden en la oscuridad de su origen mismo, y que probablemente se deslizaron en la inalterable quietud de su aldea, en la eterna soñadora molicie de esos climas cálidos, que dan mayor sensibilidad a los sentidos, despiertan la fantasía con su exuberante lujuria, y hacen germinar con precipitación peligrosa la semilla que en las naturalezas predispuestas produce la enajenación. No es extraño que este niño, vagabundo y desamparado por su propio padre, en la edad en que el cerebro se deja modelar dócilmente por las mil influencias que lo acechan, haya principiado entonces a sentir los primeros síntomas de su enfermedad; todos esos temores inciertos y oscuros que asaltan la imaginación precipitándola en el tedio insoportable, en los vagos y tristes anhelos con que se inicia la pálida «madre de las sombras». Lo único que recuerdan los contemporáneos, y que la tradición ha trasmitido con cierta repugnancia supersticiosa, es que aquel bruto, ya medio envenenado por sus propios vicios morales, tuvo a la edad de veinte años un fuerte altercado con su padre, en el cual reveló toda la fría y enorme ferocidad de su carácter simio y bestial. Se tomaron ambos en palabras, y como su padre le increpara acremente ciertos procederes poco limpios, Francia levantó su mano y lo abofeteó despiadadamente; lo abofeteó sin que mediaran ímpetus y exaltaciones justificables; fríamente impulsado por esa maligna obsesión que mueve la mano de un parricida.

En este incidente hay todavía algo más cruel para la especie humana.

Muchos años después, moribundo el pobre viejo, lo mandó llamar con el deseo vehemente de reconciliarse. Desea salvar su alma —le decían, tentando la única grieta por

---

[121] Del documento que insertamos en el Apéndice resulta que la madre de Francia era de una de las principales familias del Paraguay. Pero, según informes que tengo de otra fuente, era una mujer vulgar y de origen completamente oscuro.
[122] Datos suministrados por el señor Machain.

donde parecía entrar luz a aquella naturaleza proterva—, ciertos escrúpulos implacables lo empujan a solicitar esta entrevista suprema. «Y a mí qué me importa de ese viejo: ¡que se lleve el diablo su alma!» —fue toda su contestación. "*The old man died almost raving and calling for his son José Gaspar*", dice Robertson, refiriendo este episodio que hace temblar la pluma[123].

Cuando fue a Córdoba tendría veinticinco años próximamente, y no llevaba otro caudal de ilustración que el que había podido recoger en aquellos colegios cuyos maestros, según el juicioso autor del "Ensayo de la historia civil del Paraguay", difundían la corrupción de ideas que les era familiar. Enredado entre los lazos de Aristóteles y las trabas pegajosas de la escolástica colonial, entre las cuales el alma grande de Maziel sufrió crueles angustias, según se ha dicho, terminó sus estudios y se graduó en la Facultad de teología. Sólo conocía el derecho por los preceptos del Decálogo, la teología de Goti y la filosofía de Dupasquier; libros en boga entre las eruditas falanges del Claustro Universitario, y en cuyas páginas, escritas con ese estilo inflexible con que Berigard de Piza escribió su "*Liber trium verborum*", habían causas suficientes para enloquecer al cerebro más bien templado.

Si es cierto, como lo es, que la educación intelectual defectuosa, agregada a causas de otro orden más poderoso, encierra gérmenes infinitos de perturbaciones mentales, la que recibió Francia en el Paraguay, y particularmente en Córdoba, debió influir en el desarrollo ulterior de sus extraordinarias anomalías.

Cuatro años de Teología revelada deben ser, para el espíritu, algo como la gravitación de un tumor semejante a una montaña; y si a esto se agrega la masticación casi diaria de las "Eneadas" de Plotino y del "*Proslogium*" hiperemiante de San Anselmo; si se agrega el extravío que causaría en aquellas pobres cabezas la idea de que terminado ese suplicio irían a "refrescar" la inteligencia adormecida por el estilo tenebroso de sus textos herméticos, en la deglución obligada de alguna rapsodia filosófica llena de congestiones cerebrales, se tendrá una idea vaga de lo que era en aquel tiempo y la influencia que podría tener aquella educación lóbrega y estéril como sus claustros. Eran larvas de locuras incurables, algo como cuerpos extraños angulosos y ásperos que se echaban dentro del cráneo indefenso de estos pobres filósofos, y que les estaban pinchando, oprimiendo, irritando el cerebro, si cerebro les quedaba después de cuatro mortales años de abstinencias y flagelaciones intelectuales inicuas. La "gótica pagoda" de Monserrat, que agobiaba el espíritu con el peso de su beca encarnada, era la que con éxito no menos maravilloso formaba las más firmes columnas de aquel oscurantismo exótico, que el clima y la localidad misma, con el horizonte sobre los ojos, hacía más pesado. Porque Córdoba, por su situación extraña, recibe "la luz" más tarde que las otras ciudades colocadas sobre los valles y las altiplanicies.

---

[123] J. P. y V. P. ROBERTSON: "Cartas sobre el Paraguay", tomo II, pág. 297.

Monserrat era un recurso, porque en sus rígidos encierros y en su disciplina presidiaria, en la áspera misantropía de los maestros y en aquellas lecturas místicas verificadas por sus discípulos escuálidos y huraños en medio de un silencio profundo y desolado, fue donde pretendieron encontrar el "gran magisterio" que les permitiera hacer las transmutaciones tan deseadas por una política que gobernaba con la sombra y el fuego, y educaba con el silencio y la penitencia. No había otro recurso: o permanecer oscuro en la aldea dejando que la inteligencia se atrofiara en su inercia soñolienta, o caer en las aguas de aquel lago turbio en donde circulaban revueltas las añejas ideas de Aristóteles con los bárbaros comentos de los árabes[124].

Para aquellos venerables astrólogos de las letras, la lógica era el arte del sofisma, y la física convertida en el «estudio infructuoso de accidentes y cualidades ocultas, que nada tenían que ver con el conocimiento de los fenómenos naturales» más bien que una ciencia exacta, era la continuación estéril de los ensueños inocentes de Arnaldo de Vilanova. La teología, envuelta también en las redes de la escolástica «corría cenagosa, apartada de sus fuentes puras, por el campo de las sutilezas y de las disputas frívolas a que daba lugar el espíritu de facción, introducido en las escuelas monásticas que declinaban ya»[125]. Después de todo esto y de haber torturado su inteligencia con la absorción lenta de la "*Pars prima*", de la "*Prima secondae*" y de la "*Tertia pars*", quedaban como sumidos en el estado intelectual deplorable en que quedan los fueguinos, embrutecidos por la repetición de sus orgías estomacales, esperando que la ansiada digestión levantara el peso que gravitaba sobre sus cráneos inermes.

Una vez terminados sus estudios, o se envolvían en el ancho sayal continuando la vida áspera del monasterio o salían al mundo, como Francia, inválidos del cerebro, cuando no palpitaba en su corazón el "empuje innovador" del Deán Funes, el temple de Baltazar Maciel o la ambición saludable, el vigor de espíritu de los que lograron eliminar el veneno que se bebía allí hasta en el aire de sus claustros lóbregos y desamparados.

Tenía, pues, que ser necesariamente nociva esa vida de eterna masturbación intelectual, aquel constante vagar del entendimiento oprimido por el grillete que lo amarraba al nebuloso sistema del Peripato o al viejo pergamino apolillado y venerado en los éxtasis excesivos en que caían aquellos "hermigios" coloniales; aquella densa tiniebla que envolvía las cabezas, y que nacida de adentro de los cráneos angustiados de Salamanca, fue, sin un relámpago de luz, difundiéndose por toda la América, donde sólo era permitido el comercio embrutecedor de los autores que, según la jerga peculiar de sus prosélitos, "simbolizaban con las verdades reveladas".

---

[124] JUAN M. GUTIERREZ: "Vida del doctor don Juan B. Maziel".
[125] GUTIERREZ: Ob. cit.

El clero —decía el inolvidable Dr. Gutiérrez— mantenía una red tendida por toda la superficie del mundo católico y sus hilos se estremecían a la aparición de un talento precoz, apoderándose inmediatamente de él. Pero Francia, aunque tenía talento, era demasiado huraño y misántropo para que pudiera sostener con la augusta resignación necesaria el peso de una tonsura muda y estéril como su alma. Así es que huyó cuando pudo del colegio de Monserrat, a donde había ido desterrado, para ingresar a la Universidad a terminar sus estudios.

La vida sombría y monacal de Córdoba, su educación primera y una indudable predisposición nativa, habían ya desarrollado, aunque en tonos vagos, la melancolía que después lo hizo célebre. El joven teólogo vivía extraño a todo y a todos, sustraído por completo al contacto diario de los compañeros y de los amigos cuyas francas y cordiales afecciones no necesitaban su corazón áspero y ya medio tibio. Un escaño casi perdido en la penumbra, y en cuyo duro respaldo grabó su nombre, le servía de asiento, o mejor dicho, de refugio, porque allí se ocultaba a las miradas curiosas de sus compañeros que principiaban a preocuparse y a sentirse impresionados por su carácter tan torvo y anguloso.

A medida que su concentración melancólica aumentaba, iba perdiendo su rostro aquella vivacidad ingenua que en la plenitud de la vida palpita en los rostros de los jóvenes, y su cuerpo, espigado y flexible como un junco, esas posiciones francas y amplias, signos habituales de un bienestar inconmovible y de una confianza sincera y despreocupada. Iba gradualmente dibujándose en toda su persona la marcha paulatina que seguía la enfermedad. El hábito de estar en acecho le había hecho adquirir a sus ojos la movilidad nerviosa y medio convulsiva, tan peculiar de los melancólicos y de los felinos, cuyas oscilaciones furtivas de cabeza, moviéndose siempre temerosa y desconfiada, le daban con ellos cierta analogía.

Además de estos rasgos corporales, que son diré así, la firma visible que escribe en la frente la dolencia íntima, sus padecimientos habían adquirido ya en este tiempo ciertos signos característicos. Su estado habitual de sombría tristeza, de fría repulsión, mezclado a un sentimiento de disgusto por todas las cosas humanas, se acentuaba profundamente en los prolongados encierros a que se condenaba él mismo en las celdas mal aireadas de Monserrat. La opresión incómoda que trae este malestar, la sensación tan característica de un peso enorme que gravita sobre el pecho, sólo se aliviaba, y aun a veces desaparecía, en sus largos paseos por la ciudad. Y esto que tanto llamaba la atención de la persona que con cierto supersticioso asombro me comunicaba el fenómeno, se explicaba fácilmente recordando la curiosa observación de Gratiolet: el tedio y el aburrimiento vienen con mayor facilidad en los lugares en donde el aire no se renueva, que en las montañas o en las orillas del mar, allí donde circula profusamente y en grandes masas. De aquí la necesidad imperiosa de tomar aire, que sentía después de algunos días de reclusión mortal y de aburrimiento enfermizo, y que «lo obligaba a estirar su largo pescuezo de espectro», como dice Poe. El tedio en un cerebro enfermo es, como alguien lo ha establecido ya, un principio de congestión pasiva y de asfixia, y así se concibe que todas las causas que puedan directa o simpáticamente disminuir los movimientos respiratorios, un canto lento y monótono por ejemplo, lo soliciten irremisiblemente[126].

Todas esas peculiaridades extrañas con que se dio a conocer entonces, y que son expresiones legítimas de una misantropía que puede y debe considerarse sólo como el período prodrómico de su grave enfermedad posterior, le valieron de parte de sus compañeros el apodo apropiadísimo del "gato negro". Y debieron ser agudas las uñas de aquel teólogo felino, porque en una contienda de colegio hirió gravemente a uno de sus condiscípulos con un cortaplumas cuyo filo había preparado de antemano, rumiando a cuenta, digámoslo así, la íntima satisfacción que experimentaría al ver saltar la sangre de su inofensivo compañero.

Estos procedimientos ejecutivos eran usuales en aquel ya funestísimo hombre, educado como el fraile Aldao y otros neurópatas, bajo la férula teologal de la famosa Universidad y destinado como él, por no sé qué singular coincidencia, a vestir hábitos de mansedumbre.

Con motivo de una penitencia impuesta por uno de sus profesores, y que en su humor agrio y destemplado consideró sumamente ofensiva, concibió una venganza, cuya ejecución, meditada y saboreada con perfidia bizantina, refleja de una manera perfecta toda la doblez de su carácter atrabiliario y peligrosísimo. Para el mejor éxito de la empresa empezó por simular un noble olvido, un sincero y cariñoso apego al profesor cuya confianza ganó de un modo admirablemente ruin y calculado; y después de examinar, comentar y madurar durante dos largos años todos sus planes, eligió aquel que le pareció más seguro. El dormitorio del profesor estaba debajo del suyo, y como había estudiado con la minuciosidad que requería el caso la ubicación de la cama y de todos los muebles de la víctima, fijó en el piso de su cuarto el punto preciso que correspondía a la cabecera. En los ratos en que el pobre clérigo salía a sus ocupaciones habituales, Francia trabajaba pacientemente, sacando ladrillo por ladrillo hasta que el agujero le permitiera ampliamente la introducción de la mano. Hecho esto, se procuró un fusil, probó su exactitud haciendo tiros en una supuesta cacería, y una noche que supuso al catedrático sumido en las beatitudes voluptuosas de su profundo sueño, metió el arma por el agujero y la descargó con rabia sobre su cráneo. El golpe, sin embargo, a pesar de tanta precaución, se había frustrado. Para felicidad suya la inocente víctima no se encontraba en la cama. Esta circunstancia produjo en Francia el primer acceso de esa amarga odiosidad que toda su vida profesó a los clérigos.

¿No se ve en estas minuciosidades pavorosas, toda la aridez melancólica y tranquilamente bravía de su alma?

---

[126] GRATIOLET: "La Fisionomía".

Otro episodio del mismo género: Un compañero de cuarto vio sobre la cama de Francia tres o cuatro duraznos y se los comió dejando los carozos sobre su mesa de noche. Cuando aquél entró, los guardó sin decir una palabra y todo pasó sin más ruido.

Pasaron los días, las semanas y pasaron también los meses, cuando en una tarde, al cerrar la puerta de la letrina, sintió el muchacho que de afuera se la empujaban violentamente y que se presentaba Francia agitado, con una pistola en la mano: «Cómete estos tres carozos, o te mato aquí mismo» y le presentaba tres carozos puntiagudos y llenos de escabrosidades. El pobre colegial trepida. Francia levanta el arma a la altura de la cara y cierra un ojo apuntando. La víctima estira la mano resignada porque el "gato negro" es insensible a las súplicas, y aquellos ojos magnéticos producían vértigos, mil terrores supersticiosos, y se echa el carozo a la boca... lo detiene en el borde de las fauces, lo pasea sobre la lengua haciendo tiempo y valor, lo pega contra el carrillo, lo vuelve a asomar a las fauces sin atreverse a tragarlo...

—¡Trágalo! —le dice Francia, y como empujado por la palabra misma, el carozo se desliza por la garganta escribiendo en aquella pobre fisonomía todos los dolores y las opresiones indescriptibles que causa su bárbara peregrinación hasta el estómago.

—Este otro...

—Pero... —aúlla el infeliz echando fuera de sus órbitas unos ojos extraviados, y se lo traga también, no sin que el "gato negro" le revisara la boca para cerciorarse que realmente se los había comido.

*****

La mayor parte de estos individuos formados en los claustros de la célebre Universidad, se resienten visiblemente de su educación viciosa, y hasta podría decirse deletérea. Su influjo ha sido un famosísimo incubador de todos los vicios incurables que constituyen el fondo turbio en estas naturalezas anómalas y mal dispuestas desde la cuna, como Francia y sus congéneres. Muchos de ellos llevan en su carácter, cuando menos, la doblez de los procedimientos jesuíticos, la desolada frialdad de sus cálculos, la mansa y falaz hipocresía de sus maneras; un corazón lleno de las circunvoluciones y de las encrucijadas oscuras de sus claustros; y hasta la pesadez ciclópea de sus muros se refleja viva y elocuente en el estilo de muchas de las reputaciones literarias que nos ha legado la colonia.

Cada uno experimentó esta influencia a su manera y con arreglo a las condiciones y tendencias virtuales que sus respectivos organismos trajeron al nacer, y que ella desarrolló con la exuberancia que la época le permitía. Y al ver las grietas, que han conservado toda su vida ciertos caracteres, parece que hubiera elegido con maléfica complacencia a aquellos cerebros llenos de mayor plasticidad, para adormecer en unos, y atrofiar en otros, todas las tendencias bondadosas, favoreciendo el desarrollo de las máculas incurables y orgánicas que dieron por resultado estas naturalezas equivocas que harto conocemos.

Estúdiense sus más célebres discípulos, y se verá con qué viveza reflejan muchos de ellos, aun en los actos más pueriles de la vida, la influencia decisiva de aquella educación singularísima. El arte silencioso y paciente con que el Dr. Tagle urdía y llevaba a cabo la intriga más atrevida, su gesto fijo e inalterable como sus ideas, impasible como su corazón y como sus escrúpulos[127] mostraban la firmeza con que había influido, fomentando ese sombrío y taciturno disimulo que tenía Francia en tal alto grado. El tartufismo medio soñoliento y sibarítico de Bustos; la astucia felina de Ibarra; las tendencias mefistofélicas y el espíritu opaco y frío de Vélez Sarsfield, ¿no eran su expresión más elocuente?

Si no fuera científicamente cierto el influjo peligroso de este género de educación, sería casualidad singular, que la mayor parte de los hombres formados en las aulas inolvidables de Monserrat y de Loreto, hubieran sacado una contextura moral equívoca, cuyas anomalías eran tan acentuadas que se abrían paso al través de ciertas calidades lapidarias y de los escasos haces de luz que los salvaron de un olvido infalible, utilizando oportunamente el carácter y la inteligencia de muchos de ellos.

El mismo Funes, a pesar de su notoria reputación y de sus inclinaciones liberales, era un hijo rollizo del colegio de Monserrat, cuyo sistema de severísima disciplina, llevada hasta sus últimos y más brutales extremos, produce el decaimiento moral que traba, cuando no impide, el desarrollo de los sentimientos efectivos sobre los cuales se apoyan los instintos más generosos. Parecía un hombre de carácter débil «para afrontar responsabilidades directas y para mantenerse en sí mismo frente a las exigencias del poder o de los hombres influyentes del partido dominante: sus maneras eran tan obsequiosas que a veces comprometían lo que se debe a la propia dignidad»; pues parecía casi siempre predispuesto a pedir permiso para tener o expresar un parecer, «sobre todo si había conflicto o choque de pasiones y de intereses políticos. Por esto se le tachaba de tener un carácter doble y de ser inclinado a la hipocresía y al servilismo»[128].

Lafinur, otro de los educandos célebres de la Universidad, tenía todas las rarezas y extravagancias, cuyas afinidades nada equívocas con la enajenación mental, daban a su

---

[127] VICENTE F. LOPEZ: "Historia da la Revolución Argentina".
[128] Ídem.

carácter cierto tinte profundo de hipocondría; y por lo que toca a Monteagudo[129], ese histérico megalómano lleno de sombrías petulancias y de vicios enormes de organización moral, fermentados al calor del claustro, él como pocos comprueba la verdad de este aserto.

Insisto sobre este factor que constituye, como dice Parrot, una fuente etiológica deplorablemente fecunda, porque en este caso lo creo de particular importancia; pues si bien la educación moral e intelectual que "ayuda" a formar el carácter, no cambia el sello típico que constituye la propia e inalterable idiosincrasia del sujeto, en cambio, cuando actúa sobre un organismo limpio de predisposiciones, puede preservarlo de los desvíos anormales resultantes de las aberraciones de su sensibilidad elemental. Cuando hay vicios ingénitos, los fomenta y ayuda mucho a su desarrollo. Es un riesgo fecundo que empuja, fuera de la tierra morosa, esa vegetación abundante que después se hace lasciva y trepadora. El interés, la cultura muy trabajada del corazón, u otra causa cualquiera, podrán tal vez modificar (pero modificar simplemente), las manifestaciones del carácter, pero su tipo fundamental no se pierde jamás al través de las más grandes vicisitudes de la vida; «genio y figura, hasta la sepultura», es un adagio vulgar, pero profundamente cierto y filosófico.

Una educación viciosa, como se daba en aquel tiempo en Córdoba, con todos los peligros que surgen de la lucha del carácter contra las imposiciones de sistemas atrabiliarios, que oponían a la movilidad natural de la inteligencia una coerción antipática, era propia para enardecer la irritabilidad enfermiza nativa, más que para sujetarla dentro de sus límites saludables. Su régimen interno, la disciplina conventual y depresiva de sus colegios[130], su manera de enseñar, sus libros, sus maestros, y hasta el régimen y los hábitos mismos de aquella ciudad, más colonial y retardataria que ninguna, echaban al espíritu en esas propensiones hipocondríacas que desvían los sentimientos y que dan a la inteligencia una dirección errónea.

Es necesario leer la descripción atorrante, aunque poco vivaz, que nos ha hecho el Deán Funes, del sistema seguido en el famoso Colegio de Monserrat y en la Universidad, para comprender cuán grande debió ser su influencia sobre el físico mismo, no ya sobre el espíritu, que tenía tósigo suficiente con las lecturas reglamentarias. La comida, las flagelaciones mortíferas a que sujetaban sus cuerpos enjutos por la abstinencia, el inmenso trabajo mental improductivo, y una vida sedentaria y soñolienta a fuerza de ser debilitante, perturbaba profundamente aquellas pobres cabezas que esterilizaron sus fuerzas y empobrecieron una sangre destinada a vivificar sus elementos nerviosos. Porque fue precisamente por ahí, por la sangre, por el aparato circulatorio, que la célebre "pagoda" llevó al espíritu una parte de su influjo, complementado después por otros medios eficacísimos.

---

[129] EL DOCTOR GUTIERREZ, en sus "Apuntes biográficos de escritores y oradores, etc.", dice que el célebre Auditor de Guerra hizo sus estudios en Córdoba, pasando después a Chuquisaca a completarlos.
[130] Véase en el "Ensayo" de FUNES, el régimen del Colegio Monserrat. Era bárbaro.

Por la sangre que hace vivir a la célula nerviosa, que es la que domina y reglamenta las diversas formas de su actividad; y no hay sangre ni organismo, por bien templado que se halle, que resista un par de años a las torturas físicas y morales a que vivían sujetos los que, como

Francia, ingresaban allí a estudiar para clérigos.

Me imagino la impresión desagradable que producirían aquellos claustros, en donde desfilaban a la media luz de un crepúsculo artificial, todas esas sombras humanas, entregadas a sus meditaciones excesivas, transidas por la anemia, pálidas, secas y como identificadas con el pergamino de sus infolios; con la sangre hecha agua, la esclerótica azulada y el cerebro gimiendo bajo el peso de su mendicidad circulatoria.

Cuando el torrente sanguíneo ha sido lanzado en los haces nerviosos con una impetuosidad insólita —dice Luys— o cuando se establece, de una manera persistente bajo la forma de irrigación continua, el movimiento vital se desarrolla en la célula, que poco a poco se eleva a una faz de eretismo incoercible; entonces este mismo movimiento fluxionario, según que se localice en tal o cual departamento cortical, o que se circunscriba a tal o cual o grupo de células aisladas, determina, aquí fenómenos de emotividad incesante, allí asociaciones de ideas, excitación de la memoria y de la imaginación, más allá exaltación de las fuerzas motrices, turbulencia, locuacidad incoercible; fenómenos variados y movibles que a pesar de su diversidad entran en acción bajo el influjo de una causa única: la aceleración de las corrientes sanguíneas en los haces de las células nerviosas[131]. Así se explica probablemente la turbulenta iniciativa de Ramírez; la movilidad incansable y el espíritu travieso de Dorrego; los arranques petulantes de Alvear y el brío fosforescente y movible de aquellos "chisperos" inolvidables que capitaneaba Beruti en los arcos de la Recova. Bajo la influencia de una alimentación sana y abundante, de un aire puro y convenientemente oxigenado, y de una existencia libre, fácil y estimulante, su sangre enriquecida y saludable corría sin obstáculo irritando la célula y produciendo en cada uno las manifestaciones siempre bulliciosas de su idiosincrasia moral.

Cuando, al contrario, la circulación se hace lánguida y la sangre se empobrece bajo el influjo de un ascetismo inconveniente, de una alimentación precaria o del recargo indigesto de la inteligencia verificado en la melancólica soledad de un claustro oscuro y asediado por las mil preocupaciones de una sociedad sin horizontes, fenómenos inversos se manifiestan; es la vida —agrega Luys— que retrocede de todas partes degradando la actividad nerviosa, que cae debilitada por debajo del promedio fisiológico. Son los fenómenos de depresión, de lipemanía y de lasitud que aparecen y que se presentan bajo el aspecto de diversas y variadas modalidades, según que el proceso anémico se haga sentir en tal o cual parte del sistema, y

---

[131] LUYS: *"Traité des Maladies mentales"*.

según que un número más o menos considerable de células hayan caído en la faz de torpeza incurable[132].

Así también podría explicarse el lánguido y embrutecedor abandono de Bustos «ejemplo irreconciliable con la marcha progresiva del país», especie de topo cretinizado por el Colegio de Monserrat y sin más calidad intelectual que la astucia agudísima del lobo; así la misantropía huraña de Lafinur; la morosidad sensitiva del Dr. Tagle, su fisonomía nebulosa y fría, aquel color lipemaníaco tan desagradable y las aptitudes medio linfáticas de su cuerpo pequeño y bilioso; así, por fin, la dura oscuridad del espíritu de Francia, sus angulosidades y precipicios donde no brilló jamás el más pálido destello de un sentimiento humano. Nada hay que produzca más decrepitud nutritiva, que haga más lenta la irrigación sanguínea del encéfalo y aun del resto del organismo, que esa vida sedentaria y pasiva del claustro, donde todo es pálido y languideciente, lento, inmóvil, desprovisto de esos húmedos resplandores de la vida que abrillantan la pupila y coloran la carne de los jóvenes con sus trasparencias celestes.

Pongamos en condiciones semejantes a un organismo dispuesto al raquitismo mental por vicios hereditarios, y pronto veremos con qué maligna lozanía se desarrolla; tal cual sucedió en Francia, sobre quien se hicieron sentir de una manera funesta y decisiva.

Con lo expuesto tenemos, pues, un elemento poderoso para el diagnóstico de su neurosis; elemento que si bien no lo creo único, influyó, sin embargo, como se ha visto, de una manera poderosa.

Hay algo más, que es necesario apuntar. El joven teólogo, a pesar de su concentración bravía, amaba a las mujeres tanto cuanto odiaba a los hombres. Las calles apartadas de la ciudad fueron más de una vez testigos mudos de escenas ruidosas en las cuales salió siempre apaleado por algún galán de baja estofa. Su mala suerte y sus inclinaciones naturales lo habían obligado a rozarse con gente de la clase ínfima, porque era donde encontraba más fácilmente satisfacción plena de sus pasiones de sátiro hidrópico, y porque siempre que solicitaba los favores de alguna dama de posición más alta que la suya, recibía en contestación un desaire, le daban con la puerta en las narices, o le acomodaban, por la mano anónima de los sirvientes, una paliza llena de cruentos recuerdos.

Uno de los protagonistas en estos dramas amorosos, que derramaban tanta amargura en su alma, pagó sus agresiones, "diez años después", gimiendo en una de las mazmorras de la Asunción, en donde fue enterrado por Francia, cuyas espaldas conservaban todavía vivaz el escozor humillante de la ofensa.

---

[132] Ídem.

Otro vivió cautivo en un sótano, hambriento y martirizado como sólo él sabía hacerlo, durante dieciocho años, al fin de los cuales fue enviado al patíbulo, a donde tuvo que arrastrarse materialmente, porque las piernas, entumecidas por la inacción del presidio, lo habían paralizado. Pero éste tenía cuentas muy largas que arreglar con él. No sólo había rechazado con indignación ciertas pretensiones matrimoniales ambiciosas de Francia, sino que al rechazarlas ¡le había llamado "mulato"! Y el "mulato" estuvo durante nueve años sonando en su oído con la intensa continuidad de una alucinación orgánica hasta que llegó el momento de saciarla, secando los labios venerables que la habían pronunciado. El no vengaba ninguna injuria inmediatamente, porque era cobarde, pero su recuerdo le acariciaba la memoria con cierta fruición diabólica, manteniéndosele vivaz hasta el día de la venganza.

He dicho que "amaba" a las mujeres, y he dicho mal, como se comprenderá fácilmente. Sólo buscaba la hembra, cualquiera que fuese su clase y su color; la carne abundante y de fácil adquisición, como medio de satisfacer pronto las exigencias apremiantes de sus instintos puramente bestiales. La médula, con su automatismo irreflexivo y prepotente, absorbía al corazón demasiado frío para ser fecundo y sensible.

Las reuniones de la clase baja, en donde los "niños decentes" gozan del prestigio de su clase y de ciertas prerrogativas inalienables, lo seducían, y por esto eran el teatro diario de sus hazañas, el refugio supremo en donde iba a consolar su amor propio íntimamente herido por las repulsas de las clases aristocráticas. Y aun allí mismo, para colmo de sus desdichas, no privaba como correspondía a su "alcurnia" y a su ambición hinchada y petulante. Sea que su generosidad fuera un poco equívoca y su tipo demasiado repugnante, o que su fama de poco escrupuloso hubiera llegado hasta ellos, lo cierto es que no siempre sus tentativas eran coronadas de un éxito feliz. Sin embargo él se mantuvo rodando entre esa gente, hasta que una aventura, en que como de costumbre salió machucado, le obligó a huir para siempre de todo contacto humano, envolviéndose definitivamente en las sombras de su propio espíritu.

Se comprende que esta repulsión instintiva, que inspiraba a todos, hiriera profundamente su inconmensurable orgullo, haciéndolo más retraído aún, y diera pábulo a sus propensiones melancólicas.

Cuando ya la ciudad mística comenzó a ahogarlo con su fastidiosa monotonía y el vacío se hizo a su derredor, pensó en su viaje como en un remedio a sus dolorosas ansiedades. Se había apoderado de él esa suprema inquietud que sucede a los grandes dolores y que nos impulsa a movernos de un lado a otro. El valle pequeño y profundo lo echaba en la angustia constrictiva que oprime el pecho como si gravitara sobre él una montaña.

Así fue que, sin despedirse de nadie, se marchó un día a su tierra, sin más penates que una capa, una "Historia Universal" y la dispepsia con que anunciaba su entrada la "gota" punzante que tanto acrecentó después su neurosis.

II. DESARROLLO DE SU ENFERMEDAD

Cuando Francia regresó al Paraguay, tendría de treinta y cinco a cuarenta años próximamente, y una reputación de probidad intachable para los que no conocían los detalles de su vida universitaria. Era, decían, el defensor más celoso de la justicia, el protector del débil, el padrino de todos los pobres contra las rapiñas de los ricos, y en el desempeño de sus modestas funciones de cabildante y más tarde de Alcalde, se mostró de un carácter independiente, firme e inexorable en defensa de su país, y contra las pretensiones ambiciosas de la metrópoli[133].

Así era efectivamente: un esfuerzo poderoso de voluntad, y el cambio siempre benéfico de clima, habían contenido en los límites de su hogar doméstico los accesos hasta entonces poco ruidosos de su enfermedad. Un disimulo jesuítico, consumado con la supina habilidad con que ciertos alienados ocultan sus impulsiones inequívocas, le habían dado temporalmente el gobierno interno, logrando restablecer el orden en sus facultades cerebrales anarquizadas por su propios vicios.

Pero más adelante la marea comenzó de nuevo su ascensión laboriosa; la "tolerancia" hizo ineficaz la acción del cambio de lugar, y entonces, bajo el influjo de causas pueriles y por lo general ignoradas en estos casos, volvió a desquiciarse su cabeza, arrojando al espíritu en las convulsiones de la enfermedad.

Al principio, ciertas extravagancias extrañas que embargaban su inteligencia inspirándole determinaciones insólitas y envolviéndolo en las lasitudes femeniles que aniquilan a los hipocondríacos, hicieron entrever a ciertas personas sus dolores secretos; pero luego la intervención necesaria del médico y de algunos amigos curiosos e indiscretos acabaron de divulgarlos en toda la ciudad. El "histérico", como le llamaba el vulgo a sus males, comenzaba a golpear con más frecuencia en su cráneo suscitando presentimientos penosísimos de una muerte próxima; las ideas de suicidio, los terrores inciertos que le mordían el corazón y lo arrojaban en esa fantasmagoría interna y convulsiva que fatiga el espíritu de los alucinados con las luces siniestras y variadísimas de su caleidoscopio. Se sentía morir y llamaba a gritos un médico español, D. Juan Lorenzo Gauna, por cuya ciencia tenía entonces un profundo respeto, para que le quitara de encima —decía— el peso de aquella angustia que le arrebataba el sueño y le desfiguraba el rostro de una manera repugnante[134].

---

[133] RENGGER Y LONGCHAMP: "Revolución del Paraguay".
[134] Apuntes suministrados por el señor Machain.

El Dr. Gauna, que sin duda era un taumaturgo que allanaba fácilmente las dificultades de cualquier tratamiento, tenía una teología peculiar para el pronóstico de estos "histéricos", que según él, dependían de influencias astrológicas más que de causas morales incurables. Un poco de agua en las sienes y la estimulación del olfato por medio de sustancias aromáticas bastaban para calmar el acceso, que por otra parte tenía su ciclo conocido y terminaba cuando debía. El doctor Zavala, que también acompañaba a Francia en estos trances amargos, hacía jugar sus recursos apostólicos concretándose a perorarle, tratando de convencer al doliente que moriría cuando Dios quisiera y no cuando él pensaba; que orara con fervor, ¡que hiciera "ejercicios"! y que saliera del país, como si al dar este consejo sincero presintiera cuál iba a ser el porvenir de aquel "histérico" que evolucionaba con tanta mansedumbre y en cuyas manos no se descubría todavía una sola pinta de sangre.

Para que nada faltara en el cuadro abundante de los síntomas, tenía Francia un tipo marcadísimo de neurópata.

Era de estatura mediana; más bien bajo qué alto; delgado y bien conformado, aunque con una espalda ligeramente gibosa y prolongada; circunstancia que haciendo más grande el volumen de su cuerpo establecía cierto contraste ridículo con sus piernas enjutas y deplorablemente delgadas. Un pie árabe, como el de Monteagudo, el pie delicado de la gente de buen origen, completaba el conjunto de los miembros abdominales. Tenía una cabeza vulgar, en realidad, pero así mismo reveladora, porque se expandía atrevidamente hacia atrás por la acentuación marcadísima de la dolicocefalia occipital. La frente era alta, aunque corta y ligeramente oprimida, con las eminencias frontales sumamente pronunciadas y con un surco vertical profundo que la dividía, como si debajo de la piel estuviera todavía palpitante la sutura metópica. Era una frente muda y estéril, porque, en verdad, es rara y confusa una frente con mil surcos y protuberancias vacías, que escapan a la más atrevida y paciente interpretación frenológica.

Su piel era cobriza, oscura y llena de bilis; en sus ojos, ocultos tras un párpado plegado y laxo, estaba como reconcentrado toda la vivacidad felina de su fisonomía, llena de una perspicacia traidora y pavorosa. Cuando algún pensamiento siniestro le hincaba el cerebro, los ojos se clavaban oblicuamente y las cejas se hinchaban encrespadas con altanería, echando sobre ellos una sombra intensa y recogiendo la frente que se plegaba en surcos hondos y oscuros, como si toda la vida se concentrara sobre ella en ese supremo momento. Se movían pausada y trabajosamente, como gobernados de adentro por un sentimiento profundo de desconfianza; la mirada curiosa y centelleante, iluminada por una intención agresiva y sagaz, se fijaba con sumo imperio en el rostro de sus interlocutores, que debían mirarle de frente y sin pestañear siquiera. Una nariz delgada y filosa como la hoja de un cuchillo, larga, aguda, con esos dos tubérculos de la base que, según el patriarca de la inocente "Fisiognomía", son señales evidentes de firmeza y contumacia. Todas las carnes de la cara, arrastradas por un movimiento pasivo, parecían abandonadas a su propio peso; y los carrillos pendientes, secos y medio momificados, tiraban hacia abajo el párpado, dejando en lo alto la pupila medio velada y confusa. La boca era, como ningún rasgo, el más elocuente, el más típico de su nacionalidad; porque los paraguayos, sobre todo los que nacen cruzados por sangre guaranítica, tienen este aparato peculiarísimo y sumamente característico. Era una boca ancha, de labios delgados y verticales casi, movibles, flácidos y juguetones: el labio inferior entrante, ligeramente invertido hacia afuera y cubierto por el superior, tenía hacia la comisura derecha un ligero encogimiento despreciativo. Era la boca de los desdentados, con ese visible ortognatismo de los viejos, a quienes la falta de los dientes la empuja hacia adentro. Holbein ha pintado, en la cara del Judas que inmortalizó su pincel, ciertos rasgos que aunque parecen exclusivos del avaro bestial, corresponden, sin embargo, a muchas de estas naturalezas malignas y hondamente degeneradas.

Su palabra era lenta, oscura y embarazada: le gustaba, como al viejo Tiberio, emplear ciertos arcaísmos favoritos y expresiones poco usuales; y, cuando hablaba, acompañaba su palabra con aquellas gesticulaciones pesadas y desagradables con que el hermano de Druso parecía estimular su pensamiento perezoso.

Aquellos pómulos prominentes y agudos, aquella piel enjuta y deslustrada, aquellas manos heladas y convulsas, con sus dedos largos y de pulpa achatada como los de los tuberculosos, complementaban de una manera acabada y admirable la "facies" típica y elocuente del melancólico hereditario.

Habitualmente vestía un pantalón ajustado color almendra y unas polainas de casimir muy altas y elegantes; frac azul oscuro con dos galones en la bocamanga, grandes botones amarillos y dos estrellas en cada faldón; chaleco blanco y un corbatín de dimensiones considerables.

Este era el traje que usaba en los primeros años de su dictadura, pues muy pronto, y bajo el influjo de causas conocidas, cambió no sólo de manera de vestir, sino también de hábitos, transformándose totalmente en un hombre sobrio y de costumbres templadísimas. La desconfianza lo apuraba y era menester huir el contacto peligroso de las mujeres que habían constituido antes el deleite supremo de su vida. Además, ese ardor inmoderado que hacía insaciables sus apetitos genésicos, no fue sino un pródromo que terminó con la aparición franca de la enfermedad que anunciaba.

Jamás le sorprendían en la cama los primeros rayos de sol y, al levantarse, se hacía traer con un negrito esclavo, una estufilla, una olla y una pava con agua para cebarse con sus propias manos el mate interminable con que se desayunaba. Entonces tenían lugar aquellos largos paseos en el peristilo interior de su palacio, fumando un cigarro, que también armaba él mismo y que hacía encender con el negro, urgido por esa desconfianza enfermiza que iba por horas invadiendo su espíritu, que le imponía la frugalidad extremada de su comida, y que lo obligaba a verificar la elección de lo que habían de cocinarle.

Cuando regresaba del mercado, la mujer que le servía de cocinera, de ama de llaves y aun de confidente íntima, dejaba la canasta a la puerta de su gabinete y, sólo después de haber hecho un minucioso examen de todo su contenido, separaba aquello que más apetecía y mandaba arrojar a su perro y a los cuervos el resto. Hecho todo esto, entraba el barbero: un mulato ebrio consuetudinario, sucio y de costumbres crapulosas, que después ascendió a espía de confianza. Si el dictador estaba de buen humor, lo que era raro, conversaba largamente, valiéndose de él para averiguar lo que hacían y pensaban ciertos personajes que al principio de su gobierno le despertaban amargas sospechas. En seguida recibía a los oficiales y al resto de sus empleados, que venían a pedirle órdenes con una humildad y con un servilismo asiáticos; revisaba los papeles que le traía el "fiel de fecho", "siesteaba" y leía hasta la hora de montar a caballo. En aquella época eran todavía frecuentes sus paseos, rodeado de escoltas, precedido de numerosos batidores y armado de un largo sable y de un par de pistolas de bolsillo.

Su templanza era notoria y la castidad bravía en que entraba, por razones fácilmente explicables, levantaron su buen nombre a una gran altura. Pero lo que el pueblo atribuía a un esfuerzo potente de voluntad, no era sino la expresión genuina de su enfermedad misma. Cuando estos "genesíacos" por impulsos patológicos, llegan a este término doloroso en el cual ciertas partes de la esfera emotiva del sensorium, como dice Luys, quedan como privadas del pábulo de la vida, el elemento nervioso que producía antes esas exaltaciones ruidosas, comienza a anestesiarse, sobreviniendo la fría indiferencia que los hace insensibles al estímulo del medio habitual.

Concluyen para ellos todas las curiosidades ingenuas del corazón, como también todas estas delicadezas de orden moral, que antes estimulaban el cerebro procurándoles emociones incesantemente renovadas. A medida que la enfermedad avanza, la esfera de esas emociones se va restringiendo hasta que, como dice un eminente alienista, quedan condenados a vivir tan solo por una porción limitada del sentimiento que aún resiste a la torpeza general.

Esto sucedía a Francia.

Hasta allí su ascetismo melancólico revestía tan solo el carácter inofensivo de una simple hipocondría; tenía accesos repetidos de un *spleen* convulsivo y amargo, en que sin duda y, como suele suceder en estos casos, oiría las mil voces destempladas que lanzan injurias y amenazan con la muerte; o bien los ruidos confusos de campanas lejanas, de tambores y silbidos agudos; la visión de espectros de figuras cadavéricas, de bóvedas subterráneas, de cráteres que se abren a sus pies y que tan dolorosamente crispan los nervios de los melancólicos[135]. Pero estos accesos, aunque transitoriamente, cesaban bien pronto, dejando largos intervalos de salud casi completa, durante los cuales se entregaba a sus habituales

---

[135] GRIESINGER: "*Maladies mentales*".

ocupaciones: daba audiencia a todo el que quería verlo, paseaba diariamente visitando los cuarteles, las obras públicas, las guardias lejanas y, lo que es más aún, se permitía con algunos camaradas de escuela indigentes, ciertos impulsos de rara generosidad; especie de estremecimientos humanos que todavía se abrían paso a través de ese escepticismo frío y sarcástico que lo suspendía oscilando entre Tiberio y Calígula. Fue por esta época que, habiendo sabido que el hijo de una honorable casa cordobesa, en donde había sido tratado con suma benevolencia, se encontraba en la Asunción, desamparado y pobrísimo, lo hizo llamar para obsequiarlo y nombrarlo Secretario suyo[136].

Esos escasísimos paréntesis de normalidad cesaron a su vez para siempre y dejaron en su lugar la amarga acritud, las angustias súbitas y violentas que inspiraban sus frecuentes atentados; la incurable y profunda exaltación melancólica que hace odiosa y despreciable la existencia y que arroja al carácter en las fascinaciones ineludibles de la muerte voluntaria, del incendio y del homicidio cruel y fríamente calculado, como vamos a verlo. Porque esta percepción penosa del mundo exterior, que arrastra necesariamente a la soledad y que es al principio pasiva e inocente, se hace más tarde activa y peligrosa, y obliga al paciente a destruir, a matar con una impasibilidad glacial[137].

Así fue que poco tiempo después no reconoció más amigos ni parientes, reconcentrando en sus odios, exclusivamente, las pocas fuerzas que tenía, distraídas, diremos así, en uno que otro débil sentimiento bondadoso, amamantado por mera especulación tal vez, más que por naturales impulsos.

Después de haber abofeteado a su padre, nada le quedaba que hacer para revelar su naturaleza melancólica, sino era complementar la sintomatología, negándose a reconciliarse con él en circunstancias que el pobre mameluco moría, indigente y abandonado, llamando a su hijo para perdonarlo[138].

Tenía a su lado a un sobrino, que aunque ligado a él por vínculos de sangre, era un joven lleno de buenas cualidades y que en uno de sus buenos momentos lo había hecho su amanuense o su ayuda de cámara; sobrevino una de tantas crisis, o por razones fútiles lo mandó fusilar en la plaza pública y en su presencia, como acostumbraba verificar más tarde las ejecuciones. Una hermana suya, mujer medio atrabiliaria e histérica, que había recibido como él el germen de una enfermedad mental que después hizo explosión, única persona por quien había mostrado algún apego durable y que vivía en su quinta, fue también abandonada, expulsada de su lado de una manera ruidosa e infamante. A otros dos sobrinos los cargó de cadenas y fueron sumidos por tiempo indeterminado en las cárceles de estado. Todo esto

---

[136] RENGGER Y LONGCHAMP: "Revolución del Paraguay".
[137] KRAFFT-EBBING: Obra citada.
[138] Datos suministrados por el señor Machain.

paulatinamente, a medida que aquella savia prodigiosa, que da a la Melancolía la abundante variabilidad de sus cuadros oscuros, iba ascendiendo con su precipitación habitual.

Bajo el punto de vista físico, no era sólo la coloración amarillenta difusa de su rostro, la sombría inquietud de su mirada, sino también las habituales calenturas de cabeza, el enfriamiento intensísimo de las extremidades inferiores, la perezosa lentitud de su circulación y esta susceptibilidad extremada de la sensibilidad que al menor contacto producía una sobrexcitación extraordinaria.

El apetito se conservaba bien; pero comía poco y hasta se privaba de ciertas cosas para no exponerse a los supuestos envenenamientos. Poco o mucho que comiera, siempre se ponía, después, más sombrío que nunca. La "dispepsia", que hace tan sumamente laboriosa la digestión, daba pábulo a sus crisis, despertando multitud de sensaciones penosísimas, originando el meteorismo y las flatulencias que ponen el vientre tenso como un tambor, que producen la angustia y provocan los accesos de sofocación, los fuertes latidos del corazón, las punzantes y embrutecedoras congestiones del cerebro[139].

Si conocierais de lo que es capaz un pedazo de alimento que se digiere mal y que va trabajosamente abriéndose paso al través del intestino, por cuatro o seis largas horas, comprenderíais cómo era posible que una mala digestión alterara el ánimo de aquel melancólico destructor, hasta el punto de mandar traer su propia hermana para fusilarla[140].

A este respecto conozco cosas curiosísimas y que pueden darnos la clave de las exacerbaciones que sufría Francia después de comer; exacerbaciones que, bueno es decirlo, no eran de ninguna manera atribuibles a excesos alcohólicos sino a repercusiones del aparato digestivo sobre los centros encefálicos.

Hay enfermos que inmediatamente después de sus comidas y al levantarse de la mesa se tambalean como embriagados; otros experimentan un sentimiento de vaguedad, de vacuidad en la cabeza; o bien les parece que sus sienes son comprimidas con violencia por un círculo de hierro. Una penosísima sensación de frío glacial, una bruma densa que cruza los ojos deformando los objetos, les confunde y atormenta la inteligencia de una manera tenaz y violenta. Durante la evolución de estos síntomas diversos, el dispéptico puede todavía experimentar una sensación de ansiedad intensa en la región cardiaca, sensación que a veces se acompaña de irradiaciones dolorosas que embargan todos los sentidos. Un grado más, y las lipotimias y los desfallecimientos le hacen perder totalmente la cabeza; siente algo que lo estrangula, que lo sofoca, que le detiene el corazón produciendo las constricciones agudas a

---

[139] DAGONET: "*Traité des maladies mentales*".

[140] Creo que es en el libro de RENGGER donde se dice que Francia intentó una vez fusilar a su hermana por el "delito" de haberse vuelto a juntar con su esposo.

que se han atribuido ciertas variedades de la angina de pecho.

Y esto no es todo: hay dispepsias con repercusiones neuropáticas tan acentuadas del lado de la sensibilidad, que hasta presentan anestesias extensas en diversas partes del cuerpo; anestesias que ocupan ya un punto, ya otro de la piel, las manos, los brazos y sobre todo la cara interna de los antebrazos. Tan grande es la parálisis de la sensibilidad que se les puede pellizcar, pinchar fuertemente con una aguja hasta atravesarles el tegumento en todo su espesor, sin que muestren sufrimiento de ello.

Véase, pues, hasta dónde lleva su influencia perturbadora el aparato digestivo.

Así se comprenden fácilmente las súbitas impulsiones pasionales, las determinaciones inmotivadas y rápidas que solían empujarlo en las horas incómodas de sus digestiones siempre lentas y laboriosas. Verdad es que estos influjos nocivos se hacían sentir sobre un cerebro presa ya de la Melancolía; que estos síntomas, más que causas, eran epifenómenos de la misma enfermedad mental, puesto que es difícil (no digo imposible) que en una persona sin una fuerte predisposición anterior, actúen, con el vigor suficiente para producir por sí solos una enfermedad mental. Francia era melancólico hacía ya mucho tiempo, y su dispepsia, fenómeno también inherente a la gota que lo aquejaba, no hacía sino enardecer los síntomas de su psicopatía[141].

Cuando terminaba la comida, o mejor dicho, la cena, porque conservó siempre entre sus hábitos la proverbial "merienda" de los tiempos coloniales, comenzaba la noche; esa noche tristísima sepulcral de una ciudad que gime bajo el peso de la tiranía de un melancólico, que es la peor de las tiranías. El silencio más absoluto se producía en todos los barrios y con él empezaban a levantarse en el cerebro, como fuegos fatuos, todo ese cúmulo de agitaciones que daban pábulo a sus insomnios. Si se movía la llama de la vela, agitada por el aire, parecíale que alguien la había soplado suave y diabólicamente para dejarlo a oscuras... y dejar a oscuras a un perseguido, a la hora en que comienzan a filtrarse al través de las

---

[141] El señor Navarro, en el folleto que citamos en el capítulo anterior, afirma que Francia era gotoso; el señor Alvariños me aseguró que el año 63, cuando estuvo en el Paraguay, don Vicente Estigarribia le había afirmado lo mismo. Creo también, aunque no tengo seguridad, que Molas y Robertson lo dicen. La gota es una de las diátesis, cuya influencia patogénica sobre la producción de la neurosis está fuera de toda duda (Grasset). Recuérdense, en comprobación de este aserto, los trabajos de Trousseau, Gueneau de Mussy, etc., etc. La jaqueca es una de sus manifestaciones frecuentes. El asma, según Jaccoud y otros autores, es uno de los estados patológicos cuya correlación con la gota es evidente. Los accesos epilépticos pueden igualmente depender de ella en muchas ocasiones. Van Swietten cita un caso en el cual los ataques epilépticos cesaron tan pronto como aparecieron los accesos de gota. Garret habla de muchos ejemplos del mismo género y Lynch da dos casos que le parecen demostrativos a Jaccoud (Grasset). Sdiber, Klein y Musgrave refieren ejemplos de histeria en los cuales la neurosis desaparecía ante un ataque de gota. Stoll ha visto una corea gotosa, Sauvage y Ackerman un tétanos y varios autores alemanes y franceses han observado casos de locura producidos por esa diátesis.

paredes y de las puertas los grupos grotescos de sus fantasmas, es lo más grave, lo más cruel que pueda acontecerle. Si chiflaba el pestillo de la puerta o crujía el mueble que se despereza hinchando sus miembros entumecidos, le parecía que alguien le había hablado, que lo llamaban, que lo chistaban o que se movían detrás de él cautelosamente.

Eran síntomas evidentes de ese "delirio de las persecuciones" un tanto vago que padece este género de melancólicos, que lo asaltaban a esa hora, llenándole de temores y de angustias que nada justificaba. El mismo cerraba las puertas, revisaba con sumo cuidado sus habitaciones y hasta sus muebles. Poníase a escuchar ruidos que la soledad y el silencio de la noche hacían pavorosos; aplicaba su oído al ojo de la llave, revisaba bajo su cama, detrás de las ropas contenidas en su armario y después se acostaba para pasar el insomnio que la edad y su pantofobia depresiva y punzante le producían, con algunas intermitencias consoladoras, sin embargo.

Por último, ciertos ímpetus de perseguido peligroso no tardaron en presentarse, y lo hicieron tan temible que ya no era posible ni mirarlo siquiera. No sabiendo una pobre mujer cómo acercársele, se trepó hasta la ventana de su cuarto, y no sólo fue encerrada en una prisión por este "acto tan sospechoso", sino que se buscó a su marido, completamente ignorante de lo que había pasado, pero "probablemente complicado también en el infame complot", y se le encerró con ella por tiempo indeterminado.

Para evitar la repetición de un acto tan ultrajante para su propia dignidad y que sobre todo «parecía encerrar intenciones tan maléficas como misteriosas», ordenó que, en adelante, a toda persona que se le viera "mirar al palacio", fuera allí mismo fusilada:

—Toma —le dijo al centinela—; ésta es una bala para el primer tiro, y ésta —dándole otra— es para el segundo, por si yerras el primero; pero si yerras el segundo, puedes estar seguro que no te he de errar a ti el tercero[142].

Conocida esta orden, la más triste soledad reinaba alrededor del palacio.

Sin embargo, quince días después, un indio Payaguá "miró", al pasar, las ventanas sagradas, y el centinela le descerrajó un tiro, errándole felizmente. El dictador, asustado, salió a la puerta y dio contraorden, «diciendo que él jamás había ordenado semejante cosa», circunstancia que indicaba en su memoria una falla que fue para él uno de los más crueles síntomas de decrepitud. Tanto más cruel, cuanto que antes su cerebro conservaba las impresiones y los recuerdos con cierta satisfactoria y pasmosa facilidad: el vigor de su memoria había tenido fama entre los condiscípulos, a punto de ser citado como un prodigio. Era, según se afirma, uno de los ejemplares más correctos de esos "memoriones" de colegio

---

[142] ROBERTSON: "Cartas sobre el Paraguay".

que absorben como la esponja y que tragan sin rumiar, todo lo que se presenta a sus sentidos. La atrofia de esta facultad, que a pesar de su vigor no le absorbía sin embargo el resto de sus fuerzas cerebrales, fue una de las lesiones que más influyeron en su decaimiento mental ulterior, echándolo en las mil contradicciones sangrientas que son conocidas.

Ya en los primeros meses del año 28 había comenzado a disminuir sus salidas. Poco después se encerraba en sus piezas semanas enteras y no lo veían —o mejor dicho, sólo le oían, porque sin dejarse ver daba sus órdenes por una rendija de la puerta— sino el médico Estigarribia, Patiño algunas veces y la vieja que le llevaba la comida.

Por esa época fue que su áspera melancolía llegó a su colmo.

Cuenta el mismo Estigarribia que en algunas ocasiones se le oía hablar solo, pasearse trémulo, agitado, y gritar como si hablara delante de alguien a quien insultara: «¡A la horca! ¡al patíbulo! ¡al calabozo!, ¡miserable!». Un día que esta agitación llegó a su más alto grado, se le vio salir a los corredores y, sin duda en un acceso de delirio alucinatorio, gritar desaforadamente e insultar con palabras soeces al Sumo Pontífice[143], por quien decía tener el más profundo desprecio.

Fue entonces que las ejecuciones, las prisiones y los tormentos aplicados en la célebre "Cámara de la Verdad" tomaron todo su carácter feroz. La tortura fue aplicada con un lujo de detalles diabólicos; las delaciones se multiplicaron y los fusilamientos, inútiles, pero necesarios para la satisfacción exigente de sus caprichos, se hicieron diarios y acompañados de circunstancias lamentables.

La "Cámara del tormento", la más satánica y maligna invención de su ingenio, no cesaba de trabajar: aquellas torturas metódicas, que aplicaban a la inocencia sus dos lobos favoritos, abrían una válvula saludable a su saña. Como las noches de insomnio se habían hecho frecuentes, había que proporcionarse alguna distracción "melancólica", cualquier "suave" derivativo que amortiguara la explosiva espontaneidad de esa ideación morbosa que lo molestaba tanto, y que es tan activa y atropellada en las cabezas que no tienen el supremo consuelo de la tregua orgánica que proporciona el sueño.

Era la Cámara una institución triste, tan bárbara como eficaz para la consecución de sus crueles propósitos; destinada a arrancar, por medio de mil procedimientos dolorosísimos, revelaciones de imaginarias conspiraciones y asesinatos. Se puede creer, y con mucho fundamento a mi juicio, que en sus sueños o tal vez por efecto de alucinaciones perfectamente concebibles en este caso, el Dictador adquiría las sospechas y aún la certidumbre de los hechos que lo inducían a aplicar el tormento a determinadas personas, con

---

[143] MOLAS: "Descripción histórica de la antigua Provincia del Paraguay".

tanta crueldad como notoria injusticia. Esto es posible, pues, según lo afirman algunos alienistas, puede suceder en individuos amenazados de enajenación mental y en los que Lasègue, con su acostumbrada exactitud de clasificación, ha llamado "cerebrales". Son personas dispuestas a los trastornos mentales por vicios hereditarios o adquiridos en algún accidente traumático lejano, que tienen un tinte especial en sus crisis, incompletas, irregulares y medio frustradas, pero no por eso menos evidentes.

El curioso fenómeno a que me refiero lo designan con el nombre de "sueños mórbidos", porque el estado equivoco de las facultades intelectuales hace que los incidentes infinitos del ensueño se tomen como cosas reales, dando   este resultado que tiene mucho de ridículo, si no fuera algunas veces terrible. Así se ve que se resientan de una injuria recibida en el sueño y obren en consecuencia; que manden cobrar dinero prestado y se enfurezcan cuando les niegan el préstamo; y que vivan por largo tiempo profundamente disgustados con individuos a quienes "los han visto" cometer acciones indecorosas que todo el mundo ignora. Falta en ellos el control de la razón, que atestigua la falsedad de la afirmación patológica.

Es verosímil que Francia tuviera estos sueños mórbidos, dada su enfermedad mental, y que en muchas ocasiones fueran sometidas a los más crueles tormentos personas completamente inofensivas, pobres cuitados que huirían hasta de pensar mal del Dictador. Los sueños de los "cerebrales" son terribles cuando se producen en una organización tan profundamente melancólica como la suya, porque son un incentivo lúgubre y poderosísimo que revuelve el cieno, dando un extraordinario poder de infección a todo ese "parasitismo" moral que está como soñoliento e inactivo en el fondo oscuro donde germina. Cuando la enfermedad está ya declarada no son sino un resorte sensible que determina con toda seguridad la explosión de las crisis.

Durante los fuertes calores de diciembre y enero del año 28, no pasaba una noche sin que se aplicara el suplicio en el "cuarto del tormento"[144].

 La alta temperatura de la estación y la marcha natural de su enfermedad lo habían puesto más huraño aún: los rasgos profundos de su fisonomía, más que nunca contraída y apretada, expresaban con suma viveza esa suprema ansiedad que lo arrastraba a sus trasportes maníacos. El labio inferior estaba ya pendiente, medio ingobernable y como fuliginoso; la mirada húmeda y con ciertas vaguedades indefinidas que le habían dado un aspecto aliénico tan característico, que el mismo Estigarribia, según lo expresó después, llegó a temer que el "Supremo" terminara sus días en un acceso de   locura. Sus desordenados monólogos se habían hecho más frecuentes y en las rarísimas ocasiones que salía a los corredores se le veía accionar con violencia, paseándose con trabajo, levantando una voz agria y cascada, pararse súbitamente y con los ojos trémulos mirar afuera largo rato, como si observara en la

---

[144] "Clamor de un Paraguayo", atribuido a MOLAS.

vaguedad del espacio un objeto sólo para él visible.

Sus ideas, fruto de lúgubres y continuas meditaciones, aunque más escasas por la degeneración que necesariamente experimentaría el cerebro en esa época de completa decadencia orgánica, eran más sombrías, más tristes, más extrañas aún, si es posible. Así es que la creciente taciturnidad de su humor había introducido en los castigos ciertas modificaciones originales de acuerdo con sus extravagantes necesidades afectivas.

Las ejecuciones ya no se verificaban lejos de él, sino en su misma presencia, a treinta varas de su puerta[145]. El, con su propia mano, repartía a los pelotones los cartuchos y miraba desde su ventana la manera como ultimaban a bayonetazos a los reos que no habían podido morir a bala.

Los cadáveres debían permanecer frente a las ventanas durante el día; y se le veía, con bastante frecuencia, asomarse y permanecer largas horas mirándolos fijamente, como para "saciar sus ojos en esa obra de muerte y proporcionar diabólica satisfacción a sus inclinaciones maléficas"[146].

¡Qué pavor no inspiraría aquella figurita enjuta, encorvada y temblorosa, asomándose a los balcones a ciertas horas de la noche, para darse el placer, placer de melancólico, de contemplar cadáveres abandonados allí con ese único propósito! Estos espectáculos eran sus platos favoritos, extrañamente estimulantes y adecuados de una manera admirable a la torpeza enfermiza de su paladar de viejo decrépito y de hipocondríaco homicida y empecinado.

Cuando los accesos se repetían con cierto carácter de agudeza alarmante, se encerraba en su dormitorio por cuatro o seis días sin ocuparse de nada, o descargaba sus furores sobre las personas que lo rodeaban. Entonces los empleados civiles, los oficiales y soldados, todos eran igualmente maltratados por su mano y por su boca, tan soez como no es posible imaginarlo. Vomitaba injurias y amenazas contra supuestos enemigos y era en aquel momento cuando hacía ejecutar, con una saña inconcebible, sentencias y arrestos injustos, e imponía los más crueles y severos tormentos hasta el punto de mirar como una bagatela las condenaciones numerosísimas que le dictaba su mal humor[147].

Para hacer aún más lúgubre su figura, resolvió que el tormento ¡sólo se aplicara de noche!

Las puertas de la "Cámara de la Verdad", abiertas ex profeso, dejaban escapar mil

---

[145] ROBERTSON: "Cartas sobre el Paraguay".
[146] Ídem.
[147] Ídem.

175

quejidos lastimeros, gritos desfallecidos, imprecaciones de ira, si es que aún quedaba en el Paraguay alguna garganta con el vigor suficiente para lanzarlos. Bien sabían los que escuchaban, ateridos de miedo y transidos por un terror que ninguna pluma describirá jamás, que allí se purgaban los pensamientos heréticos y se satisfacían con lasciva las ansias sanguinolentas de aquel implacable dispéptico.

En un cuarto del antiguo Colegio de Jesuitas había instalado la famosa institución. Un largo catre atravesado por un trozo de madera, sobre el cual descansaba el vientre, recibía a la víctima, que, echada boca abajo, era amarrada de pies y manos, las nalgas y las espaldas desnudas, el pescuezo agobiado por una enorme piedra y la cabeza colgando y envuelta en un poncho, que se transformaba en dogal cuando la garganta incomodaba con sus gemidos inoportunos. Ni un grito, ni un espasmo, «ni uno de esos movimientos de cólera que abrevian el suplicio o que lo levantan dándole el carácter de un combate. Despedaza simétricamente a su víctima; la divide y la subdivide infligiendo un dolor elegido a cada miembro, una convulsión especial a cada fibra».

Al lado del catre dos colosales Guaycurúes, con unas manos chatas y espesas, manejaban como plumas unos látigos de "vergas de toro", previamente sobados, según un procedimiento propio, por medio del cual les restituían la flexibilidad que el uso y la sangre les hacían perder.

Aquellas dos bestias, humanizadas por la estación bípeda, eran como dos ruedas locas que no cesaban de funcionar una vez puestas en movimiento, hasta que Patiño o Bejarano los sacaban a empujones del lado del catre. Patiño y Bejarano eran los jueces, y aunque compartían con los indios sus rudas funciones, lo hacían, naturalmente, con cierto arte maligno, porque apuraban el sufrimiento sin producir aquellas muertes inoportunas que arrebataban a los verdugos la mitad de su jornal de aguardiente y privaban al Dictador de su parte de gemidos y lamentos. Para inventar suplicios atroces, tenían —como dice Paul de Saint-Victor—, la «fantasía perversa de esos tiranos italiano a quienes bien se les podía llamar los artistas de la tortura».

En el cuarto inmediato estaba Francia devorando los instantes en anchos paseos, cuando los engorrosos procedimientos para asegurar al reo retardaban las ejecuciones apetecidas[148]. Allí escuchaba él los ayes que le acariciaban el oído, produciéndole aquel rictus de tetánico agonizante, tan peculiar de su fisonomía bañada en esos instantes por la satisfacción de una venganza cumplida usurariamente. La víctima sudaba sangre por las espaldas y las nalgas ulceradas, y cuando el dolor horrible, intensísimo, le producía el síncope, Patiño pasaba al cuarto inmediato a dar cuenta al Dictador que resolvía lo que debía hacerse: si continuar el castigo hasta que muriera, o si cesaba la tortura, vista su completa inutilidad.

---

[148] RENGGER y LONGCHAMP: Obra citada.

Otro síntoma, que molestaba enormemente su susceptibilidad rabiosa y que ayuda eficazmente al diagnóstico, eran sus "insomnios tenaces"[149].

Perturbando las condiciones físicas de la circulación e inervación, y produciendo un estado permanente de hiperemia en el cerebro, se habían deteriorado de una manera profunda sus funciones nutritivas. Dos, tres y aun ocho días pasaba durmiendo una hora, y cuando por un esfuerzo supremo conseguía conciliar el sueño, se veía atormentado por ensueños y pesadillas penosas que le hacían aborrecer la cama y daban a sus empujes melancólicos un tinte aún más oscuro que de ordinario. Y cuentan los que sobrevivieron, que una noche de insomnio costaba más al Paraguay que veinte conspiraciones; porque sus vigilias forzadas, determinando las tenaces congestiones que son sus consecuencias indispensables, fomentaban la recrudescencia de sus crisis.

Así vivió durante muchísimos años, hasta que síntomas evidentes de "parálisis" le anunciaron el decaimiento completo en que había caído su cuerpo. En estas alternativas de carácter y de humor fantástico, aguijoneado por las punzantes sospechas que le inspiraba su incurable neurosis, y en el ejercicio constante, inflexible, de un despotismo melancólico, Francia llegó a los noventa años.

No se alarmaron los signos de su enfermedad final, y a pesar del debilitamiento progresivo de sus fuerzas y aún de sus facultades intelectuales, laceradas por hondas grietas, siguió gobernando imperturbable, rígido como en los primeros años de su dictadura. A medida que su mal aumentaba, sus órdenes se hacían más caprichosas, más violentas y extravagantes. Últimamente su memoria funcionaba apenas; su palabra se hacía cada vez más difícil y torpe y medio balbuciente, como que un lento derrame iba paulatinamente comprimiendo la superficie del cerebro: "*l'intelligence atrophiée s'affaiblit et expire par degrés, la bête survit seule*".

Por fin, el veinte de Septiembre de 1840 hizo bruscamente irrupción una "apoplejía", matándole en pocas horas: la Melancolía se había convertido en demencia, término habitual de esta forma. Moría según la predicción que Swift había hecho para sí: "*comme un rat empoisonné dans son trou*".

Sólo Estigarribia, su médico, y "Sultán" su amigo interesado, rodearon su cama en ese momento supremo.

Estigarribia rezaba con el fervor y la sinceridad que le eran peculiares; "Sultán" roía un hueso con la más profunda indiferencia.

---

[149] "Clamor de un Paraguayo", atribuido a MOLAS.

III. SUS ÍNTIMOS Y SUS CÓMPLICES

A pesar del aislamiento claustral en que vivía aquel gran misántropo, le rodeaban cierto número de favoritos, que constituían, diré así, su Corte.

Pero era una Corte peculiarísima, única en su género, y que colma la medida de las singularidades humanas.

Tenía sus chambelanes oficiosos como la corte célebre de Tourney, su médico, sus letrados, sus pajes, y lo que es aún más raro dentro de la probidad genésica proverbial que tanto contribuyó a exaltar su cerebro, sus damas; unas gorgonas trigueñas y verdosas que sólo en las polleras revelaban su sexo y que prolongaron los años de su larga vida por la atrofia de sus funciones genésicas.

La Corte era reducida, pero selecta en cuanto a la especialidad de sus ejemplares, reclutados en la clase más ínfima de su pueblo.

Era una nobleza como la de los príncipes de Napoleón I, a quién él trataba de imitar por medio de un sombrero de lastimosas dimensiones; una nobleza de origen completamente sucio y plebeyo, que completa de una manera notable la tétrica sintomatología de su neurosis.

Dragoneaba de Comandante de la Guardia encargada de cuidar la sagrada persona, un capitán de milicias, que, queriendo explicar a sus subordinados lo que era la libertad y no encontrando en su cabeza una definición satisfactoria, concluyó por decirles que «era la fe, la esperanza, la caridad y el dinero».

Tenía su cardenal en el Provisor o Vicario General que gobernaba la diócesis y por conducto del cual prohibió las procesiones y el culto nocturno, temeroso de que dieran lugar a reuniones sospechosas. Sus pajes, en dos negrillos mal entrazados y medio raquíticos, con los huesos contrahechos por alguna diátesis hereditaria, a quienes hacía azotar diariamente con uno de los altos signatarios de la Corte. Su médico, o mejor dicho, su nigromántico, dada la talla pequeña y el aspecto misterioso y cabalístico del inolvidable Estigarribia, cuyas manos, como manojos de zarzaparrilla, eran las únicas que tenían la piadosa misión de preparar la pócima de "duraznillo", con que el Dictador se purgaba semanalmente.

Había un heraldo en calzoncillos y camiseta colorada; singular heraldo, por cierto, cuyas funciones múltiples de verdugo y barbero desempeñaba un chino de proporciones monumentales, llamado Bejarano; hombre de maneras brutales, de larga barba, cabeza pequeña con las líneas y las estrecheces de un cretinismo acentuadísimo y una mano de canalla, ancha, espesa y de agilidad sorprendente para manejar la "verga" que hacía hablar a los delincuentes en aquella triste "Cámara de la Tortura". Bejarano gozaba en alto grado ante el Dictador esa privanza depresiva y humillante que tenían con él todos sus coadjutores. Era una especialidad para los azotes y se preciaba de poseer como ninguno el arte dificilísimo de azotar a la víctima produciéndole enormes sufrimientos sin que perdiera el sentido.

Cuando, excepcionalmente, alguna sensibilidad demasiado reaccionaria caía bajo sus manos y el paciente se desmayaba, Bejarano tomaba con rabia el hisopo empapado en "salmuera y orines", y con ojo de chacal vengativo se lo pasaba groseramente por la llaga sangrienta que le había abierto su poca maestría. En una palabra: era una mezcla maligna de Guaycurú y de gitano, con rasgos pronunciados de ese atavismo simio, que se revelaba en su ardor inmoderado por los placeres sexuales.

Estigarribia era el más alto "privado" de Francia. Cierto secreto y misterioso respeto hacía que el Dictador lo mirara con una benevolencia artificial, hija del miedo que naturalmente le inspiraba la idea de que aquel hombre tenía su vida entre las manos. Aquel pobre taumaturgo, que ni leer bien sabía, era el más bello ejemplar de la ciencia médica de la colonia; un dignísimo hijo intelectual del "físico" Comellas; un jirón de la posteridad pavorosa del bachiller Bazán, aquel encarnizado protomédico que no dejó vivo ni uno siquiera de los alcaldes y regidores santiaguinos que cayeron en sus manos mortíferas.

Estigarribia era un hombre íntegro y de una bondad moral a prueba de todas las tentaciones. Su alma sin doblez, y casi diría candoroso, no sintió jamás la fascinación del asesinato impune que podía haberlo llevado fácilmente a librarse de Francia por medio de una pócima cualquiera. Tenía un aspecto grave, reposado, casi venerable: unas patillitas cortas y fáciles salpicadas abundantemente de canas y una de esas fisonomías transparentes al través de las cuales se descubre sin gran trabajo hasta el último repliegue del espíritu. Hablaba poco, como convenía a su regio "cliente", y a pesar de que cultivaba cordiales relaciones con el pueblo, no se le conocían amistades estrechas con nadie.

Era un hombre, o mejor dicho, una miniatura de hombre, pequeño, enjuto y reducido, aunque muy proporcionado: tenía un cuerpecito de niño raquítico, con prominencias y gibosidades en la espalda, y un cuello corto y flaco terminado en un cráneo voluminoso para tan precaria estatura; pero un cráneo inteligente, con frente amplia y con mucha luz en los surcos y en los rasgos, que eran hondos y sinceros como que reflejaban con toda la ingenuidad de la línea la superficie mansa y tranquila de un corazón irreprochable. Debió ser un espíritu de una viveza nada común por el movimiento que revelaba su fisonomía. Pero de una viveza pasiva, poco bulliciosa y sin el carácter fosforescente y movible con que se revela en los nativos esta especie de "temperamento intelectual" que tanto se confunde con la inteligencia verdadera. Tenía ojos claros, sumamente claros, y metidos como dos anteojos en unos rodetes formados por la piel lisa de la frente y por el párpado inferior abultado y oscuro. Una boca grande, un cabello poco abundante, suave y con pretensiones de ensortijado   y dos orejas largas, anchas, que parecían robadas a algún gigante mitológico, completaban el rostro del inolvidable y benemérito D. Vicente, el más conspicuo "consular" de la Corte de Francia.

Cuando salía a sus quehaceres profesionales, montaba en un peticito lobuno; y con los pies fuera de los estribos y las piernas pendientes y agitadas por el movimiento que le oprimía el trotecito revoltoso del petizo, recorría todos los cuarteles haciendo precipitadamente sus visitas y retirándose otra vez a esperar las órdenes del Supremo. No había, por supuesto, tocadita del pulso, ni siquiera por fórmula, y la auscultación no se sospechaba; ni aún la prehistórica observación de la lengua, sin la cual no hay para el vulgo medicina posible. Había instinto: la clarividencia sintomatológica que ilumina el raro buen sentido del curanderismo y que se adquiere a los treinta o cuarenta años de una práctica diaria y constante. D. Vicente curaba —esto es indudable— y curaba, allí, con más éxito que cualquier médico ilustrado, porque a su tino nativo reunía el conocimiento profundo, aunque empírico, de las enfermedades propias del clima y de las yerbas medicinales abundantísimas con que la naturaleza ha enriquecido aquel suelo.

Vivía en su botica completamente sustraído a todo contacto vulgar. Y sólo, cuando ciertas mortificantes dolencias atacaban al Dictador, se le veía salir rápido como una ardilla y entrar al palacio, metiéndose hasta el dormitorio mismo del César, no sin grande y profunda admiración de parte del pueblo, para quien aquel privilegio inaudito tenía algo de sobrenatural.

Las lavativas variadas y múltiples, los sudores profusos producidos por la aglomeración asfixiante de enormes pilas de cobijas y la sangría repetida *"jusque ad animi deliquium"* como decía el divino Celso, constituían el fundamento invariable de su terapéutica casi milagrosa. Aquel hombre hacía prodigios con esos tres únicos recursos, y según la tradición de su pueblo, tal vez un poco benévola, el tristel, sobre todo, operaba entre sus manos las maravillas del unto mágico de Paracelso. Pensaba como Voltaire, a quien, inútil parece decirlo, no conoció, que las personas «colédoco corriente y entrañas aterciopeladas», son dulces, afables, graciosas, mucho más complacientes y desenvueltas que el pobre constipado, eterna víctima de su propia inercia intestinal.

Francia padecía habitualmente de una constipación tenaz; constipación que tenía para él la doble molestia de repercutir fuertemente sobre sus facultades cerebrales y de alejarlo de Napoleón I, que gracias a una tisana célebre de Corvisart, y por una erupción crónica del cuello, tenía que conservar siempre flojo su vientre.

Largas y profundas meditaciones costaba a Estigarribia esta irregularidad intestinal. Había ensayado todo su arsenal terapéutico sin encontrar la "tisana imperial" que lo librara de las exigencias apremiantes de su impaciente amigo. Y como él sabía la recíproca influencia que tienen las afecciones morales y las constipaciones del vientre, se quemaba el cráneo buscando la solución del problema supremo, sin salir de su singular farmacopea. Aquella mortificación, tan degradante para Francia, exigía un pronto remedio. La frecuencia con que se presentaba este tétrico malestar, que tanto prolongaba sus ansias melancólicas, lo hacía por momentos más exigente con su médico, que en cierta ocasión hubo de ser expulsado «por ignorante y bribonazo».

Esto último aconteció sin duda, porque Francia, a pesar del temor supersticioso que le tenía, se había permitido, un día de "crisis", sondear los alcances del médico, convenciéndose, muy a pesar suyo, que toda su ciencia no alcanzaría jamás a proporcionarle el íntimo placer de parecerse a Napoleón I, ya que no en la cabeza, por lo menos en el sombrero y en la envidiable regularidad de su intestino. Y es probable que esta última circunstancia, tanto como las molestias de la enfermedad, influyera para exigir con tanto apremio su tratamiento definitivo.

Francia tenía la ambiciosa pretensión, hija de ese vago delirio de las grandezas que se descubre en muchos de sus actos, de parecerse a ese grande hombre en su figura y aun en su genio maravilloso. Tenía en el gabinete una caricatura de Núremberg representando a su héroe, y a la que tomó de buena fe como un excelente retrato, hasta que el suizo Rengger le explicó la inscripción alemana que tenía debajo. La idea de completar el traje de corte con un enorme y ridículo elástico cruzado, le provino de este dibujo en el cual se había pretendido ridiculizar a Bonaparte exagerando las dimensiones de su sombrero[150].

Al lado de Estigarribia, y como persona conspicua también, estaba el "fiel de fecho", especie de vampiro capaz de sorber la sangre de su propia madre, y que tenía como Bejarano funciones múltiples de delator, de juez, de secretario y espía. Este personaje peculiarísimo a quien Francia llamaba su "Sancho Panza", y que por la universalidad de sus aptitudes desempeñaba también el rol de bufón, ocupaba en el palacio un lugar preferente después del médico. Hacía las veces de secretario cuando no se trabajaba en la "Cámara de la Verdad" o cuando los ratos fugaces de buen humor del Supremo no le llamaban a desempeñar sus funciones estúpidas de juglar. Recibía los informes, las solicitudes y todos los papeles que venían "dirigidos al gobierno", teniendo especial cuidado, según orden recibida, de rechazar con una amenaza todo documento que no trajera el consabido "S. E. el Excmo. Dictador Supremo del Paraguay".

Con otra circunstancia más y por cierto curiosa: que el peticionario no debía poner la fecha sino dejar al Dictador que la pusiera con su propia mano. Cuando el "fiel de fecho" escribía el dictado de S. E., debía hacerlo sin mirarle a la cara, sin hacer preguntas

---

[150] RENGGER y LONGCHAMP: Obra citada.

impertinentes y «con los pies desnudos», pues según las extravagantes concepciones de aquel singular fisiólogo, el calor de los botines acumulaba en los pies la sangre que para funcionar regularmente necesitaba la cabeza.

Patiño (así se llamaba este cortesano original), aunque con menos angulosidad, tenía la misma estructura moral de Bejarano. Era, según creo, un criollo de origen español, pero sin la mezcla nociva del toba, que daba al "heraldo" su ferocidad nativa y ese refinamiento característico que manifestaba en la aplicación artística del tormento. Patiño tenía una alma negra y con las dobleces necesarias para llegar hasta Bejarano, pero pasiva, morosa y sin la inventiva maligna de aquél. Era feroz por contagio más que por organización. Poseía las aptitudes de un lego inquisidor embrutecido en el ejercicio diario del tormento, pero no la espontaneidad dispuesta y fecunda del "mazorquero" refinado, que inventaba para toda víctima y para cada caso particular una tortura especial. Era malvado, más que por inclinaciones enfermizas, de puro bruto e ignorante, parecía una reproducción humilde y un tanto degradada de Facundo, en quien no había enfermedad sino el salvajismo impulsivo y la áspera rusticidad del hombre primitivo. Seguramente que de su cerebro perezoso no hubiera brotado jamás el "degüello a serrucho" o las mutilaciones lentas por el cuchillo mellado, que, trasplantadas al Paraguay, hubieran hecho las delicias de Bejarano.

Todo el aspecto físico de la persona, y hasta la misma inercia de su fisonomía, ponían de manifiesto su estructura interna. Era de cortas proporciones, regordetón y vasto de espaldas como convenía al homólogo de Sancho. Un cuello espeso y corto, de esos cuellos característicos que viven solicitando apoplejías; y unas piernas cortas y abiertas por la acumulación exorbitante del tejido adiposo. Unas piernas columnarias, enormes y de una agilidad tan dudosa que el mismo Francia se servía de ellas para establecer un término de comparación: «para darles a estos pueblos, decía, las libertades que ellos quieren, es necesario andar con las piernas de Patiño».

En su cara redonda e imberbe, con los ensanchamientos laterales propios de las personas glotonas, manifestaba dos rasgos profundamente expresivos y que se abrían paso al través de la grasa que la hacía informe: el arco superciliar grueso y redondo como la piel de un paquidermo, formando esa cubierta espesa detrás de la cual se esconde, para mirar a mansalva, el ojo de los pícaros; y una pupila pequeña pero con una fosforescencia inquieta y sumamente elocuente. El "fiel de fecho" tenía entrada a toda hora en el palacio y en todos sus departamentos, menos al dormitorio del Dictador, donde sólo la modesta, aunque ancha planta de Estigarribia, podía pisar.

El gabinete era la sala destinada a la recepción de los grandes "dignatarios". Allí concurrían Patiño y Bejarano asiduamente, y de cuando en cuando, el comandante de la "Guardia Imperial" a recibir las órdenes supremas. Allí también era donde el entusiasmo y la supersticiosa veneración que profesaban al amo tomaba su altísimo vuelo. En presencia de aquellos viejos volúmenes de Voltaire, de Raynal y del abate Rollin dotados, por el solo hecho de ser libros, de un prestigio sibilino, su fama de sabio crecía y se hinchaba en la imaginación de esos pobres patanes. El globo celeste en que el Dictador estudiaba, y en cuya contemplación respetuosa se pasaban las horas enteras mirando como dos autómatas aquellas extravagantes "figuritas", los había persuadido que Francia conocía por el estudio de las constelaciones los más recónditos designios del corazón humano. Y si no era así ¿qué significaban aquellos globos misteriosos, aquellas observaciones estelares a altas horas de la noche, aquellos éxtasis astronómicos en que los sorprendía la aurora mirando "pá arriba", según la observación de uno de sus chambelanes? Los escasos instrumentos de matemáticas, las cartas geográficas y un antiguo cuadro de osteología en que los esqueletos parecían próximos a desprenderse de la pared, completaban esta idea de la suprema omnipotencia del Dictador.

Para la época y para el país en que vivió, podía considerársele a Francia como un hombre de vastísima ilustración. Poseía bien el francés, tenía nociones generales y bastante adelantadas de agricultura, geografía, botánica y últimamente cuando por su evolución natural la enfermedad tomó vuelo, aumentando su intolerable desconfianza, aprendió inglés, solo, y con una paciencia de benedictino. Y lo aprendió para poder leer los pasaportes que venían escritos en ese idioma; con la única ayuda de una vieja gramática que poseía en su biblioteca.

Toda su corte se componía de ejemplares como Bejarano y Estigarribia.

Había tenido el cuidado de arrojar de su lado todo lo que tenía de honorable y de sano la Asunción. Sus comandantes y sus jueces, los celadores y los alcaldes, eran de la hez del bajo pueblo. Los empleos de jueces y de sus asesores estaban desempeñados por personas igualmente ignorantes y rústicas, que no tenían otro código que el más o menos buen sentido con que los había dotado la naturaleza[151]. Bajo el antiguo régimen eran nombrados de entre los grandes propietarios y negociantes ricos, interesados en dejarse dirigir por gentes instruidas, pero Francia invirtió este orden porque tenía horror a la gente decente, a quien trataba con el duro rigorismo de un sistemático atrabiliario.

Para la práctica de su extraña penalidad, tenía en toda esta gente fieles ejecutores que se disputaban el honor de cumplir con exceso sus órdenes.

Según la naturaleza del delito, y a menudo según el humor en que se encontraba, resolvía inmediatamente sin haber oído ni aun visto al acusado. Los crímenes de estado, el contrabando, los robos en los caminos y finalmente las tentativas de evasión eran juzgados directamente por él y entrañaban de ordinario la pena de muerte, que era ejecutada sin

---

[151] RENGGER y LONGCHAMP: "Revolución del Paraguay".

dilación.

En la categoría de los crímenes de estado, comprendía «toda acción, toda palabra, que según su humor sombrío y caprichoso, encerrara alguna ofensa a su autoridad. Y esto no sólo en su propia persona, sino también en la de sus empleados y allegados; de manera que la gente decente, para no ser tratada como traidora a la patria, debía sufrir sin exhalar una queja las mil vejaciones de todos los instrumentos más serviles y subalternos del despotismo de aquel hombre»[152].

Sus secuaces mismos no escapaban a sus excesos cuando los vapores de su melancolía, llena de impulsos y de impaciencias, le embargaban los sentidos. La más leve falta, la más vaga sospecha de una tentativa sobre su persona, lo arrojaban en mil ansias y transportes peligrosísimos. Así, una mujer del pueblo que, no sabiendo cómo hablarle se había aproximado a la ventana de su gabinete, fue enviada al calabozo en castigo de tan inaudito atrevimiento. Y fue tal la impresión que causó esto sobre su ánimo desconfiado que, la supuesta falta de respeto, lo obligó a encerrarse por muchos días, dando origen a aquella singular orden a que me he referido en el capítulo anterior. La orden corrió de boca en boca por todo el pueblo, y desde entonces los transeúntes pasaban con la vista fija en el suelo sin atreverse a mirar el palacio.

Cuando sintió que su pie pisaba sobre terreno firme, inconmovible, y vio que le obedecían sin restricciones, y que sus más pueriles caprichos eran órdenes supremas para todos, su espíritu enfermo, traqueado y privado de la derivación provechosa que le proporcionaban sus múltiples ocupaciones, se hizo más atrabiliario aún, más inaccesible que antes. La desconfianza llegó a tal punto que no sólo estudiaba las cuentas de la administración, sino que examinaba con escrupuloso cuidado hasta los más insignificantes asuntos domésticos. La comida, el pan, los cigarros que fumaba eran objeto de constantes sospechas habiéndose impuesto, en consecuencia, una frugalidad penosa que a menudo lo privaba de ciertos placeres a que era sumamente afecto.

Tenía a su lado, y con ciertas prerrogativas, una vieja esclava que le arreglaba su cama, limpiaba su ropa y corría con todo el movimiento de la casa. Era una vieja harpía que participaba en algo de la reclusión conventual y de las extravagancias de su amo. No se asomaba jamás a la calle ni la veía nadie, temerosa de que la hicieran partícipe del odio que le profesaban a él.

Cuando las medicaciones inocentes de Estigarribia no daban el resultado apetecido, parece que la vieja Hécate recurría a sus untos mágicos y aplicaba con éxito ciertas fricciones anodinas en las piernas gotosas y doloridas "del Gobierno". Esta mujer y el viejo

---

[152] Ídem.

herbolario eran los únicos que gozaban de aquel singular privilegio. A la sirviente las unturas y las pomadas, a Estigarribia la terapéutica interna que requiere algo más que buena voluntad y manos suaves y avezadas. Francia tenía por esa vieja cierta benevolencia que se atribuía a su gran influjo en "la corte"; así es que a menudo se veía asediada con solicitudes y empeños, que se guardaba bien de hacer, temiendo sus iras olímpicas y peligrosas.

Sobre la larga mesa en que el Supremo, provisto de la tiza y de un par de tijeras, demostraba a sus sastres la cantidad de paño que le robaban[153], la vieja confidente iba colocando todos los objetos que enviaban al palacio: grillos, cerraduras, calzones, kepíes, muestras de comestibles de los almacenes del Estado, etc. Esto, y la autorización para emitir juicios más o menos aceptables sobre las costuras de la ropa que se cosía para el ejército, eran las dos únicas funciones públicas que desempeñaba.

A sus órdenes, aunque gozando de cierta bulliciosa independencia que después le costó la vida, estaba el negro "Pilar", personaje popular y fatídico por las estrechas vinculaciones que tenía con Francia. Pilar desempeñaba el papel de "valet de chambre", y diríase mejor, de sombra del Dictador, porque era inseparable de su persona. Era un negrito como de diecisiete años que se ocupaba en corretear por las calles de la Asunción espiando y robando impunemente en las tiendas y casas de familia, donde forzosamente tenía que ser bien recibido. Aquel hombre atrabiliario se hacía contar por él historias picantes en las cuales figuraban como protagonistas personas conocidas del pueblo, a quienes ridiculizaba con un sarcasmo grosero. El negro le llevaba noticias y detalles satisfactorios sobre la vida de las familias espiadas por el gobierno; lo sentaba a su mesa y compartía con él su comida, más por experimentar "*in anima vili*" ciertos platos sospechosos, que como prueba de aprecio y de confianza. En los escasos días de buen humor, el viejo César pasaba sus largos ratos de solaz oyendo sus bufonadas y despachando con extraña benevolencia las solicitudes y empeños que introducían por sus manos algunos litigantes desesperados que explotaban la codicia del negro. En sus largas conversaciones Pilar se permitía licencias cuya tolerancia nadie se explicaba. Sólo la naturaleza caprichosa del Dictador y su buena disposición de ánimo, en algunos días de lasitud cerebral, podían explicar los graves abusos que cometía, condimentando con palabrotas y obscenidades sus pláticas estrafalarias.

Pero un día las licencias de Pilar llegaron, sin duda, a un grado disgustante. El viento del norte, seco y molesto, sopló recio y los nervios del Sátrapa octogenario, crispándose más que otros días, levantaron la marea y produjeron más negra y más destructora que nunca su tenaz melancolía. Se le vio salir a la puerta llamando a grandes voces al oficial de sus guardias y darle orden de que sacara al negro y lo fusilara inmediatamente "por ratero". El oficial tomó de un brazo al pobre muchacho que abría desmesuradamente sus grandes ojos, presa de un terror profundo, y que, en las ansias de la muerte próxima, luchaba por desasirse dando

---

[153] Ídem.

gritos terribles y difundiendo la alarma por todo el pueblo.

La muchedumbre, llamada por sus ayes, se agrupaba silenciosa alrededor del patíbulo improvisado. Iban abriéndose las puertas unas tras otra y por rendijitas estrechas comenzaban a asomarse los vecinos asustados y temblorosos. Los más atrevidos salían a la vereda, pero nada más que a la vereda, los temerarios se acercaban a veinte pasos y se interrogaban furtivamente con la vista, porque, en circunstancias tales, la lengua se escondía en la garganta y cortaba todas sus peligrosas comunicaciones con el cerebro. El reo es atado a un poste y en presencia del Dictador mismo se le pegan los cuatro tiros que, según la costumbre establecida, él con su propia mano había repartido.

En casos como éste, hasta el mismo Estigarribia sentía sobre su pecho ciertos escozores proféticos que lo hacían cada vez más reservado y parco con "el Gobierno". El ejemplo era edificante y encerraba una enseñanza provechosa aun para "los amigos" favoritos. La vida estaba vinculada a los caprichos del barómetro y, cuando el viento cauteloso del norte comenzaba con su suave perfidia a acariciar la frente del viejo, la aguja tomaba una inclinación fatídica y se sentía cierto olor a sangre, desagradable y picante.

Francia contempló por un momento el cadáver de su paje y se retiró tranquilamente a sus piezas interiores seguido de "Sultán", cuyas caricias hoscas, pero discretas, reemplazaron desde entonces a las del pobre Pilar.

Sultán, creo necesario decirlo ya que lo introducimos en la escena, era todo un personaje; un oasis de ternura en medio de aquella inclemente esterilidad. Por los estrechos lazos que él y Pilar tenían con el amo, participaban del odio y del respeto artificial que el pueblo le profesaba.

Cuando Sultán, con su acostumbrada indolencia, se echaba largo a largo en la vereda, los transeúntes bajaban respetuosamente para no molestarlo. Y como tenía el derecho inalienable de transitar libremente por todas las calles, de comer como Pilar en el plato del Gobierno y aún, según se afirmaba entonces, de compartir la cama del amo como los "Turcos viejos" de Estambul, todos le tributaban los honores y las consideraciones que el musulmán indigente a los canes hambrientos que en Constantinopla dividen con ellos el odio y la antipatía a los infieles.

Pero Sultán solía abusar de sus prerrogativas humanas. Con sus roncos y monótonos ladridos concitaba la desobediencia de los otros perros, cuyas bulliciosas reuniones nocturnas mortificaban el oído nervioso del amo, dando pábulo a sus largos insomnios. Mordía el hocico a los caballos, e iba a lamer la sangre de los ajusticiados si los fusilamientos se verificaban frente a los balcones del Gobierno[154]. En las tardes de paseo, cuando Francia salía a caballo, Sultán y Pilar iban delante desempeñando tan bien su papel de batidores, que antes de descubrir la figura ridículamente enhiesta y rígida del amo, todo el mundo se retiraba cerrando las puertas y ventanas con el profundo terror que inspiraba su presencia. El negro corría delante y Sultán detrás ladrándole y buscándole las pantorrillas. Los granaderos con sus sables al hombro y gritando el "chaque caray" fatídico, y ese ruidito especial tan conocido que hacía la silla del Dictador y que en el profundo silencio de las calles percibían claramente los que espiaban detrás de las ventanas[155], formaba un cuadro grotesco, pero al mismo tiempo triste e imponente, para todos los que sentían pasar por delante de su puerta aquella procesión lúgubre y temible.

Fue en uno de esos paseos, frecuentes al principio de su gobierno, que una de esas cuadrillas de perros errantes tuvo la audacia de ladrar a su caballo, tentando una batida a su perro. Este incidente sin importancia dio origen a que se repitiera con mayor encarnizamiento una escena grotesca pero de consecuencias dolorosas para la población. Vivamente impresionado con esa falta inaudita de respeto, y sospechando una intención velada de parte de sus enemigos, aquel espíritu puerilmente atrabiliario ordenó a sus granaderos y a algunos miembros de la "Corte" que recorrieran las calles de la ciudad y armados de picas y de sables mataran todos los perros que hallaran a su paso.

Para comprender con qué escrupulosidad temible sería cumplida esta disposición extravagante, es necesario tener presente que no había en Francia la amarga ironía, la intención traviesa que inspiraba a Rosas ciertas medidas de este género. Con la misma majestad teatral con que leía las cartas de la reina de Inglaterra o mandaba fusilar a un ciudadano, disponía que se mataran los perros u ordenaba a Patiño que se sacara los botines para la mejor repartición de su sangre. No cabían en su espíritu, terriblemente ampuloso y egotista, esas truhanerías sangrientas y sutilísimas que brotaban como chispas en el espíritu vivaz de D. Juan Manuel.

Encabezados por los más "altos dignatarios" de aquel imperio rabelesiano, salieron los grupos a cumplir la suprema resolución. La alarma cundió por todo el pueblo al apercibir los pelotones sucesivos que venían en son de guerra. La lucha se armó entre los soldados y los primeros perros que encontraron, dando lugar a las escenas que son de suponerse; los gritos de la tropa atrajeron los perros de las casas inmediatas que brotaban de todas partes como por obra de encantamiento y que aullaban y bramaban   juntos produciendo una algazara horrible. Los soldados los perseguían descargando hachazos y palos con un encarnizamiento de batalla indecisa.

---

[154] "Veinte años en las cárceles del Paraguay", etc.

[155] El señor Peña (el ciudadano Paraguayo) decía que varias veces había intentado, ocultándose detrás de su ventana, ver al Dictador, pero que al sentir el ruido de la silla se había retirado poseído de un terror inmenso.

Los escasos transeúntes corrían a su vez, alarmados, sin saber si eran ellos o los perros que debían morir, y empujados por esta terrible duda se metían en sus casas o en la del vecino, y cerraban sus puertas, produciendo como era consiguiente la más angustiosa confusión en las familias, bastante acongojadas ya. Pero los soldados, enardecidos por la natural resistencia, la lucha y la ensordecedora gritería de las víctimas, empujaban las puertas, las volteaban si ofrecían resistencia y entraban hasta las piezas interiores[156], matando perros y volteando muebles, mujeres, criaturas, viejos y todo lo que se les ponía por delante, a fin de que la orden se cumpliera con la exquisita exactitud de detalles que tanto complacía a S. E. Una vez terminado el combate, la tropa se retiró triunfante dejando el campo sembrado con los cadáveres mutilados de los   pobres perros. Se pasó el parte correspondiente, con el consabido al "Excmo. Señor Dictador Supremo de la República del Paraguay, etc.", y restablecida la tranquilidad todo volvió a su antiguo quicio ¡con la misma sangrienta monotonía de antes!

Los comandantes de campaña, que se complacían en imitar en sus vejaciones y extravagancias al jefe del Estado, declararon igual guerra a los perros, haciendo perecer en pocas horas un número considerable de ellos.

En esto de imitaciones, lo mismo "los íntimos" que los comandantes y hasta el más humilde alcalde, llevaban lejos su ridículo entusiasmo. Cuenta Rengger que algunos de ellos, habiendo visto que el Dictador usaba por la mañana "una robe de chambre", se habían hecho hacer un traje análogo, pero a guisa de uniforme ordinario y sin abandonarlo jamás, aun para montar a caballo, se paseaban llenos de orgullo pero descalzos, y sin calzoncillos muchas veces.

En la casa de los antiguos gobernadores, que era uno de los edificios más grandes de la ciudad, construido por los jesuitas poco tiempo antes de su expulsión, era donde el viejo déspota tenía su residencia oficial rodeado de esta Corte singular: el "fiel de fecho" memorable, su extraño heraldo, su médico herbolario, sus verdugos, el perro y otros dos amigos que compartían con este último los afectos del gobierno. Eran éstos dos cuervos[157], que vivieron humillados y oscurecidos en la inacción a que los había destinado la rapacidad sanguinaria de Patiño y Bejarano.

Sólo se ocupaban en picar el lomo de los caballos de los granaderos y en comerse la carne podrida que éstos tiraban. Cuando la abstinencia se prolongaba demasiado, sus ojos relampagueaban y las alas se movían con esa agitación convulsiva con que se mueven en presencia de la presa codiciada: tomaban olor a sangre y aleteaban hincados por el hambre y por las promesas no cumplidas, de un eterno banquete de ojos y de carne humana.

---

[156] RENGGER Y LONGCHAMP: Obra citada.
[157] "Veinte años en los calabozos del Paraguay".

Sin embargo, nunca pudieron sorprenderlos devorando el ojo de algún muerto; bien es verdad que aunque lo hubieran intentado sólo habrían hallado la órbita vaciada por la mano de alguno de los Guaycurús que custodiaban la "Cámara de la Tortura". Esos eran sus dos más formidable rivales.

A pesar de todas estas amistades aparentes, Francia era suficientemente suspicaz, y demasiado cruel y severo, para conceder por completo su cariño a nadie: a no ser al perro y a los cuervos, por quienes tenía verdadera predilección, más por misantropía que por amor a los animales.

IV. EL ALCOHOLISMO DEL FRAILE ALDAO

Susana Brunet, de cincuenta años de edad, era, según el testimonio de todos sus allegados, una mujer inclinada al abuso de las bebidas alcohólicas. Su cara vultuosa, su nariz espesa y rubicunda, y sus manos temblorosas y como movidas por la "parálisis agitante", demostraban superabundantemente sus inclinaciones maléficas. A consecuencia de una discusión con su vecina, y en venganza de algunas palabras un poco vivas que le había dirigido, le incendió la casa, y más tarde, por otro atentado análogo, fue condenada sin apelación a un asilo de locos peligrosos.

Brouchard, otro ebrio consuetudinario, compareció ante el tribunal correccional de París acusado de robos, de rebelión contra los agentes de la autoridad, de ultrajes infinitos al pudor y de tentativas inmotivadas de homicidio aleve; fue condenado a tres meses de prisión y a veinte francos de multa. Pero un alienista sagaz, después de haber leído las minuciosidades reveladoras del proceso, y en presencia de ciertos documentos que él contenía, hubiera diagnosticado un principio de locura.

Ciertas concepciones ambiciosas, y sobre todo la incoherencia, esa incoherencia característica, no podían conciliarse con una locura simulada. Brouchard era loco, como Susana Brunet; ambos tenían esa locura que al principio se presenta vaga, difusa e indeterminada, pero que marcha después a trancos seguros hacia su término de excitación maníaca irremediable y de irresponsabilidad absoluta.

Es la eterna historia del alcoholismo crónico: incendios, asesinatos, delirios ambiciosos, ultrajes públicos al pudor con las minuciosidades repugnantes del exhibicionismo más indecente, cleptomanía y todo cuanto puede producir la inteligencia desequilibrada. En el fondo de una botella caben todos los delitos y todas las maldades imaginables: el alcohol estimula, el alcohol fecunda y despierta todo ese cúmulo de sentimientos bulliciosos que el hombre hereda del bruto, y que la conciencia en el estado de salud enfrena con su equilibrio potente.

Hay una fuerza secreta que tiene todo el vigor de la ciega fatalidad del instinto y que arrastra a beber con la voracidad insaciable de un deseo enfermizo; en ciertos alcohólicos recalcitrantes ella constituye una morbosidad singularísima llamada "dipsomanía", especie de impulsión irresistible, de la categoría de la antropofagia y de la cleptomanía.

Aparece como una forma particular de las degeneraciones congénitas, o simplemente como una inclinación por los licores alcohólicos, puramente sintomático y que se observa al principio de algunas enfermedades mentales.

La primera de estas formas era la que arrojaba al Fraile Aldao en sus repetidas borracheras, y la segunda es a menudo el largo y oscuro introito de la "parálisis general". En este último caso el alcoholismo sólo es un síntoma, pero un síntoma grave que acelera singularmente la marcha de los accidentes, y que, a la larga, se suma a las causas. Como análoga a esta impulsión, y ejemplo del poder fascinador que todas ellas ejercen en el ánimo, recordaré aquella curiosísima perversión que arrastraba al irreprochable Bertrand a comer la carne humana y a profanar los sepulcros.

El sargento Bertrand, cuya conducta era por otra parte perfectamente ajustada a la disciplina, se iba de noche a los cementerios de París y de sus alrededores, desenterraba los muertos, los mutilaba a su gusto, favorecido por la oscuridad, y se entregaba a innobles actos de lujuria.

Bertrand había sido en su infancia sombrío, taciturno y tenía un tío loco: circunstancia esta última que abogaba en favor del origen mórbido de sus brutales apetitos. Habiendo asistido un día al entierro de un conocido suyo, fue atacado súbita y violentamente por el deseo de desenterrar el cadáver y devorarlo; este fue el primero de sus accesos, los cuales se repitieron después cada quince días y se anunciaban por una cefalalgia intensa, un malestar indefinible y un impulso maligno durante el cual, y a pesar de los culatazos y de las estocadas que le aplicaban los que espiaban sus pasos, escalaba los muros y desenterraba los cadáveres, sin sentir la menor repugnancia, ciego y fascinado por el empuje[158]. Con esta intensidad tempestuosa arrastra y fascina la dipsomanía.

Los estragos irreparables que hace el alcoholismo en algunos países tienen, por lo menos en parte, su filiación patológica, en estos casos frecuentes y por lo general poco conocidos de dipsomanía. Se comprenderá fácilmente esto, si se tiene presente la frecuencia alarmante de la parálisis general que, como se sabe, comienza en muchas ocasiones ocultándose, diremos así, bajo esta forma insidiosa. La "parálisis general" y el "alcoholismo" son dos plagas sociales de consideración, porque se ayudan mutuamente y se vinculan de una manera más íntima, más estrecha de lo que habitualmente se cree. Cada una de ellas, alternativamente, es causa y efecto a la vez: el alcoholismo es, en muchísimas ocasiones, una de las causas de la parálisis, y ésta lo es en otras del alcoholismo que la sobrepasa en su creciente intensidad, que suministra el mayor número de víctimas y de año en año se va difundiendo por todo el mundo con la actividad propia de las grandes plagas.

De 2.809 locos enviados a la enfermería de la Prefectura del Sena en 1876, de los cuales 1.677 eran hombres y 1.132 mujeres, el alcoholismo existía en 776, es decir, en casi el tercio. Un informe de Mr. Ouslow revela, por lo que toca a Inglaterra y al país de Gales, lo frecuente que es allí la "borrachera del domingo". En una población de 22.721.266 de

---

[158] MARCE: *"Traité des maladies mentales"*.

habitantes, ha habido, según dice, desde el 29 de Septiembre de 1876 a Septiembre de 1879, 47.401 prisiones por alcoholismo; es decir, la enorme suma de 15.800 cada año. En Liverpool ascendieron a 4.721, sobre 497.405 habitantes, y en Manchester, que cuenta 351.189 almas, hubo 3.282. En Londres, Birmingham y sobre todo en Sheffield, en donde las condenaciones ascendieron a 175 "simplemente", sobre una población de 239.946, es rara la "borrachera del domingo"[159].

París suministra esta estadística: sobre un total de 2.582 individuos detenidos por locos en su domicilio, en la vía pública o condenados en el departamento del Sena en 1879, había 573 hombres y 157 mujeres afectadas de delirio alcohólico franco: cifra enorme que manifiesta hasta dónde puede influir el alcoholismo en la producción de la locura según Garnier.

Y no es reciente esta alarmante propagación. Lo que, la estadística enseña hoy con colores tan tétricos, ha sido un mal de todas las épocas; un mal que por distintas causas ha permanecido velado, y como escondido bajo otros aspectos, hasta que trabajos magistrales como la célebre memoria de Magnus Huss, lo pusieron de manifiesto, revelando al mundo el secreto de esta difusión creciente de la locura alcohólica que hace centenares de víctimas en ciertas poblaciones del Norte.

Dadas sus múltiples maneras de manifestarse y sus variados efectos, muchos acontecimientos sociales, ciertas conmociones políticas de carácter aliénico, como los excesos de la Comuna y el fanatismo convulsivo de los poseídos de Bordy, podrían encontrar tal vez, y encuentran según algunos, una explicación plausible en sus efectos difusos. No tengo duda alguna de que muchas de las tumultuosas peregrinaciones de la Mazorca, tenían su origen en esas libaciones abundantísimas por medio de las cuales el "bondadoso" Salomón fabricaba el entusiasmo federal de sus amigos. Los grandes banquetes federales dados para celebrar a su modo las fiestas patrias, los triunfos de los ejércitos de Rosas, los natalicios de los miembros conspicuos de su familia, y aún la prisión y el fusilamiento de algún "salvaje" recalcitrante, eran celebrados de esta manera singular.

Las pipetas del licor venenoso, que llevaban Alegre y Ochoteco, se apuraban pronto; y cuando ya la voz de alguno enronquecía, cuando la palabra se arrastraba balbuciente y se secaba la garganta, bajo el influjo irresistible de aquel tósigo que dejaba apenas entreabierta la pupila, el federal inofensivo, ¡cuántas veces víctima de su propio entusiasmo!, había completado su transformación psicológica en el mazorquero intransigente, brutal, pero irreprochable en el concepto de Rosas. La famosa ginebra que repartía Parra, y que dejaba en las fauces empedradas de sus asociados una estela de inflamaciones mortíferas, era el indispensable estímulo de todas sus comilonas. De otra manera muchas de las explosiones del "furor popular", que tan eficazmente coadyuvaban a la política casera de D. Juan Manuel,

---

[159] Del "Diccionario" de GARNIER. - Años 1877 y 1880.

no se hubieran producido con la oportunidad que él deseaba. Este uso del alcohol, como agente político, explica la enorme entrada que, en algunos años, hubo de él en Buenos Aires; y a tal punto están ligados estos hechos, quc tal vez los registros de la Aduana hubieran sido el mejor barómetro para predecir muchas de estas tempestades. Comprendo que el punto necesita estudio y aclaraciones que aún no he podido hacer, pero lo cierto es que, en el primer semestre del año 39, se consumieron cerca de mil pipas de aguardiente[160]; 2.246 pipas de vino de distintas clases, probablemente de la más ínfima, que es la menos cara y la que produce con facilidad asombrosa el entusiasmo que se apetecía; 3.836 frasqueras de ginebra, 262 pipas, 2.182 damajuanas y 32 arrobas de la misma bebida; además de 246 barriles de coñac y 5 barriles de Oporto que figuran en el registro, sin contar, por supuesto, el inmenso contrabando que entonces suministraba a bajos precios y en grandes cantidades todo género de bebidas.

Sólo en estas épocas singulares, determinados hombres han sentido, y lo que es peor, nos han hecho sentir, los efectos difusibles del alcoholismo.

Se dice, no sé con qué fundamento, que Quiroga acostumbraba enardecer sus turbas con grandes beberajes; que el Dictador Francia hacía uso frecuente de la caña[161]; que Artigas solía embriagarse, y que la acción mortífera del alcoholismo ha despertado más de una vez en D. Juan Manuel los impulsos sanguinolentos de su locura moral. Después de la sublevación de San Juan, el precioso Regimiento N° 1 de los Andes pereció en los delirios que la ebriedad y la licencia promovían entre aquellos sargentos y soldados abandonados a sí mismos y dueños del poder[162]. Blasito y Ortoguez, los dos más feroces satélites de Artigas, vivían ebrios y oprimidos por el "*delirium tremens*"; y Monterroso, el famoso secretario del "Protector de los pueblos libres", se embriagaba también frecuentemente, buscando en la caña de las pulperías la luz con que iluminaba las largas disertaciones literarias de su cancillería.

Pero de todos estos amantes reales o ficticios (y digo ficticios porque no es posible dar entero crédito a la tradición complaciente y partidista, muchas veces), ninguno como el Fraile Aldao, tipo acabado del alcohólico irreprochable y contumaz. En pocas personas se ve, como en él, esa inclinación fatídica que he mencionado bajo el nombre de "dipsomanía", cuyas fascinaciones impulsivas constituyen por sí solas una morbosidad incurable. ¿Cómo se presentaban y cuáles fueron sus efectos? Es lo que vamos a ver.

Como siempre sucede en estos casos, manifestábanse al principio bajo la forma aguda, probablemente con su procedimiento habitual de accesos repetidos cada mes o cada quince

---

[160] Datos del Registro Oficial, año 1839.
[161] "Clamor de un Paraguayo", atribuido a MOLAS.
[162] V. F. LOPEZ: "Historia de la Revolución Argentina", tomo 3.0.

días; iniciándose con su período de suma tristeza, con la cefalalgia intensa y la ansiedad precordial angustiosa que siempre precede al deseo de beber, tan irresistible, tan pujante, tan bárbaro como no puede imaginarse antes de haberlo presenciado alguna vez.

Sentía venir aquellas invitaciones fascinadoras y, sin deplorar los excesos a que lo llevaban después, bebía hasta que la exaltación maníaca lo precipitaba en un delirio furioso, o hasta que el sueño pesado y letárgico en que termina el cuadro, lo hundía en un estado de muerte aparente.

Nada detiene a estos poseídos cuando sienten desatarse bajo su cráneo aquellas furias ingobernables; por eso no me asombra la vehemencia rabiosa, insaciable, con que el Fraile Aldao buscaba la bebida. Cuando se concluye el dinero venden sus muebles, sus vestidos, los de su mujer y de sus hijos para satisfacer sus deseos. Los que conservan aún cierto recato y temen entregarse públicamente a sus impulsiones, saben disimular con admirable tino, recurriendo a mil subterfugios extravagantes; se encierran —dice Marcé—, se aíslan por completo del mundo y, cuando no pueden procurarse el aguardiente, beben el agua de colonia o cualquiera otra mezcla alcohólica que encuentran a mano[163]. Hasta se ha visto individuos que bebían el alcohol de las preparaciones anatómicas. En el intervalo del acceso, ciertos dipsómanos pueden beber abundantemente sin que se produzca la crisis del delirio característico, mientras que, cuando el momento de su aparición fatal se acerca, les basta una cantidad mínima de bebida para trastornar todo su equilibrio mental; prueba evidente de que el acceso dipsomaníaco reposa sobre una perturbación general de la inervación, que nos obliga a mirar a los desgraciados que la padecen, no como culpables, sino como enfermos[164].

Cuando la enfermedad se hace crónica, viven como vivía el Fraile en los períodos finales de su enfermedad, en esa intoxicación permanente que postra para siempre la inteligencia; que hace imposible todo esfuerzo de voluntad, «toda lucha entre la razón y los detestables impulsos que la absorben, hasta que una demencia incurable o una 'parálisis general' viene a apagar su triste existencia».

Aldao tenía, en la etiología de todos sus males, el agudo aguijón de dos enfermedades que sostenían el exagerado estímulo de su cabeza. De ellas, la una era física y horriblemente dolorosa, la otra moral y tan terrible como la anterior: el cáncer que roía de una manera rápida y tenaz su rostro repugnante, y ese cúmulo de agitaciones, que alguien ha llamado remordimientos, y que en estrecho consorcio con sus impulsos dipsomaníacos lo arrastraban a beber con tanta ansiedad. Sucedía con este alcohólico legendario, lo que con todos los ejemplares de su género: por razones de organización o por disposiciones hereditarias, se entregaba a estos excesos, no porque buscara el placer que procura la satisfacción de una

---

163 Ver KRAFFT-EBING.
164 KRAFFT-EBING: Obra citada.

necesidad sentida, sino obedeciendo a ese secreto y vigoroso empuje que, así como lleva a otros a comer la carne humana, a desenterrar los muertos o a cohabitar con los animales, a ellos los obliga a beber, a beber siempre y de una manera casi automática. Y tan bebía sin placer que, en sus copiosas libaciones finales, se confundían en una mezcla insoportable los buenos y los malos licores; el vino de Mendoza, la ginebra y las bebidas más repugnantes: la miel de caña, la sidra y hasta el aguardiente de quemar mismo, que constituye, como se sabe, el último y supremo recurso de los ebrios consuetudinarios.

Aldao era hijo de un honrado vecino de Mendoza; y desde su niñez manifestaba, como Rosas, la extraña organización moral que después le conocimos. Como la suave disciplina del hogar no fuera bastante para contener la turbulenta indocilidad que mostraba, «sus padres lo dedicaron a la carrera del sacerdocio, creyendo que los deberes de tan augusta misión reformarían aquellas malas inclinaciones; pero su noviciado fue como su infancia; una serie no interrumpida de inmoralidades»[165].

Esta impetuosidad de carácter, exuberancia enfermiza de un temperamento que durante las primeras épocas de la vida se desbordaba en excesos de todo género, respondía a esa sobreactividad orgánica patológica que en muchos individuos constituye el síntoma precoz de una neuropatía. Dice Cardan que en la juventud de muchos hombres, célebres por sus crímenes, se ve esta extraordinaria actividad del dinamismo nervioso, esta suprema necesidad de ocupar en la práctica de los vicios una actividad que más tarde emplean en el ejercicio de grandes empresas o de grandes crímenes.

En su vida pública el Fraile Aldao dio prueba de ello, haciéndose notar por sus desórdenes inauditos, por sus graves delincuencias y por las manifestaciones ruidosas de un carácter que había estado comprimido momentáneamente por los hábitos de mansedumbre que vestía.

Cuando la excitación general de la época de nuestra independencia, difundiéndose hasta en los templos mismos, llegó a tocarle, aquella "maza de tormenta" principió su larga y dolorosa convulsión; y, abandonando el claustro a que había sido arrastrado contra la corriente de sus inclinaciones, se entregó a todo género de extravagancias, poseído de una exaltación visiblemente mórbida. Principia manifestándose en la pequeña epopeya de Guardia Vieja, episodio poco conocido, pero que él ha iluminado con la luz de su heroísmo insólito. Toda esa fuerza acumulada sobre su espíritu, oprimida por aquella honda tonsura que gravitaba como una montaña de infamia sobre su cráneo, y que había ido creciendo paulatinamente, fomentada por las monotonías mortales del convento, estalló allí con un vigor explosivo y sonoro. Parecía, más bien que un «guerrero implacable arrastrado por el enardecimiento del combate», un maníaco epiléptico que va huyendo de ese enjambre de visiones sanguinolentas que lo persigue durante el "aura".

---

[165] SARMIENTO: "Vida del Fraile Aldao".

En medio de la pelea «y en lo más reñido de la refriega, veíase una figura extraña, vestida de blanco, semejante a un fantasma, descargando sablazos en todas direcciones, con el encarnizamiento de un guerrero implacable.

»Era el capellán segundo del ejército, que arrastrado por el movimiento de las tropas, exaltado por el fuego del combate, había obedecido al fatídico grito de: '¡a la carga!', precursor de matanzas y exterminios. Al regresar la vanguardia victoriosa al campamento fortificado que ocupaba el General Las Heras con el resto de su división, las chorreras de sangre que cubrían el escapulario del capellán, revelaron a los ojos del jefe, que menos se había ocupado en auxiliar moribundos, que en aumentar el número de los muertos»[166].

En estos arranques súbitos ya se presentía el hombre que iba a obrar toda su vida bajo la tiranía de estos impulsos ineludibles, que tienen toda la bárbara instantaneidad del ictus, la brusquedad súbita de un golpe de sangre, y que arrebatan con fuerzas sobrehumanas a los caracteres más pasivos e inconmovibles. Así es que, en él, las primeras fascinaciones del alcoholismo, dando a esos impulsos un nuevo giro, enardeciéndolos con sus profundas perturbaciones, fecundando toda esa vegetación rastrera y venenosa que hasta entonces había germinado secretamente en su alma, no hicieron sino acentuar más su carácter mórbido, imprimiendo a todos sus actos aquel sello tan peculiar que pone la enajenación mental en la fisionomía intelectual de sus víctimas. Si bien es cierto que el alcoholismo era lo que dominaba la sintomatología de sus trastornos ayudando a establecer un diagnóstico claro y definitivo, él no era, sin embargo, sino la consecuencia de un estado anterior orgánico; el producto de una cierta predisposición ingénita que principió a manifestarse en   todos aquellos actos irregulares de la primera época de su vida. Por esto las propensiones a la bebida no vinieron paulatinamente, como sucede en otros individuos que beben por hábito más que por enfermedad. Nacieron por impulsos sucesivos, regulares, con un carácter morboso definitivo; por empujes repentinos análogos a esos bruscos ataques de monomanía homicida que crispan el brazo del que mata fríamente a su padre.

Comenzaban cruzando por su cabeza como relámpagos; le abrasaban el cráneo y desaparecían dejando una impresión penosísima. Entonces, con qué vehemencia horrible deseaba la bebida para saciar aquella sed; aquella sed imaginaria y sin embargo tan cruel que le echaba como un lazo corredizo a la garganta y que invertía completamente su ser, concentrándolo todo en esta necesidad suprema, única, irresistible que fascina al dipsomaníaco: la necesidad de beber, de beber siempre, de beber abundantemente hasta que la plétora, la imbibición repugnante que lo hace retrogradar a empujones hasta el bruto, lo hunde en un sueño apoplético o lo arrastra en un vértigo de sangre y de depredaciones inauditas. Al principio pedía alcohol simplemente, cualquiera que fuera su forma y sus cualidades, pero después bebía hasta el aguardiente de los reverberos, el agua de colonia, el

---

[166] Ídem.

vinagre y ¡hasta la tinta se hubiera bebido con íntima fruición, aquella bestia loca de una sed alcohólica sin tregua!

Conforme fueron acentuándose estos impulsos, sus costumbres se hicieron crapulosas y sórdidas, su lenguaje grosero acompañado de maneras violentas y bestiales.

A la menor excitación sobrevenía un delirio agudo y furioso, en cuya patogenia, bueno es decirlo, no tenía influencia "actual" la ingestión de bebidas. Era ese delirio periódico que viene en los alcohólicos consuetudinarios bajo la influencia de causas pueriles y que otras veces se presenta espontáneamente, tal vez por la probable acumulación de intoxicaciones análogas a aquéllas cuya concentración en el bulbo produce, según las modernas teorías, las crisis epilépticas.

No era ya la dipsomanía simplemente, sino la enajenación mental declarada, producto de la acción lenta y continuada del alcohol sobre la inteligencia: locura confusa por la presencia de formas y delirios de distinto género, que es precisamente el carácter de las que tienen un origen alcohólico; mezcla desagradable de muchas y de distintas modalidades que se combinan confusamente dando por resultado un cuadro abundante y raro. Tal fue el estado extraordinario en que vivió el Fraile Aldao por mucho tiempo, hasta que el cáncer acabó con él.

Lo único que predominaba por su vigor y por su persistencia tenaz (y esto solamente al principio), eran los impulsos homicidas que le obligaban a entregarse a actos inauditos de violencia. Caía en un estado de suprema emoción, con su sensibilidad suficientemente embotada para ver sin inmutarse alrededor suyo la desolación y la sangre que su propia mano producía.

Un día, no recuerdo precisamente en qué año, uno de los pequeños ejércitos que combatían contra sus hordas, estipula un armisticio en el Pilar.

$$*****$$

Eran las tres y media de la tarde. "Ajustado el convenio, las tropas habían hecho pabellones; los oficiales andaban en grupos, felicitándose de un desenlace tan fácil. D. Francisco Aldao se presenta en el campo enemigo; bienvenidas cordialmente amistosas lo saludan; entáblase una conversación animada; las chanzas y las pullas van y vienen entre hombres que en otro tiempo han sido amigos. Un momento después un emisario del Fraile se presenta intimando rendición, so pena de ser pasados a cuchillo; mil gritos de indignación partieron de todas partes: Francisco fue el blanco de los reproches más amargos".

"—Señores —decía con dignidad y confianza—, no hay nada: ¡es Félix que ya ha comido! —dando a estas palabras, que repitió varias veces, un énfasis particular, y a un ayudante la orden de avisar a Félix que él estaba allí; que el mismo amago de su parte era una violación del tratado. La alarma corrió por todo el campo a la voz de ¡traición! ¡traición! de los soldados: los oficiales llamaban en vano a la formación, cuando seis balas de cañón arrojadas al grupo donde estaba Francisco, avisaron al campo que las hostilidades estaban rotas, sin saberse porqué. Si los cañonazos demoran un solo minuto más D. José Aldao entra también al campo, pues lo sorprendieron en la puerta, de donde se volvió exclamando: "¡Este es Félix! ¡ya está borracho!" En efecto, borracho estaba, como era su costumbre por las tardes; tres o cuatro días antes, había sido preciso cargarlo en un catre para salvarlo de las guerrillas enemigas que se aproximaban.

"La confusión se introdujo en el campamento y la aproximación de los auxiliares de D. Féliz y los Azules de San Juan completaron la derrota. Un momento después penetraba el Fraile en el campo a tan poco costo tomado: sobre un cañón estaba un cadáver envuelto en una frazada; un pensamiento vago, un recuerdo confuso del mensaje de su hermano, le hacen mandar que le destapen la cara. "¿Quién es éste?" —pregunta a los que le rodean—. Los vapores del vino ofuscaban su vista a punto de no conocer al hermano que tan brutalmente había sacrificado. Sus ayudantes tratan de alejarle de aquel triste espectáculo antes que reconozca el cadáver. "¿Quién es éste?" repite con tono decisivo. Entonces sabe que es Francisco. Al oír el nombre de su hermano, se endereza, la niebla de sus ojos se disipa, sacude la cabeza como si despertara de un sueño, y arrebata al más cercano la lanza.

¡Ay de los vencidos! La carnicería comienza; grita con ronca voz a sus soldados: "¡maten! ¡maten!", mientras que él mata sin piedad prisioneros indefensos"[167].

*****

«Manda a sus soldados que maten a sablazos a los oficiales prisioneros, entre los que se encontraba un joven distinguido por su valor llamado Villanueva. Este "recibe un hachazo por atrás, que le hace caer la parte superior del cráneo sobre la cara; se la levanta y echa a correr en aquel círculo fatal limitado por la muerte, "el fraile" lo pasa con la lanza que entra en el cuerpo hasta la mano, y no pudiendo retirarla otra vez, la hace pasar toda y la toma

---

[167] Ídem.

por el otro lado: la carnicería se hace general, y los jóvenes oficiales mutilados, llenos de heridas, sin dedos, sin manos, sin brazos, prolongan su agonía tratando de escapar a una muerte inevitable»[168].

*****

«Las partidas se vienen a la ciudad, y cada tiro que interrumpe el silencio de la noche anuncia un asesinato o una puerta cuya cerradura hacen saltar. El día siguiente sobrevino y el saqueo no había cesado. El sol apareció para contar los cadáveres que habían quedado en un campo sin combate, e iluminar los estragos hechos por el pillaje»[169].

*****

Luego a los oficiales que van viniendo los hace reunir en un cuadro y los va matando uno por uno, animado de esa extraordinaria frialdad que caracterizaba todos sus ímpetus homicidas.

Así era aquel pobre Fraile, alcoholizado hasta la médula de los huesos, cuando el delirio se apoderaba de su cerebro; incansable, lascivo para la sangre, mataba con su propia lanza hasta que las alucinaciones de la noche le sorprendían terminando aquellos cuadros de horrible destrucción.

Escenas análogas se repitieron con frecuencia hasta que los profundos trastornos materiales que trae el alcoholismo transformaron completamente la índole de sus accesos. Mientras el delirio con sus impulsiones peculiares se producía, las matanzas eran inevitables. Sus instintos comprimidos se desencadenaban con una viva expansión hasta que la sociedad o el cansancio fatigaban la mano, o las perturbaciones intelectuales desaparecían. Entonces, pero nunca antes de tres o cuatro días, principiaba el Fraile a darse cuenta de su estado, sin embargo de que conservaba todavía esa indecisión de espíritu que nunca abandona al alcoholista. Durante el día se manifestaba silencioso, huraño y reconcentrado; se entregaba

---

[168] Ídem.
[169] Ídem.

con cierta reserva a sus juegos habituales, pero sin hablar mucho ni salir de su casa.

Cuando la tarde se aproximaba, perdía su aplomo, porque la noche llegaba poblada de mil visiones horribles y extravagantes. Terrores vagos, que se aumentaban a medida que la luz del día se alejaba, principiaban a agitarlo hasta el punto de hacerle mirar con verdadero horror la maldita hora de acostarse. Las alucinaciones dolorosas volvían a tomar su imperio y de nuevo comenzaba a sentir las mil impresiones repugnantes que producen sobre la piel de los alcoholistas en delirio todos esos extraños animales que la arañan y la acarician alternativamente, con caricias y arañazos que no son de este mundo, según sus propias expresiones; los hilos de hierro los rodean y los queman, los pinchan, los encierran como en una cárcel de fuego, y los oprimen de una manera tan cruel, produciendo la viva ansiedad que sumía al Fraile en sus extraordinarios extravíos.

¡Ay de los vencidos y de sus prisioneros! ¡Ay de sus mujeres y de sus amigos, porque entonces el Fraile era capaz de matar a sus propios hijos sin repugnancia alguna!

*****

"Vivos están muchos que le oyeron dar órdenes de asesinato, detallando a sus sicarios todas las circunstancias que debieron acompañar la muerte: a sablazos, en el lugar tal, a las once de la noche, cortarles las piernas y brazos; a otros sacarles la lengua; a uno, en fin, castrarlo. Una madre pudo reconocer a su hijo por un escapulario del Carmen obra de sus manos.

El Dr. Salinas fue descubierto por la lavandera, que le conocía una camiseta listada."[170].

*****

"Su hermano José, más humano, más moderado, también trabajó para apaciguar esta sed de sangre que se había apoderado del Fraile; pero la fatal tarde venía y con ella la

---

[170] Ídem.

embriaguez, que aconsejaba crímenes que no habían sido premeditados."[171].

De ahí en adelante la enfermedad cambia de aspecto; la suprema exaltación del principio va progresiva y precipitadamente disminuyendo hasta producir un estado opuesto; un decaimiento lamentable sucede a la agitación, término fatal y necesario del alcoholismo crónico. Desde entonces "vivió lleno de alarmas; y aquellos escozores internos, aquel horror de sí mismo" que eran el producto de la lenta intoxicación, y que iniciaban la segunda faz de su enfermedad, comenzaron a repetirse cada vez con mayor frecuencia hasta tomar el aspecto alucinatorio que le es peculiar.

Un destello de su primitiva virilidad brillaba apenas. El más esforzado guerrero, el más valiente de los paladines de su época transformase de la noche a la mañana en un cobarde pueril, agobiado por todos los achaques de una decrepitud precoz.

Es que esta enfermedad temible impone, a la larga o a la corta, según el grado de resistencia individual, un debilitamiento, o mejor dicho, una atrofia profunda de las facultades morales y físicas. No hay órgano ni tejido, por grande que sea su insignificancia fisiológica, que escape a su influencia. La mayor parte del líquido, cuando se lleva directamente al estómago, es arrastrado por la circulación y va a ejercer su influencia sobre todo el organismo, y con preferencia sobre el cerebro, el hígado, los pulmones y los riñones.

Bueno es tener presente su marcha desastrosa, al través de todos los tejidos de la economía, para comprender bien cómo se operan en el corazón humano estas incomprensibles e inauditas transformaciones que con tanta viveza se manifiestan en el Fraile y que sólo el alcoholismo explica.

Puesto en contacto con la sustancia cerebral por medio de los pequeños vasos sanguíneos, el alcohol exalta las funciones de este órgano, y esta exaltación, que está en relación con la cantidad de alcohol absorbido, se traduce primeramente por una alegría inusitada, a la cual sucede una insoportable locuacidad con marcada tendencia a rodar en el mismo círculo de ideas; después, la marcha se hace menos segura, cesando la alegría para dar lugar a un cierto grado de irritabilidad. De aquí en adelante las escenas que se suceden cambian de aspecto. Ya no es la excitación únicamente, es una perversión de ideas, un verdadero delirio más o menos agresivo, más o menos violento, que termina unas veces en un balbuceo incoherente, en un estado de agitación extrema otras, o en una crisis de furor ciego durante el cual el hombre es capaz de cometer todos los crímenes imaginables, hasta que cae fatigado, deprimido por el exceso mismo de la excitación[172].

---

[171] Ídem.

[172] Toda esta sintomatología del alcoholismo, la copio de un "*Avis sur les effets de l'alcohol*" publicado en los "*Comptes-rendus du Congrés Internacional pour l'étude des questions relatives a l'alcoholisme*, 1878".

Cuando semejantes excesos se repiten con cortos intervalos tienen por consecuencia inevitable un acceso de alcoholismo agudo (*delirium tremens*), delirio especial de los bebedores que por sí sólo puede determinar la muerte. Pero cuando la acción del alcohol, aun sin pasar la ligera excitación del principio, se repite todos los días, a la simple conmoción del tejido nervioso que produjo esta excitación, suceden poco a poco lesiones materiales; después viene la congestión difusa más o menos generalizada, más o menos persistente del cerebro hasta el reblandecimiento final. Entonces ya no es una efervescencia alegre, sino accesos de furor en los cuales se revelan estos desórdenes y a los que se agregan los dolores de cabeza persistentes, los vértigos, las alucinaciones y un debilitamiento gradual de las facultades morales e intelectuales; la pereza del espíritu, la pérdida de la memoria y el embarazo de la palabra.

Obrando sobre el hígado, lo congestiona y determina una inflamación que concluye en la supuración del órgano o en una degeneración grasosa o fibrosa del tejido normal. Sobre el corazón produce enfermedades rápidas, violentas, lo mismo que sobre los riñones que por su función eliminadora sufren la acción irritante, continua del veneno; trae fluxiones crónicas al pecho, produce la gota, la piedra y la tuberculosis pulmonar; predispone al cólera, a la fiebre tifoidea, a la disentería y a la viruela. En una palabra, es tan grande la miseria de aquel organismo en completa decadencia, que no hay enfermedad que no haga en él, más que en cualquier otro, estragos horribles.

En este breve resumen está la historia entera del alcoholismo, y en él la base orgánica propicia para aquella úlcera cancerosa que devoraba la cara del Fraile, cuyo estado de saturación alcohólica hacía ineficaz y difícil todo tratamiento. Porque debe tenerse presente, que las lesiones combatibles en el hombre sobrio y sano, se hacen, en el ebrio consuetudinario, el punto de partida de accidentes terribles[173].

Insignificante al principio, aquella pequeña ulceración del labio hubiera marchado menos de prisa, pero el mal estado anterior de todos los órganos, cuyo funcionamiento armónico exige la buena nutrición, agravó terriblemente su marcha. La defensa contra las pérdidas, ocasionadas por ella, exigía una sangre pura y el concurso regular de todas esas fuerzas que sostienen la vida; pero su sangre miserable había hecho difícil la resistencia al terrible mal.

Ya tenía todos los signos de la degradación física: sólo faltaba el último eslabón de esta gruesa cadena que termina fatalmente en la muerte; faltaban las perversiones finales de la sensibilidad moral que pronto vinieron y que transforman completamente el carácter del alcohólico, haciéndolo impaciente, agresivo, inquieto y arrojándolo en una ansiedad dolorosa. A la acción incitante del líquido se agregaron las alarmas que son su consecuencia y que constituyen uno de sus más constantes signos. A los continuos temores, que lo

---

[173] *Avis sur les dangers*, etc. etc.

asaltaban, siguió el cansancio del insomnio.

Cuando dormía solo conciliaba un sueño difícil, penosísimo, incompleto; casi siempre perturbado por ensueños y visiones horribles en que caía en precipicios o veía cosas extrañas, muertos, fantasmas, monstruos más o menos horrorosos.

La fisionomía había perdido ya la expresión de la vida, por la palidez lívida profunda y la alteración de sus rasgos humanos. La úlcera por un lado, arrebatándole la mitad del rostro, y por el otro ese sello de suprema angustia, engendrada por la perversión respiratoria que oprime el tórax hasta producir un verdadero estado de asfixia, le daban el aspecto desagradable de un aparecido. Era tan grande, tan profunda la depresión de sus facultades físicas y morales, que se había hecho pusilánime, cobarde, inepto e indefenso en presencia de las emociones más insignificantes. Los terrores y las aprehensiones, que experimentaba, le habían despertado cierta disposición moral propicia al desarrollo de las otras manifestaciones mórbidas complementarias: el delirio de las persecuciones, las ideas de suicidio y los múltiples actos de extravagancias peligrosas que ponen la última mano al cuadro de los síntomas. A medida que la enfermedad tomaba su carácter crónico, iba apareciendo y acentuándose más aquel caimiento bochornoso que lo había transformado de una manera tan radical. La pérdida de ciertas calidades apreciables que antes lo hacían menos odioso, y con las cuales supo inspirar afecciones durables y desinteresadas, era ya un largo tranco hacia esa incurable estupidez en que por fin quedan hundidas estos desgraciados. El alcoholismo había envenenado, mejor dicho, ahogado en grasa hasta el valor legendario de aquel brazo de bronce que manejaba en Guardia Vieja la lanza implacable de los Granaderos a caballo. Era un desdichado que inspiraba lástima y repugnancia al último recluta; y la desaparición de sus condiciones de hombre, no ya de héroe, se hicieron tan visibles después de la batalla de Laguna Larga, que llegó a excitar «el desprecio de sus guardianes por sus terrores pánicos, sus alarmas sin motivos».

Después de la derrota, su cuerpo obeso y deforme no le había permitido huir; y, alcanzado por un soldado, fue hecho prisionero y conducido a la cárcel de Córdoba. Allí fue donde la pantofobia enfermiza llegó a su grado de suprema amplitud, y cada uno que se le acercaba pedía con inquietud noticias de los rumores que sobre su muerte próxima corrían; los más insignificantes movimientos de la cárcel los interpretaba siniestramente; en fin, el sueño había huido de sus párpados y el día lo sorprendía expiando a los centinelas. Algunos sacerdotes emprendieron la obra de reconciliarlo con la iglesia; y, sea refugio sugerido por el miedo, sea verdadero arrepentimiento, abrazó con ansia el partido que se le ofrecía; tomó el escapulario de la orden Dominica, y emprendió con empeño la tarea molesta de estudiar el latín que había olvidado. Un día que recibía lecciones de D. José Santos Ortiz, dirigió una mirada a un centinela colocado enfrente de la puerta: los soldados sabían los temores que sufría, y el centinela tuvo la malicia de pasarse la mano por el cuello indicando decapitación: el fraile convertido arroja el breviario, se levanta precipitadamente, y exclama temblando: «¡Me fusilan, me fusilan!»[174].

Toda la precoz decrepitud del último período del alcoholismo está pintado en este cuadro con tanta verdad como admirable colorido. Para que nada faltara a aquel pobre espíritu atribulado, la actividad extraordinaria, que el alcohol imprimía al cerebro envenenado, le hacía perder el sueño y apurar los horrores y los amargos tormentos de una existencia moral y físicamente gangrenada. Sentía desprendérsele la vida en los pedazos de carne de su cara, sin la promesa, siquiera lejana, de una tregua; porque el cáncer, el enemigo implacable que tanto desprecia la experiencia secular de la medicina, no concede jamás ni la esperanza de esa vislumbre celeste entre la cual viene envuelta, como una hada, amorosa, la muerte consoladora que pone término breve a tanto martirio.

Desde entonces vivió en una vigilia constante, porque el sueño, si alguna vez lo conciliaba, era, como he dicho antes, agitado por visiones pavorosas; ¡lleno de cuadros siniestros y de escenas de sangre que le despertaban embargado por un terror insoportable!

Qué impresión extraña producían aquellos ojos, habitualmente soñolientos, cuando brillaban con esa súbita fosforescencia que ilumina la pupila anchamente dilatada del alcoholista delirante, rodando en el fondo de una órbita honda y oscura como una fosa de pobre. El lado sano de la cara, congestionado y en partes lívido, presentaba el aspecto más repugnante que pueda imaginarse; y para colmo de desdichas, su lengua seca y dura, medio humedecida, sin embargo, por el icor canceroso, se pegaba al paladar cuando quería articular una palabra o un grito de rabia. La úlcera le había comido el carrillo, la oreja y parte de la nariz, y ya tendía la garra hacia el ojo derecho, que pronto quedaría fundido. Estaba siempre atrozmente dolorida, circunstancia que contribuía a deprimirlo, inflamada y cubierta de esos detritus putrefactos que nadan sobre el pus nauseabundo. No era un hombre ya, era la sombra confusa de un montón de ruinas humanas.

Cuando el General Paz cayó prisionero —dice el señor Sarmiento— el ejército sin jefe resolvió retirarse a Tucumán y se mandó sacar a los prisioneros de la ciudad. «Un escuadrón de coraceros había formado al efecto en la plaza de armas de Córdoba enfrente a las prisiones de estado.

»De sus picos superiores se escapaban llantos lastimeros, que turbaban el silencio solemne de la noche, y sollozos de hombre, capaces de enternecer a los rudos veteranos cuyos oídos estaban lastimando. El prisionero de la Laguna Larga, 'el soldado de la independencia, estaba de rodillas, gimiendo, entregado a un innoble pavor', creyendo que aquellos aprestos nocturnos eran ¡indicios de su cercana muerte! El oficial que lo vino a buscar lo encontró con una hostia que había consagrado y que sostenía con ambas manos como una égida y un baluarte contra sus pretendidos verdugos»[175].

---

[174] Ídem.
[175] SARMIENTO: "Vida del Fraile Aldao".

El pobre Fraile expiraba en los últimos espasmos de su horrible derrumbamiento moral, en las lasitudes finales de esa depresión inaudita que el alcohol únicamente es capaz de producir, y que el Sr. Sarmiento ha descrito con aquel maravilloso colorido cuyo secreto sólo el admirable Trousseau poseía entre los médicos modernos. A medida que se van leyendo las vivísimas descripciones que nos hace el autor del "Facundo", el diagnóstico se va imponiendo y no es posible abandonar el libro, sin el convencimiento profundo de que el Fraile Aldao era el más acabado ejemplo de la "locura alcohólica". Hemos transcrito íntegros los párrafos inimitables de ese singularísimo publicista, cuya contextura cerebral no tiene rival en ambas Américas, porque las seducciones mágicas de su pluma nerviosa y exuberante, y de esa paleta fecunda, que Goya mismo envidiaría para la pintura de sus cuadros más conmovedores, ponen de bulto, digámoslo así, mejor que nada y que nadie, la idea que he venido persiguiendo en este estudio médico.

Aldao llegaba, pues, al último tramo de su vida, precipitado por la rápida y triste vejez que trae el alcohol cuando se filtra, como sucedía en él, hasta los huesos. La bestial obesidad en que se hallaba y que imprimía a sus movimientos una lentitud y dificultad suma, le había hecho perder hasta las formas humanas, inmovilizándolo en la cama o sobre la manta de su mesa de juego, desde donde contemplaba, rodeado de sus mujeres impúdicas y de sus favoritos avergonzados, «las rencillas bochornosas de su serrallo, sus ultrajes y sus chismes». La cara estúpida, si cara le quedaba aún, manifestaba todavía y a pesar de todo, la impresión dolorosa que le producían los dos únicos aguijones que aún estimulaban su cerebro oprimido: los dolores del cáncer y los temores del delirio de las persecuciones. Sospechaba de sus médicos, de sus oficiales y de sus amigos más fieles, porque solían alejarse, no tanto de sus brutalidades, a las que el hábito los había acostumbrado, cuanto del olor nauseabundo, agresivo, de aquella amplia superficie supurante, cuyas emanaciones hediondas llenaban el ambiente de toda la casa.

El terror pavoroso, a que he hecho alusión en otra parte, se había apoderado de su ánimo con una acentuación mayor, con un tinte más sombrío aún que al principio de su delirio. No eran ya las figuras de esos extraños animales que pueblan el delirio cambiante y característico del alcoholismo, sino la vaga y dolorosa apariencia de espectros que se levantan delante de su cama iluminados con esa luz difusa y medio azulada que circunda las imágenes movibles de la alucinación. Era una serie de recuerdos dolorosos materializados en las figuras trémulas y sanguinolentas de un padre ultrajado, de un hermano sacrificado o de una madre a quien había hundido en la miseria, y cuya mano fría, y como momificada por la humedad de la tumba, le toca el hombro con la presión formidable de una montaña. "*Despair therefore and die!*", como decía a Ricardo III el enjambre de sus terribles fantasmas.

Otras veces era el sonido de armas, el ruido crispado que harían los muertos estirando sus miembros entumecidos por la inmovilidad del eterno sueño; el brillo de hojas de cuchillo con reflejos de incendios; la aparición casi tangible de cabezas lívidas y extravagantes, cabezas enemigas que se asomaban sobre él, por las grietas de las paredes, por detrás de los cuadros, por debajo de los muebles; que saltaban por el suelo separadas de sus cuerpos, y sin embargo animadas de sonrisas diabólicas y haciendo rechinar los dientes con ruidos de otra vida.

Horrores de toda especie, ¡pobre bestia!, se acumulaban sobre su cabeza secándole la sangre en las venas. Había una doble excitación del oído y de la vista. Oía palabras desconocidas en su vocabulario reducido; palabras insultantes, palabras como apóstrofes hirientes y enérgicos, injurias, gritos, gemidos, risotadas juntas y confundidas en una mezcla rarísima, ¡y nadie las oía sin embargo! Qué cruel indiferencia la de aquellos imbéciles que seguían jugando sobre la mesa, durmiendo los insomnios de las vergonzosas veladas, o conversando en voz baja, cuchicheando como para no asustar al sueño que ya se había despedido para siempre de aquel pobre cerebro. Ninguno se movía para castigar aquellas visiones de bocas temerarias, que vomitaban impasibles tantos insultos, y que seguían vociferando hasta que las explosiones violentas de su cólera súbita lo ponían de pie echándolo en su rápida e incoercible excitación...

Las incitaciones, todavía un poco vivas, irradiadas de las vías genitales «desarrollaban concepciones igualmente delirantes, impulsiones emotivas de una naturaleza particular»; y era de ver aquella negra ruina que apenas podía sostenerse sobre el suelo, aquella sombra sangrienta y supurante, sin ojo y sin carrillo, tambaleándose como un viejo Sardanápalo tras los placeres alucinatorios de sus eternas vigilias, persiguiendo sus concubinas, que huían impunemente de sus caricias, empujadas por el ambiente fétido que lo circundaba.

Bajo el influjo de esta suprema y postrera enajenación, una noche «se levanta de la cama y se presenta repentinamente ante sus veladores, despavorido, trasportado, con un par de pistolas en la mano. La sorpresa, el terror, se apoderan de éstos; huyen espantados y siguen luchando en medio de la oscuridad de la noche; se dispersan por los campos, y aún algunos pasan el río de Luján, ¡hasta que los gritos de los que en su busca habían salido los reúne despavoridos aún, desgarrados sus vestidos por las espinas, jadeando, temblando de frío y de miedo!»[176].

Bien pronto, y ya era tiempo, comenzó a sentir los horrores terminales de su larga agonía, hasta que por fin «entre los más agudos dolores se rompe una arteria y un río inextinguible de sangre cubre su cara y su cuerpo todo hasta que expira el 18 de Enero. ¡Sangre! ¡Sangre! ¡Sangre! He aquí la única reparación que la Providencia ha dado a esos malaventurados pueblos, cuya sangre derramó tan sin medida; morir derramando su propia sangre, solo, sin testigos, pues que había hecho colocar un centinela en la puerta»[177].

---

[176] Ídem.
[177] Ídem.

V. EL HISTERISMO DE MONTEAGUDO

Las necesidades nutritivas, las necesidades sensitivas, las necesidades morales e intelectuales constituyen los tres móviles ineludibles qué obedece la naturaleza del hombre. Estas tres fases de la evolución humana marcan en la vida de su "género" los tres tramos que ha tenido que ascender para ocupar entre los "primates" el lugar preeminente que le asigna la ciencia.

El hombre de la edad de piedra, el troglodita prehistórico de las cavernas, acaso representado en la actualidad por el Fueguino y el Australiano, ocupan el primer tramo.

El hambre, pero un hambre feroz y degradante, absorbe todas sus fuerzas y su vida se desliza como la de la bestia, en medio de las más horrorosas orgías estomacales, en que la madre y el padre, arrebatados por las promesas voluptuosas de la embriaguez digestiva, se disputan los cadáveres de sus propios hijos. «Había comido hasta la saciedad —dice Lyon, describiendo el almuerzo polífago de un Esquimal— y a cada instante se dormía con la cara roja y encendida y la boca entreabierta. A su lado estaba Armaloua, su mujer, que cuidaba a su esposo y le introducía en la boca, cuando le era posible, un grueso y asqueroso pedazo de carne medio cocido, ayudándolo con fuertes empujones»[178]. He aquí todo entero el hombre primitivo. Un tramo más arriba, pero nada más que un tramo, están el Chacho, Ortoguez y el famoso Artigas, que hubieran asombrado con su ferocidad al hombre brutal de las cavernas.

La "faz sensitiva" es la segunda etapa, y la "moral" la tercera, en donde el hombre, ya libre o por lo menos más independiente de las necesidades brutales de la nutrición, da un paso más «hacia esa progresiva exteriorización del individuo en la cual germinan libremente en su espíritu las pasiones sociales y los sentimientos morales» que lo elevan a su nivel humano.

El estómago es un tirano implacable: cuando manda, absorbe todas las nobles funciones del individuo, estorbando el libre desarrollo de ciertas facultades cerebrales de cuyo concurso necesita para llegar hasta el período sensitivo; período en el cual el juego de sus sentidos especiales le procura un placer vivísimo, «tanto como para sacrificar la satisfacción futura de sus apetitos puramente nutritivos, al deseo ardiente de procurarse un goce sensitivo»[179]. Entonces es que el cerebro adquiere mayor viveza; sus órganos tienden a completar su evolución; la vida se hace activa y floreciente y las ideas y los sentimientos, aunque embrionarios y pueriles todavía, murmuran sin embargo su protesta contra   los

---

[178] LYON: "Diario de viaje".

[179] Estas divisiones de las tres fases por que atraviesa el hombre pertenece a LETOURNEAU; las copio de su libro "*Science et materialisme*".

predominios bestiales.

Después, un magnífico y supremo esfuerzo le da la posesión completa de la vida moral e intelectual: el cerebro ha terminado su gestación laboriosa y recién entonces el inmediato precursor humano se convierte en el hombre radiante de las edades modernas.

El hombre sensitivo es el hombre nervioso; el hombre henchido de emotividad que, a la más ligera insinuación del mundo exterior, responde con un estallido. Es el ejemplar humano menos subjetivo, si se quiere, pero más sensible, porque basta que la impresión, por decirlo así, roce los sentidos, para que se produzca la descarga, y las emociones nazcan en tumulto con una fecundidad lujuriosa y primitiva. La organización exquisita de sus sentidos, dotados de una susceptibilidad ingénita y convulsiva, conspira eficazmente a la formación de su ser, destinado al placer y al sufrimiento eternos. El sonido más leve toma en su oído una amplitud enfermiza, y el rayo de luz más tenue hiere con fuerza aquella retina henchida, repercutiendo en su cerebro con el vigor expansivo del trueno. Es el receptáculo de todos los dolores y de todos los placeres; pero de los placeres y de los dolores intensos Y brutales que sacuden y que crispan la fibra con una intensidad voltaica. Allí parece ausente la vida intelectual, reconcentrada para dar lugar a esa vegetación sensitiva insólita y abundante que lo domina todo; que absorbe toda la vida del cerebro con su flujo y reflujo vagabundo y constante; que deslumbra la inteligencia con sus luces siniestras y sus tonos calientes; que tiene cimas y bajíos como el océano, resplandores y oscuridades como el abismo, espejismos falaces como el desierto; que hace a los mártires y los héroes, a los gibosos de la naturaleza humana y a los titanes, a los más famosos malvados y a los más grandes caracteres, y se llama Cromwell, Guzmán el Bueno, Felipe II, Monteagudo o Juana de Arco según qué, las aptitudes morales que encierra virtualmente en su principio el cerebro humano, sean buenas o malas.

Toda esa riqueza desordenada de la vida, en ciertas regiones de la zona tropical en donde el régimen de los grandes ríos, los fenómenos meteorológicos, las convulsiones geológicas, tienen, como dice Buckle, una amplitud pavorosa, es la nota culminante en estas naturalezas en las cuales muy a menudo las "piritas" de oro vienen, como vamos a verlo, mezcladas con grandes corrientes de cieno. La lucha es en ellos perpetua y   la tregua sólo viene con el supremo descanso: la pasión manda y el carácter se modela mansamente bajo su influjo con una fijeza tenaz e inquebrantable.

He aquí, pues, el campo fecundo para todo género de trastornos nerviosos.

Y Monteagudo era precisamente el hombre sensitivo por excelencia: la organización más dominada por esa sensibilidad abundante que se diseña con tan vivos colores en estas idiosincrasias meridionales; el histérico —diremos la palabra— más consumado que encierran las páginas de nuestra corta historia.

Todos los actos de su existencia en eterna tribulación, todas las ondulaciones de su carácter cambiante y caprichoso, todos los misterios de su vida, las sombras y claridades de su ser medio confuso, tienen su filiación patológica obligada en las interminables sinuosidades de aquella enfermedad que ha sido por mucho tiempo considerada como patrimonio exclusivo del sexo femenino, pero que también ataca al hombre bajo las mismas formas y con sus estragos irreparables, si bien no de una manera tan frecuente y bulliciosa[180]. Con sus accesos de furor y de delirio, con sus perversiones profundas de las facultades afectivas que suelen ser su signo dominante; con sus simulaciones instintivas y sus deseos violentos, sus alternativas de suprema exaltación y de abatimiento profundo, constituye una de las enfermedades más curiosas y al mismo tiempo más terrible e indomable de la Nosografía Médica.

La histeria es la enfermedad de las naturalezas ricas y nerviosas; el patrimonio de todos esos organismos en quienes rebosa un exceso de sensibilidad moral enfermiza y que en él se revelaba en los más pueriles actos de su vida llena de circunvalaciones.

Lo puede todo este Proteo alternativamente bullicioso y terrible cuando se encierra bajo un cerebro ingénitamente predispuesto por motivos de raza y de clima; cuando un sol tropical y una vegetación llena de lujuria, que habla tanto a los sentidos con sus invitaciones eróticas y sus ensueños lascivos, modela el carácter, derramando profusamente los gérmenes siempre fecundos de aquella enfermedad.

Los hombres sensitivos tienen en su seno la larva de la histeria: por eso son nerviosos y movibles; fáciles de conmoverse por los motivos más fútiles, por esto también son inaccesibles, caprichosos y obstinados.

Tienen, como tenía Monteagudo, los sentidos dotados de una sensibilidad extremada, y la luz un poco fuerte, el sonido más leve, las variaciones atmosféricas apenas perceptibles para otros temperamentos, los afectan con viveza, conmoviendo vigorosamente sus nervios siempre rígidos y tensos como las cuerdas de un arpa.

El sueño nunca es en ellos profundo; es a menudo difícil, ligero, incompleto y turbado por ensueños dolorosos, por esos ensueños y bruscos sobresaltos que habían marcado la fisonomía de Monteagudo. Habitualmente melancólicos y sombríos, tienen sus alternativas

---

[180] Según la antigua teoría sólo las mujeres padecían de histerismo. Esta opinión, dice Grasset en su "Tratado de enfermedades nerviosas", debe hoy abandonarse completamente. Ch. Lespois, hace mucho ya, y sobre todo Briquet, han puesto fuera de duda esta importante cuestión, estableciendo que el hombre puede padecerla. Ansilloux ha publicado recientemente nuevas observaciones. Sin embargo la histeria es incuestionablemente muchísimo más frecuente en la mujer." GRASSET - "*Traité pratique des Maladies Nerveuses*", pág. 923.

de alegrías pasajeras y extremadas, bruscamente interrumpidas por ese cúmulo de pensamientos lúgubres que acaban por levantar en su espíritu las ideas de suicidio, los transportes irresistibles, los llantos inmotivados y las dolorosas palpitaciones, producidas por el malestar infinito que pone en vibración hasta la última fibra de su cuerpo. Cuando la enfermedad se acentúa entran en una agitación convulsiva, que sin revestir los caracteres alarmantes del furor, se manifiesta por una necesidad imperiosa, incesante de movimiento, de febril actividad.

Después que ha pasado la ansiedad respiratoria y el paroxismo de agitaciones, con su habitual acompañamiento de episodios convulsivos completos, sobreviene la calma; pero una calma peligrosa, porque su impresionabilidad cálida y movible se encuentra exagerada, sus sufrimientos son mayores, y ese síntoma temible, que no es raro y que conocemos bajo el nombre de delirio erótico, hace su entrada en la escena produciendo sus irreparables desastres.

Esta es la forma general de los grandes ataques que se reproducen a intervalos más o menos largos, separados por una calma completa.

La segunda forma tiene un principio rápido; los accidentes se manifiestan pronto con toda su intensidad y se suceden a cortos intervalos; la tercera se inicia bajo un aspecto de agudeza completa, con fiebre y delirio como la meningitis[181]; la cuarta comienza por lo general de una manera lenta y gradual con remisiones más o menos largas y duración variable.

He aquí las cuatro formas del histerismo vulgar. Hay una quinta y esa es por fin la del histerismo de Monteagudo: la más temible por su insidia y su curabilidad difícil. Aquella que se presenta con fenómenos relativamente ligeros y que permanece toda la vida en un nivel casi invariable, circunscritos sus trastornos a las facultades morales; con reacciones psíquicas extremas, exageraciones ruidosas, extraordinarias y hasta repugnantes, y con las deplorables extravagancias efectivas que constituyen la característica de la forma. Basta el simple examen de su temperamento, el análisis superficial de sus actos más pueriles, las formas de su cuerpo, la impresión de su fisonomía bañada de esta suprema elocuencia que dan las pasiones palpitando en cada rasgo, para hacer recaer sobre él este diagnóstico, que se impone al espíritu con tanta firmeza.

Monteagudo tenía todas las debilidades que encierra la fisiología del histerismo. Los sobresaltos y los caprichos increíbles de su sensibilidad petulante y pervertida han dado origen a todos estos actos irreflexivos y extravagantes que, con las apariencias vehementes de una intención culpable, eran, sin embargo, el fruto de una perversión instintiva de las facultades morales. Su imaginación fácil y abundante, movible, vivaz, como la chispa

---

[181] GRASSET: "*Traité des maladies nerveuses*".

eléctrica; sus abatimientos femeniles y sus reacciones convulsivas tan características, fueron el producto del nerviosismo extremo en que vivía su cerebro, lleno de fantasmas grandiosos y temibles, esclavo de sus propias insurrecciones e incapaz de las altas concepciones que le han atribuido como hombre de estado, pues son éstas el patrimonio exclusivo de las cabezas equilibradas por el supremo y saludable reposo de una razón irreprochable y no de una histeria contumaz bravía.

Sus ojos negros y centelleantes, aquellos ojos histéricos, sombríos y a la vez llenos de luz, en donde estaban como vaciadas todas sus agitaciones secretas, revelaban en el brillo de su mirada especialísima y aguda, la emoción incesante en que lo mantenían sus pasiones precoces y casi siempre imprudentes; aquel gesto dramático y pedantesco con que hablaba a las multitudes nerviosas de la revolución, su vanidad teatral, su pueril engreimiento, resumen en dos o tres rasgos capitales toda la sintomatología de su neurosis.

Había, pues, predisposición indudable para este género de enfermedades, no sólo en su temperamento, que es una circunstancia fundamental, sino también en el clima en que se había desarrollado; en los incidentes lamentables de su juventud trabajada por ideas grandiosas pero irrealizables, por aspiraciones ambiciosas y que golpeaban tenazmente su cráneo, pero que la organización social del coloniaje había puesto una valla que él se apuraba por salvar, con un encarnizamiento tanto más enardecido cuanto mayores eran los inconvenientes con que luchaba.

En la etiología del histerismo, la posición social no tiene, como podría creerse, influencia alguna puesto que, según Briquet, ataca a los pobres como a los ricos. Sobreviene, cualquiera que sea aquélla, cuando a una predisposición nativa o adquirida, fomentada o no por los efectos de una educación imperfecta, se agregan, como sucedía en Monteagudo, las contrariedades innumerables de una vida llena de ensueños imposibles y de todos estos sacudimientos efectivos intensos, que vinculan la voluntad a las excitaciones sensibles exclusivamente, despertando una oportunidad mórbida peligrosa, dice Jaccoud.

La pubertad y la juventud, con su sistema nervioso impresionable, sus afecciones morales vivísimas y la abundante multiplicidad de fuertes emociones, constituyen las épocas más propicias para su desarrollo. Su manera pródiga de solicitar los placeres sensuales, cuyas estimulaciones concentran la actividad nerviosa en las bajas esferas de la animalidad «favoreciendo el debilitamiento de la voluntad y de las facultades cerebrales superiores; la educación enervadora que excita prematuramente el corazón a expensas de la inteligencia; el fanatismo religioso y político que exalta y conmueve tan profundamente la razón; y, por fin, las preocupaciones fuertemente estimulantes que en ciertas épocas apasionan al espíritu, dando al sistema nervioso general una susceptibilidad excesiva, acaban por producir este estado mórbido tan tenaz y por lo general incurable»[182].

Determinan también este resultado, distinto en sus multiformes maneras de presentarse, pero idéntico en su fondo, siempre invariable, todas las pasiones que dominaban el alma angulosa de Monteagudo: los celos con sus peligrosas impulsiones, la envidia, las decepciones amorosas, los reveses de fortuna, la ambición política y el odio, este odio voraz como la saña de un roedor, cuyos arranques sombríos se revelaban con tanta elocuencia en su frase amarga y en su letra convulsiva.

Monteagudo es el más acabado ejemplar masculino de este nerviosismo femenil que constituye la enfermedad del siglo, y que es el padecimiento ineludible de las naturalezas enjutas y nerviosas; de las mujeres bellas y quiméricas que envejecen en el ascetismo de un celibato obligado y soñador; de los hombres de letras absortos en el trabajo y la meditación, abrumadora de todos los días. Es la enfermedad de los ambiciosos —dice Bouchut en un libro palpitante y fantástico que ha escrito sobre la materia— la enfermedad de los que pierden la fortuna en su carrera precipitada e imprudente, es en fin «una de las formas de la fiebre de los espíritus modernos arrastrados por la sed del lucro y el deseo de los placeres».

Monteagudo era vano, pueril y satisfecho hasta la impertinencia, primer detalle, que aunque vagamente, permite vislumbrar los contornos indeterminados de su histerismo medio deforme. Creíase un hombre irresistible por las seducciones fantásticas que suponía en sus contornos, delicadamente modelados y llenos de blandas ondulaciones; por sus modos cortesanos y hasta cierto punto amanerados, y por sus gracias magnificadas en los excesos de su imaginación impúdica y ambiciosa.

En Lima y en Buenos Aires durante las grandes funciones de iglesia de los "días patrios", esperaba que las naves de los templos estuvieran cuajadas de esas hermosas mujeres que masturbaban su imaginación, para entrar pavoneándose, acariciado por las nubes de incienso que, mezcladas al olor de las mil flores que perfumaban el ambiente, y al efluvio de aquellos senos trémulos que tanto prometían a su tenebrosa impureza, estimulaban sus sentidos conmoviendo con caricias lascivas hasta la más humilde fibra de su carne. Entraba siempre solo, como para llamar sobre sí, exclusivamente, todas las miradas de las mujeres en cuyos corazones cálidos creía tener un influjo formidable. Caminaba con paso teatral, lento, mesurado, como para que el análisis de su cuerpo y de sus ropas irreprochables se hiciera completo, y el ojo ávido de sus supuestas admiradoras se satisficiera hasta el colmo en aquellas exposiciones y en aquellos paseos de sátiro ebrio.

Entonces era cuando su ingenio, aguzado por las insurrecciones de su vanidad, desplegaba todos los recursos de la estrategia, en la confección de esos peinados enormes, en que el cabello rebelde y rígido de su raza, resistiendo heroicamente las simulaciones que pretendía imponerle, producía en su cerebro fuertes estallidos de cólera.

---

[182] BOUCHUT: *"Du nervosisme"*.

Las largas horas, que consagraba a su cuerpo, eran horas de concentración y de recogimiento; y digo de recogimiento, porque este hombre extraordinario tenía por su persona una especie de culto incomprensible, una adoración infinita que expandía y desplegaba sus alas delante de un espejo falaz, que recogía diariamente las irrupciones de su vanidad inconcebible. Su alma torva y oprimida hallaba en las expansiones secretas de sus éxtasis histéricos, en aquellos descensos de su carácter empequeñecido por los arrobamientos de su infinito egoísmo, una derivación saludable; y cuando el ojo delirante se fijaba con cierta inefable fruición en la imagen querida que reproducía el espejo, su alma se bañaba en un vértigo profundo y la negra oscuridad de sus sombras desaparecía como por encanto.

Era necesario no olvidar el más ínfimo detalle; cuidar que los pliegues abundantes de aquella pechera, que ostentaba tantos voladitos como cabezas de españoles había hecho rodar por el suelo de América, tuvieran la simetría y el gusto que exigía la elegancia de la época; que la hebilla del zapato, que oprimía su pie enjuto y árabe, estuviera tan limpia y tan brillante como una hoja toledana; la media, blanca como un capullo de algodón, y las uñas, que encerraban para él tantos encantos, de una limpieza y de un brillo irreprochable: tal debía ser la delicadeza y exquisita finura de su corte, siempre en forma de estricta parábola, la limpidez inmaculada de la superficie y la rectitud de su engarce.

Había en todo esto una mezcla confusa de explosiones histéricas y de algo que recuerda ese "delirio de las grandezas", tan especial, con que se inicia la "parálisis general"; del delirio ambicioso que calienta la imaginación de estos temperamentos, cuya nota dominante es la vanidad casi patológica que engendraba en el cerebro de Rivadavia tantas visiones magníficas, que producía sus maneras ampulosas y arcaicas, el tono sibilino de su voz, su frase soñadora y gongórica, y el ceño de Prometeo iracundo con que revelaba el ambicioso concepto que tenía de su persona.

Esos rasgos tan marcados, que traen al espíritu el recuerdo confuso del delirio aludido, son uno de los caracteres que más revelan a estos neurópatas de neurosis indeterminada, y en cuya fisiología cerebral no se encuentran síntomas suficientemente marcados para asignarles un diagnóstico preciso. Manifiestan, es verdad, signos de una perturbación ingénita indudable, pero no presentan el grupo de síntomas con la acentuación requerida para clasificarlos en una forma dada, precisa, como la "melancolía" o la "manía", el "delirio de las persecuciones", o "la locura paralítica" por ejemplo. Por esto se agrupan bajo la denominación vaga, pero que indica sin embargo una perturbación evidente, de "nervosismo", "estado histérico", "emotividad exagerada", etc.

La estimulación espasmódica en que viven enardece en algunos "predispuestos" el sentimiento de la propia estima, el cual, solicitado, fecundado por la conciencia de ciertas facultades superiores, crece, aumenta, se hincha, afectando algunas veces las proporciones fantásticas de una pseudo-megalomanía. Es este un rasgo que merece notarse, porque es frecuente en las naturalezas privilegiadas pero histéricas, como Monteagudo.

La locura paralítica, que más fácilmente aparece en hombres de excesivo temperamento nervioso, estalla en los que encuentra predispuestos por herencia o por cualquier otra causa; los tonos suaves y apagados de este pseudo-delirio se observan de preferencia en los que no tienen la predisposición necesaria. En virtud de esa divinización peligrosa que las escuelas dualistas han hecho del hombre, y de un cúmulo de causas complejas, estas formas de delirios megalomaníacos se han hecho la enfermedad del siglo XIX, así como la "licantropía" y la "demonolatría" eran la forma predilecta de los siglos pasados. La manera vertiginosa como se vive ahora y como se vivía durante la revolución nos parece que es causa suficiente para desarrollar de un modo formidable las susceptibilidades del cerebro, dando lugar al cúmulo de estados psicopáticos que, desde las simples vaguedades de un histerismo apenas delineado hasta la formidable "parálisis general", todos entran en el círculo amplio de la patología.

De los que viven en eterna oscilación en ese mundo de la política, más aún en tiempos de bruscas transiciones, como fue la época de la Independencia, raro es el que no se siente influido por esta cepa temible que llevan muchos en la cabeza; y raro es también el que no tiene allí el óvulo fecundado, casi ya el embrión, de este delirio ambicioso que se disimula, se oculta o estalla según la fuerza de resistencia y la oportunidad mórbida de cada individuo. Lo que bien puede llamarse la pseudo-megalomanía, o mejor dicho, la megalomanía "fisiológica" de algunos caracteres es hija de cierta predisposición individual y del estímulo constante en que vive la cabeza, dando por resultado la exageración tenaz de este sentimiento de la propia personalidad, que es en definitiva quien la produce.

Nadie presentaba con tintes más acentuados estas fisionomías características que reflejan con tanta elocuencia las preocupaciones orgullosas, los sentimientos exclusivos y ampulosos que dominan al individuo, como Rivadavia: admirable cabeza en perpetuos y grandiosos ensueños de grandeza; girando alrededor de un ideal lleno de luz y con la creencia, firme en su cerebro, de que era el único llamado a cumplir no sé qué alta misión política y social que le daba ese porte especialísimo que todos le conocieron. «Tenía el énfasis de la tempestad y de los erizamientos del león», como dice Paul de Saint Victor hablando de Esquilo. Aquella cabeza erguida, colocada con tanta seguridad sobre sus anchos hombros; su palabra breve, imperiosa, campanuda, brotando trabajosamente de su cerebro, empapado en el dogmatismo desdeñoso de su escuela; aquel andar mesurado y teatral; la pompa y la ceremoniosa escrupulosidad, con que rodeaba los más pueriles actos de su vida y la manera ampulosa de escribir, revelan toda la fascinación que ejercía sobre su carácter el mundo de ideas de grandeza y de cándidas quimeras en que vivió todo su vida.

En su figura arrogante y de una belleza estatuaria manifestaba Monteagudo casi todas las líneas de su carácter histérico. Llevaba —dice el Dr. López— «el gesto severo y preocupado: la cabeza con una leve inclinación sobre el pecho, pero la espalda y los hombros muy derechos. Su tez era morena y un tanto biliosa: el cabello renegrido, ondulado y enjopado con esmero: la frente espaciosa y delicadamente abovedada, pero sin protuberancias que llamasen la atención o que le diesen formas salientes; los ojos muy negros y grandes, pero como velados por la concentración natural del carácter, y muy poco curiosos. El óvalo de la cara, agudo: la barba, pronunciada: el labio grueso y muy rosado: la boca bien cerrada, y las mejillas sanas y llenas, pero nada de globuloso y de carnudo. Era casi alto: de formas espigadas pero robustas; espalda ancha y fácil: mano preciosa, la pierna larga y admirablemente torneada, el pie correcto y árabe. Él sabía bien que era hermoso; y tenía grande orgullo en ello como en sus talentos, así es que no sólo vestía siempre con sumo esmero, sino con lujo»[183].

Tenía el labio sensual ligeramente sonrosado, pero habitualmente seco; una boca admirablemente cortada y entreabierta algunas veces con cierta femenil coquetería, como para dejar ver dos hileras de dientes blancos pequeños y hermosísimos. Los ojos eran vivos y animados por una luz que tenía mucho de siniestra; la mirada apasionada y vehemente, y la pupila ampliamente abierta brillaba animada por la fosforescencia felina de un iris limpio y aterciopelado. En presencia de una mujer, temblaba toda su carne, como sorprendida por una suave descarga eléctrica; y su sensibilidad exquisita sufría una especie de "acomodación", como si la preparara para recibir el choque de la emoción voluptuosa, que iba por grados iluminando su fisonomía, y que tanto hacía brillar sus ojos húmedos e inquietos. Entonces brotaban de sus labios las expresiones más apasionadas; su palabra se hacía flexible, fácil y untuosa, y a medida que cierto fluido misterioso empezaba a correr por sus nervios, acariciando los sentidos y agitando su pecho, entraban en erección las facultades animales; su feroz lubricidad despertaba a "la bestia" adormecida, poniendo en juego todo el entrañamiento irresistible que la exaltación del sentido genésico excita en los individuos de su temperamento bravío.

Todo lo que pudiera adular sus sentidos, manteniendo la estimulación que necesitaba para vivir en constante flujo y reflujo sensitivo aquella naturaleza moral con tantos y tan visibles rasgos de inferioridad, tenían para él un halago supremo e irresistible. El lujo en sus trajes, sus baños en aguas olorosas, la abundancia y delicadeza de su mesa, como el cuidado femenil de su persona, siempre perfumada y llena de preciosas joyas, hacían del Auditor de Guerra un sibarita odioso, absorbido por el sentimiento exclusivo de los placeres sensoriales.

En sus relaciones familiares, era insoportable como todos los histéricos; antipático e inaccesible a esa franca intimidad, al trato fácil y ameno por el que San Martín «tenía tan cordial predilección».

Diré más: no le faltaban sino las convulsiones, el llanto y las risas inusitadas, el acceso

---

[183] V. F. LOPEZ: "Historia de la Revolución Argentina".

franco e intenso de enajenación mental, para acabar de caracterizar su neurosis tan abiertamente histérica. Hasta descollaba en la intriga tenebrosa como la histérica más consumada; tenía el don de la embrolla tramada y llevada a cabo como solo ellas saben hacerlo; y, para que nada faltara, hasta el erotismo frecuente en la enfermedad, se revelaba en él con vivísimos colores.

Era —dice el ilustre autor de la "Revolución Argentina"— «un alma soberbia y opaca al mismo tiempo; formada no sólo en las doctrinas de los Montañeses de la Revolución Francesa, sino con la manía peculiar (y por cierto fundadísima), de que se parecía a Saint Just. Este terrible joven de la Convención francesa de 1793 era el modelo del joven Monteagudo en todo: en estilo y en doctrina; sin que esto impidiera que, cuando cambió de demócrata demoledor a monarquista intransigente, conservara la misma tiesura de ideas y fuese un Demaitre». El trato de Monteagudo, a causa de sus indisputables talentos, era incómodo, porque en cada palabra y «en cada ademán transpiraba la alta idea que tenía de sí mismo, y hacía sentir la superioridad de sus conocimientos y de sus trabajos».

Monteagudo, cuyos amplios propósitos todos comprendían y acataban, «era malo, dañino y nada escrupuloso» en los medios con que los servía, o en la política que aconsejaba. No era cobarde en su puesto; pero su «imaginación sombría y al mismo tiempo artera, era asustadiza y prevenida» en el terreno de la política y contra los enemigos de sus planes y de sus propósitos. «La exageración de las resoluciones, y el extremo de las responsabilidades del poder, no le asustaban, sino que tentaban su alma con esa vaga inclinación» que todos los hombres sienten en las grandes alturas por echarse al abismo. Para él era gusto innato obrar «con un rigor inexorable" al servicio de una causa puesta en peligro, y no buscaba en ello otra satisfacción propia que la de servir en ese sentido como mero agente, los intereses de un personaje poderoso, a quien él tuviese por instrumento predestinado de los propósitos que llenaban su alma. Ese era su genio y "era su necesidad moral". Así es que al obrar bajo el influjo de "esa fatalidad maligna, obedecía a su naturaleza", sin preocupaciones ningunas de egoísmo personal, y siempre teniendo en vista, a su modo, grandes propósitos políticos"[184].

He aquí desarrollada en pocas palabras, y de una manera admirable, toda la fisiología cerebral del célebre Auditor de Guerra. Ya veremos en el curso del capítulo siguiente los tres principales rasgos que acaban de caracterizar su histerismo.

---

[184] Ídem.

VI. LA CONDUCTA INSTABLE DE MONTEAGUDO

Tres rasgos fundamentales y característicos dominan la vida de Monteagudo:

a. La movilidad excesiva de ideas.

b. La volubilidad de sus sentimientos y afecciones.

c. La extremada excitabilidad genésica.

Ellos manifiestan clara y distintamente la índole de su organización cerebral: está vaciada allí toda la psicología extraviada y anómala del famoso "carnicero de la Revolución".

Su habilidad suma para la intriga oscura y diabólica; la extravagancia de ciertas insólitas inclinaciones y algún otro rasgo de su vida íntima, son detalles secundarios que complementan, sin embargo, el cuadro de la sintomatología variadísima que tiene esta afección. Tenía la plasticidad cerebral de la histérica legendaria, que cambia su carácter y la índole de sus concepciones psíquicas, con la misma facilidad con que transforma sus transportes amorosos en impulsiones del odio y del encono más formidables.

En este histerismo de larga evolución, las manifestaciones de la inteligencia tienen cierta aparente solidez, porque la neurosis se desarrolla por épocas de una duración relativamente larga: el enfermo cambia de "un año para otro"; en cambio, en las histerias agudas y ruidosísimas que estallan en la juventud y en la menopausia, los cambios son bruscos y se suceden en un corto espacio de tiempo: de un día para otro, y aun en pocas horas, a tal punto es cambiante y movible esta tensión nerviosa tan maligna. Las personas que la padecen pasan con excesiva facilidad de la más profunda tristeza a la alegría más amplia y contagiosa, de la desesperación a la esperanza, del odio reconcentrado y amargo, al amor más concentrado y ardiente. Así es que sus inspiraciones se resienten de la tensión excesiva en que viven esos espíritus fantásticos y arteros como el de un niño voluntarioso; por eso nacen vivas sus impulsiones exaltadas, expansivas como gases comprimidos, prolongando su dominio mientras dura la impresión interna que las ha producido.

Por cierto que no hay nada más insoportable ni más peligroso que una de estas personas afectadas del "*morbus estrangulatorius*", como le llamaban pintorescamente los antiguos. Dígalo el mismo Monteagudo, si no.

Una mujer histérica, la Grasser (y vaya este caso como ejemplo palpitante de lo que puede la histeria), ha sabido engañar durante diez años a los magistrados más experimentados;

inducir en error a un gran número de médicos; mistificar sin cesar a la autoridad, dando lugar a las aventuras más inesperadas. Pasaba alternativamente de la cárcel correccional al hospital de locos, del hospital de locos a la prisión y de ésta a la casa de fuerza. Su vida no ha sido sino un largo encadenamiento de peripecias extraordinarias, de simulaciones tan variadas como hábiles. Según las necesidades de la causa, se manifestaba tranquila o furiosa, loca, muda, alucinada, poseída del diablo, débil de espíritu o reumática, mentirosa, falso testigo o ladrona, dando prueba de la energía más rara, del descaro más grande, y de la inteligencia más vivaz[185]. Ese es, pues, el histerismo típico, acabado; desesperando al ojo más avezado con sus peculiaridades curiosas; extraviando al juicio más recto con esas apariencias falaces de salud intelectual; confundiendo, embrollando, oscureciendo el diagnóstico, con la enorme e infinitamente variada multiplicidad de sus expresiones en perpetua transformación.

Los otros matices, formados por una degradación insensible del color primitivo, participan con más o menos intensidad de la influencia de la cepa originaria, y desde la forma exuberante y, hasta diríamos, lujuriosa, que tiene su expresión acabada en la Grasser, hasta esas otras maneras indecisas que se observan en las jóvenes en cierta edad temprana de la vida, todas revisten en medio de su disparidad aparente cierta unidad que las vincula a un género nosográfico indestructible. Ese neurosismo, que es una zona intermedia entre el gran estado histérico y los vapores apenas perceptibles de las jóvenes, es el mal de Monteagudo, manifestándose con su característica infaltable: la incesante movilidad intelectual y moral, sin las terminaciones delirantes y sin ninguno de los síntomas somáticos de la histeria vulgar.

Bastarían estos dos únicos datos: movilidad patológica de ideas y volubilidad de sentimientos, agregados a la exageración de su sentido genital, para revelarlo completamente. Sus cambios, tan bruscos como extravagantes y radicales, no eran productos de influencias que venían de afuera, no eran la obra del medio social en que vivía; ni se producían tampoco bajo la presión vehemente de algún carácter altanero y superior al suyo que lo dominara; ni menos por el influjo de conveniencias de partido o de miras especulativas; era su neurosismo que operaba incesantemente su evolución y que con arreglo a su genio propio se manifestaba así.

Monteagudo era variable en sus sentimientos y en sus ideas porque era histérico; fue eternamente niño, niño enfermizo y terrible, artero y voluntarioso, como todos los neurópatas de su clase.

¡Qué no ha sido en su vida! ¡Ha recorrido toda la gama de los colores y de las afecciones políticas, como si buscara un ideal quimérico que no pudo encontrar jamás¡ ¡Qué hombre tan incomprensible!, ¡qué carácter tan confuso!, para los que no tienen la clave del enigma. Ha estado en cortos y diversos períodos apasionado, pero apasionado con la pasión vehemente y

---

[185] Copiamos esta historia clínica de la obra de TARDIEU: "*La Folie*".

tenaz de su histeria, de todas las formas de gobierno y de todos los hombres superiores de su tiempo. Ha creído amar y ha odiado con toda la exuberancia propia de su temperamento; ha sufrido todos los dolorosos desfallecimientos, las deplorables humillaciones a que lo arrastraba su manera de ser enfermiza y atrabiliaria; y esos momentos de arrogante soberbia, aquellas reacciones supremas que dan a su individualidad moral cierto temple falacioso, más bien que reacciones, parecían accesos convulsivos, seguidos con frecuencia de un temible colapso.

Las primeras palabras que brotaron de sus labios fueron de encomio y de amor hacia la persona del Rey.

Fue monarquista y aristócrata: «el Rey asegurado en su trono —decía en su disertación inaugural— reina pacíficamente y rodeado del resplandor que recibe de la misma Divinidad, alumbra y anima su vasto reino. Ninguna idea de sedición llega a agitar el corazón de sus vasallos; todos le miran como a imagen de Dios en la misma divinidad, alumbra y anima su vasto reino dominante de la sociedad civil». Este transporte de admiración tan extremoso hubiera parecido exagerado aún en boca del mismo oidor Uzzos y Mozi, a quien iba dirigido: aquel extravagante modelo de sumisión colonial revelaba una especie de éxtasis, dejando entrever las líneas medio confusas de ese estado histérico en que la voluntad se atrofia transitoriamente, dando al cuerpo la docilidad extraña que caracteriza su automatismo. Había en estos conceptos extravagantes una pasión admirativa, un exceso de sumisión aun para la época misma en que se producían.

Chuquisaca con su atmósfera servilmente aristocrática no produjo, sin embargo, en los cerebros de los otros precursores de la Revolución, semejantes explosiones. Esto sea dicho de paso, para los que ven en ese rasgo una influencia del medio y de la época.

Pero esta faz monárquica duró poco, como tenía que suceder. Monteagudo se hizo en la Paz, y en Chuquisaca mismo, revolucionario ingobernable, llegando "bruscamente" la exaltación de sus ideas hasta el más alto grado de furor demagógico. Y es menester fijar la atención en este cambio de ideas, cuya brusquedad insólita tiene todo el valor característico de un síntoma patognomónico.

En 1810, y a propósito de la ejecución del Mariscal Nieto, presidente de Charcas, y de Sanz, gobernador e intendente de Potosí y Córdoba, que habían querido oponerse al movimiento revolucionario levantando al alto Perú, escribía en su "Mártir o Libre", arrebatado por un entusiasmo enfurecido, estas palabras que manifiestan todo el fervor que hervía en su cráneo: «Yo los he visto expiar sus crímenes y me he acercado con placer a los patíbulos para observar los efectos de la ira de la patria y bendecirla por su triunfo!» «Por encima de sus cadáveres pasaron nuestras legiones; y, con la palma en una mano y el fusil en la otra, corrieron a buscar la victoria en las orillas del Titicaca; y reunidos el 25 de Mayo de

1811 sobre las magníficas ruinas de Tiahuanaco ensayaron su coraje, jurando en presencia de los pabellones de la patria empaparlos en la sangre del pérfido Goyeneche...» «Yo no temo hablar en este lenguaje —decía después, desde la tribuna de la Sociedad Patriótica— aunque se irriten las furias del averno».

Todavía va más allá. Después del imponente desastre del Huaqui, en que el ejército independiente quedó completamente aniquilado, su furor democrático llegó a su mayor crisis y las páginas de la "Gaceta de Buenos Aires", que entonces redactaba asociado al Dr. Paso, muestran cuál era el fervoroso entusiasmo con que se había asimilado todas las teorías revolucionarias de la época, ampliadas después y con mayor delirio en sus célebres y turbulentos discursos.

Compárense estos últimos escritos suyos con la oración inaugural a que hemos hecho alusión más arriba, y se verá la inestabilidad mental propia de la histeria, abriéndose paso al través de todas estas manifestaciones aparentemente triviales. Verdad es que entonces estaba en la época de la vida más propicia para el desarrollo de los trastornos neurósicos, a que responden estos cambios infinitos. Contaba 25 años y un temperamento nervioso-bilioso en la plenitud de su vigor; un cerebro exuberante y roído por las mil amarguras que le acarreaban su cuna humilde y sus incurables dobleces de carácter; tenía todas las aspiraciones, todas las exigencias, todas las petulancias y caprichos de la edad; y finalmente, se agitaba en medio de una sociedad dolorida por las alternativas de una pubertad difícil, sufriendo el contacto diario, el choque ineludible, pegajoso, de otros temperamentos análogos.

Todo esto, que puede decirse encierra una parte importante de la semiología de sus males, basta, en mi concepto, para explicar el desarrollo de una enfermedad que en muchas ocasiones no tiene etiología conocida.

Pronto se secaron en sus labios «los arrogantes apóstrofes al despotismo» y dejó de preferir como Lépido «la procelosa libertad a una esclavitud tranquila», palabras que le servían de epígrafe en su célebre oración de la Sociedad Patriótica. Entonces clamó por la dictadura personal, como el único gobierno posible para regir estos países, y él, el demócrata demagogo, sostuvo, con su pluma y con su influjo, el cesarismo de Alvear e hizo en sus escritos la apología de las tiranías[186]. A pesar de esto, en 1813 sus artículos publicados en la "Gaceta" revelaban sus inclinaciones al gobierno presidencial, a imitación del de los Estados Unidos, y, para que su extraña versatilidad de ideas fuera más groseramente visible, al final del "mismo escrito" se manifestaba ¡partidario del gobierno unitario![187]

[186] PELLIZA: "Monteagudo", página 106, tomo 1º.
[187] FREJEIRO: "Monteagudo", página 399.

En 1815 la forma de gobierno que absorbía su entusiasmo no era ya ninguna de las citadas: «la excelencia de la forma mixta del gobierno inglés le parecía más adaptable para los pueblos libres»[188]. En Chile volvió a sentir vacilar sus ideas el antiguo demócrata: el agua helada de los torrentes andinos, en que se bañaba con frecuencia, no había logrado modificar la excitabilidad de aquel cerebro movedizo. En el "Censor de la Revolución", que tiene «un gran significado en la historia de la evolución de sus ideas políticas», apagó definitivamente hasta el último destello de su amor a Rousseau y a los otros escritores de este género[189]. En su concepto, no estábamos en condiciones de constituirnos con arreglo a las instituciones inglesas o norteamericanas, «no podíamos aspirar a ser tan libres como los que nacieron en esa isla clásica que ha presentado el gran modelo de los gobiernos constitucionales, o como los republicanos de la América septentrional, que educados en la escuela de la libertad, osaron hacer el experimento de una forma de gobierno, cuya excelencia aún no puede probarse satisfactoriamente por la duración de 44 años»[190].

No se detuvieron aquí sus enormes e inconcebibles cambios. En el Perú se hizo partidario del gobierno monárquico, con cuyo propósito, afirma uno de sus biógrafos, tomó a su cargo el "Pacificador del Perú"; y por fin en 1825 se tornó admirador entusiasta y partidario de la forma republicana de gobierno, que en otro tiempo tanto había odiado. A tal punto llegaba la inconsistencia de opiniones en aquella cabeza, que muchísimo bueno pudo producir a no haber sufrido con tanta fuerza la instabilidad mental del histerismo.

No hubo en su cerebro anómalo ningún sentimiento, ninguna idea que echara raíces profundas. Todo: ideas y afecciones, brotaban con una vivacidad extraordinaria e inusitada, pero eran fugaces y transitorias; pasaban rozando la superficie de aquella inteligencia que las recibía sin fijarlas. Conservaba momentáneamente las impresiones, pero la sensación cerebral correlativa se borraba sin dejar en la célula el recuerdo estable e incorporado a la personalidad. Se borraban, para dar lugar a otras impresiones y a otras ideas de distinta índole, antagónicas, confusas, extravagantes e igualmente fugaces y transitorias. Era, como he dicho antes, un caleidoscopio manejado por la mano nerviosa de un niño.

Alternativamente, fue colaborador y amigo entusiasta de Alvear, para después constituirse en su enemigo más cruel; instrumento dócil y admirador caluroso de San Martín, a quien intrigaba más tarde inspirándole los amargos reproches que estampaba en su célebre carta a Pueyrredón[191] ; "amigo", según él mismo se decía, de José Miguel Carrera[192]para ser muy pronto su enemigo y el verdugo implacable de sus dos hermanos, a quienes asesinó con la

---

[188] Ídem.
[189] Ídem.
[190] MONTEAGUDO: Artículo publicado en Chile, en el "Censor de la Revolución".
[191] FREJEIRO: "Monteagudo", página 195.
[192] FREJEIRO: "Monteagudo", página 142.

saña de un felino hambriento. Y finalmente: olvidó para siempre a su patria, que tanto decía haber amado, pidiendo en cambio de "importantes servicios" la ciudadanía chilena[193].

¿Quién no ve en estos cambios radicales, en estos espasmos e incertidumbres, las expresiones características de su histerismo?

Tal fue la manera de ser de su inteligencia; tal es la de la histeria no convulsiva, cuyos accidentes son de orden intelectual y moral.

Extrañas palpitaciones las de aquel espíritu en perpetuo clamoreo. Amaba, o mejor dicho, admiraba, porque probablemente no amó jamás y, porque los sentimientos que con más intensidad se manifestaban en él, eran el odio y la admiración; el odio temible, corrosivo, mortal; y la admiración humilde, servil, depresiva, que hace descender el nivel humano muy por debajo del de su ascendiente simio. Amaba hoy con el servilismo y la tensión admirativa de que sólo él era capaz, para aborrecer mañana con aquella cólera suprema que estalla en todas sus venganzas.

Todas sus disposiciones morales son otros tantos signos tópicos de su afección nerviosa. Tenía hasta esa locuacidad extrema que suele alternar en las histéricas con momentos de profunda melancolía, de llantos sin motivo, de gemidos y de lamentaciones tristísimas; y, de acuerdo con esta tendencia a las bruscas transiciones, siguió en sus afectos la misma "gama" caprichosa que en sus opiniones políticas. En medio de esta movilidad sorprendente, sólo conservó íntegro, inalterable hasta la tumba, el odio tenaz a los españoles que fue el móvil de muchas de sus violentas determinaciones, y tal vez la única causa que lo arrojó en brazos de la Revolución. Su mismo amor a la Independencia, que si hubiera participado de la intensidad de sus odios habría salvado su nombre de las lapidaciones que lo cubren, sufrió un eclipse completo como el resto de sus sentimientos. Monteagudo fue apóstata: se sintió un instante embargado de la horrible depresión moral que echaba a su espíritu en las corrientes peligrosísimas de la enfermedad, e intentó pactar con la Inglaterra "la venta" de las provincias platinas[194].

Cuando descendía en la intensidad de sus afectos, lo hacía siempre como un verdadero histérico, sin gradaciones ni penumbras. Toda la vigorosa altanería que con tanta impertinencia mostraba en sus épocas de bonanza, se tornaba en hondo y lamentable abatimiento apenas la fortuna dejaba de sonreírle. Su ánimo decaía bruscamente, con la intensidad propia de su intemperancia sensitiva; la postración era infinita y la irresistible fogosidad, que alumbraba su espíritu en las noches amargas de Lima, se apagaba con la

---

[193] V. F. LOPEZ: "H. de la R. A." (R. del R. de la P.) tomo 8, página.

[194] Véase "Historia de Belgrano", "Biografía de Monteagudo" por FREJEIRO y "Vida de Monteagudo" por PELLIZA.

misma facilidad con que volvía a brillar después. Y cuando la mano pesada de "Don José" se levantaba crispada y formidable sobre su cabeza, la altivez aquella se tornaba en humildad, y Monteagudo desaparecía, dominado, absorbido por el irresistible magnetismo de aquella personalidad que lo podía todo con el influjo de su cesarismo "*sui-generis*".

Entonces rogaba en un tono y con una bajeza que espantan, implorando la caridad en largas y deplorables lamentaciones; pedía "tan solo un sueldo" que le permitiera vivir con decencia, la Secretaría de una misión en Europa, la protección de los grandes a quienes preguntaba, imprimiendo a su voz las inflexiones del lamento, «si sería posible que lo abandonaran a sus enemigos, cuando podía servir y salvar de tanto escollo». «Haga Ud. este favor a un patriota» —escribía a O'Higgins— rebuscando la frase más melosa y más humilde; besando la planta, arrastrando la barriga por el suelo: «haga Ud. este servicio a un patriota y a un amigo suyo que sólo siente no haber dado pruebas de ello»[195].

Cuando escribía esta carta, llena de tanta amargura, sus desfallecimientos habían llegado a su colmo: la soledad desesperante de su destierro contribuía eficazmente para hacerlos más bruscos y temibles, bailando su espíritu en una desesperación abrumadora...

¡Y cuán frecuentes son en las personas histéricas estos rápidos descensos del nivel moral! Con cuánta facilidad desaparecen sus extraños frenesíes, transformándose súbitamente en una especie de decrepitud transitoria, de lasitud silenciosa y oscura. Empiezan, como Monteagudo, a girar en la altura infinita en que él se columpiaba manifestando sin vigor de bronce... y giran y giran descendiendo rápidamente, así que, aquel ardor enfermizo que vigoriza y templa momentáneamente la fibra se consume en su propia lumbre y por su propio exceso. Caen como heridos en el corazón, en el "nudo vital" del bulbo y descienden bruscamente "como cuerpo muerto cae".

Como subía y descendía Monteagudo, se sube y se desciende en la histeria: ese es uno de sus caracteres más conocidos. La energía indomable de aquel hombre era un fuego de artificio, o mejor dicho, las convulsiones de su histerismo. El Monteagudo de Lima, el Monteagudo de los procesos de San Luis, era el hombre ficticio, el hombre patológico obrando de acuerdo con el genio de su propia enfermedad y obedeciendo a la impulsión maligna que nacía en su cerebro contundido por tanto estímulo. Por eso su imaginación era «sombría y al mismo tiempo artera, asustadiza y prevenida»; por esto era que la «exageración de las resoluciones y el extremo de las responsabilidades del poder no le asustaban, sino 'que tentaban su alma', con esa vaga inclinación que todos los hombres sienten, en las grandes alturas, por echarse al abismo»[196] .

---

[195] V. F. LOPEZ: "La Revolución Argentina" (R. del R. de la P.), pág. 158, tomo 8.
[196] VICENTE F. LOPEZ: "Historia de la Revolución Argentina".

He ahí, pues, evidente, otro de los signos dominantes de esta neurosis: la perversión de las facultades afectivas y de la sensibilidad, que Monteagudo demostraba en todos sus actos, es semejante a la que lleva a las histéricas a cometer hechos reprensibles y hasta criminales.

El tercer rasgo característico de su fisonomía moral, y que complementa definitivamente el cuadro de su estado enfermizo, eran sus disposiciones eróticas, sus hábitos viciosos y el ardor excesivo de su sensualismo intemperante y sediento. Esta exacerbación singular de los apetitos genésicos, compatible con la salud cuando no llega a los extremos de la ninfomanía o de la satiriasis, constituye uno de los signos, sino constante, por lo menos esencial e importante de la influencia que la histeria ejerce sobre los que la padecen[197].

Se afirma que para Monteagudo «el amor carecía de los supremos encantos» que tiene para todos los hombres moralmente bien constituidos; que buscaba la carne únicamente, la forma tentadora y sensual de la "zamba", naturalmente dócil y complaciente; la plegaria abrasadora de esas pupilas negras que miraban trémulas y como atraídas por la órbita oscura en donde se movían sus dos ojos malvados; las promesas de todos esos labios preñados de brutal erotismo, húmedos y temblorosos, que imploran el placer con el grito agudo y desesperante de los sentidos irritados por un largo contacto; el gemido convulsivo, el estallido del nervio, sacudido por las sensaciones tremendas de los placeres supremos. No era la "dulce e íntima fruición del alma enamorada" la que lo apegaba tanto a las mujeres, sino el apetito brutal, el contacto practicado de una manera abusiva, la sensación irresistible que lleva al extremo doloroso de los placeres solitarios, últimos vestigios e implacables testimonios de un libertinaje mórbido[198].

«La vanidad y el orgullo, la seducción y el adulterio —dice uno de sus biógrafos—, esos eran algunos de los rasgos culminantes que caracterizaban en él la más noble función de la humanidad». Monteagudo era lascivo por su temperamento y por su enfermedad; y esta aberración de los sentimientos genésicos, asimilable a su neurosis y perfectamente compatible con una alta inteligencia, constituye por lo general uno de los caracteres más acentuados del neurosismo histérico. Puede ser la única, o la más vigorosa y elocuente manifestación de la histeria libidinosa, que en tales casos oprime y atrofia en el hombre, y hasta en la mujer más púdica, el sentimiento siempre altivo de su propia honra.

Las grandes saturnales histéricas, que refiere Moreau de Tours en su reciente libro sobre las aberraciones del sentido genésico, tienen sus héroes y sus frecuentadores asiduos en todos estos productos enfermizos de las sociedades refinadas y decadentes; en aquellos libertinos, por neurosismo ingénito o adquirido, que atraviesan la vida, como Monteagudo, con el apetito casi siempre insaciable de los placeres.

---

[197] TARDIEU: "*La Folie*".
[198] MOREAU DE TOURS: "*Aberrations du sens genesique*".

Es que estos placeres hablan, o más bien dicho, exigen al organismo con el imperio de las necesidades nutritivas conjuntas: no solicitan como el sueño y la suave postración del cansancio, exigen como el hambre, piden como la sed, y como el ansia de aire, que es la suprema e ineludible necesidad de la vida.

El erotismo de Monteagudo tiene algo como una filiación bochornosa en las páginas más brillantes de la historia. Reproducía o evocaba el de otros grandes hombres, cuya enorme vitalidad se desbordaba en estas exaltaciones crueles. Julio César *«omnium virorum mulierem et omnium mulierum virum»* como le llamaba Curion, apuraba con una manera insaciable todo el placer que la corrupción romana ponía en sus manos. Tiberio, otro enfermo, con el sentido genital pervertido "desde la cuna", y que ha hecho ruborizar a la historia con su erotismo, era libidinoso hasta en los crueles suplicios que inventaba[199].

Calígula invitaba a la luna a participar de su lecho y mantenía infame comercio con Lépido y algunos otros jóvenes extranjeros puestos en sus manos como rehenes: «... un día se oyeron en el palacio los gritos de Catulo, joven de familia consular, cuyo temperamento no era suficientemente vigoroso para aguantar las violencias estúpidas de Calígula...» Claudio, a pesar de sus temblorosas rodillas y de su constitución precaria, lo mismo que Galba, Nerón, Tito y Heliogábalo, vivieron encenagados en el más horrendo libertinaje. Sixto IV pertenecía a una familia de sodomitas que hacía de la prostitución un ramo de industria. Sobre León X hace recaer Jovius la misma acusación. Enrique III repartía su vida, como dice Moreau, entre la prostitución y la devoción; y las caricias indiscretas que prodigaba a sus famosos "*Mignons*" le atrajeron el odio de las damas de la corte. El incesto para el duque de Orleans no era sino una "diablura", como lo atestiguan sus tentativas infames de corrupción dirigidas contra la princesa de Lamballe y contra su propia hija la abadesa de Chelles. Y, para terminar esta desagradable y corta enumeración, citaremos a Luis XV, "*dont la vie ne fut qu'une perpétuelle débauche*", y para quién era indiferente todo lo que no se presentaba con la promesa de un placer; Luis Felipe de Orleans, cuya vida fue una mezcla de infamias y de grandes cosas; Federico el Grande; y finalmente el conde de Charolais, de lúgubre memoria, cuyo horrible cinismo e inaudita ferocidad ha descrito el autor citado[200].

Estos erotómanos de la larga familia de los Monteagudo y los Bolívar (que también pagaba ampliamente su tributo a Príapo), tienen, por temperamento como Bolívar, o por enfermedad y por temperamento como Monteagudo, concentrada toda su vida sobre este sentido que se sobrepone a los otros, vinculando a su servicio las más nobles facultades del hombre. No hay nada bueno posible en el mundo cuando circula, con tanta abundancia por los nervios de un hombre, ese apetito que se difunde estremeciendo la fibra y reanimando las

---

[199] Ídem.
[200] Todos estos datos los tomo de la citada obra de MOREAU DE TOURS.

fuerzas; que va creciendo, aumentando, hinchándose como la mar picada, hasta afectar en los individuos predispuestos, sobre todo, las proporciones enormes y repugnantes de un erotismo irresistible...

El uso habitual de ciertas sustancias que estimulan el sistema nervioso, el clima cálido que crea el coadyuvante de un temperamento ardiente y bullicioso, y que levanta los apetitos venéreos hasta la categoría de necesidades irresistibles, habían contribuido a desarrollar en aquel grande adorador del Aretino esta exaltación tan característica del sentido de la generación. No le era posible resistir al empuje, visiblemente enfermizo, que lo arrastraba hacia los placeres sensuales desordenados, como si llevara hecho carne en su cerebro todo el cínico desbordamiento que reinó epidémicamente en la Roma de Calígula y de Popea. Por eso buscaba, casi siempre, a todas esas mujeres en quienes un pudor moribundo dejaba ancho campo a la satisfacción de sus propósitos lascivos, y complacía su erotismo hidrópico en la lectura licenciosa del "divino azote de los príncipes".

He ahí la consagración más tenaz de su vida. Ella sí, no cambió nunca; por lo mismo que era orgánica y enfermiza, fue en la vida su sola pasión variable, su inclinación constante, lo único que en su ser moral se mantuvo inalterable en medio de su extravagante variabilidad.

Si Monteagudo hubiera gozado alguna vez de las dulzuras de una existencia reposada, hasta habría tentado reproducir, por exceso de sensualismo, aquella extraña fantasía que creó el lúgubre Hawthorne en la "Niña envenenada". No habría vivido aspirando los efluvios envenenados de las plantas de Rapacini, sino cultivando con amor las diversas especies de Orchis, que por la disposición de sus tubérculos eran considerados por los antiguos como poseedores de grandes propiedades afrodisíacas; porque en medio de su excesiva lujuria, era artista consumado y su genesismo (sic) abundante necesitaba echar mano de todos los recursos del arte, recorrer todos los tonos del placer, asociando al sentido genésico el concurso eficaz de los otros. Por eso le gustaba la música y el baile, pero a condición de que encerrara alguna promesa voluptuosa...

En un jardín sombrío, medio perdido en el repliegue de algún valle tucumano, y bajo la temperatura mansa y amorosa de una eterna primavera, vivir secretamente y como abstraído en su ascetismo (sic) sensual, cultivando las plantas cuyos jugos dan fuerza a filtros eficaces. Y acariciado por las alas calientes de la cantárida aclimatada en aquel aire tibio y saturado de supuestas emanaciones estimulantes, restaurar sus fuerzas consumidas en el cansancio de alguna noche tiberiana.

A ese respecto, Monteagudo tenía un conocimiento abundante de las leyendas fálicas y de toda esta botánica erótica que ha producido la materia médica popular. Conocía las propiedades venéreas atribuidas al "cedrón", su planta predilecta; al "nardo" que deja, al ser estrujado entre las manos, ese ligero olor seminal que estimula voluptuosamente el olfato de las mujeres; de la "mandrágora", de la "valeriana" y la "concordia", de la "yerba conyugal" y de la famosa "*orchis odoratíssima*" con su poder de excitar la sensualidad.

Todo, como vemos, era la consecuencia obligada de su afección y de una predisposición orgánica marcada, que constituye lo que Tardieu ha llamado el temperamento genital, y que, a menudo, coincide con un conjunto de caracteres físicos particulares que existían en él: «predominio del sistema nervioso, músculos esbozados con delicadeza, desarrollo mediocre del tejido adiposo, cabellos negros y abundantes, una fisonomía expresiva y movible, boca grande, labios gruesos y de un rojo vivo»[201]. Lo que sucede en las mujeres histéricas respecto a sus disposiciones eróticas se ve igualmente en los hombres cuyos deseos violentos suelen presentarse de una manera no menos horrible y repugnante.

Concluyamos tocando ligeramente lo que puede muy bien llamarse la terapéutica de su enfermedad. Es decir, los remedios que instintiva o intencionalmente se aplicaba como tratamiento.

Cuando acompañaban a Bolívar, los oficiales lo veían dirigirse «a los fríos torrentes de la Cordillera donde, sentado sobre unos peñascos, se dejaba bañar por aquellos raudales helados». La intensísima impresión de frío era el alivio de sus tormentos cerebrales, tal vez ilusorio y aun peligroso, por la acción estimulante del agua a tan baja temperatura. El agua fría no es un sedativo "directo", sino más bien un excitante, cualquiera que sea el procedimiento aplicado: cubiertas mojadas, inmersiones, etc., etc.[202]

Es indudable que la hidroterapia produce resultados satisfactorios en los estados de neurosismo, histeria, etc.; y, como dice Bloch, si se quiere conocer bien la acción general del agua fría, es en estas afecciones que debe estudiarse. Pero el examen de las diversas fases por las cuales pasa un neurópata, exclusivamente sometido a un tratamiento de esta naturaleza, demuestra que el agua fría no es en realidad sino un agente excitante. Prueba de ello son los casos de urticaria y forúnculos que se manifiestan, después de un tiempo variable, en los sujetos sometidos a estos tratamientos; los síntomas de erotismo nervioso que aparecen bajo la influencia fuertemente perturbadora del agua fría, y la manera penosa y poco agradable con que se hace sentir la primera impresión, durante la cual la respiración se pone irregular y de inspiraciones cortas, profundas y como espasmódicas[203].

Siendo así que el agua fría, lejos de ser un sedante inmediato, es más bien un estimulante, y que a pesar de su pasión por los baños helados, Monteagudo no se bañaba con la regularidad, la frecuencia y los requisitos de un tratamiento médico, sino con intermitencias peligrosas y a distintas temperaturas, es claro que este tratamiento, lejos de aliviarlo, lo

---

[201] TARDIEU: "La Folie".
[202] BLOCH: "L'eau froide".
[203] Ídem, pág. 16.

enardecía aún más, estimulando, más bien que amortiguando, aquel erotismo cerebral que dominaba todo su ser.

Es indiscutible que la hidroterapia obra ventajosamente sobre estas neurosis; pero obra a la larga, porque en las formas de neurosismo en las cuales las perturbaciones son activas y casi continuas, como sucedía en Monteagudo, no es sino después de un largo y regular tratamiento que se obtiene resultado, pues las alteraciones de la inervación, en razón del hábito mórbido contraído, tienen sin cesar una tendencia marcadísima a renacer. Por lo tanto, la aplicación irracional que él hacía de la hidroterapia, lejos de producir una sedación provechosa, enardecía su nerviosismo, exageraba su impresionalidad moral, sus disposiciones psíquicas esencialmente ligadas a las perturbaciones nerviosas producidas por el agua fría.

Otro agente perturbador de su inervación, y de que abusaba inmoderadamente, era el café, la "bebida de los capones", como lo llamaba Linneo.

Monteagudo era frugal, pero toda la vitalidad de las pasiones nutritivas ausentes se había concentrado en su amor a las mujeres y al café. La noche, en que terminó el célebre proceso de los Carreras, la pasó en vela agitado por sus sordas convulsiones y bebiendo, una tras otra, grandes tazas de café bien negro.

¿Buscaría, en estas libaciones repetidas, únicamente la satisfacción de ese amor al café tan general en todos los pueblos? ¿O sería una secreta imposición de su naturaleza que buscaba por este medio apaciguar sus enardecimientos genitales? Esto último es verosímil; probablemente sus nervios, cansados de tantos y tan repetidos sacudimientos, clamaban, aguijoneados por el instinto, un sedante que consolara aquellos órganos fatigados por la usura.

El uso del café modera ligeramente la excitación genésica. No hay, según ha dicho Trousseau, exagerando demasiado sus virtudes dudosas, anafrodisíaco capaz de reducir a una impotencia más absoluta; su acción es insignificante, a pesar de esa afirmación categórica: «en una imaginación preocupada puede, como los amuletos, producir la impotencia, pero esto es en realidad lo único serio», a pesar de las opiniones de Hecquet, Simón Pauli, etc., etc., y de la boga que tiene en Oriente.

VII. EL DELIRIO DE LAS PERSECUCIONES DEL ALMIRANTE BROWN

Peores que la realidad misma, son las ficciones desoladas que nacen espontáneamente en el espíritu siempre agitado de los hipocondríacos. La evidencia de una enfermedad grave no conturba tanto el espíritu de un hombre de regular integridad intelectual, como los ensueños y las persecuciones tenaces de una de esas frenopatías silenciosas que van royendo el cerebro hasta conmoverlo profundamente.

La hipocondría es la imagen más pintoresca del sufrimiento continuo.

En la "hipocondría corporal"[204] el paciente manifiesta sus dolores en todas las inquietudes inmotivadas relativas a la salud del cuerpo; en sus   llantos continuos, en sus fastidiosas dolencias sin fijación precisa. Sus indeterminados temores y aquella enorme depresión física y moral son los que dan al melancólico el tinte de profunda tristeza que baña su fisonomía apagada y sombría.

La "hipocondría mental"[205], por sus colores más íntimos, tiene otra facies; es la expresión de una sensación más abstracta y más esencialmente melancólica; es un matiz frenopático menos preciso, si se quiere, pero que ofrece faces mucho más variadas y curiosas. Estas son, por lo general, las dos formas frecuentes.

El aspecto de un hipocondríaco produce un sentimiento de profunda angustia; como que es un espíritu oprimido por las incómodas y temibles inquietudes de mil presentimientos, que lo persiguen. Es un enfermo que invita a sufrir con él, que impone sus infinitos dolores y que lleva el contagio en sus lágrimas y en sus ojos hundidos y opacos; en sus lamentaciones agudas, en sus concepciones extravagantes y hasta en el tinte amarillento y ligeramente azulado tan característico. La melancolía es una enfermedad que marcha por accesos; algunas veces por paroxismos intensos, otras, por exacerbaciones progresivas y molestísimas; la cruel ansiedad que suele mezclarse a su profundo abatimiento, da a aquellos rostros desfigurados, con la pupila dilatada y la palidez reveladora, el aspecto angustioso de una persona que se va ahogando lentamente en medio de una atmósfera enrarecida y mefítica.

Cuando se empieza a perder el sueño, las ideas tristes que forman su nota fundamental, comienzan a revolotear alrededor del cerebro fatigado por el insomnio; la cara se arruga, se pone volteriana y llena de sombras, y el cuerpo se encorva bajo el peso de aquella

---

[204] GUISLAIN: "Las frenopatías".
[205] GUISLAIN: Ob. cit.

pesadumbre imaginaria. Después se oyen sollozos furtivos y como comprimidos todavía por el influjo mortecino de una razón trémula y asustadiza; luego se presenta el llanto y los suspiros, que alivian tanto el corazón y los pulmones lasos y oprimidos por el enervamiento de la enfermedad, y poco tiempo después, la melancolía, con sus estremecimientos sensitivos y sus lampos de lucidez transitorios, acaba de verificar su posesión completa y maligna.

Desde este momento comienzan a presentarse, vestidos ya con su carácter francamente patológico, los temores vulgares de una grave enfermedad cuyos síntomas sólo él descubre. Las dudas más amargas le asaltan sobre la integridad de sus órganos; oye las palpitaciones de su corazón enfermo, las oye clara, distintamente, por supuesto, o siente las punzadas violentas de la gastralgia que anuncia el hambriento cáncer devorando su pobre estómago; o la sangre se agolpa a su cerebro produciendo los síntomas congestivos precursores de una hemorragia fulminante.

Otras veces son preguntas, como éstas, que se clavan como puñales sobre el cerebro: ¿Por qué está torpe la pierna? ¿Por qué tiembla la mano y el movimiento es difícil en cualquier músculo del cuerpo? Y surge el temor de que la médula ha sido invadida por un proceso terrible que en pocos días lo va a dejar paralítico, inmóvil, petrificado como una esfinge, tembloroso y balbuciente como un "azogado".

De aquí provienen todos estos regímenes estrafalarios con sus dietas severas y sus frecuentes visitas a los establecimientos de aguas minerales; las lavativas abundantes, los purgantes repetidos y el examen diario de la orina y de las materias fecales, donde el ojo delirante del hipocondríaco descubre tantos y tan terribles síntomas. "Otros, se creen tísicos y beben tisanas; se aplican vejigatorias, examinan con lentes sus esputos y van a pasar el invierno a Niza. Otros hay que se pretenden diabéticos y llevan a los farmacéuticos sus orinas para someterlas a un prolijo examen, se sujetan a un régimen particular y tienen cuidado de pesarse cada quince días; otros sospechan una infección luética e interrogan, muchas veces por día, el estado de humedad de la uretra; y en fin otros, que temiendo morir súbitamente, toman precauciones infinitas para alejar toda clase de emociones y no salen jamás sin llevar un detallado papel dando su filiación y estableciendo su identidad"[206].

Pero hasta aquí, si bien el hipocondríaco costea, diremos así, la órbita de una verdadera enajenación, no está aún dentro de ella, sin embargo.

Necesita un pequeño impulso, necesita que algún factor circunstancial, activando el vértigo de sus células predispuestas, lo eche dentro; que la razón se adormezca o se atrofie con esta constante proliferación de falsas concepciones que van como la bacteria de la pústula maligna, reproduciéndose, en su medio adecuado, con una ligereza prodigiosa.

---

[206] LEGRAND DU SAULLE: "Delirio de las persecuciones".

Cuando comienzan a dar las sensaciones múltiples que experimenta, una apariencia improbable, una explicación sobrenatural; cuando sobre las cosas usuales de la vida no razona ya con la rectitud de juicio ordinario; cuando se supone perseguido por olores malsanos y pestíferos y cae en ese tedio de la vida profunda, que lleva al suicidio y se cree realmente perdido, arruinado, deshonrado[207], entonces está ya rodando sobre la rápida pendiente de una enajenación declarada.

Esta explosión de las "persecuciones" es una forma frecuente del delirio hipocondríaco. Cuenta Legrand, en la obra citada, que Morel había conocido un melancólico que desempeñaba funciones importantes en la magistratura, y cuyo primer cuidado al levantarse de la cama, era examinar sus orinas y analizar al microscopio sus deyecciones; después de estas primeras investigaciones, procedía al examen de los alimentos que le llevaban, para cerciorarse que no contenían ninguna sustancia deletérea. Antes de salir para su oficina, recorría la ciudad en distintas direcciones a fin de extraviar a sus supuestos enemigos. Pronunciaba palabras cabalísticas, escupía para no absorber los miasmas funestos que le enviaban, hacía gestos extravagantes y caminaba mirando con desconfianza a todo el que pasaba a su lado. Y sin embargo, conversando con él, nadie hubiera dicho que aquel hombre era un enfermo; que al entrar a su casa se entregaba completamente a sus raras "manías"; que sólo comía los alimentos que él mismo compraba aquí y allí para evitar los infames "complots"; que se levantaba a media noche para hacerse largas abluciones; y que, en fin, se entregaba a actos completamente irregulares.

Cuando a las preocupaciones nosomaníacas se agrega el decaimiento melancólico, las ideas de persecución, los temores de envenenamiento que agregados a las alucinaciones auditivas caracterizan tanto esta forma: cuando sobrevienen los pensamientos de suicidio y los proyectos de venganza, todo se hace posible y entonces la hipocondría afecta un aspecto temible con la agregación grave y franca del delirio de las persecuciones[208].

Entre esta clase de enfermos puede citarse al General Brown.

Pero no eran los temores nosomaníacos lo que más llamaba la atención en él. La hipocondría corporal, con sus aprensiones de enfermedades imaginarias, pasaron bien pronto para dar lugar a este delirio tenaz que fue su característica principal. Es cierto que empezó por creerse enfermo del estómago y del hígado, suponiendo que una lesión grave del aparato digestivo le iba a cortar la vida, pero muy luego vino el temor de las persecuciones, que estalló en su cabeza con una amplitud y una insistencia perfectamente incurables.

Si bien Brown no tenía el carácter tímido y pusilánime que predispone a esta variedad tan

---

[207] Ver LEGRAND DU SAULLE.
[208] LEGRAND DU SAULLE: "*Les délires des persécutions*".

frecuente de aberración mental, manifestaba, en cambio, toda la desconfianza enfermiza que da a los actos y a la fisonomía del perseguido un tinte especialísimo de sombría impaciencia. Sus perturbaciones, al principio vagas e indeterminadas, fueron tomando con la edad y ese trabajo mental profundo, que se conserva durante cierto tiempo velado por la impenetrabilidad calculada, propia de la enfermedad, una acentuación progresivamente maligna, hasta que en los últimos años de su vida, que fue el período agudo de la neurosis, completaron su desarrollo definitivo, haciendo su estado moral cruel, y en ciertos momentos desesperante. El "viejo Bruno", como le llamaba Rosas, se veía inerme y postrado delante de esa turba infinita de envenenadores "en grado superlativo" que forjaba su mente dolorida y abrumada por el inmenso peso de una melancolía incurable.

Es necesario conocer el estado moral deplorable, la vida mísera de "un perseguido" para comprender hasta dónde llegaban sus amargos sufrimientos.

Sea que haya en ellos una exageración inconsciente, «sea que los fenómenos percibidos tengan en realidad una agudeza extra fisiológica», el hecho es que los más pequeños incidentes adquieren inmediatamente la significación más desfavorable. Para ellos todo ha cambiado a su rededor. Ya no se le prodigan las mismas caricias y los mismos cuidados; sus quejas las reciben con un rostro frío e indiferente, les sorprenden sus más secretos pensamientos, se les quiere hacer hablar contra su voluntad, se les domina, se les ultraja. No exhalan ninguna queja precisa, no articulan ningún reproche positivo, no formulan ninguna acusación apreciable, pero se declaran atormentados de mil maneras diferentes: unas veces sienten impresiones anómalas muy dolorosas y deploran amargamente los procedimientos infames y pérfidos que se despliegan en contra suya, las celadas que se tienden a su buena fe, las torturas morales con que los asedian sin cesar[209].

A medida que estas torturas aumentan; que los manejos subterráneos, los maleficios formidables y ocultos que el perseguido clasifica con epítetos extravagantes, aumentan y se multiplican; que siente las descargas violentas que le aplican sus enemigos; que percibe el veneno en el alimento, en el agua que bebe, en el aire que respira; cuando ve que le imantan sus cabellos, sus ojos, sus dientes; al notar que su lengua se petrifica y se seca obedeciendo a mandatos diabólicos, y ahogando el lamento de angustia que es el supremo recurso del que se siente asediado por los íncubos del delirio; cuando, en fin, se le hace respirar vapores malsanos, se le contamina su ropa, se le inyectan gases mefíticos por la cerradura de su puerta y se le echa vitriolo en su vino, y azufre en su café, y opio en sus alimentos, y arsénico en su pan... ¡oh! entonces el terror intenso, irresistible, la negra y cruel "pantofobia" se apodera de su cabeza, y el delirio franco e incesante se organiza, tomando un cuerpo tangible casi, como dice el autor de la "*Folie héréditaire*".

---

[209] LEGRAND DU SAULLE: "Delirio", etc.

Entonces el perseguido oye clara y distintamente las voces que le denunciaban los manejos, el número y la clase de los enemigos; voces agrias y destempladas que gritan a sus oídos palabras soeces que lo llenan de injurias, que le cantan mil himnos de infamia y lo llaman por nombres denigrantes. Las circunstancias más pueriles —dice Legrand du Saulle— las interpreta siempre en el sentido de sus ideas delirantes; la risa de un transeúnte le cubre de ridículo, el mugido del viento lo amenaza, el tañido de la campana lo injuria; las palabras proferidas a distancia abren a su imaginación asustada todo un horizonte de maquinaciones y de complots. El canto de los pájaros le avisa que van a penetrar en su casa por medio de llaves falsas, y el ruido del martillo le sugiere que se está ya clavando su ataúd; y como si no pudiera, algunas veces, concentrar en sí mismo las impresiones melancólicas que lo asedian, sobre todo en los primeros tiempos de su enfermedad mental, se confiesa sin reserva al primer venido, se descubre sin temor, y cuenta sus tristezas, sus tormentos y sus males[210].

En ese cuadro lleno de luz está pintado con algunas ligeras variantes todo el estado mental del ilustre "melancólico" que nos ocupa.

La concepción delirante que con mayor tenacidad le asediaba, y que por cierto es la más cruel de las que se apoderan de los "perseguidos", era el temor a los envenenamientos.

Por eso vivía constantemente preocupado, tratando de descubrir a sus enemigos, averiguando, inquiriendo, estudiando las maneras tenebrosas de que se valían para envenenarle; cuál sería el plato que podría comer sin peligro, el agua que podría beber, el aire respirable y depurado de todos esos gases asfixiantes que le enviaban "los ingleses" sobre todo, sus más incansables envenenadores según él mismo decía.

Como el más tímido de los perseguidos, que nunca habita dos noches bajo el mismo techo, que no come dos veces en el mismo plato, que cambia de nombre, que se disfraza y huye atolondrado, Brown jamás comía "su comida", sino que, a la hora en que lo verificaba la tripulación, pedía a alguno de los "*mochaches*" un plato de carne y una copa exigua de vino como único alimento.

La cocina fue, por muy repetidas ocasiones, objeto de sus más estrictos cuidados, haciendo vigilar y comentando los menores actos del cocinero que, como se sabe, desempeña en las preocupaciones del perseguido un papel muy importante. Es, para éste, un personaje siniestro, de cabeza oscura, de mirada diabólica y llena de duplicidades mortíferas; un árbitro satánico de la vida del amo, que en un rato de mal humor se echa en brazos de los "envenenadores" y se la arrebata con una narigada de "estricnina" o de "ácido prúsico", vertido misteriosamente en la sopa o en el postre favorito.

---

[210] LEGRAND DU SAULLE: "Delirio", etc.

Para evitar que de acuerdo con él se introdujeran los conspiradores por el caño o por los intersticios del buque, echándole los tósigos consabidos, tomó el más original de los temperamentos, nombrando "encargado de la cocina" a un oficial de graduación llamado Almanza. Lo llamó un día a popa, en donde se andaba paseando, y después de saludarlo afectuosamente y de examinarlo de arriba abajo, le dijo con un aire misterioso y asustado:

—Ud. tiene que prestarme un servicio muy grande. Ud. sabe que a bordo hay un sinnúmero de "*invenenadores*" que quieren envenenarme la comida, el agua y hasta el aire, y el día menos pensado tendremos una horrible mortandad. Es necesario que Vd., como oficial de honor, y en quien yo deposito mi confianza, se haga cargo de la cocina de la tripulación, y observe los menores movimientos del cocinero y de sus ayudantes.

Y al decir esto, Brown se acercaba al oído de Almanza expresando en su fisonomía transformada todo el terror agudo que lo dominaba.

El oficial obedeció aunque de mala gana pero, poco después, y como era de esperarse, la desconfianza de Brown lo tocó también a él: la comisión que le había confiado el Almirante le hizo perder la consideración y el respeto de sus subordinados y, un día que entraba a la cocina, un marinero portugués llamado Gandulla, le asestó cuatro puñaladas dejándolo muerto en el mismo sitio[211].

Este breve episodio es el resumen más característico de sus innumerables incongruencias, y revela por sí solo la forma de su enajenación. Las "manías" de que hablaban tanto sus oficiales, las locuras del "viejo Bruno" como les llamaba D. Juan Manuel, y esa "nostalgia terrestre" a que se refiere el Dr. D. Vicente F. López, no eran otra cosa que las explosiones de su delirio, expresadas con tanta elocuencia en estas mil extravagancias a que se entregaba en la inquietud; extravagancias que después fueron exteriorizadas por la irresistible impulsión que obliga al perseguido a hacer a todo el mundo partícipe de sus temores.

Cuando estaba en tierra, vivía lejos de la ciudad, lejos de todo contacto humano; en una casa solitaria, sombría, medio oculta entre inmensos pajonales y en el centro del bañado que se extiende hacia las bocas del Riachuelo. Era la casa de un misántropo, rabioso e impaciente, sobre cuya puerta, y en presencia de aquellos paredones lóbregos y especialísimos, de aquellas sombras que la envolvían como un sudario, un médico hubiera leído este triste letrero: «Aquí vive un hipocondríaco perseguido». En ese bañado húmedo y desamparado estaba oculto su único retiro.

Sus formas mismas contribuían a darle un aspecto particular y desolado: «era —dice el

---

[211] "Rasgos de la vida íntima del Almirante Brown" escritos por su camarero y abanderado Zerafín J. Gonzaves (a) Juan Roberts. (Existe en mi poder el manuscrito inédito).

Dr. López— un cuadrilátero estrecho y elevado de tres pisos, agujereado en algunos puntos con ventanillas corredizas, a la inglesa, y con pilastras superiores que le daban los aires de un torreón lóbrego con almenas. Allí era donde el bravo marino se envolvía a devorar las horas insoportables del ocio: la inacción y el fastidio levantaban en su alma los vapores sombríos de la hipocondría. Se tomaba entonces por un ser predestinado a la desgracia y a la nulidad: "un delirio doloroso se apoderaba de sus ideas y le inspiraban ciertas manías de suicidio" que no tenían otra causa que el peso de una vida abandonada a los monólogos de la soledad, con un carácter ardiente "nacido para el movimiento pero soñador y silencioso en la inacción". Esas mismas emanaciones fosforescentes y vagas, que enfermaban su alma, eran quizás el germen verdadero de sus grandes cualidades; puesto que cuando la actividad y la guerra venían a sacudir y a despertar sus nobles instintos, esas sombras se convertían en ráfagas de luz; y no bien oía que la patria necesitaba de su espada, cuando los delirios desaparecían como por encanto»[212].

Pero, aquel fluido maligno que crispaba sus nervios, oprimiendo su cerebro, volvía a producirse aumentando, creciendo hasta que, su exceso, que necesitaba una válvula de escape, reproducía con más bullicio y, a veces, con mayores consecuencias, las dolorosas escenas que llevaba al espíritu sagacísimo de Rosas el convencimiento de que el "viejo Bruno" era simplemente un loco, que profesaba una especie de culto enfermizo a la fidelidad jurada.

Así pensaba él y poco le importaban las persecuciones extravagantes de que hacía víctima a sus oficiales: quería sus servicios y le dejaba en cambio que buscara a los envenenadores de la manera que más le conviniera.

*****

Se tomaron un día en pelea dos marineros ingleses, uno de los cuales cayó muerto a consecuencia de un grueso aneurisma de la aorta torácica.

Inmediatamente después de recibir la noticia, se levanta el General precipitadamente, como herido por una sospecha terrible, y después de llamar a gritos al Dr. Soriano, su médico y amigo, le dijo:

—¡Es el veneno, Doctor! ¡Es el veneno! —y el pobre viejo abría desmesuradamente sus

---

[212] VICENTE F. LOPEZ: "Historia de la Revolución Argentina".

ojos llenos de luz— es el veneno que está trabajando aquí a bordo; yo desde ayer lo siento, a mí también me lo han dado[213].

»Mira, Dr. Soriana, Ud. no sabe lo que pasa a bordo; los marineros son muy astutos, algunos de ellos están "confabuladas" con los "invenenadores"; fingen una pelea, se "agaran" como lo han hecho ahora con falsos pretextos, para ocultar el veneno que ya tienen adentro. ¡Oh, miserables!

Y Brown cerraba convulsivamente los puños y se paseaba lleno de agitación, mirando con esa ira expansiva y extremosa de los maníacos, a todos los que tenía a su derredor.

Cuando el Almirante llegaba sobre cubierta con la gorra ladeada, la oficialidad bien sabía que ese día no contaba con su cabeza. Aquella puerilidad elocuente marcaba la presencia de un acceso; y entonces las persecuciones eran doblemente encarnizadas; no entraba nadie a bordo, que no fuera, de su parte, objeto de detenidas pesquisas, de preguntas ridículas, de miradas e indagaciones llenas de la más profunda desconfianza.

Las mujeres de los soldados tenían permiso para ir a bordo ciertos días.

Una de ellas llegó casualmente al "Belgrano" en momentos en que la gorra del General marcaba con más insistencia que nunca una crisis negra fuertísima. Traía en la mano algo que, por los cuidados que le dispensaba, llegó a despertar sus más vivas sospechas; lo chocó, sobre todo, la desfachatez y la provocadora confianza tan propia de la guaranga prostituta, con que se presentó aquella mujer, que buscaba en la amistad de los marineros los medios de ganarse la vida.

Apenas había dado algunos pasos sobre cubierta, cuando Brown se acercó a ella precipitadamente y arrojándole una mirada llena de ira:

—Ud. es una pícara —le dijo— Ud. viene a bordo "sin tener a nadie de quién condolerse en sus trabajos y penurias". ¡Como si el buque fuera una casa de prostitución! ¡Ah, miserable...!

Y empujándola con torpeza la mandó poner en la "barra" de los pies, con centinela de vista, prohibición absoluta de hablar con nadie y supresión de toda clase de alimento. A las cuarenta y ocho horas hizo sacarla sobre cubierta, y después de haber formado toda la tripulación le dirigió estas palabras, agitando en sus manos el atadito que traía el maleficio y que solo contenía tortas inocentes, caramelos, cigarros y un frasco muy largo de agua de

---

[213] Brown atribuía sus dolores del hígado y las perturbaciones de su digestión al veneno que le administraban en sueños.

colonia: provisiones indispensables para toda mujer de medio pelo que va de paseo a cualquier parte.

—Esta mujer venía a bordo, sin conocer ni querer a nadie. Venía con todo esto que está envenenado —y mostraba a la tripulación los cigarros y las tortas pegadas dentro del pañuelo—. Ved cómo los envenenadores de tierra se valen de los hombres y de las mujeres para asesinarme.

Hecho esto, la mandó a tierra, entregando el pañuelito al que llevaba el bote, con grandes recomendaciones de que no fuera a comer nada de lo que había adentro, porque caería inmediatamente muerto. En seguida escribió una nota al Capitán del Puerto: nota curiosísima que debe conservarse en los archivos de aquella oficina, ordenándole que en lo sucesivo tomara una lista de las mujeres que iban a bordo, especificando el nombre y la clase de la persona que deseaban ver. Que debía tener mucho cuidado con los envenenadores, como la mujer aludida, cuyos cigarros y caramelos venían llenos de venenos, según lo había declarado el mismo doctor Sheridam[214].

La leche, la grasa, la fariña y sobre todo el café, con el cual, según decía, los ingleses lo habían querido envenenar en las Antillas, eran   objeto de un escrupuloso y detenido examen. Y, como sospechaba hasta del vino que traían especialmente para él, se servía con su propia mano la ración de un marinero. Rechazaba todo alimento que le ofrecieran con insistencia, porque ¡quién sabe qué ingredientes sospechosos le habría puesto el cocinero! Cuando tomaba el vino o el agua hacía que primero lo probara un soldado o su abanderado Roberts, en quien al parecer depositaba una amplia confianza. Los sufrimientos del estómago, un ligero cólico, la náusea o un dolor cualquiera en la región de los órganos digestivos, despertaba en su espíritu grandes sospechas de envenenamiento; se creía ya víctima de los fuertes efectos de algún tósigo imponderable, de las maniobras atentatorias de sus enemigos, que recurrían a mil subterfugios ocultos porque no podían envenenarlo en la comida.

Cuando esas crueles sospechas nacen con tal persistencia, la vida del "perseguido" se hace angustiosa y difícil. Se disfrazan de todas maneras para escapar a las supuestas asechanzas y recurren, como Brown, a los expedientes más ingeniosos para procurarse un alimento sano; y, esto último, con tanto más ingenio y mayor apuro, cuanto que algunas veces el hambre y la sed apremian su estómago desesperado. Esta alimentación incompleta altera profundamente la nutrición, cuyo estado precario se revela en el aspecto lánguido y deprimido de la fisonomía, en el tinte cetrino y verdoso de la cara, en la pobreza de sus carnes flácidas y movibles. La nutrición languidece a consecuencia de la enfermedad del

---

[214] "Rasgos de la vida íntima del Almirante Brown", etc., etc. A consecuencia de esta nota el Dr. Sheridam, que era entonces uno de los médicos de Brown, pidió su baja. La afirmación del Almirante era incierta, porque Sheridam no había hecho semejante análisis.

centro inervador, y esta depresión profunda repercute a su vez sobre el cerebro, cuyo estado se agrava más y más, estableciendo el círculo mórbido que sólo rompe la muerte y muy rara vez la curación completa.

Si el perseguido por estos pavorosos temores es un hombre ilustrado, tanto peor, porque compra y devora, en sus largas veladas, obras de química, tratados de toxicología, cuyas lecturas, puede decirse con propiedad, envenenan la inteligencia predispuesta, completando el trabajo de la enfermedad. El estudio de los tósigos los cautiva y «toda su atención se dirige a averiguar los medios rápidos de neutralizar una sustancia nociva; si es extraño a las cosas de la ciencia, lleva sus alimentos o sus deyecciones a un boticario para que le diga cuál es el veneno que se encuentra allí; y asediado por los cuidados que le preocupan, termina por ceder su lugar a los envenenadores, abandonando ansioso su país, su hogar, y su familia, viviendo aquí y allí, y entregándose a esa vida cosmopolita y agitada que terminará un día u otro por un crimen o por un suicidio».

Es infinito el número de anécdotas curiosísimas a que ha dado lugar Brown con sus persecuciones imaginarias. En los últimos años de su vida se había hecho intransigente, intratable, hasta para el mismo Rosas. La edad avanzada, disgustos profundos y secretos —porque a nadie revelaba sus pesares—, habían dado a su neurosis esa amplitud dolorosa que encierra al perseguido en el ancho círculo de sus amargas ansiedades.

El número de envenenadores crecía con una rapidez pasmosa, y no contentos ya con envenenarle la comida, ideaban los tormentos que él revelaba en los llantos de sus lamentaciones nocturnas, tan frecuentes y tan llenas de la más honda melancolía.

—¡Por Dios, no me atormenten! ¿Por qué me quieren envenenar? —decía encerrado en su camarote e interrumpiendo el silencio de aquellas noches de a bordo tan tristes y lóbregas...— Si quieren matarme, peléenme, mas no así, ¡cobardes, traidores, miserables y veinte veces asesinos!

El pobre viejo se levantaba con precipitación, el oído atento, la mirada vagabunda y extraviada. Y enardecido por las alucinaciones auditivas comenzaba a pasearse, arrastrando trabajosamente la pierna y amenazando con sus puños a aquellos seres extraños e invisibles, que le hablaban en su propio idioma y que sin embargo no podía ver. Pero él los había sentido muchas veces acercarse hasta tocarle sus blancos cabellos, profiriendo a su oído amenazas de muerte. En tierra, habían venido al pie de sus balcones a ultrajarle impunemente y esparcir en la huerta, en las mismas ventanas del aposento, el veneno con que pretendían ultimarlo. Le han hablado al oído, ¡oh, de eso estaba seguro, cruel realidad de la alucinación! le han golpeado a su puerta, se han trepado por la escalera con tumultos de gente descalza, introduciéndole por el ojo de la llave mil gritos mezclados con silbidos y murmullos extravagantes.

En la noche callada, cuando vanamente se recogía para conciliar el sueño, ha sentido de nuevo aquellas voces terribles que le hablaban por el caño de la chimenea, por la grieta de la vieja puerta rajada, por el respiradero del techo, por la boca de un frasco, dentro de las hojas de un libro; o que le amenazaban en la pieza inmediata llenándole de improperios; «¡Vendido! ¡Renegado!», le decían, y en vez de una blasfemia, sonaba una carcajada estruendosa, pero lejana y medio difusa: «¡Tú no eres irlandés, estás impenitente, envenenado hasta los huesos! ¡Miserable, míranos a la cara, allá vamos, prepara tu alma, ¡oye! ¿Sientes? ¡Mira al infierno!». Y con todo el terror de un niño desvelado cuando siente que le tiran de las cobijitas en medio de la oscuridad de la noche, se levantaba de su cama tembloroso, prendía la vela para verlos, buscaba debajo de su lecho, dentro del armario, detrás de las sillas, pero todo en vano. En vano, es claro, porque el perseguido "no ve" a sus perseguidores.

Después tornaba por un momento a la tranquilidad deseada, hasta que las voces volvían a hacerse oír con doble intensidad, en el chisporroteo de la vela que se quema indiferente y soñoliento, o en el ruido del viento que se cuela por la rendija de la vidriera, y que en las noches de invierno ventoso simula tan bien el quejido y los tonos, ya fuertes, ya suaves, de la voz humana que ríe, insulta y a veces se lamenta en un prolongado quejido que termina en una nota apagada y profundamente melancólica, como si la voz quejumbrosa de un niño herido se lamentara por el ojo de la llave. Y crece y crece siempre con una lentitud perezosa, hasta que, como empujado de atrás por una ráfaga ambiciosa, estalla en rugidos agudos y vuelve en seguida a perderse en imperceptibles rumores. Unas veces parece el "¡hurra!" prolongado de un escuadrón que carga espada en mano, y después, repentinamente, se transforma en el canto de guerra de un ejército de insectos... Echad sobre el oído de un alucinado una corriente de este viento que grita y que habla "como un cristiano", y veréis aquel cerebro lleno de tan tristes fantasmagorías agitarse ansiosamente.

En algunos alucinados la enfermedad no adopta la misma marcha, sino que oyen primeramente el ruido dulce y armonioso de una pequeña fuente, después el murmullo de una agua que gorjea y muge, más tarde cadencias musicales, el silbato de una locomotora, voces confusas, palabras necias, agrias, injuriosas y, finalmente, ultrajantes. Así va subiendo el tono del insulto y de la burla, hasta que la audición mórbida se hace intolerable, el delirio se organiza y el perseguido pierde completamente la razón[215].

El día y la noche las producen igualmente, pero la noche, con su silencio y misteriosa quietud, presta más ancho campo a estas persecuciones anómalas, fecundadas por el insomnio y la soledad en que arroja al perseguido su triste y dolorosa misantropía.

De día, las ocupaciones apremiantes del oficio servían a Brown como una derivación

---

[215] LEGRAND DU SAULLE: "Delirio de las persecuciones".

saludable, disminuyendo el eretismo habitual de su cerebro; pero de día, sus impulsos perseguidores (porque el perseguido se hace al fin perseguidor), entraban en ebullición, produciendo todos estos episodios curiosos que entonces autorizaban el diagnóstico popular. Era a la luz del día cuando se entregaba a sus pesquisas extravagantes, dando caza a sus enemigos y frustrando las conspiraciones tenebrosas que se fraguaban a su alrededor.

Días antes de darse a la vela para Montevideo, y en una bellísima mañana del mes de octubre de 1840, un marinero portugués limpiaba tranquilamente un bagre amarrado a la jarcia de trinquete. Como era de costumbre, el General había madrugado mucho esperando sorprender, como siempre, a alguno de sus asesinos en momentos de confeccionar el tósigo consabido. No bien había trepado sobre cubierta, cuando vio a proa, y no sin experimentar ese temblor convulsivo que sacudía sus carnes en situaciones análogas, al marinero que descamaba entusiasmado su fácil presa.

—Venga acá ese hombre —gritó con toda la fuerza de sus pulmones— venga para acá ese... ¿Cómo es su nombre?

—Antonio, señor General.

—¿Qué hacía Ud. con "esa pobre *pescadita*"?

—Lo estaba limpiando para comerlo, señor.

—No lo ha de comer a bordo de este buque —gritó Brown enfurecido—. Vd. está "*invenenándolo*", ¡miserable! "para *lo* hacerme comer". Ud. es el mayor envenenador que ha venido aquí, ¡y ahora "misma" lo voy a mandar fuera! ¡Ah! Canalla, a la madrugada, a la madrugada, eh, cuando yo estoy "*dormiendo*"; ¿los pobres "*pescaditas*" también sirven para darme el veneno?

Dicho esto ordenó al abanderado hiciera señas a la "25 de Mayo" para que mandara su bote; y mandó al guardián redujera en pedazos al pescado, lo pusiera en una caja de lata y, bien tapado, lo enviara a tierra para ser enterrado lejos de la ribera.

—Porque este pescado —añadía paseándose a popa con cierta agitación supersticiosa— está "envenenado", y arrojándolo al agua contaminaría a los otros pescaditos que vendrían a caer en las "líneas" de los marineros.

Cuando el bote de la "25 de Mayo" atracó al costado del "Belgrano", el General hizo descender al marinero y, entregándole al oficial una nota para el Comandante King, le dijo, dándole la caja:

—Tenga cuidado "*en no abre*" la lata; en ella va el veneno con que este pícaro quería asesinarme.

Después se supo que a este desgraciado le habían aplicado cincuenta azotes y enviado a tierra.

Otras veces la víctima de estas persecuciones inmotivadas era un oficial de graduación, el médico o alguna otra persona altamente colocada a su lado y a quienes tomaba, cuando no era como asesinos, como cómplices o espías. Una tarde, por ejemplo, el oficial Alsogaray fue bruscamente detenido por él en momentos en que subía sobre cubierta:

—Ud. está arrestado en su camarote hasta segunda orden —le dijo, arrojándole una mirada bañada de la más grande desconfianza—. Ud. es "envenenador de primer grado", continuó. Siempre han sido de inferior clase los que aquí querían matarme, pero ahora son los oficiales.

Sorprendido el oficial por aquellas sospechas tan extravagantes, quiso replicar, pero Brown, levantando el brazo, le dijo con dignidad:

—¡Ni una palabra!

Durante tres días estuvo con centinela de vista, y no se le pasaba sino té, café y galleta. Algunos días después la escuadrilla de Montevideo salía del puerto, y como Brown se preparaba a batirla, mandó ponerlo en libertad, diciendo que «era preciso no privar al Sr. Alsogaray de cumplir con su deber». Cuando regresaron a Buenos Aires lo envió a tierra pretextando que no lo necesitaba; pero el gobierno —dice el manuscrito de donde tomamos la anécdota— volvió a mandarlo a bordo porque sabía que el General, en estos casos, procedía casi siempre bajo el influjo de sus "manías"[216].

Lo que no le conocemos a Brown, son todas esas frases y expresiones usuales de los perseguidos, pero es indudable que, como a todos ellos, «se le hacía hablar contra toda su voluntad, le dominaban la inteligencia, lo insultaban y amenazaban mentalmente, le adivinaban sus pensamientos, impidiéndole hacer tal o cual cosa porque había dejado de pertenecerse, y lo dirigían como querían y repetían sus palabras y hablaban por su propia boca».

Todos estos enfermos se componen un vocabulario aparte, y crean una multitud de neologismos en relación con su educación, su medio social, sus concepciones delirantes y con la naturaleza y la calidad de las persecuciones de que se creen víctimas. En sus términos extravagantes y tan llenos de imágenes se encuentra muy fácilmente la prueba elocuente de

---

216 Rasgos, etc., etc.

todos los tormentos que los agitan, de los dolores que los afligen; y con verdadera sorpresa —dice Legrand— nos preguntamos algunas veces, cómo, enfermos completamente iletrados, pueden retener ciertas expresiones técnicas tomadas en su mayor parte a las ciencias físicas[217].

El vocabulario del Almirante era relativamente reducido, aunque muy elocuente y característico. Para él habían: «envenenadores de primero, segundo y tercer grado, y en grado superlativo», que era el ideal del envenenador consumado, especie de artista diabólico, con mil filtros a su disposición, y con un ingenio agudísimo para la difusión de los venenos.

Esta era, como vamos a verlo, su manera habitual de clasificarlos, aun en los documentos oficiales, en sus cartas y extravagantes alocuciones a la tripulación.

Se encontraba una mañana su secretario el Sr. Alsogaray asentando en el libro de la tripulación la filiación de cinco marineros que le habían enviado de tierra, cuando al llegar al quinto lo detuvo bruscamente, borrando con su índice el nombre de Jorge Foister, marinero inglés, sobre quien, según él, recaían horripilantes sospechas.

—Oh! —dijo— éste lo conozco, lo conozco; ha sido peón mío y ya en otras ocasiones ha intentado envenenarme. Es un inglés, un inglés enviado... —Y Brown miró a su alrededor con desconfianza y como si temiera decir por quién era enviado.

¡Un inglés! Esto era muy grave para el Almirante. Traído a su presencia le preguntó si lo conocía; el marinero contestó que sí; «que estando un poco pesado de la bebida» se había enganchado. Hecho minuciosamente un   detenido interrogatorio sobre sus "siniestros proyectos", lo mandó con centinelas de vista al palo mayor, e hizo señales a la Capitanía para que enviaran la falúa, pues no consentía que sus botes fueran a tierra[218].

Después de redactar él mismo la curiosa nota que va a leerse, reunió a sus oficiales, y en su media lengua encantadora y graciosísima, les dijo estas textuales palabras, resumen pintoresco de su infortunio cerebral:

—Este "*pícara*" inglés —y levantaba el índice a la altura de la oreja en actitud de cariñosa amenaza- quiso "*invenenarme*" en mi quinta, hacen como "*cinca añas*", para cuya operación había llevado una "*botijoila*" de "*aciete*" para echarla en mi comida, sin que el pobre "*cocinera*" de la casa se apercibiera. Felizmente el olor descubrió todo aquel infame y abominable crimen que, a no ser esta circunstancia, habría recaído sobre "*las*" inocentes.

---

[217] LEGRAND DU SAULLE: "Delirio", etc.

[218] "Se pasaba hasta un año sin que los botes de la escuadra fueran al puerto —dice el manuscrito que tenemos a la vista— temiendo que se los envenenaran".

Terminada la alocución, hizo embarcar al marinero, entregando al oficial la nota que iba dirigida al Capitán del puerto, y concebida en estos términos: "Se destina de a bordo al envenenador Jorge Foister, en "grado secundario", pues su tentativa intencional no tuvo efecto por la intervención benéfica de la Divina Providencia. — Guillermo Brown"[219].

El episodio dio origen en tierra y aun en las regiones oficiales a grandes comentarios, y la nota —dice el manuscrito aludido— anduvo en el "Bajo" de mano en mano. El marinero, que según parece era una persona de buenos antecedentes, fue empleado en la Capitanía como patrón de la falúa, y cuando el Coronel Seguí en el año 42 pasó al Paraná con la escuadrilla, lo hizo oficial a bordo de la goleta "Libertad".

Hay algo más que complementa la pintura de sus perversiones mentales; detalles característicos que llevan el rastro imborrable del delirio de las persecuciones: los largos monólogos, que sólo eran escuchados por el camarero de confianza; sus actitudes cautelosas y aquella reserva tenaz que daba al rostro la expresión profunda de dolor, mezclado a una desconfianza suprema y enfermiza.

Tenía en su cara la movilidad nerviosa que pone en constante movimiento hasta la última fibra muscular, y produce los gestos extravagantes y ridículos que exteriorizan los sentimientos y las múltiples ideas, que germinan atropelladas en el cerebro de estos desgraciados. Cuando los temores de envenenamiento recrudecían y las manos invisibles le rozaban el cabello y le quitaban la fuerza a sus piernas y a sus brazos; le arrebataban el sueño y neutralizaban sus facultades; le envenenaban los alimentos y le quemaban el estómago, etc., cuando oía aquellas voces agrias e incómodas que tornaban a intimidarlo con sus eternas amenazas, empujándolo al suicidio: entonces su rostro se transformaba de una manera tan cruel como radical.

¡Y cómo se transformaba! Aquella fisonomía siempre iluminada y bondadosa, llena de suprema dulzura y de augusta resignación, perdía la suave ondulación de sus líneas y se hacía torva, adusta y hasta innoble.

En sus súbitas y múltiples alteraciones todos conocían cuándo le asaltaban sus crisis; la visera de la gorra iba cambiando de lugar como empujada suavemente de adentro por un impulso secreto y misterioso; iba desde la frente recorriendo toda la cabeza hasta fijarse sobre el mismo occipital: la visión quedaba libre completamente, el horizonte limpio y él podía sin trabajo presenciar el desfile de sus perseguidores imaginarios.

Las arrugas múltiples de su cara plegada y flácida se hacían más profundas y oscuras, las sombras negras; el ojo brillante y movible revolcándose en la profundidad de una órbita

---

[219] Manuscrito citado.

demasiado grande, se agitaba como delirando en su empeño vano de ver al que le hablaba al oído, le amenazaba por la rendija, se burlaba con palabras soeces por el ojo de la llave, o reía por el caño de la chimenea. Un temblor creciente y continuo se apoderaba de las manos, que nada tomaban sin romperlo; la marcha se ponía fácil por la estimulación inclemente del acceso; la visión torpe y confusa, el labio caído, y la lengua que le parecía más larga, agitada por movimientos rápidos de vaivén y en continuo contacto con los labios secos y como despellejados.

Concluidos estos espasmos de su inteligencia, el rostro volvía de nuevo a adquirir su plácida jovialidad; el músculo, recuperando su tonicidad normal, restituía a la cara su expresión de salud y alegría; y de las sombras de aquellas noches transitorias, aunque frecuentemente repetidas, sólo quedaba la penumbra expresada en la arruga pálida y tenaz que deja la suprema agitación del delirio.

La desconfianza inmensa que, como se ha visto, era el rasgo prominente de su estado, lo impulsaba en muchas ocasiones a maltratar a sus más fieles servidores, con sospechas injuriosas de complicidad; lo llevaba más lejos todavía, obligándolo a matar con sus propias manos, las aves que debían servirse en la mesa, no sin un escrupuloso examen de sus vísceras inocentes. Así cuentan que hacía en aquellas célebres y misteriosas comidas con el Dr. Oggan en que ambos andaban correteando los pollos en su gallinero, y ambos desplumaban a la víctima y la cocinaban secretamente para desviar la acción oculta de los envenenadores.

En el mecanismo doméstico del buque, no permitía la intervención de nadie en lo que a él le pertenecía. El mismo guardaba su vino y su tabaco, y se procuraba con su mano el agua para sus usos.

Cuando se concluía la de aquel célebre botellón que nadie podía mirar con demasiada insistencia, so pena de despertar terribles sospechas, lo tomaba en sus manos y se dirigía a popa munido de una cuerdita con la cual *sungaba* [sic] el sagrado adminículo. Esta delicadísima operación, naturalmente, no se hacía a vista y presencia de todo el mundo, porque tenía buen cuidado de retirar a toda la tripulación, ordenando al oficial de servicio que la vigilara colocado en el castillete de proa. Bastó que una vez un sargento se comidiera a llevarle la botella, para que lo mandara dar de baja. Y en otra ocasión, su camarero de confianza fue expulsado violentamente y amenazado con una bayoneta por haberse atrevido a tocarlo, con el pretexto de mudarle el agua y limpiarlo.

La manera singular de vivir es otro signo elocuente que ayuda el diagnóstico. Ya hemos visto que vivía aislado, oculto a toda investigación humana y fortificado contra los curiosos o los impertinentes que trataban de verlo. Aquella casa lóbrega y oscura, envuelta en su atmósfera perpetuamente húmeda, influía visiblemente en la agravación de sus delirios: la soledad y la inacción vegetativa en que entraba cuando la patria no necesitaba de su brazo, daban inmenso pábulo a sus ideas de persecuciones.

Nunca decía de quién las temía, pero profesaba un odio secreto a los ingleses, cuyas tentativas siniestras había sorprendido alguna vez. "No las temía del país ni de sus hijos, porque no sólo sabía cómo le amaban, sino que él mismo los amaba con una pasión profunda que podríamos llamar exaltado patriotismo. Sus desconfianzas tenían otro origen; pues no obstante que ha muerto bajo las mismas impresiones y sin revelar su secreto, es probable que esos delirios tuvieran su causa en el gobierno inglés; porque Brown era irlandés y católico; dos circunstancias que en aquel tiempo pueden explicar muy bien aquellas excentricidades del carácter que la tradición popular de su tierra y la educación, quizá, habían connaturalizado desgraciadamente en su alma desde niño"[220].

Son muchos los perseguidos que llevan su misantropía hasta este grado de aislamiento completo, y que, como Brown, no hablan jamás a nadie, ni salen sino rara vez de su casa, de su cuarto o de su reducto, inexpugnable como la solitaria casa en que vivió aislado 25 años un perseguido legendario de los alrededores de Troyes.

A fin de escapar a toda mirada indiscreta, a todo contacto peligroso, a toda persecución atentatoria, se encierran voluntariamente, arrastrando una vida selvática y que por lo general termina por el suicidio. Un criado o algún miembro de la familia que inspire confianza, si es posible que alguno se la inspire a un perseguido, le alcanza por un agujero la comida, o bien se la procuran como pueden y viven un larguísimo tiempo de la manera más problemática. Más tarde la curiosidad de algún indiscreto o la autoridad misma, que a menudo interviene, entra en la casa y lo encuentra, o muerto naturalmente, colgado de un tirante, o degollado[221].

Estos enfermos, que a los ojos de las gentes de mundo pasan simplemente por originales o extravagantes, son de ordinario "perseguidos" "que tienen todas las convicciones delirantes que caracterizan ese estado mental; a veces no sufren las alucinaciones del oído, y escapan a las torturas incesantes que ellas engendran"; pero otras, como sucedía en Brown, las alucinaciones existen de una manera tenaz, constante, a punto de hacer insoportable la vida arrastrada entre las espinas de un delirio inclemente.

Y para comprender hasta dónde era visible su "delirio de las persecuciones", basta recordar aquel curiosísimo episodio que el Dr. López refiere en la Historia de la Revolución Argentina, a propósito de la misión que acerca de él llevaban Guido y Riera. "Es de presumir que cuando estos caballeros llegaron a la quinta —dice el Dr. López— Brown estuviera bajo el influjo de algún acceso[222]; pues a pesar de que solo eran las diez de la mañana, todas las

---

[220] VICENTE F. LOPEZ: "Historia de la Revolución Argentina".
[221] LEGRAND DU SAULLE.
[222] Probablemente "no estaba bajo el influjo de algún acceso", decimos nosotros, cuando abrió la puerta a

puertas, portones y ventanas estaban herméticamente cerradas, y la plaza en perfecto estado de sitio. En vano fue dar gritos y golpes: nadie respondió. El Sr. Riera dio vuelta, pasó una zanja y se aproximó al castillo para golpear una de sus puertas.

Entonces "alguien, con una voz airada, respondió de atrás, que allí no se dejaba entrar a nadie y que se retiraran". Habiendo conocido por la voz y por la manera inexperta de hablar que era el mismo General que daba la orden, Riera le gritó: -General Brown, nos manda el gobierno porque la patria necesita de Ud. Soy Riera, con su amigo de Ud. el General Guido.

Salga al balcón y nos conocerá. Brown no respondió, pero un momento después abría una ventana del piso superior para reconocer a los que le hablaban. Vio en efecto a Riera y a Guido, y bajó a abrirles. Nos contaba el General Guido en Montevideo, que al pasar por el zaguán no habían podido menos de fijarse en dos o tres macanas nudosas, una larga espada y algunas tercerolas agrupadas en algún rincón, con la mira de resistir a algunos de esos asaltos imaginarios con que soñaba sin cesar"[223].

Así, con estas intermitencias fugaces de una lucidez completa, cayendo y levantándose, vivió hasta los ochenta y tantos años aquel hombre benemérito, que "en medio de estas extravagancias dolorosas era a la vez un dechado de honradez, un corazón lleno de bravura y como un niño por la inocencia de sus procederes".

---

los emisarios del gobierno. El acceso a que se refiere este ilustre historiador había tenido lugar durante la noche y habría desaparecido con sus sombras.

[223] VICENTE F. LOPEZ: "Historia de la Revolución Argentina".

VIII. CAUSAS DEL DELIRIO DE BROWN

Veamos ahora si en los antecedentes del ilustre perseguido podemos rastrear el origen de su enfermedad.

De las afecciones mentales de "tipo moderno", diremos así, el delirio de las persecuciones es una de las más frecuentes. De 4.200 enajenados —de toda edad, sexo y posición social- examinados en el Depósito Municipal de París por Legrand du Saulle, 700 eran "perseguidos", lo que según él da la proporción de uno sobre seis. De 96 de éstos, revisados por Lasègue, 58 eran hombres y 38 mujeres; y de 140 estudiados por Legrand, 81 eran hombres y 59 mujeres, lo que significa que la enfermedad, a pesar de ser muy frecuente en la mujer, lo es más en el hombre. Esto en cuanto a su frecuencia.

En cuanto a la edad, parece que en la que se observa con mayor frecuencia, es en la de 31 a 45 años, época en que Brown debió sufrir sus mayores trastornos de fortuna y en que fue atacado por la fiebre amarilla, durante su larga y penosa peregrinación a bordo del "Hércules"; la época por excelencia de las grandes luchas de la vida, de las labores sostenidas, de las emociones más vivas, de las pasiones, de las ambiciones, de los desencantos amargos, como ha dicho muy bien Legrand du Saulle.

Además de las influencias hereditarias que desempeñan un rol fundamental en la etiología de casi todas estas neurosis, también tienen una influencia positiva los disgustos prolongados, las luchas morales, los reveses de fortuna, la ausencia de trabajo, los celos, las prácticas religiosas exageradas, los remordimientos de conciencia, las "angustias producidas por un proceso, las prisiones prolongadas", la miseria, los insomnios rebeldes y por fin todas las enfermedades que debilitan profundamente la economía; causas todas que obran con lentitud y que no producen sus efectos sino despacio, preparando poco a poco la explosión de la enfermedad[224].

Las pérdidas seminales, la sífilis, el onanismo y la permanencia en las grandes ciudades, son otras tantas causas análogas por el poder de su influjo. La primera de éstas, caracterizada por un estado mental en el que tanto predominan las dolencias físicas, irregulares y crónicas, los ensueños melancólicos y las tendencias al suicidio, nos es difícil por no decir imposible, encontrarla en los antecedentes individuales de Brown, cuyos primeros años están rodeados de una oscuridad impenetrable. Debemos eliminar por completo, vistos los antecedentes conocidos del individuo, la sífilis que suele ser, según algunos, una de las causas indirectas del delirio de las persecuciones, por la amarga y profunda impresión que produce en los espíritus débiles y frágiles, el terror y la humillación dolorosa, las angustias melancólicas y

---

[224] LEGRAND DU SAULLE: Obra citada.

la depresión general de las facultades de la inteligencia herida por preocupaciones hipocondríacas incesantes. Para que ella tuviera una parte en la etiología, hubiera sido necesario encontrar el rastro indeleble que su paso deja siempre visible en esas maculaciones externas o internas que se encuentran indefectiblemente en el individuo que la ha padecido. No insistamos en esa causa, y digamos solo que se encuentra rara vez en la patogenia de este delirio.

La permanencia en las grandes ciudades, que ha sido con razón mirada por Bergeret como una causa evidente, influye también, aunque de una manera indirecta y en un grado menor que las otras. Y no puede ser de otra manera, si se piensa que allí es en donde se encuentra más a menudo la miseria y las grandes privaciones, los dolores morales punzantes producidos por los desencantos, las competencias ardientes, las catástrofes industriales, los siniestros comerciales, las ambiciones insaciables, las emociones revolucionarias y toda esa miríada de causas susceptibles de predisponer al delirio de las persecuciones o de influir singularmente sobre su marcha y sobre sus manifestaciones diversas[225].

Pero, de todas ellas, las que en concepto del médico de la Salpêtrière tienen influencia más formidable, tanto en la producción de ese delirio singular, como en cualquiera otra forma de enajenación, son las persecuciones infantiles, la educación viciosa, la herencia y los grandes sacudimientos morales.

La educación de los niños, dirigida por maestros o padres bruscos, indiferentes, groseros o de corta inteligencia, tienen a este respecto un influjo funesto. El mismo resultado se obtiene —dice el autor citado— cuando el niño pierde en edad temprana la dirección de sus padres y se le educa en un medio que no es el de su familia, por personas que poco o nada se preocupan de él y que frecuentemente recurren al medio funestísimo de la intimidación. Un niño siempre mal tratado, castigado por todos esos actos pueriles cuya prohibición seria es siempre imposible a esta edad, acaba por creerse víctima de una vigilancia continua e injusta e interpreta viciosamente las severidades de que es objeto[226].

En cuanto a la herencia, ya sabemos que es el factor más formidable en estas temibles enfermedades, cuyo pronóstico se agrava considerablemente con su sola presencia; sobre todo, si proviene por línea materna. Esquirol pensaba que la proporción de hereditarios era de un 45 por ciento; Parchappe de un 15 por ciento y Guislain de un 25. Respecto a los trastornos morales diremos que ellos siembran su semilla vivaz en el terreno exuberante que la herencia prepara; y a veces es tan activa y tan fecunda su influencia, que la tierra más ingrata le produce frutos abundantísimos.

---

[225] LEGRAND DU SAULLE: Obra citada.
[226] LEGRAND DU SAULLE: Obra citada.

Hecha esta corta enumeración de las causas, veamos si es posible encontrar en los pocos datos que poseemos sobre la niñez y juventud de Brown, algo que ilumine la etiología de su neurosis.

Su origen nos es casi completamente desconocido. Sabemos por un corto manuscrito inédito que nos ha suministrado un amigo[227], que su padre era un hombre humilde y que, ocupado en trabajos de campo durante largo tiempo, había conseguido levantar una modestísima fortuna. Pero las inquietudes por que atravesaba la Irlanda en aquella época y las persecuciones, que sin duda sufrió de parte de los ingleses, lo obligaron a emigrar a Norteamérica, con la esperanza de mejorar su situación precaria, llevando a su hijo Guillermo, de edad de nueve años.

Al llegar a Filadelfia supo con gran disgusto que la persona que debía protegerlo había muerto de la fiebre amarilla, que hacía grandes estragos en aquella ciudad. Entonces se presentó con su hijo a la familia del finado, reclamando la protección ofrecida; pero como ésta los recibiera mal, negándoles toda clase de recursos, el padre de Guillermo cayó «enfermo de una profunda melancolía, muriendo al poco tiempo de la fiebre»[228].

El hecho de haber sufrido una profunda melancolía, como lo revela el manuscrito, merece llamar la atención, porque, como afirma Kolke, aunque de manera un poco absoluta, siempre que hay desequilibrio o locura, cualquiera que sea su intensidad, llámese melancolía con o sin delirio, es porque hay predisposición; y si la hay es porque existen en el individuo vicios de organización mental, virtuales, que pueden no manifestarse durante la vida, pero que indefectiblemente se trasmiten a su posteridad.

Es verosímil que haya existido en el padre de Brown esta predisposición transmisible, puesto que esas debilidades mentales ingénitas, son el patrimonio de poblaciones degeneradas por el "hambre" y "la miseria", que en ese sentido preparan pródigamente el terreno; siendo por otra parte indudable que estos dos agentes poderosos de la degeneración humana pueden causar grandes perturbaciones en el espíritu y desarrollar caracteres enfermizos, que se trasmiten de generación en generación hasta que su influencia prolongada produzca, como afirma Vogt, la desaparición paulatina de toda una población.

Ahora bien, el Condado de Mayo, cuna y residencia de toda la familia de Brown, desde quién sabe cuántas generaciones atrás fue asolado por la miseria más espantosa con motivo

---

[227] El Sr. D. Carlos Casavalle ha tenido la generosidad, rara por cierto en los "papelistas", que también tienen su neurosis, de prestarnos un precioso manuscrito inédito, en el que se consignan datos completamente desconocidos sobre la niñez y juventud de Brown. Valiéndonos de ese documento hemos podido recoger algunos detalles curiosos sobre la vida del ilustre marino, anteriores a su venida a la República Argentina.

[228] Manuscrito citado.

de las guerras de 1649 y 1689 entre la Inglaterra y la Irlanda. Por esta causa muchísimos irlandeses de los Condados de Armagh y de Down, abandonaron sus hogares para refugiarse en

una región montañosa que se extiende al este de la baronía de Flews hasta el mar. De allí todavía fueron empujados hasta los Condados de Leitrin, de Sligo y de Mayo, en donde sufrieron, durante largos años, los efectos desastrosos del hambre y de la ignorancia.

Los descendientes de estos desterrados —dice la revista de la Universidad de Dublín— se distinguen fácilmente de sus hermanos del Condado de Meath y de los otros distritos, que no han estado colocados en las misma condiciones de degradación física. Su boca permanece siempre entreabierta, sus labios son gruesos y espesos, sus dientes prominentes, las encías abultadas, la mandíbula prognata y la nariz aplastada. En Sligo y en una "gran parte del Condado de Mayo", toda la organización física de esas poblaciones demuestra la influencia de dos siglos de degradación y de miseria, cuyos efectos aún se ven, no sólo en la alteración de los rasgos de su rostro, sino también en el esqueleto de su cuerpo y en el espíritu[229].

¿Qué extraño, pues, que los efectos de estas influencias deletéreas del sistema nervioso, trasmitidas y reforzadas por la herencia hubieran llegado hasta Brown mismo, cuyas anomalías mentales no es inverosímil que hayan tomado algo en esa fuente lejana, que no por ser lejana es menos positiva?

Muerto su padre, el pobre niño quedó, a la edad de diez años, abandonado en un país extraño y hostil, sin más protección que sus propios y débiles brazos y con sus ropas sucias y raídas por único capital[230].

Con su chaqueta en la mano y con sus botines hechos pedazos, andaba de un lado para otro, vagando por la ciudad de Filadelfia o paseándose a orillas del río Delaware, adonde su instinto y sus inclinaciones secretas lo llevaban.

¿Qué efecto produciría sobre un niño ya predispuesto este horrible abandono en medio de una gran ciudad, extraña y opuesta a sus hábitos, hostil a su carácter blando y con disposiciones melancólicas acentuadas?[231] ¿Con qué vigor no actuarían sobre su espíritu, lleno de la suave plasticidad de la infancia, todo el cúmulo de influencias nocivas que lo circundaban y que dan pábulo a ese metifismo (sic) moral inclemente que azota los cerebros

---

[229] Véase CARLOS VOGT: "*Leçons sur l'homme*".

[230] Manuscrito citado.

[231] He visto en los Manicomios de Buenos Aires muchísimos irlandeses de ambos sexos atacados de enajenación mental; y todos afectados de melancolía en sus diversas formas; predominando más que otras la melancolía religiosa con tendencias al suicidio. Tengo en mis apuntes varios casos de suicidio, los cuales han sido evidentemente producidos por tendencias melancólicas irresistibles.

frágiles en las grandes agrupaciones humanas?

Lógico es suponer que su cabeza debió sentirse fuertemente contundida y, que el medio propicio, en que se encontró por algunos años, contribuiría a reavivar los gérmenes hereditarios que hasta entonces permanecieran como adormecidos. Porque si sobre el cerebro resistente de un adulto obran con tanta fuerza las causas que dejamos apuntadas al principio de este capítulo, parece natural pensar que sobre el de un niño débil y predispuesto habrían de gravitar con mayor éxito. Las privaciones de todo género, las desilusiones y los desencantos que aun en esta tierna edad suelen roer las cabezas infantiles, los dolores morales y las enfermedades del cuerpo, sin una palabra de consuelo y sin una mano desinteresada que las aliviara, trajeron, sobre la cabeza del joven, todo su abominable contingente de agitaciones incurables.

Triste, extenuado por largas abstinencias, se paseaba a orillas del Delaware, cuando un capitán americano, encontrándole buena presencia y condoliéndose de sus lamentaciones, le propuso llevarle de grumete a bordo de su barco. Allí principió su carrera marítima, iniciada con un aprendizaje rudo y amargo, a consecuencia de su corta edad y del tratamiento inconsiderado a que lo sujetaba la tripulación. Así estuvo, navegando siempre en buques mercantes, hasta que durante la guerra entre Francia e Inglaterra fue ocupado en la conducción de prisioneros y apresado por el buque de guerra francés "Presidente", que lo condujo a Francia a pesar de los esfuerzos de una enorme fragata inglesa que los perseguía. Llegados allí, y después de haber depositado una cantidad de dinero, como garantía de su palabra, según la costumbre establecida entonces, fue encerrado junto con sus compañeros en la cárcel de Metz.

Los incidentes de su permanencia allí y la ulterior fuga de Verdún, son completamente desconocidos y tienen algún interés histórico y médico. Revelan otra faz de su vida llena de peripecias y enriquecen la etiología de la enfermedad.

La vida dentro de aquellos cuatro muros era insoportable, y sus días llenos de esperanzas pero de insoportables sufrimientos; doble sufrimiento porque el mar había empezado ya a ejercer sobre su espíritu la fascinación irresistible que después lo echó en su camino de luz y porque todos esos lúgubres presentimientos, que después se hicieron carne en su cerebro, empezaron a aguijonearlo produciéndole ciertas depresiones nostálgicas de carácter muy sospechoso. Concertó, pues, su fuga, logrando burlar la vigilancia de los centinelas, favorecido por la oscuridad de la noche y por un traje de oficial francés que se había procurado.

Una vez fuera de la ciudad echó a correr de una manera desesperada, como si sintiera por detrás suyo los pasos precipitados de mil regimientos de esbirros que ya lo iban alcanzando. Al llegar a un molino que había a pocas millas, se encontró con un soldado que se paseaba debajo de los árboles y, que al ver su estado de cansancio y el terror que se dibujaba en su fisonomía, sospechó su procedencia y, ayudado del molinero, consiguieron tomarlo, después de una lucha de palos y mojicones en que Brown se defendió bizarra y desesperadamente.

Nueva prisión y nuevos sufrimientos. Pero como consideraran poco segura la cárcel de Metz, fue conducido a Verdún y encerrado en un calabozo alto, al lado de un coronel inglés llamado Crutchley, a quien más tarde estuvo ligado por estrecha amistad. El capitán Brown, tal era entonces su graduación, comenzó de nuevo a meditar su fuga con un ardor y un entusiasmo que se parecía mucho a la desesperación; porque si cruel había sido la prisión de Metz, doblemente debió serlo la cárcel de Verdún, mucho más segura, más lóbrega y sombría aún, y como tal más propicia al desarrollo de nuevas perturbaciones.

Urgido por todas esas aprehensiones melancólicas que asaltan a los prisioneros, comenzó a poner manos a la obra. Calentó en la estufa un largo fierro y poco a poco fue horadando la pared que daba al cuarto de su vecino hasta que pudo introducir la cabeza y comunicarse con él. Para que el guardián no pudiera descubrir sus trabajos, colgó del techo su "Union Jach", bandera inglesa que llevaba en todos sus trabajos y que ocultaba admirablemente el agujero. Los escombros los escondía en un baúl y con la chaqueta barría el piso para desterrar toda sospecha en el espíritu del carcelero, que entraba siempre a horas fijas. Así que éste corría llave, la mesa se ponía sobre la cama, sobre la mesa la silla y el trabajo continuaba con un ardor y una prudencia inglesas.

La noche en que el agujero del techo estuvo concluido, él y su vecino hicieron de su ropa de cama un largo cable y, usando de la escalera improvisada se treparon ambos a la azotea; ataron el cable al parapeto, y cuando el centinela se ocultó detrás de la torre, principiaron a descender rápidamente, echando a correr hasta que, habiendo caído el coronel Crutchley postrado por el cansancio, fue necesario que Brown se lo echara al hombro y continuara caminando hasta que la noche les permitiera descansar. Cuando llegaron a Alemania, sanos y salvos, la Princesa Real de Inglaterra, casada con el Duque Wurtemburgo, los llenó de favores, los proveyó de dinero y de ropas, y los envió a Inglaterra, donde los dos amigos se separaron: Brown para entrar en la marina mercante, y Crutchley para ingresar nuevamente al ejército[232].

En 1809 el Capitán Brown contrajo matrimonio, y después de tentar fortuna, con éxito nada feliz, se embarcó en Inglaterra a bordo del "Belmond", estableciéndose en Montevideo. Allí armó un buquecito que, debido a su estrella siempre nebulosa, fue condenado y vendido por las autoridades de Bahía, por no estar en orden sus papeles. De Bahía tuvo que regresar a Inglaterra, nuevamente como simple pasajero, oprimido por todas estas amarguras que ya comenzaban a modificar su carácter, labrando su ánimo de una manera profunda.

---

[232] Manuscritos citados.

Nueva tentativa, nuevo infortunio. De Inglaterra vuelve a hacerse a la vela a bordo del "Elisa", del cual era capitán y dueño en parte, y que al atravesar la barra de la Ensenada naufragó por un descuido del piloto.

Felizmente una parte del cargamento pudo salvarse y con su producto hacer por tierra su viaje a Chile, llevando un convoy de mercaderías, que vendió en los pueblos del tránsito. De regreso compró otro buque llamado la "Industria", que fue uno de los primeros paquetes que cruzó el Río de la Plata; mandó traer su familia y edificó aquel castillo original y memorable, única habitación qué existía entonces en aquella planicie silenciosa, donde los vientos ásperos del río y el ruido melancólico de las olas eran los únicos ecos que podían hacer compañía a la vida de su hogar"[233].

En su nueva carrera, después de haber tomado servicio en la República Argentina, hay algo más que aumenta el triste catálogo de sus penurias y amplía la etiología de aquel dolorosísimo delirio, casi siempre enardecido por el peso de la vida abandonada a los monólogos de la soledad, como ha dicho un ilustre historiador argentino.

A más de sus graves dolores morales, suficientes por sí para perturbar la inteligencia más firme, hay en su vida ciertas dolencias físicas que, como su "afección al hígado" y la "fiebre amarilla" que padeció en las Antillas, cuando su célebre expedición a bordo del "Hércules", pueden influir poderosamente como causas accesorias. Esta última enfermedad, que él atribuía después a los venenos mortales que le habían hecho tomar en el café y que probablemente fue la causa de sus trastornos hepáticos, puede, por la profunda conmoción que produce en la economía o por cualquiera otra razón que nos escapa, influir en la patogenia de la enajenación mental; tal cual sucede con la "fiebre tifoidea" y "el cólera", cuyo influjo es hoy indudable[234].

Todas estas afecciones físicas poseen tan marcada influencia sobre el espíritu, que han llegado a justificar plenamente las afirmaciones, hasta cierto punto atrevidas, de la escuela psiquiátrica alemana. Piensan sus principales partidarios, y en parte piensan bien, que las frenopatías no tienen otro origen que las afecciones viscerales: son irradiaciones mórbidas que se trasmiten de las vísceras al sistema cerebral. Nasse, Jacobi, Fremming y algunos otros han sostenido, con perseverancia de convencidos, la misma teoría, que tiene muchísimo de verdadero, puesto que es incontestable que la inteligencia sufre poderosamente la influencia de las vísceras. Los datos reunidos por varios alienistas presentan a las causas orgánicas con una cifra de ocho por ciento sobre las otras[235].

---

[233] VICENTE F. LOPEZ: "Historia de la Revolución Argentina".
[234] Véase MARCE: "*Traité des maladies mentales*".
[235] GUISLAIN: "Frenopatías".

Y por lo que se refiere al vientre, que es lo que en este caso nos importa, basta recordar la importancia capital que Schroeder Van der Kolk daba a las constipaciones provenientes de la constricción del colon transverso, particularmente en los melancólicos, en los cuales una de las principales indicaciones del tratamiento es la de suprimir este obstáculo a la libre circulación de las materias intestinales. Roel y Esquirol daban igual importancia a esta causa, y es sabido que en los individuos que tienen padecimientos crónicos en cualquiera de los órganos abdominales, se encuentran singulares anomalías de la sensibilidad moral y de la inteligencia. Hay hombres —dice Guislain— que habitualmente sufren de dispepsias, congestiones hepáticas, cardialgias o cualquiera otra dolencia que produzca ese malestar abdominal tan penoso, que de tiempo en tiempo se ponen tristes, irascibles, y cuyo carácter acaba por experimentar cambios fundamentales.

Brown, que era de este número, sufría habitualmente fluxiones hepáticas de origen nervioso, cuyas repeticiones frecuentes acaban por determinar en el hígado esos trastornos crónicos que producen en las personas predispuestas al estado de hipocondría que después se hace permanente e insoportable. El tinte ligeramente amarillento que se notaba algunas veces en su rostro era producido por el paso de la materia colorante de la bilis a la sangre, revelando la congestión que se hacía en el hígado bajo la influencia de emociones morales vivas, de disgustos profundos.

No insistiremos más en este género de causas y pasaremos a averiguar cuál fue el influjo que tuvieron los trastornos morales.

Si hay en el mundo alguna existencia que haya sido azotada por las más grandes penurias, esa ha sido, como acabamos de verlo, la del General Brown.

Desde su más temprana niñez (circunstancia sumamente agravante) ha venido apurando todos los enormes infortunios que encierra la vida: reveses de fortuna, miseria, disgustos prolongados, contrariedades inesperadas, temores durables, ansiedades y desconfianzas enconosas, persecuciones y crueles tormentos que han estado golpeando sobre su cráneo, desde que el niño abandonó su país natal para vivir angustiado en la gran ciudad, hasta que una vejez avanzada apagó con sus desfallecimientos ineludibles el último recuerdo de sus ansiedades hipocondríacas. En la gran mayoría de los casos de enajenación, puede comprobarse, ya como causas predisponentes, ya como determinantes, un estado de dolor moral vivo, una "espina" que está en el fondo de casi todas estas afecciones, provocando una irritación intensa y prolongada del cerebro. Por esto, la melancolía es el síntoma que a menudo señala el período prodrómico de las frenopatías en general[236].

La impresión causada por la muerte de una persona querida, las emociones que producen

[236] GUISLAIN: Obra citada.

las consecuencias de una especulación desgraciada, el disgusto vivísimo que provoca la mala conducta de un amigo, la conmoción que recibe un obrero sin trabajo, el terror que se apodera de una persona bajo el influjo de una revolución política, la depresión moral de un presidiario sin esperanza, de un prisionero mal tratado o de un hombre despechado, y finalmente, las mil circunstancias a que dan lugar esas interminables inquietudes bajo cuyo imperio el hombre puede enloquecer, pertenecen manifiestamente a un estado moral doloroso[237].

Los disgustos forman casi siempre un grupo considerable en la etiología de la enajenación y, si tenemos presente, como lo observa Griesinger, que las emociones violentas dan por resultado ordinario una perturbación en el estado de la circulación y de todas las funciones de la vida vegetativa, se comprenderá fácilmente que estas emociones, prolongando su acción, perturben de una manera notable las funciones cerebrales, con tanto mayor vigor cuanto mayor sea el estado de predisposición del individuo[238].

A menudo la explosión de la enfermedad no se declara sino después de oscilaciones más o menos prolongadas, como ha sucedido en Brown, cuyo estado mental anómalo ha ido desarrollándose con largas intermitencias hasta tomar su acentuación característica. No es raro —dice Griesinger— "que, a consecuencia de un accidente grave (la fiebre amarilla, por ejemplo), el individuo comience por sufrir un malestar prolongado que indica un sufrimiento oscuro y que después de un tiempo más o menos largo empiece a deteriorarse la constitución, dibujándose la anemia bajo cuya influencia se manifiesta la enajenación"[239].

Este modo de acción es sobre todo evidente en los casos de dolor moral prolongado.

La causa que determina una emoción depresiva ejerce, en la mayoría de los casos, una influencia determinada sobre el "sujeto" de las concepciones delirantes: «después de la pérdida de un pariente próximo, por ejemplo, el delirio rueda largo tiempo sobre ideas que se refieren a esta pérdida, y es a menudo difícil establecer un límite bien preciso entre el delirio y lo que es aún el resultado fisiológico, pero exagerado, de la emoción que se ha experimentado; la locura puede ser entonces el resultado de la transformación inmediata de un estado fisiológico, la continuación patológica de la emoción»[240].

Brown, que había sufrido en su niñez y por parte de los ingleses grandes persecuciones durante su permanencia en Irlanda y posteriormente en su épica peregrinación a bordo del "Hércules", apresado por buques ingleses y llevado a Inglaterra a sufrir los sinsabores de un

---

[237] Id. íd.
[238] GRIESINGER: "Tratado de enfermedades mentales".
[239] GRIESINCER: Id.
[240] GRIESINGER: Obra citada.

proceso injusto, acabó por creerse realmente perseguido, envenenado, acechado constantemente por el gobierno británico, que fue después y en aquellos accesos secretos que tenían lugar entre las cuatro paredes de su castillo infranqueable, uno de sus más encarnizados fantasmas.

Aquí el estado de emoción fisiológico, las persecuciones reales, obrando sobre un espíritu excitado por otras causas morales, acabó en su término patológico natural, determinando el "delirio de las persecuciones".

Estos estados patológicos de la inteligencia (y en este caso es importante tener presente esta circunstancia), no impiden, algunas veces, el desempeño de las funciones ordinarias de la vida; y sucede a menudo que para establecer un diagnóstico es menester tocar ciertos resortes ocultos cuyo juego descubre, de una manera inesperada, las notas falsas del teclado intelectual, como dice Lasègue en su lenguaje pintoresco; es necesario tener oído fino, oído de artista, para descubrir la nota que disuena, la cuerda rota que chilla y que en muchas ocasiones pasa desapercibida para el oído profano.

Esto explica por qué, aun cuando Brown padecía de un "delirio de las persecuciones", podía desempeñar con tanta cordura las distintas misiones que se le confiaban. Porque algunos enfermos tienen épocas largas en que se suspende su delirio, "especie de armisticios" más o menos extensos, a favor de los cuales, muchos «han podido emprender largos viajes, ingresar de nuevo en la sociedad, volver al seno de sus amigos y tomar otra vez la dirección de sus negocios». Pero importa no confundir —agrega Legrand du Saulle— la remisión, especie de cura provisoria con la intermisión, relámpago pasajero de razón. En la remisión verdadera y completa, con marcha retrógrada de las perturbaciones psíquicas — continúa el maestro— el enfermo reconoce su delirio, deplora los propósitos malsonantes que ha tenido respecto a su familia, lamenta sus actos inconsiderados y se muestra sinceramente arrepentido. En la simple intermisión, al contrario, niega su locura, escribe carta tras carta a la autoridad, protesta de la integridad de sus facultades intelectuales y denuncia al médico que le ha tributado sus cuidados[241].

Al principio de sus delirios, tenía Brown remisiones verdaderas que le permitían entregarse completamente a sus quehaceres y aun desempeñar ocupaciones difíciles; remisiones que después perdieron su carácter de tales, para afectar el aspecto brumoso de una intermisión clara y llena de todos aquellos sombríos terrores que sostenían con tanta tenacidad sus eternas agitaciones.

Algunas veces, sin embargo, bastaba la fuerte derivación moral que trae la presencia de un peligro cualquiera, en los que Brown se mostraba bellísimo, las emociones del combate o

---

[241] LEGRAND DU SAULLE: Obra citada.

las exigencias apremiantes de un cargo elevado, para que el equilibrio de su cerebro se restableciera temporalmente. Pero luego, la triste monotonía de su infortunio, trayendo de nuevo la repetición del acceso, creó ese hábito mórbido que la enfermedad radica perdurablemente en un órgano, ahuyentando aquellos saludables relámpagos que iluminaban tanto sus ojos singulares.

La montaña iba apretando al átomo, porque las reacciones se hacían cada día más difíciles, y el pobre viejo sublime se batía desesperadamente en sus últimos atrincheramientos. Últimamente, cuando todavía estaba a bordo, no quería ni bajar a tierra, ni aun desoyendo las instancias de D. Juan Manuel; tenía miedo hasta del agua que en sus vaivenes continuos, en su flujo y reflujo monótono, en sus suaves ondulaciones de nubes, escribía caracteres extraños y le echaba sobre el oído el plomo derretido de mil discursos extravagantes. Porque el agua habla, el agua grita, el agua ríe y llora y balbucea cosas extraordinarias para el oído delirante del perseguido; como ríe y llora y balbucea la puerta que cruje, el viento que sopla, la campana que vibra y se lamenta herida por su larga lengua de fierro.

En lo sucesivo la luz de cada día fue alumbrando una nueva arruga de su espíritu: la desconfianza y la taciturnidad de su carácter tomaban proporciones desconsoladoras. La vejez, mejor dicho, la senectud, con sus estados mixtos infaltables, embarazando la palabra y robando al espíritu su iniciativa y su calor saludable, hizo lo demás, dejándole en cambio esa fría indiferencia que relaja el corazón del solitario octogenario y que lo desliga del mundo envolviéndolo en una especie de sudario anticipado.

Entonces sí que fue dolorosa la vida, como si todas las amarguras de la tierra gravitaran con su fría inclemencia sobre la cabeza de esta pobre sombra que se agitaba, sin embargo, apurando los últimos destellos de la vida. Entonces las alucinaciones lo asediaron con más ímpetu, revoloteando como bandadas de cuervos hambrientos alrededor de su cerebro postrado e indefenso. Nunca se sintió tan embargado por tantos y tan misteriosos terrores. El olfato pervertido percibía mil olores extraños; el oído, ¡siempre el oído!, amenazas, murmullos, gritos, risas, silbidos y todo lo que la audición mórbida es capaz de producir. Concepciones delirantes de cierto género especialísimo despertaron la idea del suicidio, que es la idea consoladora, la idea favorita de estos estados de extrema locura.

El viejo perseguido, que aún amaba la vida, más que nunca iluminada por la luz de su aureola simpática, trató sin embargo de abandonarla, seducido por la suprema fascinación de la muerte voluntaria que se adhiere al corazón humano como si tuviera la garra del vampiro o la ventosa del pulpo. La soledad y el silencio de aquella casa medio perdida entre los pajonales de la ribera, el aislamiento en que pasaba sus horas, despertaron, como era consiguiente, esta idea lógica de sustraerse para siempre a las conspiraciones de que era víctima; y embargado, asediado, perseguido por ella, tomó la determinación de arrojarse de la azotea, fracturándose una pierna.

Cuando esta extrema impulsión nace en la cabeza del perseguido, no es «el criminal que se hace justicia, es el perseguido que se sustrae a sus enemigos, es el melancólico que ha querido poner término a sus torturas morales. Aquí la muerte voluntaria no tiene la instantaneidad de un acto impulsivo, sino que es el último término de un estado patológico que ha llegado a su paroxismo final».

El General Brown padeció, pues, de "delirio de las persecuciones", fue un perseguido según la expresión condensada de los alienistas franceses. Este diagnóstico, que sugiere la observación de los actos de su vida privada, está confirmado por la existencia de toda esa serie importantísima de causas que acabamos de estudiar; causas que reunidas o aisladas bastan por sí para determinarlo con tanto mayor vigor cuanto mayor sea la predisposición del individuo:

a) Predisposición hereditaria;

b) trastornos morales intensos;

c) afección hepática;

d) educación imperfecta;

e) sufrimientos físicos y morales durante la niñez.

Todo se encuentra en la vida agitada del General Brown.

IX. LAS PEQUEÑAS NEUROSIS

En nuestras ocupaciones diarias nos codeamos a cada momento con estas modestas dolencias que viven ocultas por un velo de irreprochable salud intelectual. Es menester insistir mucho, explorar, palpar con cierta prudente habilidad, para dar con ese "*puntum coecum*" que se esconde entre la luz.

Muchas veces vivimos una vida entera con un individuo, admirando el vigoroso equilibrio de su cerebro, hasta que un día, el más inesperado por cierto, ponemos la mano sobre la nota falsa que lanza el chillido característico, revelando la abolladura.

¡Qué encuentro inesperado! Era una persona sensata, con una sensatez cervantesca e inconmovible; un hombre culto, un espíritu selecto, un corazón lleno de luz, pero dentro de un cuerpo deformado por una fealdad imponente; un hombre que se creía irresistible con las mujeres y que con cierta exaltación nerviosa semejante a una crisis, cuenta mil quinientas conquistas imposibles; asola los hogares, y deshonra batallones de maridos... imaginarios.

Fijaos con qué insistencia le miran los ojos movibles e inquietos de la mujer de X, qué suaves emociones despierta en su corazón la ligera nube de púrpura que colora las mejillas de N..., cuando él, Atila, traidoramente oculto dentro del modesto aspecto de un hombre de bien, se pone en su presencia arrojando sus mágicos e imponderables fluidos. La mujer de C. (pues son siempre las pobres mujeres casadas el objeto de sus ilusiones) lo provoca de una manera mortificante; la de L... lo pone en ridículo con sus públicas manifestaciones; y la de... (Cualquier letra del abecedario, porque tienen para cada letra una mujer que los adore), se ha metido en su casa ¡comprometiéndole de una manera inaudita! Esta es la eterna historia de esos "hambrientos" que no tienen pan siquiera, y se contentan con mover las mandíbulas, rumiando el aire con cierta satisfacción pretenciosa, para engañar al pobre estómago oprimido por una dieta interminable y desolada.

Por lo demás, aquel hombre defiende sus pleitos con un talento admirable, o cura sus enfermos, o da sus batallas, o mide sus tierras, según sea: médico, militar o ingeniero; pronuncia bellísimos discursos, asiste a las reuniones de notables en los acuerdos oficiales; si es médico, sobre todo, hace curas maravillosas y goza de una de esas reputaciones irreprochables detrás de las cuales todas estas pequeñas grietas se ocultan a la mirada prudente del vulgo idólatra y meticuloso. Esa es la más frecuente, la más común de las "pequeñas neurosis", y para que nada falte a su carácter francamente neuropático, toma un aspecto epidémico cuando algún acontecimiento conyugal escandaloso conmueve la sociedad. Tentad entonces por medio de suaves presiones, con esa falaciosa hipocresía con que el médico arranca al enfermo un antecedente que oculta, y veréis más de una cabeza, en todo otro sentido fisiológica, presentar el flanco enfermo con cierto petulante y protectora complacencia.

¡Cuántas infinitas y variadas son las facetas de este diamante henchido de luz que llamamos el cerebro humano! Hay un hombre, bueno, modesto, con una sencillez bucólica de inteligencia y de costumbres: ha vivido sesenta años en un roce diario con el mundo, sin que nadie haya descubierto detrás de su cráneo la más pequeña irregularidad intelectual. Le conocéis hace treinta y no habéis hecho otra cosa que admirar la rectitud de su juicio, inflexible como la hoja de un puñal antiguo. Igual caso al anterior, pero de fisionomía distinta, como vamos a verlo.

Habláis un día con él de muchas cosas e incidentalmente de la pintura, por ejemplo... y veis que, al invocar sus maravillas, sus ojos se iluminan con una fosforescencia extraordinaria, dejando errar por sus labios una sonrisa reveladora. Es que debajo de esa mansa y simpática apariencia hay un pintor desconocido, humilde, que vive ignorado, pero que cree sentir en su cabeza el empuje creador, la suprema vivacidad del divino cerebro de

Miguel Ángel: cree tener un pedazo de la pulpa encefálica del Veronese injertado sobre su pobre corteza cerebral. Pinta en el último cuarto de su casa; las paredes están tapizadas de lienzos lamentables y de todas dimensiones; y las horas de ocio, largas y plácidas, las pasa hundido en una especie de contemplación erótica admirando su propio genio. Guarda con religioso respeto sus cuadros deplorables y los cuida más que a su dinero y que a la niña de sus ojos.

Conversáis con él, de cambios, de bancos, de derecho público, y lo encontráis admirable: posee varios idiomas, tiene nociones generales de todo, aptitudes para el comercio, disposiciones para las letras, para las ciencias; en suma, es un espíritu selecto, diáfano, recto, inatacable bajo todo otro punto de vista. Pero al hablar de pintura, habéis apretado el botón misterioso que pone en agitación incesante el grupito de células productoras de su pequeña y desconocida neurosis. El hombre ha mostrado el flanco y le veis ridículo, pequeño, lamentablemente necio, porque no hay en la epidermis terrestre un artista que valga un comino a su lado.

Esa es la "neurosis de las aptitudes negativas", que hace teólogos profundos a los ingenieros, médicos discretísimos a los abogados o a los militares, y jurisconsultos a los pintores y a los poetas. He conocido un viejo comerciante a quien un par de pillos le sacaban fuertes cantidades de dinero en calidad de préstamo, a muy "largos plazos", con solo encomiarle sus inmensos conocimientos en mecánica. Y este hombre, sin embargo, era un modelo de sensatez y de buen sentido.

Lamartine pretendía ser un arquitecto consumado y mostraba en un rincón de su quinta un arco de triunfo ridículo y zurdo; y se ha dicho de Thiers que su "pequeña neurosis" consistía en creerse un militar brillantísimo.

Tienen todos ellos un resorte escondido que juega espontáneamente o provocado por incitaciones inesperadas, que determinan ese brusco espasmo, la pequeña dolencia, sosteniendo el constante funcionamiento de una célula que produce la idea fija, imborrable y pertinaz.

Es como una espina, como un cuerpo extraño, que irrita, que inflama un pedazo del tejido nervioso, alimentando este eretismo mental incoercible, pero felizmente parcial. Que tiraniza la voluntad imponiéndole con su despotismo inapelable el pensamiento o el grupo de pensamientos extravagantes que produce y reproduce, que vuelve a producir a la menor incitación y vuelve a reproducir, siempre el mismo y con una monotonía melancólica y sostenida.

Diríamos que es un pedazo pequeño y perfectamente circunscrito del cerebro, que en medio de la completa integridad del resto, vive enfermo, valetudinario, como enloquecido por ráfagas extrañas; amamantando, produciendo, cobijando todo pensamiento extravagante que huye del resto de la inteligencia. Una Calabria cerebral —permítaseme la comparación— en donde toma fuerza y se oculta todo el bandolerío intelectual que viviría exótico en cualquiera otra parte del encéfalo.

Repentinamente un individuo (y esta es otra familia del género) se encuentra privado de su libertad moral, diremos así, haciendo uso del arcaísmo científico consagrado. Algo extraño lo arrastra a cometer en plena conciencia una extravagancia dolorosísima. Una idea se impone al espíritu y lo obliga, a pesar suyo, a verificar un acto intelectual, extraño, insólito.

No se trata aquí, como observa Ball, de esas ideas fijas que se apoderan del espíritu de un alienado para ejercer sobre él una incesante opresión: se trata de un estado algo parecido a un vago delirio consciente que el individuo es el primero en deplorar, sin embargo que no le es posible sustraerse a su inmensa tiranía.

Es un género menos común que el anterior, pero más sensible a los ojos de todos, porque es bullicioso y porque estalla sin tener presente el momento, ni el lugar, obedeciendo al secreto impulso que viene de adentro, y que aniquila la voluntad de una manera absoluta.

El profesor Ball ha conocido a una joven de dieciocho años, que era un curioso ejemplo de este género neurosis. Era una niña de temperamento nervioso, de una imaginación exaltada y que había sido educada en el convento, en los principios y teorías de una piedad exageradísima.

Nada en su conducta trascendía el menor desequilibrio intelectual, hasta la época en que se manifestó por primera vez la función menstrual. Poco tiempo después de su aparición, que se hizo no sin algunas dificultades, se apoderó de ella una exaltación mística considerable, que no sólo le inspiraba deseos de hacerse religiosa, sino que la arrastraba a hacer manifestaciones extrañas, por no decir inconvenientes. A cada instante y sin ningún motivo plausible se echaba de rodillas, hacía el signo de la cruz y exclamaba: "Jesús, María y José". Todo se limitaba a esto. Pero esas eyaculaciones piadosas —dice Ball— se producían en un salón, sobre una plaza pública o en un vagón de ferrocarril, llevando sobre su reputación graves reproches. Y, sin embargo, no existía en ella el más mínimo rastro apreciable de delirio; sufría sus impresiones mórbidas a la aproximación de sus períodos y se explicaba con una claridad admirable lo absurdo de su conducta.

Otro ejemplo curiosísimo. Un joven inteligente, trabajador, perfectamente dotado y libre de antecedentes neuropáticos por parte de su familia, aunque se entregaba con frecuencia a prácticas solitarias, seguía con un éxito admirable sus estudios en un liceo de provincia. Tenía diecisiete años, cuando un día, habiendo oído jaranear a sus camaradas sobre la fatalidad misteriosa del "trece", cruzó por su espíritu una idea absurda, inexplicable para él mismo y para cualquiera: «si el número trece» —se dijo— «es fatal, sería una cosa deplorable, incomprensible que Dios fuera trece». Sin dar el menor valor a esta idea delirante, no pudo, sin embargo, dejar de pensar en ella sin cesar. A cada momento verificaba mentalmente un acto que consistía en decirse a sí mismo: "Dios trece", dando a esta fórmula extraña y absurda una especie de valor cabalístico, con atributo y virtudes preservadoras.

Por la puerilidad de su extravagante concepción —dice Ball— se le podía haber comparado a esos faquires musulmanes que pasan su vida entera pronunciando en alta voz el nombre de Dios. «Yo sé perfectamente —decía— que es absurdo creerse obligado a repetir mentalmente esta fórmula...»

Pero a pesar de esto, el acto intelectual se repetía cada segundo; y bien pronto creyó deber aplicar los mismos principios, a la eternidad, al infinito, a las grandes concepciones del espíritu humano, de tal manera, que su tiempo se lo pasaba repitiendo en su mente esta especie de conjuro estrafalario: «Dios trece, la eternidad trece, el infinito trece».

Al fin, perturbado por la repetición incesante de ese acto mental, el joven se encontró en la imposibilidad de seguir sus estudios, viéndose obligado a encerrarse en su casa y a reclamar los auxilios del médico.

Aquella fórmula ineludible se repetía sin descanso, sonaba en su cráneo con una continuidad y una constancia verdaderamente enloquecedora; y como el progreso de su pequeña neurosis acabó por desvirtuar todos su esfuerzos, pronto vio su vida mental entera consagrada a repetir a cada instante su pensamiento favorito. Salvo la tristeza profunda en que se encuentra sumido, el desgraciado neurópata no presenta "ninguna otra" perturbación intelectual[242].

A pesar de la puerilidad relativa que caracteriza esta forma, ella constituye algunas veces un verdadero peligro para la inteligencia, porque la monotonía perseverante, la desoladora continuidad de sus importunidades traba las operaciones del espíritu de una manera que puede ser fatal.

El hombre más razonable, si se observara cuidadosamente —dice Esquirol—percibiría algunas veces en su cabeza las imágenes y las ideas más extravagantes, asociadas de la manera más rara. Vería surgir pensamientos y sentimientos que se levantan repentinamente, se imponen a la inteligencia, aterrorizando la conciencia, para pasar después como un fuego fatuo siniestro.

Sin embargo, en ciertas ocasiones, no pasan así no más: la impresión queda como la "mancha" de luz que deja en la retina la estimulación de sus fibras. Es una especie de fosfeno doloroso que oprime al espíritu y que, si se levanta sobre un cerebro predispuesto por un vicio de organización, conturba para siempre su dinamismo exquisito. Cuando ese pensamiento maldito no encuentra en el cerebro el amor que lo fecunda y lo centuplica, pasa, diremos así, rozando el ala por la superficie y dejando sólo el recuerdo lúgubre de su amenaza. Y he dicho "el ala", porque efectivamente, esas ideas extrañas, son como aves de mal agüero, como bandadas de cuervos que se alzan chillando sobre la más implacable conciencia, sin saber dónde han nacido, qué hacen allí, cómo han entrado bajo la bóveda de su cráneo.

Es cierto que en algunos se van para no volver, pero en otros vuelven con una persistencia primeramente incómoda, irritante después, y por fin dolorosísima, hasta que se posesionan por completo de toda la inteligencia. Cuando esto último sucede, la cabeza ha perdido el timón de su conciencia y comienza a girar, a girar siempre en el vértigo de esas alturas en que se pierde la noción de todas las cosas, y en que todo se ve como por "espejos mágicos", transformado, invertido, adulterado. Ese es el loco: así comienza el paroxismo temible de su drama eterno y sin sol. "*Penumbrata est*", es decir, eternamente en la penumbra, como decían los antiguos.

Las ocupaciones intelectuales y las preocupaciones apremiantes de la vida ordinaria distraen de estas ideas fantásticas, disipan las sombras, cuando hay fuerzas suficientes para rechazarlas sin dejar que se implanten ni que se traduzcan en actos.

Algunas veces son tan débiles, con relación a la energía cerebral de ciertas personas, que felizmente se borran, y cuando se repiten lo hacen con esa debilidad relativa, aunque persistente, que sólo es capaz de engendrar las pequeñas e inofensivas neurosis del primer tipo.

---

[242] Esta curiosa historia la copio del artículo publicado por el profesor BALL en "El Encéfalo", año 1881.

Pero en el segundo tipo, la facultad productora de las ideas está como herida por ese estado valetudinario que engendraba en el espíritu del "divino" Augusto la constante obnubilación de sus sentimientos.

La idea exótica nace súbitamente, se alza batiendo sus alas, y como no surgen más las ideas que pueden entrar en lucha con ella y rectificarla, se impone y lo absorbe todo, como si las tomara por sorpresa. Una idea súbita surge violenta en un espíritu mal dispuesto, aunque de irreprochable equilibrio; inmediatamente se traduce en acto y sigue obrando hasta que la reflexión, elemento poderoso de equilibrio mental, u otro grupo de ideas, la persigue y la rechaza hasta borrarla del todo.

Las ideas y las sensaciones tienen una tendencia tanto más marcada a traducirse en acto, cuanto más imperfecta es la vida psíquica del hombre, cuanto menos vigorosa es la reflexión. Por esto el carácter reflejo de las sensaciones y sus tendencias a transformarse, "son más pronunciadas en los animales que en el hombre, en el niño que en el adulto; toda idea, toda imagen, toda percepción en los animales y en los niños tiende inmediatamente a traducirse en acto muscular"[243].

Las ideas se transforman tanto más fácilmente en actos —dice el eminente Griesinger— cuanto más fuertes y persistentes son; felizmente la actividad intelectual cuida de que toda percepción no llegue a este grado de intensidad, y que en virtud de la ley de asociación de las ideas, en que las unas llaman a las otras, bien sean análogas, o contrarias, no se produzcan con tanta actividad trayendo un conflicto a la conciencia.

Pero al principio de las enfermedades mentales, o en estos estado semi-patológicos, diré así —que constituyen el modo de ser habitual de todos esos intermediarios, cuyas anomalías cerebrales han descrito con tanto colorido los alienistas franceses— en los hereditarios y en estas pequeñas neurosis de que me ocupo, el cerebro se encuentra torpe, embotado, laso; la asociación de las ideas está como paralizada de una manera fugaz algunas veces, y de una manera permanente otras. El conjunto de pensamientos habituales no entra ya en acción o está debilitado; «el alma se encuentra vacía —dice Griesinger—, y entonces la primera percepción, la primera idea que se presenta, se impone imperiosamente y no puede ser corregida, ni borrada, ni rechazada».

Finalmente, todo pensamiento que surge de un modo accidental en el espíritu del hombre, que le es sugerido por alguna circunstancia fortuita, puede implantarse sobre un "terreno mórbido" y convertirse en una idea delirante, que en virtud de cierta fuerza de multiplicación del delirio, se transforma la oligomanía en polimanía, y finalmente pantomanía[244].

---

[243] JACOBY: "*La selection*", etc.
[244] GRIESINGER: "*Traité des maladies mentales*".

He aquí casi toda la fisiología de las pequeñas neurosis.

Es difícil que en las pequeñas dolencias, que he citado al comenzar este capítulo, se llegue a ese término deplorable.

Todos esos estados intelectuales ambiguos, entre los cuales hay muchos que están muy lejos de ser francamente patológicos, se explican por este mismo procedimiento o por otro análogo. El predominio de una idea, la supremacía de un sentimiento que ha adquirido, ya sea por su vigor o porque dimane de un centro viciado, y que se impone a los demás, esa es, en resumen, la filiación más probable de estas "manchas" cerebrales que tantos ocultan tras una corteza de salud falaz e impenetrable.

Todo el secreto está en espiar el momento, en descubrir el estimulante apropiado que pone en movimiento el grupo celular consabido. A veces él mismo, espontáneamente, entra en ebullición, como en los casos citados por Ball.

El ruido de los truenos —por ejemplo— bastaba para despertar en dos de nuestros más reputadísimos valientes, ciertos estados de ánimos penosos, que constituían sus pequeñas neurosis. La Madrid y el general Alvarado, que se hubieran batido solos contra una legión de demonios, no podían oír tronar sin sentir sus carnes crispadas por el más incomprensible terror. Alvarado se envolvía en géneros de seda y hasta se echaba debajo de la cama para huir del rayo; y el general La Madrid caía de rodillas en un acceso de inconcebible pantofobia, acariciando el rosario y temblando como un azogado. Cuentan que le temblaban las mandíbulas hasta reproducir ese repiqueteo desagradable que en el chucho del miedo produce el choque de los dientes; que latía con impaciencia su corazón y que una palidez lívida, la palidez del miedo supersticioso, invadía súbitamente su rostro.

Este sacudimiento emotivo profundo se difundía tanto que iba repercutiendo por todo el organismo; y, como sucede en estos casos, despertando todas las reacciones simpáticas que son consecuencias y que constituyen uno de los fenómenos cerebrales más curiosos. Propagándose al sensorium, «ese vasto reservorio de todas las sensibilidades del organismo», va a repercutir unas veces sobre tal o cual centro de la vida orgánica, con el cual esté más íntimamente asociado, otras sobre tal o cual grupo muscular, determinando así estas asociaciones simpáticas de los músculos. Esas reacciones orgánicas inconscientes que expresan hacia afuera las diferentes tonalidades de las emociones y la manera especial con que el sensorium ha sido primitivamente conmovido[245].

Así es como se explican los efectos súbitos y difusos del miedo, que tiene, como ninguna pasión, el poder de llevar su influjo sobre todos los aparatos de la vida.

---

[245] LUYS: "*Traité dea maladies mentales*".

Cuando los grupos musculares de la cara son los solicitados, la fisionomía expresa en un lenguaje mudo las impresiones íntimas concentradas en el fuero interno; cuando es sobre la inervación visceral que se propaga el sacudimiento primitivo, es el corazón en que entra en una especie de convulsión, o son los intestinos y sus esfínteres los que más directamente reciben el influjo de ese miedo aniquilante, que habitualmente elige como manifestación suya exclusivamente esta deplorable característica intestinal[246].

Estos estados del ánimo son incurables; tan ineludibles como el sacudimiento emotivo que los produce y que es un fenómeno instantáneo, brusco, orgánico en muchas personas que no se sustraen jamás a su influjo.

Olavarría no entraba jamás a un cuarto oscuro, ni dormía sin luz; extraña aberración de un carácter varonil, que tenía la pasión del peligro y para quien el combate desigual, usurario, de uno contra veinte, ejercía una fascinación mágica e irresistible. Olavarría maniobraba con sus lanceros al frente de la metralla enemiga "como en un campo de parada"; pero sentía que le crispaba el cabello y que lo clavaba sobre el suelo, en presencia de ciertos peligros imaginarios, pueriles, ridículos, pero de un poder soberano para su cerebro lleno de candidez y de bondad. Sus soldados lo atribuían al terror supersticioso que le inspiraban "las ánimas". En realidad, esa era su pequeña neurosis.

Cuentan que para el fraile Aldao era de muy mal augurio perder el rebenque antes de entrar a un combate: así es que lo cuidaba tanto como a su lanza.

Quiroga no salía jamás de su casa el día trece, ni daba batalla, ni emprendía nada de fundamento.

El poeta Lafinur, más famoso por sus extravagancias que por sus versos pálidos y exangües, era un hipocondríaco reputadísimo entre sus contemporáneos. Según se me ha referido, no podía subir a una torre (o atravesar una plaza probablemente), pasar un puente, mirar un espacio vacío cualquiera, sin sentir vértigos, sin "írsele la cabeza", como se dice vulgarmente. "Estas idas de cabeza", en presencia del espacio, constituyen el síntoma capital de una curiosa forma de nerviosismo recientemente estudiada, una manera de ser de la emotividad anormal de los hipocondríacos y de tantos otros "cerebrales".

Es la "agorafobia" de los autores alemanes, el "terror de los espacios" de los franceses: una neurosis caracterizada por un terror extremo, experimentado súbitamente a la vista de un espacio de más o menos extensión y por la imposibilidad absoluta de atravesarlo solo. Disminuye cuando el paciente se apoya sobre un bastón o un paraguas, etc., o si le tiende la mano alguna otra persona. Era la enfermedad de Pascal, quien, paseándose un día en una

---

[246] LUYS: *"Traité des maladies mentales"*.

carroza sobre el puente de Neully, vio que los caballos mordían el freno, que los dos primeros se precipitaban en el Sena, pero que en el instante de la caída y a consecuencia de su misma impulsión, rompíanse los tiros y el carruaje se detenía sobre el puente.

Después de este incidente Pascal creía ver siempre a su izquierda un abismo que le impedía avanzar, a menos que le dieran la mano, o que se le colocara algún objeto en que pudiera apoyarse. El "agorafóbico" no da un paso ni atrás ni adelante, ni avanza, ni retrocede; todos sus miembros tiemblan, palidece, se alarma de más en más, se sostiene apenas sobre sus piernas oscilantes y queda parado inmóvil, convencido de que jamás podrá afrontar este vacío, este lugar desierto, este espacio que se presenta aterrante delante de sus ojos[247]. «Imaginaos —agrega Legrand du Saulle— que miráis un abismo profundo que se abre súbitamente a vuestros pies, imaginaos estar suspendido sobre el cráter de un volcán en erupción, que atravesáis el Niágara sobre una cuerda rígida, que rodáis por un precipicio, en fin, y la impresión recibida no podrá ser más temible, más pavorosa que la provocada por el terror de los espacios».

Una sensación análoga, de un origen igual probablemente, es la que experimentan las naturalezas nerviosas que sienten vértigos a una altura pequeña; que no pueden asomarse a un balcón, atravesar sobre una tabla, dormir a oscuras ni ver una gota de sangre, como les pasa a ciertas personas que, sin embargo, no son pusilánimes. El "terror de los espacios" es una variedad más temible de este mismo estado de eretismo medio histérico que producía las "pequeñas neurosis" de Alvarado, La Madrid, etc. Y es probable que los inconcebibles terrores que aquejaban con tanta imprudencia a estos arrogantes paladines, vinieran acompañados de esa enfermedad, comparada por Westphall al pavor que se produciría en un hombre al concentrarse súbitamente y sin saber nadar en medio de un mar inmenso.

Otra pequeña neurosis, que por su olímpica magnitud aparente, sus proporciones ampulosas y sus grandes efectos, bien podría llamarse la gran neurosis de Rivadavia, era la exageración que tenía este ilustre estadista de la noción de su personalidad psíquica, que daba a sus actos y a sus maneras la magnificencia artificial de los megalómanos y que tal vez provenía de la exuberancia con que se hacía en su cerebro la irrigación sanguínea (?). Rivadavia era un tanto pletórico, de cuello apoplético, de sedentaria más bien, y de un apetito copioso. Comía mucho y bien, y como tenía ciertas tendencias congestivas que se revelaban en su rostro ancho y en sus ojos sanguinolentos, vivía con su cerebro habitualmente congestionado.

Los lipemaníacos, cuyo sensorium, falto de estímulo sanguíneo normal, cae en un periodo de atonía, se sienten deprimidos, como humillados y atónitos. El maníaco, por el contrario, cuando el flujo de sangre se hace en las redes de su corteza gris, con una viva energía, con

---

[247] *"De la Kenophobie"*, etc., por GELINEAU.

una persistencia regular, que, sin afectar las proporciones depresivas de las congestiones pasivas, sostiene con cierta lozanía la vitalidad de la célula, se siente exaltado en su potencia física y mental, se siente engrandecido, magnificado, más fuerte, y más potente que nunca. Como la actividad vital desborda en ellos bajo todas las formas de expresión, la noción de su personalidad se amplifica, se agranda, se hincha al mismo tiempo[248].

Era pues, en Rivadavia, cuestión de mayor o menor flujo de sangre sobre su cerebro naturalmente predispuesto por causas de un orden completamente desconocido. Con ciertos elementos adquiridos, y esta disposición a que aludimos, estaba constituida esa especie rara de delirio de las grandezas, incierto y oscilante, que imprimía, como creo haberlo dicho en otra parte, un sello imborrable a todos sus actos y que se mantuvo siempre dentro de los límites saludables de una noble y apasionadísima aspiración. Es suficiente que sobrevengan algunas modificaciones en la irrigación sanguínea de las redes del sensorio para que «las manifestaciones funcionales cambien de aspecto y pasen sucesivamente de la faz de depresión extrema a la faz extrema de las más franca excitación».

Estas son las "pequeñas neurosis". Ahora completad el estudio en vos mismo, lector curioso, si acaso habéis sentido alguna vez rozar por vuestro cerebro algunas de esas mariposas negras del pensamiento.

---

[248] LUYS: "*Traité des maladies mentales*".

APENDICE

FRANCIA

Cuando principié a recoger datos sobre la vida del Doctor Francia, dirigí al Sr. D. Gregorio Machaín las siguientes preguntas que me fueron contestadas de la manera que va a verse.

No quiero pasar la oportunidad de tributar a este dignísimo caballero todo el agradecimiento que debo a sus bondades.

Muchísimos de los importantes datos sobre la vida del Dictador me los ha suministrado él, ilustrándolos con comentarios y ampliaciones que yo aprecio en su justísimo valor. El Sr. D. Gregorio pertenece a una de las familias más distinguidas y más antiguas de la colonia, y fue sobre ella, más que sobre ninguna otra, que la rabia biliosa del famoso hipocondríaco se ensañó durante veinte años, fusilando al padre después de haberlo tenido quince años sumido en una mazmorra, privándola de su fortuna y haciéndola pasar por mil martirios físicos y morales.

*****

Contestación del Sr. Loizaga

¿Puede saberse si entre sus antecesores ha tenido locos, apopléjicos, borrachos, paralíticos? ¿De qué murieron sus padres? — No se recuerda.

¿Sus hermanos, ha sido alguno loco, ebrio, paralítico, etc.? — Los dos hermanos han sido locos.

¿Qué clase de gente eran sus padres? — Gente vulgar .

Sus primeros años, dónde los pasó, y cuál era entonces su carácter. — No se recuerda.

¿De qué enfermedades padeció en esa edad? — Se ignora .

¿De qué enfermedad padeció después en su cdad adulta y en su vejez. — Hipocondría o histérico.

¿Cuál era antes de ser dictador su ocupación habitual, sus relaciones, su modo de ser? — La abogacía, relaciones escasas, carácter raro, misántropo.

¿En qué ganaba su vida? — Defendiendo pleitos.

¿Tenía valor personal? — Cobarde.

¿En su juventud o su edad adulta se le conocieron algunos amores? — Se le han conocidos como tres hijos; amor, parece imposible.

¿Se le conocen grandes contrariedades en su vida? — No.

¿Qué edad tenía cuando murieron sus padres? — No se recuerda.

¿Tenía costumbre de medicinarse o purgarse? — Enemigo de toda medicina en su edad madura.

¿Era aficionado al juego, a la bebida, o se le conocía algún otro vicio? — Al juego, antes de ser dictador .

¿Qué manías, rarezas o extravagancias se le conocían en su juventud o en su vejez? — Hacer mal; misántropo .

¿Durante su dictadura o en alguna otra época se le conocieron algunos rasgos de loco? — No; quizá siempre lo fue.

¿Cuáles fueron sus ocupaciones durante su tiranía? — Tiranizar; como administrador, nada.

¿De qué enfermedad se dijo que había muerto? — Hidropesía.

¿Tenía un carácter variable, o era taciturno y sombrío? - Carácter desigual, lunático.

¿Qué preocupaciones y supersticiones tenía? — Ninguna; fanático anti-religioso.

¿Se le conoció en alguna época de su vida alguna amistad estrecha? — Ninguna; ni con sus hermanos.

¿Fue repentina su muerte? — No .

¿A qué edad volvió al Paraguay? (De sus estudios en Córdoba). — De treinta años aproximadamente .

*****

Contestación del Sr. D. Gregorio Machaín

A 1ª. y 2ª. No tenemos noticias.

3ª. Dos hermanos han sido locos por temporadas.

4ª. Mameluco Paulista fue al Paraguay contratado para la elaboración del tabaco negro, y se casó con una criolla de clase poco conocida, seguramente.

5ª. Los pasó en la Asunción: ya joven fue a Córdoba a continuar sus estudios, protegido en un todo por el español D. Martín Aramburu, donde manifestó mal carácter, llegando a herir con un cortaplumas a un condiscípulo suyo.

6ª. No se tienen noticias.

7ª. Histérico o hipocondría: frecuentemente creía morirse, llamando a su lado al médico español D. Juan Lorenzo Gauna y al Canónigo Dr. Zavala: entonces debía ser aún creyente católico. Siendo ya dictador, no se le conoció enfermedad, metodizando su modo de ser en general.

8ª. La de Abogado; aficionado al juego de naipes y al trato de gentes alegres; pocas relaciones con gentes de posición; raro, intolerante y despótico con sus clientes de toda clase.

9ª. En su profesión de Abogado; por herencia tenía casa en la ciudad, y una quinta como a una legua fuera de ella.

10ª. Manifestaba valor; mas generalmente se le ha tenido por cobarde. Molas, en su descripción histórica del Paraguay, dice: «Era atento, fraudulento, embustero, suspicaz, tímido , inaccesible, ladrón e impío»; y Molas debía conocerle[249].

11ª. Hemos dicho que era aficionado al trato de gente alegre (mujeres de vida alegre); amor, amistad, créese que nunca tuvo. Riñó con el padre hasta levantarle la mano y rechazando toda reconciliación con él en los momentos últimos de su vida; vivió siempre peleado con sus hermanos, fusiló a un sobrino, apresó a otro; tuvo "tres hijos", que reconoció a su modo, pero no les trató, sepultando a uno de ellos en un calabozo, sólo porque le pidió en su cumpleaños, como gracia, el alivio o libertad del que fue su maestro y estaba en prisión, etc.

12ª. No. No obstante, recordaremos que, en su edad adulta, fue tres veces maltratado a palos por rivalidad y pretensiones amorosas por un joven Arias, argentino, Vicente Cabaña, paraguayo, padre de familia y Manuel Pabor, íd., íd. Del primero se ha dicho que fue asesinado, siendo Francia dictador y atribuídosele a éste el asesinato; el segundo fue desterrado a una nueva población, cerca de las fronteras del Perú con toda su larga familia; y el tercero puesto en prisión, arrastrando cadenas y destinado a trabajos forzados. A más: habiendo solicitado casarse con una niña de familia distinguida, fue rechazado, lo que se ha dicho le contrarió bastante. La niña casó después, y Francia, manteniendo un odio tenaz durante su gobierno, se vengó de la familia de la niña y en su esposo con prisiones, fuertes multas, y fusilamiento de este último después de 14 años de prisión cruel.

13ª. No se recuerda. Tendría más de 40 años cuando murió el padre; respecto a la madre, no se hacen recuerdos.

14ª. No se sabe; mal cuidaba su salud en un todo.

15ª. Al juego bastante, antes de ser dictador.

17ª. No. Mantenía arrebatos y visiones propias de su hipocondría y misantropía.

18ª. Su gobierno: más sin coacción alguna, y consultando su bienestar y sobre todo su conservación.

19ª. Hidropesía: en pocos días de gravedad.

20ª. Variable: irascible como agradable, según el estado atmosférico.

21ª. Ninguna: ateo e ilustrado.

22ª. Ninguna: vean contestación 11°.

---

[249] "Debió también decir rencoroso y vengativo", anota el autor.

23ª. No: su gravedad conocida de pocos días.

24ª. No se recuerda: tal vez de 30 años aproximativamente.

Es conforme a recuerdos y noticias de tradición.

*****

Al alcalde provincial del primer voto

El Dr. D. José Gaspar Francia y Velasco, hijo legítimo del capitán miliciano de artillería, Dr. García Rodríguez y Francia y de Doña Josefa Velasco, finada, ante V. m. conforme a derecho comparezco y digo que a mis derechos conviene dar información plena de mi genealogía y conducta, y para ello suplico a la justificación de V. m. se sirva recibírmela con citación del Sr. Procurador Síndico General de ciudad, examinando bajo juramento los testigos que presentaré, al tenor de las preguntas siguientes:

Primeramente, digan si conocen al dicho García Rodríguez de Francia, y si conocieron a Doña Josefa de Velasco, al Dr. Mateo Félix de Velasco y a Doña María Josefa de Yegros y Ledesma, y si son comprendidos en las generalidades de la ley?

It. Digan si les consta que el expresado Dr. García Rodríguez Francia fue casado y velado según mandato de la Santa Madre Iglesia con dicha Doña Josefa de Velasco, y si de este matrimonio fui habido, y procreado legítimamente, y soy tenido, y reputado de público y notorio por tal hijo legítimo de ellos?

It. Digan, si saben y les consta, que la dicha Doña Josefa de Velasco fue hija legítima de los expresados D. Mateo Félix de Velasco, y Doña María Josefa de Yegros, de público y notorio?

It. Digan, si les consta, que la extirpe de los Yegros es una de las más nobles de esta provincia, de público y notorio?

It. Digan, si les consta, que el referido D. García Rodríguez Francia, desde muchos años hasta la actualidad ha servido y está sirviendo en las milicias de esta provincia en el grado de capitán de artillería de ellas con desempeño de su empleo?

It. Digan, si me conocen de trato y comunicación, y si les consta, que desde que vine a la Universidad de Córdoba he cargado hábitos talares, vistiendo discretamente, y si mi conducta moral ha sido irreprensible sin haber dado la más mínima mala nota de mi persona, antes sí mucho buen ejemplo con mi recogimiento y sujeción en casa, obediencia y veneración a mi padre?

Y evacuada esta información se ha de servir la integridad de V. m. pasar vista de ella a dicho Sr. Procurador General, consecutivamente ponerla en mano del Ilustre Cabildo para que se sirva exponer en el asunto cuanto tuviere conveniente en obsequio de la verdad y de la justicia.

Por tanto:

A V. m. pido, y suplico, se sirva haberme por presentado y recibirme la ofrecida información, proveyendo en lo demás, según y cómo llevo pedido en justicia, y juro por Dios y una Cruz no proceder de malicia, sino porque así cumple a mis derechos, etc.

Dr. José Gaspar Francia.

*****

Asumpción, Marzo veinte y seis de mil setecientos ochenta y siete.

Por representada. Recíbase a esta parte la información que ofrece, precediendo citación del Síndico Procurador General de ciudad. Francisco Olegario de la Illoxa.

Ante mí-

Manuel Benítez, Esc. Pco. de Gbo. y Cdo.

*****

En veinte y siete del mismo, cité en su perzona a D. José Gonsalez Ríos, Síndico Procurador General para la información prevenida, y firmó, de que doy fe.

Josef Gonsalez Ríos.

Benítez.

*****

En la ciudad de la Asumpción del Paraguay, en veinte días del mes de Julio de mil setecientos ochenta y siete años en consecuencia del auto que antecede, presentó la parte por testigo de su información a D. Martín de Azuaga, de quien por ante mí recibió juramento y lo hizo por Dios Nuestro Señor, y una señal de Cruz encargo del cual prometió decir la verdad de lo que supiere y fuere preguntado: en cuya consecuencia se procedió a examinarlo por los puntos del interrogatorio y responde:

A la primera que el declarante conoció a todos los contenidos en esta pregunta de trato y comunicación, e igualmente a D. García Rodríguez Francia, con quien no es comprendido en las generales de la ley.

A la segunda, dijo que es público y notorio en esta ciudad, que la finada Doña Josefa Velasco fue casada legítimamente, según ritos de Nuestra Santa Madre Iglesia, con el contenido D. García Francia, de cuyo matrimonio fue habido y procreado el Dr. D. Gaspar Francia, lo cual es público y notorio en ésta, sin voz en contrario.

A la tercera, dijo, que igualmente es constante en ésta, que la referida finada Doña Josefa de Velasco fue hija legítima de D. Mateo Félix de Velasco y Doña María Josefa Yegros, quienes fueron casados en ésta legítimamente, lo cual consta de positivo.

A la cuarta, dijo, que el declarante ha tenido por nobles y de distinguida sangre a la extirpe de los Yegros y por tal ha sido conocido por todos generalmente, sin voz en contrario.

A la quinta, dijo, que del mismo modo le consta de positivo que D. García Rodríguez Francia es y ha sido de muchos años a esta parte Capitán de artillería en ésta, sirviéndolo con exactitud y eficacia cual su conocida conducta y celo al real servicio.

A la sexta y última, dijo, que además de que el declarante conoció al presentante anteriormente de pasar a la ciudad de Córdoba a seguir sus estudios y aún desde su niñez, en cuyo tiempo lo reconoció por la arreglada conducta sujeta en su natural, mucho más ahora que regresó de la Universidad, viviendo en casa de su padre, sujeto a sus órdenes y por consiguiente irreprensible su conducta, sin notársele el más mínimo defecto, antes sí por el contrario, adornado de virtudes que han sido dignas de las mayores atenciones: siendo igualmente cierto que se viste con hábitos talares, todo lo cual le consta que es positivo por haberlo presenciado y palpado por la continua frecuencia de la llegada a su casa.

Igualmente lo dicho y declarado es la verdad en cargo del juramento, etc., etc., etc.

Francisco Olegario de la Illoxa.

Martín de Azuaga.

Ante mí-

Manuel Benítez, Escribano de Gobierno.

*****

En el mismo día presentó la parte por testigo de su información a D. Juan José Bazán de Predraza, que hizo las mismas declaraciones que el anterior testigo, agregando que conoció al Dr. D. José Gaspar Francia, que desde que vino de la Universidad de Córdoba ha cargado hábitos talares vistiendo discretamente y que su conducta moral ha sido y es irreprensible, dando mucho buen ejemplo con su recogimiento y sujeción en su casa, obediencia y veneración a sus padres: haciéndose admirable su prudencia en los pocos años que cuenta: y que a más de esto el declarante ha reconocido íntimamente en el dicho doctor una vasta ciencia en letras divinas y humanas y un genio apacible y amable y una grande aplicación a las letras.

Ante mí-

Manuel Benítez

*****

En la misma fecha se presentaron D. Juan Bautista Goyxí, D. Juan Bautista Cañiza, D. Fernando Fernández de la Mora, D. Antonio M. Viana y D. Juan José Echeverría y declararon ser cierto lo dicho por los anteriores testigos.

Ante mí-

Manuel Benítez

*****

Mediante a no presentar la parte más testigos, dáse por concluida la información pedida: corra traslado de ella al Síndico Procurador General para que exponga sobre ella lo que convenga a favor del público.

Illoxa.

Ante mí-

Manuel Benítez

*****

En el mismo día entregué en traslado estos autos al Síndico Procurador General con ocho fojas hábiles; de ello doy fe.-

Benítez

*****

Sr. Alcalde ordinario de 1°. voto.

El Síndico Procurador de ciudad, visto la información procedente sobre la limpieza de sangre y buena conducta del Dr. D. Josef Gaspar Francia, hijo legítimo del Capitán de Artillería D. García Rodríguez Francia y de Doña Josefa Belasco, vecinos de esta Ciudad, dice que no encuentra cosa alguna que oponer contra ella y en su virtud se servirá la Integridad de Vm. aprobarla en Justicia que pido. -Asunción y Agosto 4 de 1787.

Josef Gonsalez de los Ríos[250].

*****

Asunción y Agosto ocho de mil setecientos ochenta y siete. Mediante que la parte a lo expuesto verbalmente en este Juzgado no serle necesaria la remisión de este expediente al Ilustre Ayuntamiento: atenta la conformidad del Síndico Procurador General a la información vencida por el Dr. D. Josef Gaspar Francia.

Apruébase en todas sus partes y para su mayor validación interpongo en ella mi autoridad y sindical decreto, y mando se le entregue originalmente a la parte como lo tiene pedido, dándose testimonio si lo pidiere y pagando las costas de los acordado

Francisco Olegario de la Illoxa.

Ante mí-

Manuel Benítez[251].

*****

Al Señor Intendente y Capitán General[252]:

---

[250] Con corrección ortográfica en esta edición.
[251] Con corrección ortográfica en esta edición.

El Dr. D. José Gaspar Francia, Clérigo de Menores Ordenes ante V. S. en la forma que hará lugar, parezco y digo: que por disposición de V. S. como Vice Real Patrono, del Ilustrísimo Señor Obispo, ocupé la Cátedra de   Latinidad en los Estudios del Real Colegio de esta Ciudad, en cuyo Ministerio serví por espacio siete meses poco más o menos sin interés alguno, como es constante, y por promover únicamente la enseñanza y adelantamiento de la juventud. Y siéndome conveniente tener un documento justificativo de este Mérito: Suplico al Celo de V. S. Se digne darme una Certificación de todo lo referido, o de los que V. S. en el Asunto tuviere por conveniente en Justicia. Por tanto, A. S. pido y suplico, etc., etc., etc.

Dr. Josef Gaspar Francia.

*****

D. Pedro Melo de Portugal, Coronel de Dragones de los Reales Ejércitos, Gobernador Intendente y Capitán General de esta Provincia.

Certifico ser cierto que el suplicante ha servido en el Real Colegio de San Carlos de esta Ciudad de Catedrático de latinidad sin sueldo ni gratificación alguna en los términos y por los tiempos que se refiere en el anterior escrito, y a pedimento de la parte doy la presente firmado de mi mano sellado con el sello de mis armas y refrendada del infraescriptos Escribano y Notario Público en S. M. y Gobierno. En la *Assumpción* del Paraguay y a trece días del mes de Agosto de mil setecientos ochenta y siete.

Pedro de Melo de Portugal.

Ante mí-

Manuel Bachicas.

---

[252] Con corrección ortográfica en esta edición.

*****

El Dr. D. Antonio de la Peña, Dignidad de Arcediano de esta Santa Iglesia Catedral, y Cancelario Director de los Estudios de este Real Colegio de San Carlos.

Certifico a todos los tribunales donde ésta fuere presentada, que por disposición del Vice Patrono Real de esta Provincia y del Ilustrísimo Señor Obispo estuvo el Dr. D. José Gaspar Francia el año próximo pasado enseñando latinidad en las aulas de dicho Colegio, cuyo ministerio, a más de servirlo sin concepto a donación alguna por espacio de siete meses, desempeñó cumplidamente y con adelantamiento de los respectivos estudiantes, así en su enseñanza como en su buen ejemplo. Y por ser así verdad, doy esta certificación a pedido de dicho Dr. en la *Assumpción*, a 2 de Agosto de 1787.

Dr. Antonio de la Peña.

GUILLERMO BROWN

Costumbres usuales y hábitos del almirante Don Guillermo Brown.

Relatados por su camarero y más tarde su abanderado S. S. R. G. [253]

Era el General Brown, un hombre sobrio, metódico en sus manjares, modesto en su traje usual, aseado y religioso ferviente en sus creencias católicas.

Se levantaba de cama siempre antes de salir el sol: pues jamás durante el tiempo que con él serví, pude notar esta falta de costumbre.

Su primer paso al levantarse, era dirigirse a su mesa privada, donde su despensero debía tener de pronto la tetera de té teñido el más fuerte posible: Pues para dos tazas, él ordenaba se le echara dos cucharadas de sopa: que más tarde él mismo las medía en una tapa de un tarro de lata para ser exacto en la cantidad y no dejar al despensero que aumentara o disminuyera la cantidad: y por igual medida de dos tazas y media de agua hirviente debía condensar el té: Si estaba en el puerto le agregaba al té al tomarlo dos cucharadas de sopa con leche, no dejándola jamás hervir. Y si estaba en viaje, lo tomaba solo, sin agregarle ningún espíritu, pues era enemigo de las bebidas espirituosas; en este orden tomaba su té diariamente tres veces al día: Al levantarse, a la una en punto del día, y a las siete de la tarde en verano o a las cinco en invierno, esto con toda exactitud en la hora.

Mientras él tomaba el té, su despensero tenía que estar allí parado e inmediato hasta que él terminara; después le ordenaba se sirviera él del mismo té que quedaba en la tetera, agregándole nueva agua; y terminado mandaba lavar bien la tetera, no haciendo jamás uso del té usado, poniendo el General especial cuidado en que la tetera estuviera siempre bien limpia al ponerle el té.

Terminado que fuese el tomar su té, subía en cubierta, y su despensero procedía a la limpieza de su cámara, pasando el cepillo a jabón y arena en el piso de tabla, sacudir su ropa y si el tiempo era bueno traer a cubierta su colchón y cobertores para ventilarlos, y de ser tiempo malo en la misma cámara en una cuerda tirante abriendo las claraboyas o portezuelas de popa para ventilación de su dormitorio.

A las 8 en punto de todas las mañanas, fuese el tiempo cual se fuere (aún bajo de

---

[253] Reproducción con la ortografía corregida en esta edición.

temporal), debía estar su almuerzo en la mesa, consistiendo en un bife a la inglesa algo *crudón*, con papas que él mismo las pelaba y en plato aparte su tarro de mostaza inglesa destilada con vinagre y una pequeña dosis de sal que él mismo preparaba todas las mañanas en la cantidad que usaba en el acto mismo de estar en la mesa: Si había huevos tomaba tres huevos pasados por agua, muy blandos, colocados en una huevera o en un vaso por lo general: tomaba al concluir su almuerzo unas tajadas de pan con manteca o de galleta, cerrando su almuerzo con un vaso de vino de oporto o madera; desviándose de las costumbres inglesas de tomar el té o café después del almuerzo.

En viaje y fuera de puerto, su almuerzo sólo se diferenciaba en la carne fresca, o en los huevos si no los habían, superando estas faltas con tomar jamón, o tocino de Holanda frito; en este caso agregaba a este manjar los encurtidos ingleses que vienen en tarros.

A las doce, con la misma exactitud, debía estar la mesa puesta con la comida, que por lo general era frugal, pues el General a medio día era de bastante alimentación: la sopa de su predilección en el puerto cuando había carne fresca era de cebada inglesa de la más fina, lo que los ingleses llaman *pe-sup* y en viaje con la carne salada que por lo general sólo se cuece con el tocino inglés, la alverjilla holandesa: Que es una sopa sustanciosa y se amolda al buen gusto con el tocino. Los demás platos en carne fresca: el asado a la inglesa en un gran pedazo hecho al horno económico algo *crudón* hasta salir de su interior la sangre, con papas y bastante salsa sustraído de la misma carne; y en viaje la suplantaba con un gran pedazo de carne salada de Holanda, con papas cocidas en el orden ya indicado, que debían venir a la mesa naturales con otros platos que es inoficioso detallar que lo que antecede lo refiero para demostrar que este hombre, a pesar de su larga residencia en este país, conservaba sus costumbres en alimentación y usos los de su primitiva patria; tomando siempre por postre el budín cocido de harina con pasas de Corinto y sus ingredientes de composición de coñac, grasa de vaca y una pequeña dosis de azúcar, que hecho en una masa flexible envuelta en una limpia toalla de algodón, que es preferible al hilo, se cose solo en una vasija hirviéndolo bastante hasta estar bien cocido, se ponía en la mesa caliente, el cual, con una salsa preparada para mezclarlo en la cantidad que comía compuesta de vino oporto o jerez, era su manjar agradable como postre, pues nunca hacía uso del dulce, pues sólo alternaba algunas veces con el queso inglés. Del sobrante del budín, pues por lo general era de tres libras de peso, a la tarde él hacía su cena con tajadas delgadas del mismo budín fritas en manteca inglesa de cuñete, las cuales bien tostadas las tomaba con el té, lo cual en regular cantidad hacía de esto el alimento de cena; no tomando otro alimento hasta la mañana siguiente: Pues durante la noche, en aquellas que el General tenía que estar de pie y atender a la navegación, tomaba una que otra vez una taza de café de cebada inglesa tostada, que suple e imita al café de Habana, o Brasil, siendo más saludable según él lo decía: Pues era enemigo del verdadero café (que decía: Los ingleses me quisieron envenenar en las Antillas cuando me tomaron prisionero, con este líquido) del cual no daba a las tripulaciones ración de café, y si lo tomaban tenían que comprarlo, que a pesar de no gustarle que la gente lo tomara, no lo prohibía; mas siempre en sus habituales manías del veneno, decía que el café era un veneno.

Esta regla en sus alimentos no la variaba, salvo en aquellas ocasiones que se trasbordaba de un buque a otro por las necesidades del mejor desempeño de las operaciones de guerra; mas como éstas eran rápidas y perentorias, pronto volvía a la Capitana, que era su buque predilecto el Belgrano (pues él decía mi Belgrano).

En su última Campaña naval, fue este buque la Capitana, y solo en la suba del Paraná lo dejó por su mucho calado transbordándose primero al bergantín Echagüe y más tarde a la nueve de Julio (Alias Palmar), en la cual mandó la acción de Costa Brava.

Está dicho lo bastante con respeto a la sobriedad de su alimentación. Pues como está dicho, él no bebía bebidas espirituosas, más que el vino muy regular y necesario en el acto de su manjar.

Su modestia en traje y maneras eran singulares: De uniforme solo se le veía el día del combate, en cuyo acto se presentaba de toda gala, mostrando todas sus condecoraciones, su elástico y su invicta espada; terminada la acción, tornaba el General a su hábito usual, distinguiéndose solo en su gorra de galón a lo marino, la cual no abandonaba de su cabeza, aun bajo del agua y el temporal, cambiándola así cuando el agua ya la humedecido, a fin de conservar siempre su cabeza seca.

Sus órdenes, como todas sus relaciones con sus subalternos, eran siempre afables: Revelando la modestia: Y sólo en los casos imperiosos del servicio era enérgico y terminante, revelando su autoridad.

Religioso en sus creencias católicas, sin imponerlas a bordo a nadie; por cuanto cada uno las observaba según su conciencia. No se usaba como en otras armadas extranjeras en las cuales a los domingos tienen establecido horas de misa, según las religiones del Estado; Brown al domingo, dejaba que su tripulación lo observara como mejor fueran sus creencias religiosas; así era que en ese día la gente fondeaba en Puerto a tan solo se le obligaba a vestir de limpio, y a la Oficialidad con el mejor traje; al buque lo diferenciaba con cruzar sus vergas de juanete, enarbolar la mejor y más grande de la bandera como igualmente la corneta de su insignia: No permitiendo ningún trabajo a bordo exceptuando a aquellos que en orden a la seguridad suprema que se hacen necesarios a las naves que flotan sobre el agua.

El General en estos días se le veía contraído en su Camarote o Cámara distraído en lecturas religiosas; y si subía en cubierta se paseaba al costado estribor solo, muy rara vez hablaba con nadie. A más de estos hábitos religiosos, sabido es que él hacía donación mensual de una parte de sus haberes a las Monjas Catalinas; a las cuales hacía esta donación en aras de sus creencias, teniendo especial empeño en que se les entregara, aunque sus sueldos no hubieran salido de Tesorería. Algunas veces el que relata estos apuntes le ha oído decir que aquellas mujeres confinadas en un Claustro eran más dignas de su aprecio que muchas de las que en las calles lucían su lujo.

A más de esto tenía por costumbre al acostarse, fuese a la hora que fuese, se persignaba.

Su dormir era a veces tranquilo, notándose algunas veces, y siempre como signo de su próxima manía, que algunas noches era muy soñador; al extremo de alarmar a su camarero: Una de estas noches el referido despensero se acercó en puntas de pies a la puerta de su Camarote a escuchar un monótono diálogo que decía medio dormido: Porqué, Dios mío, permitís que me envenenen.

Su despensero creyéndolo despierto guardó sigilo, pero observó que al instante seguido calló y roncaba como totalmente dormido, y no se notó hasta la siguiente mañana ninguna alteración en el sueño. Al amanecer de esa noche, al aclarar, el General se levantó precipitadamente, no quiso tomar su té, y se expresó de esta manera: A bordo hay envenenadores: Yo los voy a castigar, esto diciendo, se paseaba en su Cámara; y en estos instantes, saliendo de su Camarote de la segunda Cámara el Oficial Álvaro Alzogaray, que hacía entonces de su Secretario, y fue entonces cuando lo mandó encerrar en su alcoba arrestado a pan y agua, como ya está referido por el mismo autor de estas líneas, y comprobado por cartas existentes del finado Coronel Toll a este respecto.

Creo ser lo suficiente, y no abundar en este relato. Dejo al estudio de una autoridad más competente las observaciones filosóficas, que agregados estos relatos a los ya hechos sobre sus manías que tanto han dado que hablar al espíritu del alma de este hombre cuya vida en sus dos tercios consagró en Cuerpo y alma en servir a su patria adoptiva la "República Argentina".

Los hijos de esta tierra sabrán algún día estimar los importantes hechos de armas con que él contribuyó a afianzar la existencia de la Nación.

Los filósofos se encargarán de la parte moral y espiritual de su alma: A mí solo me compete decir: Que lo consideré y le tributé respeto: 1° por su valor e intrepidez; 2° por cualidades en partes desarrolladas, y por mí reconocidas prácticamente como testigo ocular; 3° por los sentimientos benévolos de humanidad: Por cuanto jamás ejerció actos de tiranía, aun con sus enemigos. Es el único tributo que a mí me compete rendir a su memoria: 1°. Por patriotismo Argentino, por sus relevantes servicios. 2°. Por ser un deber tributar respeto a los hombres a cuya alma se amoldaba la de Guillermo Brown.

Buenos Aires, Abril 14 de 1881.

S. J. R. Gonzálves.

www.ingramcontent.com/pod-product-compliance
Lightning Source LLC
Chambersburg PA
CBHW081344280526
45788CB00009B/2769